服装产业成功之道
——后 MFA 时代的就业、工资和减贫

世界银行

Gladys Lopez-Acevedo、Raymond Robertson（著）

东华大学·海派时尚设计及价值创造知识服务中心
杨以雄、顾彤宇等（译）

东华大学出版社

网址：www. copyright. com

欲查询其他权利和许可，包括附属权利，请联系：the Office of the Publisher，The World Bank，1818 H Street NW，Washington，DC 20433，USA

传真：202-522-2422

电子邮件：pubrights@worldbank. org

ISBN(纸质)：978-0-8213-8778-8

ISBN(电子版)：978-0-8213-8973-7

DOI：10. 1596/978-0-8213-8778-8

封面照片：© CORBIS

封面设计：Naylor 设计公司

美国国会图书馆 CIP 数据核字

Sewing Success? Employment，Wages，and Poverty following the End of the Multi-fibre Arrangement ／ Editors：Gladys Lopez Acevedo，Raymond Robertson.

p. cm. —（Directions in Development）

Includes bibliographical references.

ISBN 978-0-8213-8778-8（alk. paper）— ISBN 978-0-8213-8973-7

1. Textile industry—Developing countries.

2. Import quotas—Developing countries.

3. Developing countries—Economic conditions.

I. Lopez Acevedo，Gladys. II. Robertson，Raymond，1969-

HD9868. D44S49 2012

331. 7'6770091724—dc23

2011045979

目　录

表目录

图目录

鸣　谢

本书是针对"后《多纤维协定》时代"（又称"后 MFA 时代"）的就业、工资和贫困问题进行的一项全球性研究，受到扶贫与经济管理中心和世界银行研究委员会的共同资助（研究经费号：RF-P126215-RESE-BBRSB）。本书的目的是为了评估"后 MFA 时代"的环境变化对就业和工资——贫困的两个决定性因素——产生的影响，力促决策者尽可能地解决"后 MFA 时代"经济环境下的减贫问题。本书对包括南亚（孟加拉国、印度、巴基斯坦和斯里兰卡）、东南亚（柬埔寨和越南）、拉丁美洲和加勒比地区（洪都拉斯和墨西哥）以及北非（摩洛哥）等共九个发展中国家进行了分析。

研究团队是在 Jaime Saavedra（Poverty Reduction and Equity Department，扶贫及公平部，简称 PRMPR；主管）的指导下，由 Gladys Lopez-Acevedo（PRMPR 工作组组长及高级经济学家）和 Raymond Robertson（麦卡莱斯特学院教授；PRMPR 顾问）主持。团队成员及相应工作如下：Raymond Robertson 撰写第一章和第二章（绪论和理论基础与实证研究方法）；Cornelia Staritz（Austrian Research Foundation for International Development，奥地利国际发展研究基金会，简称 ÖFSE；PRMPR 和 International Trade Department，国际贸易部，简称 PRMTR；顾问）和 Stacey Frederick（杜克大学全球化、公司治理与竞争力中心；PRMPR 顾问）撰写第三章；Ana Luisa Gouvea Abras（PRMPR 顾问）撰写第四章，关于孟加拉国、印度、巴基斯坦和越南；Elisa Gamberoni（Economist，Gender and Development Department，性别与发展部，简称 PRMGE；经济学家）撰写第五章，关于洪都拉斯、墨西哥和摩洛哥；Yevgeniya Savchenko（PRMPR 顾问）撰写第六章，关于柬埔寨和斯里兰卡；Gladys Lopez-Acevedo 和 Yevgeniya Savchenko 撰写第七章（结论）。Cornelia Staritz 和 Stacey Frederick 撰写以全球价值链为背景的九个国家案例研究（第八章～第十六章）。本团队要感谢 Christopher Humphrey（PRMPR 顾问）对各章节的结构、内容和编辑的反馈意见；感谢 Michael Alwan 为本书所做的格式设计和校订。还要感谢 Hong Tan（PRMPR 顾问）、Monica Tinajero（PRMPR 顾问）、Kalpana Mehra（PRMPR 顾问）以及

Jimerson Asencio(PRMPR 顾问)为我们提供的分析性见解。同时,这项研究若没有当地合作机构和政府的协助与付出将无法顺利进行。我们要特别感谢墨西哥国家统计局(Instituto Nacional de Estadística y Geografía,INEGI)的 Abigail Durán 和 Adriana Ramirez。

　　我们要感谢同事们的真知灼见,尤其是 Gary S. Fields(康奈尔大学教授)、Jose Cuesta(PRMPR 高级经济学家)、Sanjay Kathuria(South Asia Economy Policy and Poverty Sector Unit,南亚经济政策和扶贫部,简称 SASEP;首席经济学家)、Md. Abul Basher(SASEP 达卡办事处经济学家)、Carlos Sobrado(Poverty Reduction and Equity Unit East Asia and Pacific,东亚和太平洋地区扶贫及公平部,简称 PRMEAP;高级经济学家)、Julian Latimer Clarke(East Asia Poverty Reduction and Economic Management Sector Department,东亚扶贫与经济管理部,简称 EASPR;贸易经济学家)、Rinku Murgai(SASEP 高级经济学家)和 Ulrich Bartsch (SASEP)。还要感谢世界银行的同事们,感谢他们在本书概念拓展、草稿撰写和内容呈现过程中的各个阶段给予的意见和建议。感谢所有帮助者,尤其是 Jose Guilherme Reis(PRMTR 贸易部首席经济学家)、Pierella Paci(PRMGE 性别部部门经理)、Gabriela Inchauste(PRMPR 高级经学家)、Hassan Zamman(PRMPR 首席经济学家)、Maria Laura Sanchez Puertas(社会保障经济学家)、Reema Nayar(South Asia Sector,南亚部门,简称 SAS;首席经济学家)、Reena Badiani(East Asia and Pacific,东亚和太平洋部门,简称 EAP;青年专业人士)、Andrew Mason(EASPR 首席经济学家)、Louise Fox(Africa Public Sector Reform and Capacity Department,非洲公共部门能力改革署,简称 AFTPR;首席经济学家)、Paolo Verme (Social and Economic Development Group,中东与北非社会经济发展集团,简称 MNSED;高级经济师)、Maurice Kugler(Latin America and Caribbean Poverty Gender and Equity Group,拉丁美洲和加勒比地区贫困、性别与平等组织,简称 LCSPP;高级经济学家)和 Ambar Narayan (PRMPR 高级经济学家)。同时,本研究得益于 2011 年 1、4 和 5 月世界银行研讨会上发表的报告,我们非常感谢与会者在这些研讨会上颇有见地的意见和建议。

作者简介

Gladys Lopez-Acevedo 是世界银行扶贫及公平部的高级经济学家。她的研究领域包括贫困、劳动力市场与评价。她是国际影响力评价倡议机构的研究员,并且在多个学术类和政策类期刊上发表了有关贫困、劳动力市场与评价等方面的文章。进入世界银行之前,她曾在墨西哥政府担任财政部副部长的高级顾问以及经济管制解除部门的主管。她还曾是墨西哥自治技术研究院(Instituto Tecnologico Autonomo de Mexico,ITAM)的副教授,并拥有 ITAM 经济学学士学位以及弗吉尼亚大学经济学博士学位。

Raymond Robertson 是美国麦卡莱斯特大学的经济学教授。他的研究已被《美国经济评论》《经济与统计评论》《国际经济期刊》等多家期刊发表。他是全球发展中心的非常驻研究员、美国国务院国际经济政策咨询委员会(ACIEP)委员、美国劳工部门关于自由贸易协定劳资条款的国家咨询委员会委员。他作为富布莱特学者在墨西哥度过一年后,在得克萨斯大学获得了博士学位。

Stacey Frederick 是美国杜克大学全球化、公司治理与竞争力研究中心(CGGC)的研究专家,她在北卡罗来纳州立大学分别获得纺织管理学学士学位和纺织科技管理学博士学位,她的研究核心是采用价值链分析进行多项课题的探索。在纺织服装领域,她的工作始于地方经济发展项目,旨在增强美国纺织服装业的竞争力。近年来,她拓展了研究领域,探索全球服装产业经济和社会转型升级的机遇。

Elisa Gamberoni 是世界银行性别与发展部的经济学家。在获此职位之前,她曾是世界银行驻日内瓦办事处的政策主管,并致力于国际贸易和劳动力市场的相关研究。在加入世界银行之前,她曾是瑞士国家竞争力研究中心的研究助理。她拥有国际发展研究所(HEID)的国际关系学文学硕士学位,并于 2009 年在该研究所获得国际关系学博士学位(专业方向为国际经济)。

Ana Luisa Gouvea Abras 是世界银行的顾问。在加入世界银行之前,她曾在马里兰大学帕克分校获得经济学博士学位,并担任宏观经济学应用和劳工课题的研究助理。在移居美国之前,她曾担任巴西规划部经济监测秘书处的顾问。她分别在巴西的米纳斯吉拉斯州联邦大学和圣保罗大学获得文学学士学位和文学硕士学位。

Yevgeniya Savchenko 是世界银行扶贫及公平部的顾问，从事技能发展、劳动力市场和贸易相关工作。在加入该团队之前，她在南亚、欧洲与中亚地区以及世界银行研究所从事与技能发展、劳动力市场和竞争力问题相关的研究。她拥有美国伊利诺伊大学香槟分校（UIUC）经济学硕士学位，现为华盛顿特区乔治城大学经济学在读博士研究生。

Cornelia Staritz 是一位经济学家，效力于位于维也纳的奥地利国际发展研究基金会（ÖFSE）。她在维也纳经济商业大学获得经济与商业硕士学位，并在纽约的社会研究新学院获得经济学博士学位。在此之前，她曾就职于维也纳经济商业大学和世界银行国际贸易署。她的研究和教学重点是经济发展、国际宏观经济、国际贸易、全球价值链以及全球价值链背景下的经济和社会升级。

缩略词

ACFTA	ASEAN-China Free Trade Agreement	中国-东盟自由贸易协定
ACP	African，Caribbean，and the Pacific	非洲、加勒比和太平洋地区
AFL-CIO	American Federation of Labor and Congress of Industrial Organizations	美国劳工联合会-产业工会联合会（简称劳联-产联）
AFTPR	Africa Public Sector Reform and Capacity	非洲公共部门能力改革署
AGOA	Africa Growth and Opportunity Act	非洲增长和机会法案
ASEAN	Association of South East Asian Nations	东南亚国家联盟（简称东盟）
ASI	Annual Survey of Industries	产业年度调查
ATC	Agreement on Textiles and Clothing	纺织品与服装协定
BGMEA	Bangladesh Garment Manufacturers and Exporters Association	孟加拉国服装制造商及出口商协会
BIMSTEC	Bay of Bengal Initiative for Multi-Sectoral Economic Cooperation	孟加拉湾多部门技术经济合作计划
BOI	Board of Investors	投资委员会
CAFTA	Central American Free Trade Agreement	中美洲自由贸易协定
CASDEC	Cambodia Skills Development Center	柬埔寨技能发展中心
CBI	Caribbean Basin Initiative	加勒比盆地倡议（又称加勒比国家计划）
CBTPA	U. S. -Caribbean Basin Trade Partnership Act	美国-加勒比盆地贸易伙伴法案（又称美国-加勒比国家贸易伙伴法案）
CEE	Central and Eastern European	中欧和东欧
CGTC	Cambodia Garment Training Center	柬埔寨制衣培训中心
CMEA	Council for Mutual Economic Assistance	经济互助委员会（简称经互会）
CMI	Census of Manufacturing Industries	制造业普查
CMT	cut-make-trim	裁剪、缝纫和后整理（亦称来料来样加工或清加工）
CSES	Cambodia Socio-Economic Survey	柬埔寨社会经济调查
CSO	Central Statistical Organization	中央统计组织
DOT	Bangladesh Department of Textiles	孟加拉国纺织部
DR-CAFTA	Dominican Republic-Central America Free Trade Agreement	多米尼加共和国-中美洲自由贸易协定

EAC	East African Community	东非共同体
EAP	East Asia and Pacific	东亚和太平洋地区
EASPR	East Asia Poverty Reduction and Economic Management Sector Department	东亚地区扶贫和经济管理部
EBA	Everything but Arms	除武器之外的所有产品
ECOWAS	Economic Community of West African States	西非国家经济共同体
EDI	Electronic Data Interchange	电子数据交换
EIA	Mexico Annual Industry Survey (Encuesta Industrial Annual)	墨西哥年度产业调查
EIM	Monthly Industrial Survey (Encuesta Industrial Mensual)	月度产业调查
ENEU	National Survey of Urban Employment (Encuesta Nacional de Empleo Urbano)	城市就业全国调查(全国城镇就业调查)
EPAs	Economic Partnership Agreements	经济伙伴关系协定
EPHPM	Encuesta Permanente de Hogares de Propósitos Múltiples	家庭多用途统计调查
EPZs	export processing zones	出口加工区
EU-15	the 15 member states of the European Union (EU) as of December 31, 2003, before the new member states joined the EU: Austria, Belgium, Denmark, Finland, France, Germany, Greece, Ireland, Italy, Luxembourg, the Netherlands, Portugal, Spain, Sweden, and the United Kingdom	截至 2003 年 12 月 31 日加入欧盟的 15 个成员国:奥地利、比利时、丹麦、芬兰、法国、德国、希腊、爱尔兰、意大利、卢森堡、荷兰、葡萄牙、西班牙、瑞典和英国(简称欧盟 15 国)
FDI	foreign direct investment	外国直接投资
FIAS	Foreign Investment Advisory Services	外国投资咨询服务
FIP	Factory Improvement Program	工厂改善项目
FOB	free on board	离岸价格(又称服装包工包料加工或全包加工)
FTA	Free Trade Agreement	自由贸易协定
GALs	guaranteed access levels	保证准入条件
GATT	General Agreement on Tariffs and Trade	关税与贸易总协定(简称关贸协定)
GCEC	Greater Colombo Economic Commission	大科伦坡经济委员会
GDP	gross domestic product	国内生产总值
GMAC	Garment Manufacturers' Association in Cambodia	柬埔寨服装制造商协会
GSP	Generalized System of Preferences	普惠制

GTZ	German Technical Corporation	德国技术公司
GVCs	Global Value Chains	全球价值链
HHI	Herfindahl-Hirschman Index	赫芬达尔-赫希曼指数
HIES	Household Income and Expenditure Survey	家庭收入和支出调查
HS	Harmonized Commodity Description and Coding System	商品名称及编码协调制度
HTS	Harmonized Tariff Schedule of the United States	美国统一关税表
IFC	International Finance Corporation	国际金融公司
IIWD	Inter-industry Wage Differential	产业间工资差额
ILBFTA	Indo-Sri Lanka Bilateral Free Trade Agreement	印度-斯里兰卡双边自由贸易协定
ILO	International Labour Organization	国际劳工组织
IMMEX	Maquiladora Manufacturing and Export Services (Industria Manufacturera, Maquiladora y de Servicios de Exportación)	制造业、出口保税加工与服务（法案）（又称保税加工和出口服务）
INEGI	National Statistical Office (Instituto Nacional de Estadística y Geografía)	国家统计局
IPC	Instituto Politécnico Centroamericano	中央理工学院
ISES	India Socio-Economic Surveys	印度社会经济调查
JAAF	Joint Apparel Association Forum	服装协会联合论坛
LCSPP	Latin America and Caribbean Poverty Gender and Equity Group	拉丁美洲和加勒比地区贫困、性别和公平组织
L/C	letters of credit	信用证
LDCs	least developed countries	最不发达国家
LFS	Labor Force Survey	劳动力调查
LICs	low-income countries	低收入国家
MENA-4	Tunisia, Morocco, Arab Republic of Egypt, and Jordan	突尼斯、摩洛哥、阿拉伯埃及共和国、约旦
MFA	Multi-fibre Arrangement	多纤维协定
MFA/ATC	Multi-fibre Arrangement/Agreement on Textiles and Clothing	多纤维协定/纺织品与服装协定
MFN	Most Favored Nation	最惠国
MNSED	Middle East and North Africa Social and Economic Development Group	中东和北非地区社会经济发展组织
MMF	man-made fibers	人造纤维（又称化学纤维）
NAFTA	North American Free Trade Agreement	北美自由贸易协定
NCC	National Coordination Council	国家协调委员会
NDP	National Development Plan	国家发展计划
NGO	Nongovernmental Organization	非政府组织

NIEs	Newly Industrialized Economies	新兴工业经济体（亦称亚洲四小龙：韩国、台湾、香港、新加坡）
NSSO	National Sample Survey Organization	全国抽样调查组织
OBM	Original Brand Manufacturing	原品牌制造
ODM	Original Design Manufacturing	原设计制造
OEM	Original Equipment Manufacturing	原设备制造（又称代工生产）
OPT	Outward Processing Trade	对外加工贸易
PITEX	Temporary Importation Program to Produce Articles for Exportation (Programa de Importación Temporal para Producir Artículos de Exportación)	用于再出口产品加工的临时进口计划
PMAP	Post-MFA Action Program	后"多纤维协定"行动计划（亦称后配额时代行动计划）
PPP	purchasing power parity	购买力平价
PRMEAP	Poverty Reduction and Equity Unit East Asia and Pacific	东亚和太平洋地区扶贫及公平部
PRMGE	Gender and Development Department	性别与发展部
PRMPR	Poverty Reduction and Equity Department	扶贫及公平部
ITP	International Trade Department	国际贸易部
PSLM	Pakistan Social and Living Standards Measurement	巴基斯坦社会和生活标准衡量指标
ROO	Rules of Origin	原产地规则
SAARC	South Asian Association for Regional Cooperation	南亚区域合作联盟
SADC	Southern African Development Community	南非发展共同体
SAFTA	South Asian Free Trade Agreement	南亚自由贸易协定
SAPTA	South Asian Preferential Trading Agreement	南亚优惠贸易协定
SAR	Special Administrative Region	特别行政区
SAS	South Asia Sector	南亚地区
SASEP	South Asia Economic Policy and Poverty Sector Unit	南亚经济政策和扶贫部
SLAEA	Sri Lanka Apparel Exporters Association	斯里兰卡服装出口商协会
SMEs	small and medium enterprises	中小企业
SMI	Survey of Manufacturing Industries	制造业调查
SOEs	state-owned enterprises	国有企业
SSA	Sub-Saharan African	撒哈拉以南非洲地区
T&G	Textile and Garment	纺织服装
TCF	third country fabric	第三国纺织品（亦称第三国织物）

TSUS	Tariff Schedules of the United States	美国关税减让计划
TUFS	Technology Upgradation Fund Scheme	技术升级基金计划
UN Comtrade	United Nations Commodity Trade Statistics Database	联合国商品贸易统计数据库
UNDP	United Nations Development Programme	联合国发展计划
USAID	United States Agency for International Development	美国国际开发署
USAS	United Students against Sweatshops	反对血汗工厂学生联合会
USITC	U. S. International Trade Commission	美国国际贸易委员会
VHLSS	Vietnam Household Living Standards Survey	越南家庭生活水平调查
WMS	Welfare Monitoring Survey	福利监测调查
WRAP	Worldwide Responsible Accredited Production	国际社会责任认证(组织)
WRC	Worker Rights Consortium	工人权利联盟
WTO	World Trade Organization	世界贸易组织

备注：
(1) 除特别注明外，本书的金额单位为美元。
(2) 本书表中文字变量之间的"＊"表示隶属关系——译者注。

综述

Gladys Lopez-Acevedo, Raymond Robertson

全球纺织服装业至关重要,一方面可作为许多发展中国家工业化的起步行业,另一方面也为大量低收入工人(以妇女为主)创造了就业机会。同时,该行业受到国际贸易政策和法规——尤其是《多纤维协定》(MFA)和《纺织品与服装协定》(ATC)的重大影响。MFA/ATC于2005年1月1日结束,据预测,这一举措将给许多发展中国家的服装业和服装工人带来重大影响,并进而影响到未来的就业、工资和贫困问题。

本书的目的是探讨MFA/ATC配额取消后,对孟加拉国、柬埔寨、洪都拉斯、印度、墨西哥、摩洛哥、巴基斯坦、斯里兰卡、越南等九个国家产生的影响,以便更好地理解发展中国家全球化与贫困之间的关联。本书将分析MFA/ATC配额取消后(以下简称后配额时代)的就业、工资和服装产业结构的变化,力图为经济发展和减贫政策的制定者或决策者提供参考。

后配额时代,服装出口增长、价格下跌以及国家间生产和就业重新分配等现象随之出现。中国被预测并且确实成为了后配额时代的胜利者,因此得到了国际社会的广泛关注。但是,其余发展中国家在出口、工资、就业等方面发生了哪些变化乏善可陈。本书的主要目的之一是通过聚焦若干领先服装生产国,率先揭示这些国家所发生的变化。

本书采用的主要方法是进行国家案例深度研究。深度研究非常重要,因为每个国家都具有与众不同的特点,不同的法律法规环境、历史、地理位置、贸易关系及政策将塑造服装业以及后配额时代服装业的走向。国家案例深度研究能够使文中的实证研究涉及面更广,并且使结论更具说服力。

书中所选国家涵盖全球服装生产的多样性,包括地域、收入水平、贸易关系以及政策上的诸多差异。这些国家在以服装生产为特色的全球价值链中占据不同位置。毫无疑问,本书所研究的案例国家在后配额时代表现出的多样化具有一定代表性。虽然某些亚洲服装出口大国产量增加,而其他一些国家的服装出口和就业人数却在下降。如2004—2008年,孟加拉国、印度、巴基斯坦和越南的服装就业人数增加,而洪都拉斯、墨西哥、摩洛哥、斯里兰卡的服装就业人数却有所下降。需要说明的是,发生变化的一部分原因是有的国家,如斯里兰卡,部分就业人员向服装价值链上游企业转移;而其他国家仍然只供应低端产品,几乎不参与产品制造的其他阶段。

主要研究成果:

(1) 后配额时代的就业和出口模式与预测不完全一致

书中表明,跨国出口变化中大约只有三分之一的变动是由工资引起的。然而,工资差异只是产量变化的一部分原因,服装业的国内政策、所有制类型和产业功能升级等也发挥着重要作用。孟加拉国、印度、巴基斯坦和越南在实施了服装业特定的积极政策后受益最多。这一成果表明了进行国家案例深度研究的重要性,因为这样更便于解释导致后配额时代工资和就业发生变化的原因。

(2) 出口变化与工资和就业的变化未必一致

出口变化通常是衡量工资和就业变化的有效指标,但有时未必如此。正视这一事实对政策制定十分重要,因为它表明仅仅依靠出口指标作为衡量是否成功扶贫的标准不够充分。在一些亚洲大国,服装出口上涨带来了工资和就业的增加,然而,在斯里兰卡,出口增长与就业下降却同时发生。在某些情况下,日益激烈的全球竞争(以及随之而来的就业问题)会产生向更高附加值产品和服务转变的推动力。例如,墨西哥服装出口和服装就业人数逐渐减少,而这些劳动力似乎已成功转移至其他行业。但是如果国家未注重促进服装业向更高附加值的产品和服务转型,那么日益激烈的竞争将导致真正的损失,洪都拉斯就出现了这样的情况,服装出口下降导致了工资和就业人数的减少。这意味着面对全球化竞争,向高附加值的经济领域转型具有重要意义。

(3) 明晰全球服装市场变化对工人工资和贫困状况的影响

本书发现工资溢价①的变化是可预测的:在大多数能够积极适应配额逐步取消并扩大服装市场份额的国家中,工人的工资溢价增加;而未能及时响应环境变化的国家,工人的工资溢价则削弱。这一发现意味着出口的此消彼长不仅与就业机会相关,而且与工资溢价("好"岗位的最重要特征之一)的涨跌相关联。这种变化对发展中国家的工人具有双重影响。

(4) 产业升级并不一定意味着就业和工资增加

从国家政策方面来讲,那些推动服装产业升级的国家,服装出口额均有较大幅度增长,而那些没有促进产业升级的国家,服装出口增幅较小,甚至为负。尽管这一现象可能意味着产业升级有利于竞争,但是产业升级并不总是与就业和工资的增加相关联,甚至在某些情况下还会导致相反的结果。比如在斯里兰卡,产业升级与就业率下降(尤其是妇女的就业率)同时发生。其他国家的服装业(如孟加拉国和柬埔寨),虽然处于价值链的较低层级,但仍能够增加就业。洪都拉斯由于没有实施积极的产业转型升级和员工发展计划,日益激烈的竞争和随之而来的生产转移给工人带来了实际损失。为此,在纺织服装业转型升级过程中,提高工人技能十分重要。另一个重要发现是:以柬埔寨为例,某些进口国的国际买家十分重视声誉,对由这类国际买家驱动的产业来说,关注工作条件和工人待遇不仅是劳工权益问题,也是一种竞争优势。

本书就理解纺织服装工人在 MFA/ATC 这一重要协定结束后的处境变化迈出了重要的一步,但不足之处在所难免。在此,阐述本书存在的若干局限性,将有助于今后研究工作的开展。首先,本书论述了 MFA 配额取消后服装工人面临的现状,但是并没有指出明确的因果关系。如需切实明确因果关系,则需要搜集比目前更多的国家数据,搜集这些数据将有利于富有价值的拓展研究。其次,书中的福利分析主要集中于工资与就业。若能研究服装从业人员的流动态势,将加深对政策改革中一些重要福利影响的理解,同时揭示发展中国家劳动力市场的潜在动力。最后,2009 年的金融危机严重破坏了全球贸易。本书进行的研究正处于危机爆发之时,因此未能阐述此次金融危机潜在的长期影响。对全球价值链而言,若能明确金融危机长期或短暂的影响,将有助于政策制定者采取适当的防护措施,以保护那些在经济全球化过程中易受冲击的工人。

---

①译者注:工资溢价(wage premium)指纺织服装业平均工资比该国产业平均工资高出的百分比,亦称薪资增幅,全文同。

第一部分
后配额时代的就业、工资和减贫

第一章 绪论

Raymond Robertson[①]

　　降低发展中国家的贫困水平对政策制定者和国际发展组织而言都是一个至关重要的目标。正确理解全球化(尤其是全球化形成过程中的政策)与贫困之间的关系是实现这一目标的基础。本书以九个发展中国家为例,从就业和工资这两个决定性因素出发,尝试探讨《多纤维协定》(MFA)的结束如何影响贫困问题。通过描述不同国家政策变动的应对情况以及随之产生的就业和工资变化,可以帮助政策制定者在后配额时代的潜在经济环境中,最大限度地降低贫困水平。

　　学者和分析家们或许会对消除贫困的一些驱动因素存在异议,但人均国内生产总值(gross domestic product,GDP)的持续增长无疑是一个"必要"条件。几乎没有一个国家能在经济水平不提高的情况下成功减贫。全球化与经济增长之间的关系是当前的热门话题。Frankel 和 Romer(1999)、Noguer 和 Siscart(2005)等学者研究发现,全球经济参与度与国民人均收入密切相关,高参与度往往能带来高收入。在全球经济中,参与度有着重要的作用,原因之一是通过出口和外国直接投资(foreign direct investment,FDI)参与全球经济的企业更富有创新性(Alvarez 和 Ro-

　　①本章作者感谢 Gladys Lopez-Acevedo, Ana Luisa Gouvea Abras, Yevgeniya Savchenko 和 Cornelia Staritz 提供的建议以及 Ana Luisa Gouvea Abras 编制的表 1-3 和表 1-4。

bertson,2004)、会支付更高的工资(Lipsey 和 Sjoholm,2004;Oladi、Gilbert 和 Beladi,2011)以及提供更多的就业岗位。

　　然而,单纯依靠经济增长是不够的。就业率或工资水平提高,人均国内生产总值会相应增长。如果低收入群体的就业率和工资水平提高,则会直接减少贫困。这就是为什么 Loayza 和 Raddatz(2006)在研究中提出了在扶贫进程中应注意所针对群体社会层次的问题。研究表明,一个国家劳动密集型产业的经济增长更有利于改善贫困问题,因为劳动密集型产业不仅能提供就业岗位,而且所雇用的工人主要来自低收入群体。

1.1　服装业:一个关键性行业

　　服装业在许多发展中国家或许是全球化背景下最典型的劳动密集型产业。因此,由服装业所引起的诸多争议也就不足为奇了。有关发展中国家服装生产的负面评论指出,服装生产员工的总收入往往低于平均水平;同时,因工厂经常加班、加工条件简陋,导致工作环境较为恶劣。

　　服装业的平均工资较低,原因之一是从事该行业的工人大多来自于劳动力市场的低收入群体,其中以受教育程度较低的年轻女性为主。Robertson 等学者(2009)在一项针对五个国家有关各行业全球化、收入水平和工作条件的比较研究中发现:剔除年龄、受教育程度以及女性工资普遍较低等因素的影响,服装业工人所获得的工资溢价高于其他行业的平均水平。此外,研究还发现,跨国企业(合资企业)的工作条件要优于其他企业。换句话说,相比内资企业,能够在跨国服装企业中工作往往被视为得到了一份"好"工作。较高的工资能够直接有助于减少贫困。De Hoyos、Bussolo 和 Núñez(2008)在针对洪都拉斯的研究中指出,如果没有加工业(出口加工厂),特别是服装业和纺织业,贫困水平会比当时高出 1.5 个百分点。Yamagata(2006)在针对柬埔寨的相关研究中也得出了类似结论,即在配额制度取消前,柬埔寨服装工厂初级工人的工资收入远高于贫困线水平。

　　女性员工数量较多是服装业成为研究全球化与贫困关系的重要行业的另一原因[①]。对女性及其工资特别关注是,由于女性员工工资的增长能提高女童的存活率(Qian,2008)。此外,为女性提供就业机会对扶贫工作十分重要,因为在相同条件下,女性比男性更有可能面临贫困问题。女性工作后能够降低生育率,并有助于提高国内生产总值、有效产出及人均增

　　[①]近期有关全球化的一些研究报告中均提到了性别因素的影响,包括:Rendall (2010);Aguayo-Tellez、Airola 和 Juhn (2010);Oostendorp (2009);Özler (2000、2001)以及 Sauré 和 Zoabi (2009)。

长率。这些效应得到了广泛认可,并能解释为什么《联合国千年发展目标》中第三条和第五条[1]包含了改善女性地位的条款。

从个体或微观角度来看,服装业为低收入群体提供就业机会的事实说明了服装业与改善贫困之间的联系;而从宏观角度来看,这两者之间同样存在着一定的联系。当一个国家开始参与全球经济时,第一步往往涉及对服装业的扩张。英国、日本、美国及其他国家在工业化进程中都经历过一段"服装起步期"。对于农业、非正规部门或低生产力服务工作的国家来说,发展服装业通常是进入现代工业起步的一块跳板。

对于发展中国家来说,开拓服装业是实现工业化的首选,主要有以下几方面的原因:首先,服装业的启动成本相对较低,企业建立之初只需要投入相对较少的资金(缝纫机)和相对较低的培训费用,生产流程相对简单且原材料成本低,这些因素对行业准入有着积极的促进作用。其次,服装业与国内外经济有着密切的联系。全球近70%的服装出口来自低收入国家,也即服装业价值链的特征涉及生产阶段的国际分工(Gereffi 和 Frederick,2010;Staritz,2011)。从经济学的角度来看,服装生产呈现全球细分化。再者,生产细分化创造了在价值链中向上游转移的机会。发展中国家可以从最简单的生产阶段起步,借助从中获取的经验,进一步向处于价值链高端更复杂的生产阶段发展。复杂性更高的生产阶段需要更多的技能与资金支持,当然相应也会产生更高的生产力和收入水平。

1.2　《多纤维协定》(MFA)/《纺织品与服装协定》(ATC)的重要性

很少有行业像服装业那样深受国际条约的影响。MFA 于 1974 年开始在工业国家执行,当时还未被纳入《关税与贸易总协定》(General Agreement on Tariffs and Trade,GATT)的一般规则。协定的目的在于帮助工业大国适应发展中国家不断增长的生产力。根据这一协定,通过国与国的双边谈判,最终确定纺织品和服装配额制度。1995 年 1 月 1 日,ATC 取代了 MFA,自此 MFA 被纳入到国际贸易组织(World Trade Organization,WTO)的协议之内[2]。作为一种过渡工具,ATC 为配额逐步取消设立了时间框架,并将纺织品和服装纳入 1994 年的 GATT 规则之中。

MFA 限制了自由贸易,但同时也为原本没有机会发展本国服装业的国家提供了机遇和可能。有关文章(Evans 和 Harrigan,2005)记载了在

---

①《联合国千年发展目标》提出了至 2015 年底需要努力实现的八条宗旨;第三条为"促进两性平等并赋予妇女更多权力",第五条为"改善产妇保健"。
②本书提及的《多纤维协定》(MFA)和《多纤维协定》(MFA)/《纺织品与服装协定》(ATC)是等同的。

MFA 配额限制的影响下,美国的服装进口来源如何由亚洲转向了墨西哥和加勒比地区。MFA 中有关欧盟对孟加拉国的特别条款为该国拓展服装业提供了积极的促进作用,并奠定了之后服装生产增长的基础。对于其他国家,如中国,配额限制使得该国将一些生产订单转移到了其他有剩余配额的发展中国家。通过这些方式,MFA 对服装的全球生产格局产生了重大影响。

通过实施 ATC 而逐步取消配额对进口国十分有利(Harrigan 和 Barrows,2009)。同时,这也意味着全球服装生产的分配将由市场激励因素决定,而不再受制于条约规定。大多数人认为,劳动力成本是最重要的市场激励因素,事实上,还存在很多其他影响因素。例如,市场准入、运输距离、建立工厂的难易程度、基础设施(如电力成本及水源供应)以及国家政策,配额取消后,这些因素都会对全球生产格局产生影响。

1.3　案例国家的选择

在后配额时代的大环境下,中国是明显的受益国之一。中国在服装及其他行业的产品出口增长十分显著,因而转移了人们对其他服装生产国的注意力。本书试图填补这一缺口,聚焦那些相对受关注较少但对政策制定者有重要参考价值的服装生产国。在接下来的章节中,将对后配额时代背景下,九个发展中国家在服装产业结构、发展和产业升级等方面的内容进行论述。同时,针对 MFA 配额逐步取消对就业和工资的影响展开讨论。九个发展中国家包括:南亚的孟加拉国、印度、巴基斯坦、斯里兰卡;东南亚的柬埔寨、越南;拉丁美洲和加勒比地区的洪都拉斯、墨西哥以及北非的摩洛哥。

这些国家的选择遵循以下四个标准:

(1)服装业对所在国的整体经济影响重大。入选国家有以下两个特点:一是服装出口量占商品总出口量的份额较多;二是服装就业人数占正规就业人数的比重较大。在大多数国家,服装就业人口中女性从业者所占比例更高。

(2)地域覆盖。本书涵盖了各地区重要的服装生产国,其中格外关注亚洲的原因是 MFA 配额取消后,这一地区就服装出口市场份额来说是赢家,然而,各个国家的政策、出口及就业状况则不尽相同。

(3)在全球价值链中的位置。为了能够得出更广泛的结论,本书选择了处于全球服装产业链不同位置的若干国家。其中,有三个维度非常重要:产业功能(简单缝制加工、完整生产但不包含设计或者设计与生产一体化);后向关联(与纺织业的链接)的程度;所有制结构(内资或外资企业)。

(4)出于现实考虑并兼顾数据的可获取性。本书通过家庭调查和企业或机构的调查数据,分析评价 MFA 配额逐步取消过程中对国家、企业及工人产生的影响。这样的分析需要限定在一定的时间范围内。为了便于对各国数据进行分析比较,使用的数据必须具备一致性。

尽管这九个国家都被称为"发展中"国家,但在后配额时代,这些国家在出口方面的表现不尽相同。洪都拉斯和墨西哥的服装出口总额在后配额时代均呈现下降趋势。而其他五个国家,包括孟加拉国、印度、摩洛哥、巴基斯坦和斯里兰卡的服装出口总额呈现上升趋势,但这一增长并未达到在人均 GDP(或工资水平)基础上提出的预期发展目标。其余两个国家,即柬埔寨和越南,在服装出口总额上显著增加,并超出预期。为了明确出口额在不同国家呈现增长或下降的可能原因,必须对全球以及各个国家内部的服装业结构进行研究。

1.4 服装与贫困的关联(驱动因素的选择)

本书主要研究后配额时代服装出口、工资及就业的变化,特别关注工人中的贫困阶层。服装业往往是一个国家从农业社会向工业社会过渡的第一步(尤其是女性)。因此,该产业的发展对整个经济乃至该国发展和扶贫的潜力有着重要影响。

若干国家的比较研究表明,服装业为个人提供了改善工作环境以及通过接受教育而获得更高回报的机会。如表 1-1 所示,通常,服装从业者的受教育程度高于农民,但与其他行业差异不大(尽管在服装业中女性的受教育程度低于男性)。服装从业人员的工资一般高于农民,同时,与服务业基本持平(见表 1-2)。以上数据表明,从农业向服装业的职业转移有助于社会升级。

此外,服装业的贫困率比其他低技能行业低(见表 1-2、表 1-3、表 1-4)。服装从业人员位于贫困线(通过两种方式衡量:日工资低于一美元或低收入工作群体)之下的占比,可反映服装业的相对贫困程度。与从事农业或服务业的人员相比,服装从业人员享有相对较高的工资收入。这些行业平均工资的差异说明服装业的扩张能够提供更多的就业机会,以帮助本来从事农业或服务业的人员摆脱贫困。相反,如果出口量下降导致工人从服装业转向农业等其他劳动密集型产业,则会增加他们陷入贫困的可能性。

表 1-1　不同行业从业人员受教育年数

国家	年份	平均受教育年数（所有工人）	女性平均受教育年数		
			服装业	农业	服务业(销售)
孟加拉国	2009	4.4	5.4	1.0	2.8
柬埔寨	2008	6.1	5.8	4.6	6.2
洪都拉斯	2007	6.9	7.4	4.7	7.2
印度	2007	5.9	5.8	2.3	5.2
巴基斯坦	2008	5.0	3.6	0.7	4.3
斯里兰卡	2008	8.8	10.2	7.4	9.2
越南	2008	8.7	8.7	7.6	8.4

来源:根据若干年份家庭及劳动力市场调查结果整理。
注释:调查群体的年龄范围为 10～69 岁。

表 1-2　不同行业从业人员平均工资的对数值

国家	年份	所有行业	服装业	农业	服务业(销售)
孟加拉国	2009	7.9	9.3	5.4	8.9
柬埔寨	2008	12.5	12.5	11.7	12.5
洪都拉斯	2007	8.0	8.3	7.1	8.1
印度	2007	6.4	6.4	5.9	6.5
巴基斯坦	2008	10.8	10.6	10.5	10.7
斯里兰卡	2008	8.9	8.9	8.7	8.9
越南	2008	7.4	7.0	6.8	7.2

来源:根据若干年份家庭及劳动力市场调查结果整理。
注释:工资对数值以本国货币折算,因此只在该国内部具有可比性。

表 1-3　不同行业低收入工作群体占比(%)

国家	年份	所有行业	服装业	农业	服务业(销售)
孟加拉国	2000	43	27	63	33
	2005	37	35	29	57
柬埔寨	2004	34	10	43	35
	2007	23	8	31	32
洪都拉斯	2003	12	2	27	8
	2007	15	2	37	10
印度	2005	26	23	28	31
巴基斯坦	2002	20	21	34	30
	2005	13	5	23	6
斯里兰卡	2002	9	8	10	9
	2007	4	2	5	4

来源:根据若干年份家庭及劳动力市场调查结果整理。
注释:各行业收入水平低于国家贫困线标准的从业人员所占百分比;调查群体的年龄范围为 10～69 岁。

表 1-4　不同行业贫困率占比(％,按购买力平价计算)

国家	年份	全国贫困率	服装业	农业	服务业(销售)
孟加拉国	2000	58	39	72	37
	2005	50	45	43	57
柬埔寨	2004	40	32	74	61
	2007	28	25	55	48
洪都拉斯	2003	18	6	27	8
	2007	23	3	43	12
印度	2005	42	49	63	60
巴基斯坦	2002	36	36	58	49
	2005	23	17	44	14
斯里兰卡	2002	14	16	24	20
	2007	7	11	21	17

来源:根据若干年份家庭及劳动力市场调查结果整理。
注释:该百分比指按购买力平价(purchasing power parity,PPP)计算,即日工资低于一美元的工人占比;调查群体的年龄范围为 10~69 岁。

　　服装业仍是女性的重要经济来源,女性从业者占比高。除孟加拉国、印度和巴基斯坦以外,其他国家服装从业人员的构成中,女性员工至少占据整个行业员工数量的三分之二。而在一些女性就业率较低的国家,服装业女性员工比例也比其他行业略高,如孟加拉国和巴基斯坦。服装业能为女性提供获得工资的机会,因而了解服装业的演变方式对女性的发展及脱贫工作具有重要意义。

1.5　本书内容与结构

　　撰写本书的目的之一是通过对现有数据的分析,得到后配额时代工人现状和发展前景的一系列结果。本书分为两个部分。

第一部分

第一章为绪论。

第二章为第四至第六章中使用的实证研究奠定理论基础,并提出实证研究的结构框架。在第二章中还就 MFA 的配额逐步取消对就业和工资的影响以及如何区别对短期工资与长期工资的影响进行了论述。这部分内容主要关注就业与工资问题,描述了工资分解的方法,并由此确定对帮助工人脱贫有着重要意义的工资组成成分。该章还综述了第四至第六章使用的数据来源。

第三章叙述了现代服装生产的复杂性,特别关注于全球价值链。每个案例国家在全球服装生产中都占有独特地位,并且在面对 MFA/ATC 配额取消后的环境变化时,各个国家生产结构的调整也不尽相同。该章力图阐明服装业的变化涉及到不同程度的产业转型升级,即价值链的提升。一些国家的政府部门较之其他国家采取了更为积极主动的政策,以此促进和鼓励服装业转型升级,而诸多转型升级案例印证了这一政策的成功。理解产业转型升级对理解后续的出口变化以及对工人的影响有着至关重要的作用。

第四至第六章主要对九个国家的家庭、劳动力、企业和产业的相关数据进行分析。第四章重点阐述亚洲服装生产大国(孟加拉国、印度、巴基斯坦和越南),这些国家的服装业拥有大量劳动力,有些国家(如孟加拉国和印度)源于国家规模和服装生产历史,而另一些国家(如越南等)则可归因于服装业近期的快速发展。

第五章主要论述在 MFA 配额逐步取消过程中受到严重挑战的国家(洪都拉斯、墨西哥和摩洛哥)。这些国家在 MFA/ATC 配额取消前集中于单一市场。目标市场的选择主要取决于距离因素,拉丁美洲国家关注美国市场,而摩洛哥则关注欧洲市场。

第六章解析两个服装生产规模较小的亚洲国家,即柬埔寨和斯里兰卡。这两个国家的相似性在于,他们都成功地增加了出口,但是就政策而言,采用的方法却不尽相同。

第七章为第一部分的总结,同时指出了未来的研究方向。

第二部分

对 MFA 配额逐步取消过程中九个案例国家的服装业发展和相关政策进行了分析。因此,这部分的研究重点并非就业和工资问题,而是更多地关注案例国家服装产业的总体结构。第二部分中九章内容的结构设置采取相同的思路。首先,讨论服装业的发展现状,重点论述与 MFA 配额逐步取消相关的发展以及后配额时代背景下的经营方式;然后,根据第一部分对不同产业升级方向的界定结果,依次对服装业的结构进行评述;最后讨论主要终端市场,特别是美国、欧盟 15 国①和地区性市场的优惠市场准入贸易条件以及 MFA 配额逐步取消背景下的相关政府政策。

参考文献

[1] Aguayo-Tellez, Ernesto, Jim Airola, and Chinhui Juhn. 2010. "Did Trade Liberalization Help Women? The Case of Mexico in the 1990s. " Working Paper 16195, National Bureau of Economic Research, Cambridge, MA.

---

①欧盟 15 国指截至 2003 年 12 月 31 日加入欧盟的 15 个成员国:奥地利、比利时、丹麦、芬兰、法国、德国、希腊、爱尔兰、意大利、卢森堡、荷兰、葡萄牙、西班牙、瑞典和英国。

[2] Alvarez, Roberto, and Raymond Robertson. 2004. "Exposure to Foreign Markets and Firm-Level Innovation: Evidence from Chile and Mexico." *Journal of International Trade and Economic Development* 13 (1): 57-87.

[3] de Hoyos, Rafael, Marizio Bussolo, and Oscar Núñez. 2008. "Can Maquila Booms Reduce Poverty? Evidence from Honduras" Policy Research Working Paper 4789, World Bank, Washington, DC.

[4] Evans, Carolyn, and James Harrigan. 2005. "Tight Clothing. How the MFA Affects Asian Apparel Exports" In *International Trade in East Asia*, NBER-East Asia Seminar on Economics, Volume 14, ed. Takatoshi Ito and Andrew K. Rose, 367-90. Chicago: University of Chicago Press.

[5] Frankel, Jeffrey A. , and Paul Romer. 1999. "Does Trade Cause Growth?" *American Economic Review* 89 (3): 379-99.

[6] Gereffi, Gary, and Stacy Frederick. 2010. "The Global Apparel Value Chain, Trade, and the Crisis." Policy Research Working Paper 5281, World Bank, Washington, DC.

[7] Harrigan, James, and Geoffrey Barrows. 2009. "Testing the Theory of Trade Policy: Evidence from the Abrupt End of the Multifiber Arrangement." *The Review of Economics and Statistics* 91 (2): 282-94.

[8] Lipsey, Robert E. , and Fredrik Sjoholm. 2004. "Foreign Direct Investment, Education, and Wages in Indonesian Manufacturing." *Journal of Development Economics* 73 (1): 415-22.

[9] Loayza, Norman, and Claudio Raddatz. 2006. "The Composition of Growth Matters for Poverty Alleviation." Policy Research Working Paper 4077, World Bank, Washington, DC.

[10] Noguer, Marta, and Marc Siscart. 2005. "Trade Raises Income: A Precise and Robust Result." *Journal of International Economics* 65 (2): 447-60.

[11] Oladi, Reza, John Gilbert, and Hamid Beladi. 2011. "Foreign Direct Investment, Non-traded Goods, and Real Wage" *Pacific Economic Review* 16 (1): 36-41.

[12] Oostendorp, Remco H. 2009. "Globalization and the Gender Wage Gap." *World Bank Economic Review* 23 (1): 141-61.

[13] Özler, ule. 2000. "Export Orientation and Female Share of Employment: Evidence from Turkey." *World Development* 28 (7): 1239-48.

[14] Özler, ule. 2001. "Export Led Industrialization and Gender Differences in Job Creation and Destruction: Micro Evidence from the Turkish Manufacturing Sector." Working Paper 116, Economic Research Forum, Cairo.

[15] Qian, Nancy. 2008. "Missing Women and the Price of Tea in China: The Effect of Sex-Specific Earnings on Sex Imbalance." *Quarterly Journal of Economics* 123 (3): 1251-85.

[16] Rendall, Michelle. 2010. "Brain versus Brawn: The Realization of Women's Comparative Advantage." Working Paper 306, Center for Institutions, Policy and Culture in the Development Process, Department of Economics, University of Zurich.

[17] Robertson, Raymond, Drusilla Brown, Gaëlle Pierre, and Laura Sanchez-Puerta, eds. 2009. *Globalization, Wages, and the Quality of Jobs: Five Country Studies*. Washington, DC: World Bank.

[18] Sauré, Philip, and Hosny Zoabi. 2009. "Effects of Trade on Female Labor Force Participation." Working Paper 2009-12, Swiss National Bank, Geneva.

[19] Staritz, Cornelia. 2011. " Making the Cut? Low-Income Countries and the Global Clothing Value Chain in a Post-Quota and Post-Crisis World." World Bank study, World Bank, Washington, DC.

[20] Yamagata, Tatsufumi. 2006. "The Garment Industry in Cambodia: Its Role in Poverty Reduction through Export-Oriented Development." Discussion Paper 62, Institute of Developing Economies, JETRO, Chiba.

第二章　理论基础与实证研究方法
Raymond Robertson

2.1　导论

本章①主要论述三项内容：a. 阐述一般贸易政策的变迁，尤其是《多纤维协定》(MFA)/《纺织品与服装协定》(ATC)通过何种经济方式对工人产生影响，这一论述确定的关键变量是实证分析的重点；b. 描述的实证研究方法将用于各章节（第八～第十六章）的程式化表达，阐明后配额时代工人工作境遇的变化。这一方法综合了行业概述（第三章）与定量分析（第四～第六章）；c. 解释说明第四～第六章的数据来源和样本获取方式。

2.2　全球服装生产决策模型的构建

21世纪的服装产业结构正逐渐转变为全球分工合作，例如，在意大利设计，在日本织造面料，最终在劳动力资源丰富的国家缝制成服装产品。这种结构，即通常所谓的"价值链"由国际买家（消费者导向型大公司）主导，他们通过分销货品以及在不同服装生产国组织成衣缝制加工，寻求利

①本章作者感谢 Gladys Lopez-Acevedo 和 Cornelia Staritz 提供的评议，感谢由 Yevgeniya Savchenko 提供的表 2-1 数据描述。

润最大化。在官方统计数据中,这些货品被核算为服装生产国的出口额度。

鉴于国际买家在全球服装生产链中的重要性,在此,假设一种变量,即全球服装生产初始阶段以国际买家追求利润最大化为目标。国际买家了解他们的消费者,并假定他们根据当时的市场状态有一个预测的生产量。这种市场状态可以描述为下倾需求函数(downward-sloping demand function),即国际买家可以通过降低售价增加销量,然后再决定这些订单在哪里生产。

首先从单纯的利润最大化开始,阐述国际买家面临的问题。为简便起见,假设国际买家出售同质化产品(有着稳定的质量,但之后可以放宽这一标准),而价格取决于最终的产品市场(因此不受原产地影响)。初始阶段,基于平均生产成本和当时的市场状态,国际买家将选择一个最佳的销售数量,一旦决定了这一数量,接下来的问题是决定产品的生产地。

在上述假设条件下,可着手构建服装生产国选择模型。由于不同国家的生产成本不尽相同,只要各个国家的边际成本增加不一致(这不是一个很严密的假设,尤其当边际成本存在风险时),国际买家将生产订单分配到不同国家将有实际意义。

设:国际买家将 i 国产量定为 q_i,可得到如下利润 π 最大化的函数关系式:

$$\max \pi = P(Q)q_i - C_i(w,\ x,\ q_i) \tag{2.1}$$

式中:

$P(Q)$——市场价格(这里设 $P(Q)$ 为所有原产国生产量总和 $Q=\Sigma q_i$ 的递减函数);

$C_i(w,\ x,\ q_i)$——成本函数。成本是与工资 w 有关的函数,因为服装是一种劳动密集型产品;除工资外,还有其他因素 x(如电费、管理费、运费、风险费等);成本同时也是与 q_i 相关的函数,表示边际成本随产量增加而有上升的可能性。

国际买家可利用式(2.1)评估各个国家或相关的国家联盟,评估结束后将得出一个特定国 i 的最佳产量 q_i^*。q_i^* 是关于 i 国生产成本(c_i)、其他国家的生产成本($c_{\sim i}$)以及全球总需求(用变量 d 表示)的函数。

$$q_i^* = f(c_i,\ c_{\sim i},\ d) \tag{2.2}$$

对于某一特定国家而言,成本的上升会导致该国产量减少;同样地,其他国家的生产成本上升时,若其他条件保持不变,会导致 i 国的产量增加;而全球需求增加时,若其他条件保持稳定,将使各个国家的产量增加。

MFA是一种配额体系,即对来自指定国家的进口量进行额度限制。在这个框架中,配额设定了 i 国的出口上限 $\bar{q}_i$,而在成本较低的国家,$q_i^* > \bar{q}_i$。除了 $\bar{q}_i$ 的显著影响外,这一框架也显示出配额会将生产转移到潜在成本更高的国家。也就是说,对于一个给定的生产总量 Q,限制一个国家的产量必然会导致其他国家的产量增加,由此产生的生产结构是低效的,因为实际产量不等于最佳产量。

(1) MFA/ATC 配额取消后全球服装出口的变迁

上述模型表明 MFA/ATC 配额取消后将产生三种效果:第一,由于更加有效地配置了各国的生产比例,总产量将会增加;第二,由于面对下倾需求曲线 $P(Q)$,生产商们将不得不降价以出售更多产品,全球服装价格将伴随供给量的增加而下降;第三,可能也是本研究最重要的一点,MFA/ATC 配额取消后,允许国际买家将生产转移到他们认为最适合的国家。具体而言,那些 $q_i^* > \bar{q}_i$ 的国家将增加生产,而那些曾经因配额体系而享受"溢出需求"的国家将减少生产。在这一模型中,由于服装业属于劳动密集型行业,劳动力成本低的国家将增加出口,劳动力成本高的国家将减少出口。

正如该模型所表明的,MFA/ATC 配额取消后全球产量确实增加了。全球服装贸易总额从 2000 年的 1 937 亿美元上升至 2008 年的 3 359亿美元[①]。2000—2004 年服装出口总额上升了 30%,而 2004—2008 年又上升了 33.5%。此外,在美国和欧洲市场,服装的单价有明显的下降趋势。

该模型的第三种预测也可用相关数据印证,即在 2000—2009 年期间,伴随着制造业在相关国家之间的重大转移,全球服装贸易量上升以及服装单价下降(Brambilla、Khandelwal 和 Schott,2007;Gereffi 和 Frederick,2010)。国家之间生产的转移只是部分地受到了工资问题的影响,这一点可以从 MFA/ATC 配额取消前后的服装出口变化与工资的比较得出(见图 2-1)[②]。这两个变量(出口变化和工资)之间的非线性关系表明:在服装生产转移过程中,工资是一个很重要的参数。由图 2-1 可知,低工资与高工资国家出口增加,而中等工资国家则出口减少。

①资料来源:联合国商品贸易统计数据库。详见第三章表 3-5。
②服装工资由国际劳工组织(ILO)的劳工统计数据库(LABORSTA)提供,服装工资按美元/时计算,国内工资按同期美元对国内货币汇率换算,详见 http://laborsta.ilo.org。

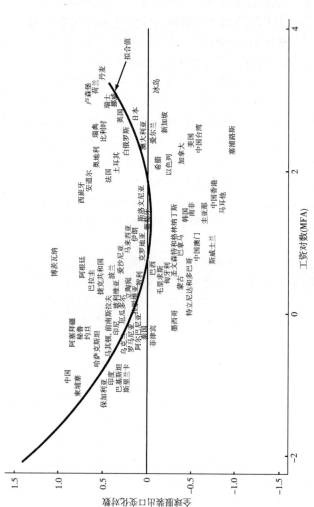

图2-1 服装出口总量变化和服装工资对数曲线

来源：联合国商品贸易统计数据库（UN Comtrade）；工资数据源自劳工统计（LABORSTA）数据库（http://laborsta.ilo.org）。

注释：MFA期间各服装出口数据的大小与世界出口量成正比，出口总量对数变化的拟合值是通过二次方程拟合计算的。源自联合国商品贸易统计数据库的服装出口数据表明，随着时间推移，这种变化是不均匀的，数据往往也不完整。因此本图采用了2000~2004年的服装出口值来体现配额取消前的变化以及2005~2008年的平均值来体现配额取消后的变化值。2008年以后的数据也可以在联合国商品贸易数据库中查到，但2009和2010两年，即撰写本书期间，由于全球金融危机，出口受到了严重冲击。

　　然而,工资并不是唯一因素。事实上,后配额时代,在出口的变化中大约只有 30％受工资影响。中国就是一个很典型的例子。许多工资水平与中国相当的国家(根据劳工统计局数据库),服装出口增幅比中国小得多,有的甚至下跌。显然,除了工资因素,影响出口的变化 70％源自其他因素。如文献(Das、Roberts 和 Tybout,2007)中已有记载的那样,包括出口的前置成本(或称沉没成本)、经济规模或技能培训等。实际上,MFA 允许一些国家利用服装出口的经历进行出口加工模式创新,以改变这些国家的初期生产模式(如 CMT),而这种初期生产模式往往很难甚至不可能进行其他类型的服装生产(如 FOB、ODM)。初期生产模式的改变意味着,在后配额时代,各国之间的服装出口变化不一定必然发生。也就是说,已经从 MFA 的配额中获益的国家(因为这些国家并没有条件进行无配额服装产品的生产和出口),在后配额时代仍然可能保持他们的出口。

　　通过回归分析可以确定上文提到的其他因素的相对重要性(见表 2-1)。如图 2-1 所示,初始工资的平方与服装的出口变化呈现二次函数关系,当样本局限于低收入国家时(见表 2-1 第三、四栏),将不再呈现这种二次函数关系[1]。有趣的是,一个国家如果与美国签订自由贸易协定(Free Trade Agreement,FTA),服装出口的变化则呈现较大的负相关性。对于这一事实的一个可能解释是,这些数据是分类排列的,也就是说,对照组中不包括那些未签订 FTA 的同类国家。如果美国有意挑选那些配额取消后将会陷入困境的国家来签订 FTA,那就有可能至少部分地解释了这种负相关性。事实上,加入中美洲自由贸易协定(Central American Free Trade Agreement,CAFTA)国家的部分动机是担心配额取消后来自中国的竞争。

　　考虑到影响出口变化的一些附加变量可能源自商业环境,故通过营商环境调查设定变量为 13 个,包括电力(连接的过程和时间)、合同(执行的过程和时间)、登记注册和创业[2]。在这些变量中唯一呈现持续影响的是交货所需时间,令人惊讶的是,这个变量始终呈现一种微小的正相关性。这些结论令人深思之处并非交货所需时间具有显著意义,实际上是其余 12 个变量均不具有显著意义。由此表明,对各国商业环境进行的回归分析,并不能很好地帮助我们理解后配额时代服装出口的变化。

---

[1]此处局限于低工资国家的原因是数据的可用性。
[2]由于包含了人均 GDP 和贸易额较少的国家,所以减少了适用的观测值个数。

表 2-1   配额取消前后服装出口变化的决定因素

	(1) 主要	(2) FTA	(3) WB	(4) 总体
初始工资（MFA 前后）的对数	−0.275 (0.052)＊＊	−0.254 (0.052)＊＊	−0.107 (0.044)＊	−0.104 (0.044)＊
初始工资（MFA 前后）对数的 平方	0.103 (0.031)＊＊	0.091 (0.031)＊＊	0.043 (0.032)	0.033 (0.033)
FTA		−0.362 (0.179)＊		−0.176 (0.156)
交货所需时间/天			0.002 (0.000)＊＊	0.001 (0.000)＊＊
女性受教育年数			−0.145 (0.031)＊＊	−0.143 (0.031)＊＊
总生育率（每位女性生育孩子的 数量）			−0.179 (0.080)＊	−0.138 (0.087)
年轻女性识字率（15～24 岁女 性中的百分比）			0.013 (0.006)＊	0.015 (0.006)＊
常数	0.203 (0.072)＊＊	0.251 (0.074)＊＊	0.687 (0.723)	0.470 (0.746)
拟合系数	0.26	0.30	0.72	0.73
观测样本量	83	83	49	49

来源：联合国商品贸易统计数据库（UN Comtrade）（出口）；国际劳工组织（ILO）劳工统计（LABORSTA）数据库（工资）；营商环境指标（Doing Business Indicators）；世界银行发展指标。

注释：所有回归分析均通过一般最小二乘法（OLS）进行计算；全球服装平均出口量（因变量）分为 2000—2004 年以及 2005—2008 年两个时间段；2000—2004 年全球服装出口量的回归分析采用平均加权获得；对于与美国签订自由贸易协定的国家来说，FTA 变量是一个虚拟变量，相当于 1；在世界发展指标营商环境变量中，"交货所需时间（天）"是历年有效数据的平均值；在其他回归分析中，包含相关的营商环境指标（未在表中列出），但对于服装出口变化的影响有限，这些变量包括：电力（连接的过程和时间）、合同（执行的过程和时间）、登记注册和创业；FTA＝自由贸易协定；WB＝世界银行；MFA＝多纤维协定。

＊＊表示在 5％及以下水平时具有显著意义；＊表示在 10％及以下水平时具有显著意义。

　　另一组可能影响出口的变量值为女性员工的工作条件。Do、Levchenko 和 Raddatz（2011）认为：在劳动密集型出口产品加工中，女工占劳动力主体的变化直接受女性先天条件的影响。为了探讨这一可能性，本研究从世界发展指标数据库中选取三个变量进行测评：女性受教育年数、生育率以及 15～24 岁女性的识字率。一个国家女性的学历越高，服装出口的增幅越小；同样道理，女性受教育程度低的国家更能促进服装的生产，因为工资相对较低，而高学历者未必有助于基本型的服装生产。生育率对服装出口会呈现较大的消极影响。从统计学角度来说，女性的识字率对服装生产增幅有着显著的积极影响。总体来说，这些分析结果与服装工人的人口统计特征有着惊人的一致：年轻、低学历（但识字）、单身女性。

依据该模型的测评,各国之间已进行了大规模的产业重新分工,这些变化不仅与工资相关,还与工人的人口统计特征有关,而本书的目的是描述后配额时代工人的境遇。因此,下一步将具体说明这些变化对工人的影响。

(2) 从配额到工人

工人的福利从根本上来说,受劳动力市场(或好或坏)需求的影响。劳动力市场的特征是劳动力的需求和供给。本研究的指导性假设之一是:各国之间的生产再分配将会通过影响劳动力需求来影响个别国家的劳动力市场。尽管 MFA/ATC 的配额取消对劳动力供给可能也有潜在影响,但不会在短期内发生。从某种意义上来说,劳动力需求是一种由生产决策驱动的派生性需求(Hamermesh,1993)。后配额时代发生的一系列变化显然是企业层面生产决策导致的结果,因而劳动力需求将配额和工人自然地联系起来。

为了更好地说明劳动力需求怎样将配额和工人联系在一起,本研究将从国际买家决策模型推导出个体服装生产企业雇用决策模型。依据最简单的新古典主义理论,劳动力需求源自企业利润最大化的决策。假设产量 q_i(与上文的 q_i 相同)由劳动力(L)和其他因素(K)构成,个体企业将通过成本最小化求得利润最大化。企业成本最小化将依据要素价格(工资,若 K 代表资本,则还有租赁费用)选择 L 和 K 的最优配置。在这个模型中,假定工资(和租赁费用)由全国相关要素市场决定,因此这些要素一般被认为是个体企业的外因。换句话说,本书所讨论的工资假设是由一般均衡理论决定的。本章稍后的讨论将放宽这一假设,但目前,假设企业按给定水平确定工资(和租赁费用),则成本最小化关系式如下:

$$\min_{K,\,L}(w,\,r)\,\text{subject to}\ q_i = F(K,\,L) \tag{2.3}$$

式中:w—工资;r—租赁费用。

单位产品的劳动力需求 $L^*(w,\,r)$ 可由成本函数对工资求导而得,即:

$$\frac{\mathrm{d}C(w,\,r)}{\mathrm{d}w} = L^*(w,\,r) \tag{2.4}$$

由此产生的单位产品的劳动力需求与资本价格(成本)呈正比函数,而与工资率呈反比函数。劳动力需求总量 l_i 等于单位产品的劳动力需求乘以产量[1],见下式:

$$l_i = q_i L^*(w,\,r) \tag{2.5}$$

---

[1]实际意义上,在其他条件不变的情况下,总劳动力需求与产出价格呈正比关系。

若劳动力供给保持不变,劳动力需求的改变将最终影响到工人。虽然理想的方式是衡量员工福利的变化,然而员工的福利是很难衡量的。为此,本研究取而代之采用收入或者非收入的工作条件来进行衡量。专注于收入有其合理性,因为本研究的重点是劳动力市场的变化,而当工人们评估劳动力市场体验时,收入是他们所关心的重要因素。

2.3 实证策略

在以下的架构中,收入等于投入工作的时间(按小时、星期或月数计)乘以工资率(w)。当研究集中于一群工人(如缝纫工或其他较贫穷的工人)时,收入(y)与就业人数(l)、时间(h)及工资(w)的关系可用下式表达:

$$y = lhw \tag{2.6}$$

从而,收入的变化可以分解成每个组成因子的变化,如:

$$\triangle y\% = \triangle l\% + \triangle h\% + \triangle w\% \tag{2.7}$$

这一等式为劳动力市场提供了一种简洁的分析架构,因为它能说明后配额时代的收入变化可分成三部分进行实证分析。

就业变化($\triangle l\%$)代表直接受劳动力需求变化驱动的服装业与其他行业之间的变化。

时间变化($\triangle h\%$)代表服装业本身的变化。时间变动固然重要,但是行业中许多其他变动也可能影响工人。为此,本研究用 h 代表时间和业内的其他变化[1]。

工资变化($\triangle w\%$)代表工资水准的变化,本研究将这一概念涵盖至工作条件的变化(工作条件可看作是工作报酬的一种)。下面依次讨论各个变量。

(1) 就业变化($\triangle l\%$)

若要理解后配额时代对就业产生的影响,首先可分析各国服装业相对于其他行业的就业变化。上述的简洁构架表明,对服装出口需求的相对增加会引起劳动力向服装业转移。换言之,若生产技术(广义)保持不变,服装出口和服装就业的变化(尽管数据波动较大,但可以直接估算),相对于经济体系的其他行业,将呈现为积极的正向关系,因为劳动力需求源于生产。

本研究倾向使用特定行业的就业指标,而非整个经济体系的就业测量指标,例如失业率。Helpman、Itskhoki 和 Redding(2010)对最近不断增

---

①此 h 与 L 有关。

加的有关贸易和劳动力市场摩擦的文献进行了研究,结果表明从贸易自由化(或贸易冲击)角度对失业情况进行的预测结果含混不清。因为从历史角度来看,失业主要受整个经济体系因素的影响,例如商业周期,全球化对失业只起到相对较小的作用。特别是服装业,在许多国家是女性员工的主要就业渠道,但服装业占总就业的比例并不特别高。因此,直接关注服装业对整个就业的影响比关注 MFA 对整个就业的影响(如失业率)更为有效。

行业间的就业转移尤其与女性(并由此与贫困)相关。如果相对高薪[①]的服装业进行了生产的拓展,这将会为女性离开农业或家政服务等低收入领域创造机会,反过来也如此。为此,也可以借助不同行业之间技能高低的比值,来了解对经济体系中总体技能需求的影响。

(2) 服装业内部变化($\triangle h\%$)

之前描述的架构揭示了配额和工人之间呈现最基本的"横向"关联,但是服装生产的"价值链"结构为企业创造"纵向"关联体系提供了潜在可能。实际上,考虑到行业内部波动的复杂情况,服装出口和服装就业之间不太可能呈现出直观的正向相关性。理论和行业内部实证研究的最近进展始于 Melitz(2003),随后 Davidson、Matusz 和 Shevchenko(2008),Dix-Carneiro(2010)以及 Felbermayr、Prat 和 Schmere(2011)等也发表了研究报告,这些研究指出,若要充分了解影响工人的相关因素,必须对行业内部变化进行分析。

图 2-2 为产业内部分析结果的分类。横坐标轴代表就业状况,以纵坐标轴为中心,右侧表示就业增加,左侧表示就业减少。纵坐标轴代表产业升级,如采用更多的资本密集型技术、生产高附加值产品或者对国内原料的上游生产领域(例如纺织业)进行升级。横坐标轴下方区域表示产业升级不积极或者向价值链低端方向拓展。这一评价图可划分为四个象限。某些国家若产业升级和就业增加同时进行,则划分至 A 象限(例如,孟加拉国、印度和越南等)。

相比之下,后配额时代一些国家可能被划分至 C 象限(例如,洪都拉斯、墨西哥等),表现为产业升级乏力和就业率低。也许最值得关注的是 B 象限和 D 象限:B 象限(例如,摩洛哥、斯里兰卡等)代表了处于产业升级的经济体,但服装就业人数呈下降态势,处于这一象限的经济体更有可能将重心从服装业转移出去,转型生产高附加值产品(如电子产品);与 B

---

①服装业与其他行业,如农业和基础服务业的低技能、劳动密集型行业相比,工资相对较高。

象限相反,处于 D 象限的一些国家往往成功地专注于价值链体系中劳动力最密集的部分(例如,柬埔寨、巴基斯坦等)。本书后面章节将直接或间接地运用象限图评价法,对后配额时代的就业变化进行分析。

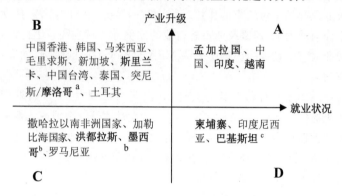

图 2-2　产业升级对就业的影响

来源:由作者(Raymond Robertson)判断绘制。
注释:a. 产业升级实效性不如其他案例国家;b. 纺织服装业内部基本没有产业升级,但产业升级外延至其他行业;c. 与其他案例国相比,产业升级更具有实效性。

　　运用上述象限图评价法,首先对各个国家内部的服装生产状态进行评估,然后再确定每个国家在全球价值链(象限图)中所处的位置。由于服装业具有"价值链生产"的特征,因此,国家内部的生产结构对最终的就业结果有着巨大的潜在影响。Gereffi 和 Frederick(2010)以及第三章讨论了服装价值链体系中产业功能升级的主要阶段。分析时,需要结合两方面的数据,即相关国家从成衣加工至原品牌制造(Original Brand Manufacturing,OBM)产业功能升级阶段的数据以及后配额时代服装出口的变动数据,因为生产方式的不同阶段可能包含着不同的就业方式。例如,纺织业一般会比服装业雇用更多的男性。后配额时代,国内生产向纺织业转型,可能对男性和女性的就业产生重大影响。因此,了解每个国家整体生产结构的变化,对全面理解就业和脱贫的变化至关重要。近期的理论研究主要集中于行业内部的不均匀性,与新古典贸易理论的标准贸易模型预测的结果相比,该研究的结果更缜密。关于行业内技能密集度提升的原因,可能源于技术密集型企业拥有相对较高的生存能力(进入能力),或者,也可能是个别企业的技能密集度在增加。因此合理方式是将行业内部(在同一领域的不同企业之间)与企业内部的变化进行分别研究。

(3) 行业内部结构

　　Melitz(2003)的研究观点认为,行业内部的不均匀性对贸易自由化的影响有着至关重要的作用。一些服装企业能更好地进行管理或实施其他企业所没有的创新战略。在一个特定行业中,当企业之间出现差异将导致该行业结构的改变。例如 Melitz(2003)、Bernard 等(2007)和其他学者指出,出口企业与非出口企业存在着很大的不同。当某一行业中出口机会发生变化时,对出口企业和非出口企业的影响是不同的,从而会改变该行业的结构。又如:Coşar、Guner 和 Tybout(2010)认为,当哥伦比亚特定行业的关税下降时,对该行业内的企业结构也会产生重要的影响。

就本书的目的而言,阐述行业就业人群中女性占比和技能水平(教育培训)占比尤为重要。这些占比揭示了行业内部的变化,并与前面叙述的关于价值链位置变化的描述分析相一致。例如,若因价值链升级而使行业内技术有了显著的提升,则后配额时代有可能为技术密集型出口企业提供机遇,从而提高该行业内技术工人总体的就业水平。如果对低技能工人的需求下降,再加上这些工人更可能与贫困关联,那么即使出口增加,贫困现象也会随之上升。

(4) 企业内部结构

Gereffi 和 Frederick(2010)及本书第三章中指出,在 MFA 配额取消和全球金融危机的双重冲击下,不仅会引起行业内部的变化,也可能进一步引起企业内部的变化[①]。当企业向价值链的高端方向移动,若采用资本密集型经营方式,虽然每个工人的产值会增加,但裁员不可避免。对于企业而言,在价值链中的位置上移与高级技工就业水平的提升密切相关,但也可能与女性的就业比例呈反比关系。利用来自企业内部的数据,有效地分析相关变化,能充分说明后配额时代对就业水平的影响。

(5) 工资变化($\triangle w\%$)

前面的讨论在导出"劳动力需求"这一概念时,假设企业按给定水平确定工资,并假设从本质上来说,某一特定工人的工资是唯一的,即由劳动力供给和劳动力需求决定。但实际上,个人工资受诸多因素影响。某些因素可能是一个行业或企业特有的,例如经历、企业或行业特有的人力资本(包括社会资本)以及品质匹配(match quality)等。对于这些特定特征引起的工资要求,可以通过工人和企业主之间的谈判解决(例如,可以通过"纳什谈判解"进行协商)。其他的因素被称作一般特征,例如性别、年龄和教育,这些特征引起的工资要求往往受市场因素制约。

基于行业内部企业之间存在不均匀现象,从而导致行业内部存在工

---

① 相关实证研究方法的个案源自 Verhoogen(2008)。

资不平等现象的研究文献正在不断增加（Helpman、Itskhoki 和 Redding，2010）。这些文献充分运用了依据搜索模型分析劳动力市场摩擦的成因，所产生的预测是对新古典贸易模式中因素之间不平等预测的补充。他们注重于因素内部的不平等，这些不平等由很多原因产生，如品质匹配的差异或者以前未被发现的生产力。Helpman、Itskhoki 和 Redding（2010）特别指出，贸易自由化以后，因素内部的不平等可能大大超越因素之间不平等的变化。他们的模型同样表明，不平等的变化取决于受冲击之前贸易的程度。尽管当所有企业都出口或没有一家企业出口时，产生的结果是一样的，在贸易冲击之后不平等的改变取决于贸易冲击前出口企业所占的份额，所以，在贸易冲击之后不平等的程度可能会上升或下降。正因如此，在贸易对工资水平和工资差距的影响上存在很大的争论。

接下来讨论与一般特征相匹配的劳动力需求现象，并且，通常认为这些条件是企业的外生性因素。在一般均衡理论（general equilibrium）中，一般特征的变化是由整个经济体系的市场环境所决定的。以工资的一般特征为例，男女工资是有差异的。如果全球化对女工的需求产生足够大的改变，那么女性工资的一般结构成分也将受到全球化的影响。因为服装业是女性就业的主要领域（在发展中国家，服装业通常是女性进入制造业的途径），所以对于服装业以女性就业为主体的国家来说，后配额时代可能会产生一般均衡理论效应。

全球化对一般特征和特定特征产生的影响不同，因此若要对工资进行全面分析，需要一套可以解释这些不同影响的理论以及采用实证方法甄别两者的差异。此外，甄别不同影响是所有关注工资不平等文献的研究核心，因为不平等本身涉及甄别不同群体（如性别、教育、行业或其他特征）的工资。

依据经验，此种工资分析方法的第一步是将工资分解成各个组成部分。在劳动经济学中，经常运用明瑟工资方程式（Mincerian equation）将工资分解成各个组成部分。明瑟工资方程式是基于一系列的工人特征，表示工人 k 在 t 时间内工资的对数回归，工人特征包括受教育年数（edu_{kt}）、性别（gen_{kt}，工人是女性时虚拟变量等于 1）、年龄（age_{kt}、age_{kt}^2）、行业虚拟变量 j（ind_{jkt}）、职业虚拟变量 i（$occup_{ikt}$）、工作时间（h_{kt}）以及剩余特定组成部分项。

明瑟工资方程式表达如下：

$$\log(\text{wage}_{kt}) = \beta_0 + \beta_1 \, gen_{kt} + \beta_2 \, age_{kt} + \beta_3 \, age_{kt}^2 + \beta_4 \, edu_{kt} + \beta_5 \, h_{kt} + \sum_j \delta_j \, ind_{jkt} + \sum_i \lambda_i \, occup_{ikt} + \varepsilon_{kt} \tag{2.8}$$

第四章到第六章的分析涵盖了对每个国家年度调查数据的评估方程 (2.8)，每一章均运用海克曼二阶段评估法（two-step Heckman approach），针对女性工资评价过程中可能存在的选择性偏差进行修正。参加者被定义为具有正的工资价值，"选择性修正公式"中所使用的变量有性别、年龄、年龄的平方、受教育年数以及与婚姻状况相关的一系列虚拟变量。分析过程是比较基于全球化进程的一般特征和特定特征的工资回报变化，如后配额时代的变化或者是更具体的（特定）变量，如行业工资价格的变化。

在某些情况下，可依据国情制定不同的工作条件衡量方法，与这些条件有潜在关系的变量是：就业状况、工伤、童工、超时工作、实物支付占现金支付比例、津贴占现金支付比例。满足以下条件可认为对工人有利：a. 他（她）作为一个普通员工得到固定工资的支付；b. 年龄不低于 14 岁；c. 没有受过工伤；d. 每周工作不超过 40 小时（或者每周少于六天）；e. 实物支付占现金支付比例低；f. 津贴占现金支付比例高[①]。

为了对工作条件进行实证分析，对每个工人在所有工作条件下的虚拟变量（若状况合适，则虚拟变量等于 1）求均值。回归方程式（2.9）表达了工人 k 在 t 时间内的工作条件（wc_{kt}），取的是因变量平均值，包括相关的函数项：a. 受教育年数（edu_{kt}）、性别（$female_{kt}$，工人是女性时，虚拟变量为 1）、年龄（age_{kt} 和 age_{kt}^2）、行业虚拟变量 j（ind_{jkt}）和行业虚拟变量 i（$occup_{ikt}$）、婚姻状况虚拟变量 p（$married_{pkt}$）；b. 政策虚拟变量和相互作用趋势（MFA、MFA_{female}）；c. 剩余特定组成部分项 ω_{kt}。

$$wc_{kt} = \gamma + \theta_1 female_{kt} + \sum_p \alpha_p married_{pkt} + \theta_2 age_{kt} + \theta_3 age_{kt}^2 + \theta_4 edu_{kt} +$$
$$\sum_j \vartheta_j ind_{jkt} + \sum_i \mu_i occup_{ikt} + \beta time + \Phi MFA + \psi MFA_{female} + \omega_{kt} \qquad (2.9)$$

数据来源于两个时间阶段：阶段一是 2005 年之前的调查年，阶段二是 2005 年及之后的调查年。受到关注的变量项代表 MFA 配额逐步取消对纺织服装工人工作条件的影响（2005 年及之后的年份时间变量等于 1；2005 年及之后的年份，纺织服装工人的 MFA 虚拟变量等于 1）以及 MFA 配额逐步取消对女性纺织服装工人工作条件的影响（虚拟变量等于虚拟变量 MFA 和性别虚拟变量的相互作用）。由于各国定义的因变量不尽相同，所以分析还包括在某一时间段，对多元概率比回归模型（probit regression）的工作条件进行鲁棒性（稳定性）检验，以替代每个工人工作条件的平均值。

---

① 每个国家的实际变量依赖于数据的可采集性，请参阅相关章节对各国工作条件的定义。

贸易理论认为,产品产出价格和特定行业的工资差距之间,从短期来看应该存在一个正比例关系。即产品产出价格和特定行业的工资增幅两者的关系,应该与短期内的工人特征表现成正比。由于工人在中长期更易产生工作移动是一个公认的事实,所以合理的预期是,产品产出价格与行业特定工资之间的关系在短期内最强。

从长远来看,特定行业的价格冲击会扩展到经济体系的其他行业,一般均衡理论效应将日益突显。因此,从长远来看,行业特定价格的变动将与集中运用在该行业的劳动要素的相对工资成正比关系。考察这种相关性的一种方法是检验该经济体系中服装价格与女性相对工资的变化。

2.4 数据

本书的目标之一是通过整合现有最佳可用数据,以此甄别本章阐述的各种变化。本书运用的数据来自多个数据源。贸易数据来自联合国商品贸易统计数据库(United Nations Commodity Trade Statistics Database, UN Comtrade)、美国国际贸易委员会(U. S. International Trade Commission,USITC)数据库、欧盟统计局数据库。本研究还运用了世界银行发展指标、营商环境指标(the Doing Business Indicators)以及各国统计机构的数据。根据数据的可获得性,分析不同国家时采用了四种调查数据:企业调查、行业调查、家庭调查和劳动力调查。由于摩洛哥缺乏可靠的标准化调查数据,本研究分析的数据源自国际劳工组织(International Labour Organization,ILO)的劳工数据和 Rossi(2010)的就业数据。表 2-2 总结了本研究的数据来源。

(1) 企业调查

关于洪都拉斯和巴基斯坦,本研究采用了世界银行的企业调查数据。这一调查是由世界银行在企业层面上展开的,选择的是私营经济部门富有代表性的样本。洪都拉斯企业调查的面板数据[①]来源于 2003 和 2006 年的 216 家公司,而巴基斯坦企业调查的面板数据来源于 2002 和 2007 年的 402 家公司。该调查涵盖了一系列商业环境议题,包括:融资渠道、腐败、基础设施、犯罪、竞争和绩效等。

---

①面板数据(Panel Data),也称"平行数据"或"时间序列-截面数据",是指在时间序列上取多个截面,在这些截面上同时选取样本观测值所构成的样本数据。全文同一译者注。

表 2-2　数据来源

国家	调查类型	年度	调查内容
孟加拉国	家庭	2000、2005	家庭收入和开支调查(HIES)
	家庭	2009	福利监测调查(WMS)
	劳动力	2002、2005	劳动力调查(LFS)
	行业	1995—1996、2001—2002、2005—2006	制造业普查(CMI) 制造业调查(SMI)
柬埔寨	家庭	1996、1999、2004、2007、2008、2009	柬埔寨社会经济调查(CSES)
洪都拉斯	家庭	2001、2003、2005、2007	家庭多用途统计调查(EPHPM*)
	企业	2003、2006	世界银行企业调查,面板数据
印度	家庭	1999、2004、2005、2007	由国家抽样调查组织(NSSO)实施的印度社会经济调查(ISES)
	行业	1989/1990、1994/1995、2000/2001、2005/2006 各财政年	年度行业调查(ASI)-正规部门,全国抽样调查(NSS)-非正规部门
墨西哥	劳动力	2003、2007	城市就业全国调查(ENEU)
	企业	2003—2008	年度行业调查(EIA),面板数据
摩洛哥			国际劳工组织(ILO)数据,Rossi 2010
巴基斯坦	家庭	2005—2006、2007—2008	巴基斯坦社会与生活标准测量调查(PSLM)
	劳动力	2001、2003、2008	劳动力调查(LFS)
	企业	2002、2007	世界银行企业调查,面板数据
斯里兰卡	家庭	2002、2006	家庭收入与支出调查(HIES)
	劳动力	2002、2008	劳动力调查(LFS)
	行业	1993、1998、2007	制造业年度调查
越南	家庭	2002、2004、2006、2008	越南家庭生活水平调查(VHLSS)
	行业	2000、2008	越南产业调查

来源:作者(Raymond Robertson)整理。

＊表示 EPHPM,Encuesta Permanente de Hogares de Propósitos Múltiples(西班牙语)。

(2) 行业调查

行业调查通常由各国家统计局相关机构或通过企业层面收集数据,这些数据一般包括企业绩效的相关指标,如:销售额、生产总值、投入成本、就业、补偿总额及其他变量。

墨西哥年度行业调查报告(Encuesta Industrial Annual,EIA)由墨西哥国家统计局(Instituto Nacional de Estadística y Geografía,INEGI)负责收集数据和编撰。本研究采用了 EIA 2003—2008 年期间收集的企业面板数据。样本涵盖了 6 400 至 7 100 家不等的企业数。通过 EIA 可以十分全面地了解墨西哥制造业。样本不包括少于 15 名工人的小微企业或纯加工型企业。关于生产和非生产工人的额外信息源自与 EIA 匹配的月度行业调查报告(Encuesta Industrial Mensual,EIM)。

孟加拉国的制造业数据来自孟加拉国国家统计局,包括三个时间节点的企业层面数据:1995—1996 和 2001—2002 年度的制造业普查(Census of Manufacturing Industries,CMI)以及 2005—2006 年度的制造业调查(Survey of Manufacturing Industrie,SMI)。观测的企业样本数从 4 716 至 6 174 家不等,CMI 和 SMI 涵盖了所有拥有十名及以上工人的制造企业。然而,在 1995—1996 和 2001—2002 年度制造业普查(CMI)的样本数据中一些被调查的制造企业雇用人数少于 10 人。为了使各时间节点的数据特征保持一致性,本研究剔除了 1995—1996 年度和 2001—2002 年度 CMI 中员工少于十人的企业,以便与 2005—2006 年度的 SMI 数据进行比较,因为 SMI 中并无小微型企业。

印度制造业数据包括了四个时间节点的企业层面数据:1989/1990、1994/1995、2000/2001 和 2005/2006 财年,由印度政府收集正规部门和非正规部门的数据。调查由不同的政府机构施行,中央统计组织(Central Statistical Organization,CSO)负责正规部门——依据"工厂法"注册的超过十名员工的企业(如果不使用电力,20 名以上)——通过年度行业调查(ASI)每年对正规部门进行调查。非正规部门由国家抽样调查组织(NSSO)通过全国抽样调查(NSS)进行定期调查,抽样范围包括所有未依据"工厂法"注册的制造企业。由于样本数量巨大,企业层面的数据被汇集成三位数的编码,三位数分别代表行业、省(州或联邦)、七种就业规模,范围涵盖了正规和非正规部门以及新进的或现有的企业。

斯里兰卡的制造业数据由国家统计局提供,由于保密的原因,仅采用行业、企业规模、所在省份的简要表格(单元数据),涵盖了源自制造业年度调查的 1993、1998 和 2007 年(最新公布的调查结果)三个年度的数据。越南产业调查由越南统计局施行,本研究采用了 2000 和 2008 年 448 家企业的面板数据。

(3) 家庭调查

家庭调查由相关国家统计部门按时间节点定期施行抽样调查。调查报告能提供家庭变量和家庭成员个人特征的详细资料,分析用的变量包括:工资、教育、年龄、婚姻状况、性别、地点、行业、职业以及若干工作条件和工作时间等。

孟加拉国的家庭调查由孟加拉国国家统计局施行。家庭收入和开支调查(Household Income and Expenditure Survey,HIES)数据采集于 2000 和 2005 年,分别涵盖了 7 440 和 10 080 户家庭。福利监测调查(Welfare

Monitoring Survey, WMS)数据采集于 2009 年,涵盖了 14 000 户家庭。柬埔寨社会经济调查(Cambodia Socio-Economic Survey, CSES)由国家统计局施行,在本研究中包含了 1996、1999、2004、2007、2008 及 2009 年的调查数据,每年大约涵盖 12 000 户家庭。洪都拉斯家庭多用途统计调查(Encuesta Permanente de Hogares de Propósitos Múltiples, EPHPM)由洪都拉斯统计局施行,在本研究中包含了 2001、2003、2005 及 2007 年的调查数据,每年大约涵盖 21 000 户家庭。印度社会经济调查(India Socio-Economic Surveys, ISES)由印度国家抽样调查局施行,在本研究中包含了 1999、2004、2005 及 2007 年的 ISES 调查数据,每年大约涵盖 60 000 户家庭。

巴基斯坦社会与生活标准测量(Pakistan Social and Living Standards Measurement, PSLM)调查由巴基斯坦联邦统计局施行,本研究采用了 2005/2006 和 2007/2008 两个年度的数据。PSLM 调查在市区层面覆盖了大约 77 000 户家庭,在省级层面覆盖了大约 16 000 户家庭,这两种层面的调查每隔一年交替进行。斯里兰卡的家庭收入和开支调查(HIES)由斯里兰卡人口普查统计局施行,本研究采用了 2002 和 2006 年的调查数据,各年度涵盖大约 22 000 户家庭。越南家庭生活标准调查(Vietnam Household Living Standards Survey, VHLSS)由越南统计局施行,本研究采用了 2002、2004、2006 及 2008 四个年度的数据,每年涵盖大约 45 000 户家庭。

(4) 劳动力调查

劳动力调查(Labor Force Survey, LFS)是一项与工作有关的、以标准家庭为基础的统计数据调查[①]。LFS 是具有典型交叉特征的国家性质调查,依据个人层面上的调查,包括:收集与工作相关的详细信息(如就业状况、职业、行业、工资)、家庭特征(如家庭规模、地点)、个体的人口统计特征(如年龄、性别、教育及其他)等,这项调查通常由国家统计局施行。

孟加拉国的劳动力调查由孟加拉国国家统计局施行,本研究采用了 2002 和 2005 年的数据,分别涵盖了大约 14 万和 11 万名被调查者。墨西哥类似的调查机构是城市就业全国调查(Encuesta Nacional de Empleo Urbano, ENEU),由墨西哥国家统计局施行,本研究采用了 2003 和 2007 年的各季度数据,每个季度涵盖大约 30 万名被调查者。斯里兰卡劳动力调查由人口普查统计局按季度进行,本研究采用了 2002 和 2008 年度的

---

①LFS 定义源自国际劳工组织。

数据,每年涵盖大约 6 万名被调查者。巴基斯坦劳动力调查由联邦统计局施行,本研究采用了 2001、2003 和 2008 年的数据,每年涵盖大约 12 万名被调查者。

参考文献

[1] Bernard, Andrew B. , J. Bradford Jensen, Stephen J. Redding, Peter K. Schott. 2007. "Firms in International Trade" *Journal of Economic Perspectives* 21 (3): 105-30.

[2] Brambilla, Irene, Amit Khandelwal, and Peter Schott. 2007. "China's Experience under the Multifiber Arrangement (MFA) and the Agreement on Textiles and Clothing (ATC)." Working Paper 13346, National Bureau of Economic Research, Cambridge, MA.

[3] Coşar, A. Kerem, Nezih Guner, and James R. Tybout. 2010. "Firm Dynamics, Job Turnover, and Wage Distributions in an Open Economy." Working Paper 16326, September, National Bureau of Economic Research, Cambridge, MA.

[4] Das, Sanghamitra, Mark J. Roberts, and James R. Tybout. 2007. "Market Entry Costs, Producer Heterogeneity, and *Export Dynamics*" Econometrica 75 (3): 837-73.

[5] Davidson, Carl, Steven Matusz, and Andrei Shevchenko. 2008. "Globalization and Firm-Level Adjustment with Imperfect Labor Markets" *Journal of International Economics* 75 (2): 295-309.

[6] Dix-Carneiro, Rafael. 2010. "Trade Liberalization and Labor Market Dynamics." Working Paper 212, Center for Economic Policy Studies, Princeton University, Princeton, NJ.

[7] Do, Quy-Toan, Andrei A. Levchenko, and Claudio Raddatz. 2011. "Engendering Trade." Background paper for the *World Development Report* 2012 on Gender Equality and Development, World Bank, Washington, DC.

[8] Felbermayr, Gabriel, Julien Prat, and Hans-Jörg Schmerer. 2011. "Globalization and Labor Market Outcomes: Wage Bargaining, Search Frictions, and Firm Heterogeneity." *Journal of Economic Theory* 146 (1): 39-73.

[9] Gereffi, Gary, and Stacey Frederick. 2010. "The Global Apparel Value Chain, Trade and the Crisis: Challenges and Opportunities for Developing Countries." Policy Research Working Paper 5281, World Bank, Washington, DC.

[10] Hamermesh, Daniel. 1993. Labor Demand. Princeton, NJ: Princeton University Press.

[11] Helpman, Elhanan, Oleg Itskhoki, and Stephen Redding. 2010. "Inequality and Unemployment in a Global Economy." *Econometrica* 78 (4): 1239-83.

[12] Melitz, Marc J. 2003. "The Impact of Trade on Intra-industry Reallocations and Aggregate Industry Productivity." *Econometrica* 71 (6): 1695-725.

[13] Rossi, Arianna. 2010. "Economic and Social Upgrading in Global Production Networks: The Case of the Garment Industry in Morocco." Unpublished dissertation, U-

niversity of Sussex, U. K.

[14] Verhoogen, Eric A. 2008. "Trade, Quality Upgrading, and Wage Inequality in the Mexican Manufacturing Sector." *Quarterly Journal of Economics* 123 (2): 489-530.

第三章　后配额时代全球服装业的发展

Stacey Frederick，Cornelia Staritz

3.1　导论

2004 年底，随着《多纤维协定》(MFA)配额的逐步取消，近年来国际服装贸易发生了显著的变化。在此之前，全球服装贸易受配额政策的影响长达 40 余年，配额的逐步取消对全球服装业以及相关贸易、生产和就业方式产生了重大影响。随着市场竞争加剧和价格受压，国际买家改变了以往受限于配额的采购策略。同样，为应对后配额时代的变化，世界各国服装业纷纷采取了调整战略、增加投资的措施以提高产能和扩大生产品种范围。然而，后配额时代，不同国家和企业为应对日益激烈的产业竞争环境以及采购渠道的变化，采取了不同的政策或对策。

本章分析了后配额时代的全球服装业、各国以及国内生产和就业等产业结构重组。2004 年后，成本竞争力(尤其是劳动力成本)和优惠的市场准入政策仍然是服装供应商应对全球贸易新环境的利器。然而，生产纺织服装的国家或企业的发展依然需要依靠产业升级、非政府组织或政府的积极政策引导。在全球价值链(Global Value Chains，GVCs)中，"升级"意味着向全球产品价值链高端转移。为此，了解不同服装供应国后配额时代的表现,特别是产业升级的努力方式,如增加服装功能性产能、加强与上游纺织生产企业的合作(后向关联)、生产技术含量更高的产品和拓宽终端市场的多样化等均至关重要。因为仅仅依靠成本竞争力和优惠的市场准入政策并不足以使这些国家成为"赢家"。

本章[1]研究目的:a. 论述全球服装产业结构;b. 在 MFA 配额取消的背景下,评估全球服装业的发展动态;c. MFA 配额取消后,服装供应国的不同角色及所受影响。

本章由六部分组成:① 导论;② 通过对服装全球价值链和主要参与者的概述,阐明全球服装产业结构;③ 论述后配额时代全球服装贸易的监管环境以及市场准入的优惠政策等;④ 分析 MFA 配额逐步取消对不同服装供应国和企业带来的影响以及这些国家后配额时代的表现;⑤ 简要阐述九个案例国家服装业的发展和结构;⑥ 本章小结。

3.2 服装业结构

一般来说,传统的服装业在低收入国家(low-income countries,LICs)的工业和社会经济发展过程中发挥着核心作用。对于现在的发达国家和亚洲四小龙(Newly Industrialized Economies,NIEs)来说,服装和纺织业在工业化进程中是最重要的产业(Dickerson,1999)。由于这些产业进入门槛较低(固定成本低、技术相对简单)和劳动力密集的产业特性,纺织服装业吸纳了大量的非技术工人(大多是女性员工),同时提供了向高附加值转型升级的跨行业合作机会。对于女性来说,这一行业提供了仅次于农业的岗位数量,在许多发展中国家,服装业也是妇女接受正规就业的少数途径之一。

日益全球化的服装业是世界出口量最多的行业之一。20 世纪 70 年代开始,这一行业的规模迅速扩大,许多发展中国家致力于服装出口,为数千万人提供了就业机会(Gereffi 和 Frederick,2010)。2008 年,全球服装出口额为 336 亿美元,服装已成为交易量最大的工业产品之一。发展中国家服装出口比例不断上升,服装已成为一些国家最大的出口制造业。20 世纪 60 年代中期,发展中国家的服装出口占全球份额 25%左右,而到了 2000 年这一份额已增加至 70%以上(Morris,2006)。对大多数低收入国家而言,服装是迄今为止规模最大的出口制造业。例如,2008 年,孟加拉国服装业占该国总出口额的 71.1%,柬埔寨为 84.8%,洪都拉斯为 48.6%,

---

①本章作者感谢 Gladys Lopez-Acevedo,Raymond Robertson 和 Yevgeniya Savchenko 提供的建议。

斯里兰卡为 40.9%（见表 3-1）。

表 3-1 若干国家和地区不同年份服装占商品总出口的份额(%)

国家/地区/经济体	1990	2000	2004	2008
全球平均水平	**3.2**	**3.1**	**2.9**	**2.3**
海地	—	76.9	71.2	86.0
柬埔寨	—	69.8	70.8	84.8
孟加拉国	38.5	79.3	74.2ᵃ	71.1
莱索托	—	73.1	46.1	69.2
中国澳门	65.6	72.8	69.4	52.7
洪都拉斯	7.7	68.0	35.8	48.6
萨尔瓦多	31.6	56.9	63.2	43.0
马达加斯加	—	37.4	69.7	42.6
斯里兰卡	32.2	51.8	48.0	40.9
毛里求斯	51.9	60.9	46.9	36.0
巴基斯坦	18.1	23.8	22.6	19.2
摩洛哥	16.9	32.3	30.9	16.6
越南	—	12.6	15.5	14.3
印度	14.1	14.1	10.5	6.1
墨西哥	1.4	5.2	3.8	1.7

来源：2001、2005、2009 年世界贸易组织国际贸易数据。
注释：数据代表某一年度或最近一年报告的信息；海地的数据摘自毛里求斯的"2008 年十大经济体"报告；"—"指暂无数据。
a. 孟加拉国采用 2005 年的数据，因为 2004 年的数据(54.5)不准确，与该国的统计数据不一致。

与其他类型产业一样，服装业也适用于全球价值链的运作模式，即通过全球范围内的跨企业网络，分工协作生产零部件，并形成最终产品。为简化分析，这一活动可分为服装供应链和服装价值链。供应链着重于最终产品形成前的材料流动和产品制造；价值链着重于产业链中每个阶段产品活动带来的附加经济价值（不一定与制造或者物流相关），两者构成了服装的全球价值链系统。

(1) 服装供应链

服装供应链（包含与纺织业的交叉部分）基本分为四个阶段（见图 3-1）：

① 原料供应，包括天然纤维（如棉花和羊毛），化学纤维（如涤纶、锦纶和腈纶等）；

② 纱线和织物的生产及后整理（纺织业）；

③ 服装生产；

④ 在批发和零售层面的分销及销售渠道。

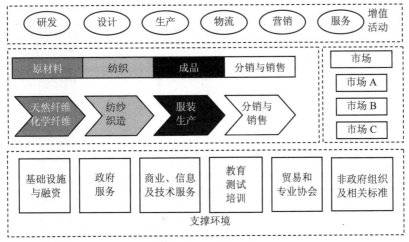

图 3-1 服装供应和价值链

来源：Frederick，2010。

天然纤维和化学纤维源自棉、毛、丝、麻及纺织用化学切片等，通过纺纱，然后织造成机织或针织坯布，再经染色或印花形成纺织品。根据不同用途，进行裁剪加工，形成服装、家纺及工业用纺织品。服装业是纺织产品的重要客户，并由缝制加工形成最终的服装产品。

服装生产的大部分工作内容仍然属于劳动密集型，包括裁剪、缝制和后整理，具有投资成本及技术门槛低的特点。这些特点使得整个产业转移至低成本区域，即主要集中于发展中国家。与此相反，纺织品（纱线和织物）生产需要资本密集投入和规模集约化，要求工人具备熟练技能，所以在发达国家或中等收入国家或地区仍有部分企业从事纺织品生产。中国、欧盟 15 国（包括欧盟内部贸易）、中国香港、印度、土耳其等是重要的服装和纺织品出口国或经济体（见表 3-2）。日本、韩国、巴基斯坦和美国是重要的纺织品出口国，而孟加拉国、印度尼西亚、墨西哥、突尼斯和越南是主要的服装出口国。这些国家案例清晰地说明了服装制造业在低收入国家相对集中。而巴基斯坦是一个例外，床上用品和家用纺织品是该国的大宗出口纺织品。

服装业的机织和针织服装分别占服装出口总额的一半左右。机织服装贸易额的前三大类产品合计占机织产品出口额总量的 30%，包括：男士和男童棉制长裤及短裤、女士和女童棉制长裤及短裤以及男士和男童棉制衬衫。针织服装贸易的前三大类产品合计占针织服装出口额总量的 40%，包括：棉制套衫和开襟衫、棉制 T 恤和汗衫以及男士、男童化纤套头衫和开襟衫。

表 3-2　2008 年纺织品和服装出口排名前十的国家和地区

国家/地区/经济体	服装出口		国家/地区/经济体	纺织品出口	
	出口额/亿美元	份额/%		出口额/亿美元	份额/%
全球	**3 358. 78**	**100. 0**	**全球**	**2 221. 34**	**100. 0**
中国	1 303. 94	38. 8	欧盟 15 国	642. 54	28. 9
欧盟 15 国	600. 76	17. 9	中国	529. 69	23. 8
土耳其	157. 69	4. 7	美国	116. 90	5. 3
孟加拉国	134. 64	4. 0	印度	104. 30	4. 7
印度	122. 10	3. 6	中国台湾	94. 75	4. 3
越南	95. 41	2. 8	韩国	91. 67	4. 1
印度尼西亚	76. 30	2. 3	土耳其	79. 06	3. 6
中国香港	51. 07	1. 5	日本	71. 80	3. 2
墨西哥	46. 34	1. 4	巴基斯坦	68. 25	3. 1
突尼斯	44. 89	1. 3	中国香港	38. 06	1. 7
前十位份额		**78. 4**	**前十位份额**		**82. 7**

来源:联合国商品贸易统计数据库(UN COMTRADE);服装数据源自商品名称及编码协调制度(HS)1992(类别码:第 61 章和第 62 章);纺织品出口额源自国际标准贸易分类(SITC)65(第 3 次修订版),2011 年 4 月 3 日检索。

注释:出口额表示源自相关国家和地区的世界总进口额。

　　机织和针织这两类服装采用不同类型的纱线、面料、加工机械和制造技术,供应链组织结构完全不同。而且,在供应链垂直一体化方面,两种面料生产阶段的资本密集程度也不同。

　　机织服装由机织面料裁剪、缝纫加工而成,大多数情况下,服装缝制与机织物织造并不在同一工厂。这种后向关联的织布工厂,包括:织造、染色、后整理等,通常具有资本密集特点,并且比服装缝制加工耗能更多。市场上也有采用劳动密集型手工机织造的面料,但手工机织面料主要用于家用纺织品或传统服饰,并不用于成衣化服装的出口。

　　针织服装可以由多种不同类型组织结构的针织面料制成,通常针织面料织造不单设工厂,往往从纱线直至成衣呈现一条龙生产方式。由于针织机比织布机价廉、耗能低,因此,一些国家的纺织服装业先从针织面料生产开始,再过渡到机织面料生产。此外,横机针织产品(针织衫、套头衫、连衣裙、西服、装饰等),尽管有更先进的电脑自动横机,但那些具有富余劳动力的发展中国家经常使用劳动密集型的手工编织或半自动横机生产针织服装。同时,由于更多的国家愿意向这类后向关联领域投资,针织服装交货期越来越短。

　　(2) 服装价值链和龙头企业

　　除了纺织服装供应链制造阶段的有形活动,一系列的营销、品牌传播行为也为服装产品提供额外的无形附加值。服装价值链包括七项主要阶段的增值活动:产品开发、设计、面辅料采购、服装制造、分销、品牌策划和零售。这些活动由核心企业和服装制造企业联合运作。

全球价值链可分为供应商驱动链①和买家驱动链。服装是买家驱动价值链的典型。买家驱动价值链(在劳动力密集型的消费品行业常见,比如服装、鞋类、玩具和消费型电子产品)的特点是,龙头服装企业通过掌控提升服装产品高附加值的商业活动(比如设计和品牌),同时协调分散于全球的生产供应网络,将所有或大部分制造流程外包(Gereffi,1994、1999;Gereffi 和 Memedovic,2003)。在全球供应商竞争加剧的背景下以及全球范围实施的标准化和商品化的相关生产活动中,供应商所能获得的附加值甚少,若要获得更多附加值必须提供差异化产品,注重吸引消费者眼球的经营活动。但这些经营活动进入门槛高,龙头企业即大型全球零售商及品牌拥有者具有这种核心竞争力。

在服装价值链中,有四种主要的龙头企业类型:大型零售商、专卖店零售商、品牌营销商和品牌制造商(拥有全国性品牌)(见图 3-2)。对于品牌营销商和品牌制造商这两种类型的龙头企业而言,往往被公众认为是服装"制造商"。品牌制造商企业(如 VF、Hanesbrands、Fruit of the Room、Levi's 等)拥有服装制造工厂、协调面辅料采购、管控市场营销和品牌传播活动,生产链通常设立在有互惠贸易协定的国家。品牌营销商仅仅是品牌拥有者,主要进行品牌策划和市场推广,企业本身并不从事服装加工生产。如:耐克、POLO、Liz Claiborne 等企业。从消费者(公众)的角度来看,品牌制造商和品牌营销商没有什么区别。品牌制造商和品牌营销商通过大型廉价店、百货店或奥特莱斯专卖店等进行品牌拓展和销售。20 世纪 70~80 年代,品牌制造商是业界主流,但过去二十余年,品牌制造商的影响力逐渐减弱,主要采取将初级生产阶段外包,专注于高附加值经营活动的发展战略(Frederick,2010)。

零售商通过自己的零售网点进行销售,参与品牌推广和产品开发的营销运作。这些产品通常被称为零售商自有品牌(private labels)产品。大型廉价店及百货店(如 Wal-Mart、Target、JC Penney、Marks & Spencer、Tesco 等)与专卖店(如 Gap、Limited、H&M、Mango、New Look 等)是不同的,因为后者只出售专卖店自有品牌的服装产品。大型零售商在同一家店铺销售各种各样全国性品牌(national brand)产品的同时,也出售

---

①在供应商驱动链中(常见于资本、技术密集型产品领域,如汽车、电子产品和机械),一般由大规模综合性的跨国公司控制整个生产网络。通常,龙头企业拥有嵌入整个生产网络的产品技术控制权。

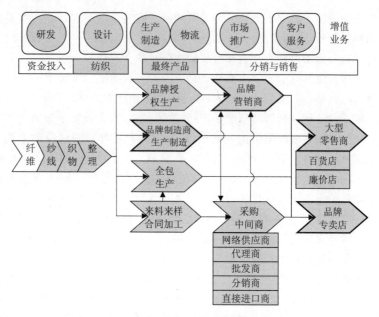

图 3-2　服装全球价值链中的龙头企业类型

来源:Frederick,2010。
注释:图中边框加粗部分为龙头企业类型。

零售商自有品牌的产品。与服装品牌营销商相类似,零售商通常不拥有生产工厂。零售商直接与服装制造商或与负责协调供应链的采购代理商合作。零售商的优势在于市场营销和品牌推广,对于产品的生产制造了解相对较少。因此,零售商倾向于同能够整合整个制造、物流、配送系统的供应商(或代理商)合作。过去的十年,自有品牌商品规模快速增长,而全国性品牌的影响力有所减弱(Frederick,2010)。

(3) 供应商的类型和产业升级

服装制造业的竞争日趋激烈。发展中国家之间竞争激烈的缘由是为了吸引外商投资以及与龙头企业签约,结果造成其他诸多供应商难以在供应链中分到一杯羹。鉴于这种激烈竞争和商品化的生产经营活动,产业升级战略对于供应商维持生存或提高在全球价值链中的地位非常重要。产业升级广义上的定义:向高附加值方向转型,通过参与全球价值链活动提升企业经营效益(如:产品安全担保、盈利、技能、技术或专利使用等)(Bair 和 Gereffi,2003)。作为供应商的国家和企业可以寻求多种策略来提升服装价值链(Gereffi 等,2001;Humphrey 和 Schmitz,2002;Gereffi、Humphrey 和 Sturgeon,2005;Frederick,2010)。

产业升级战略举措：

① 功能升级。扩大功能范围或产业链结构，转向高附加值的经营环节。例如：向非生产性领域转移，参与采购、物流、分销、产品开发、设计和品牌拓展。

② 供应链升级。建立垂直一体化的供应链体系（即后向关联），尤其是加强与纺织业的协作。

③ 渠道升级。多元化策略，寻找新买家、区域或产品市场的需求。在传统出口市场低迷（如美国、欧盟 15 国）、新兴市场需求快速增长的背景下尤为重要。

④ 产品升级。转向高档产品生产，提高单位产品价格。

⑤ 流程升级。工艺流程重构或引进新技术，增加有效产出。

这些产业升级战略有着重要的作用，且若干战略相互关联，并能解释供应商应对后配额时代产业环境变化的不同表现。功能升级尤其重要，其他升级战略可以看作是实现功能升级的前奏。

服装供应商的功能升级主要类型如下（Gereffi 和 Frederick，2010）：

① CMT（裁剪、缝纫和后整理）或成衣组装加工。服装工厂提供成衣缝制加工，也可能包括面料裁剪或提供简单的配件（如纽扣、拉链等），而采购商提供产品规格和面料。因此服装工厂收取的是加工费，而不是一件产成品的价格。

② OEM（原设备制造，亦称代工）和 FOB①（来样加工）。服装制造商购买（或生产）面辅料，并提供缝制加工、后整理、包装并交付给采购商。采购商通常提供设计稿，有时还会指定面辅料供应商。FOB 是服装业内用来描述这种制造方式的俗语，亦称全包加工或包工包料生产。OEM 与国内纺织产能关联，即从 CMT 到 OEM 的转变往往与国内纺织业的发展密切相关。而纺织企业是供应链升级中的重要一环。由于资本密集程度的差异，针织品行业的发展往往优于机织品行业。

③ 原设计制造（ODM）。服装供应商参与产品的设计和开发过程，包括样衣确认和选择、采购或生产所需材料，同时服装供应商还负责协调所有的 OEM 业务。

④ 原品牌制造（OBM）。服装供应商负责最终产品的品牌推广和市场营销。服装企业也可能会在合同授权的基础上代表采购商（买家）进行相关经营活动，也即意味着在通常的国内或区域市场中，由服装供应商向

---

①FOB 原来的定义是离岸价（国际贸易术语），本文的 FOB 指服装全包加工——译者注。

服装龙头企业转型。

尽管某些企业也许能提供更广泛功能,但服装生产国通常可以按该国主要服装制造企业功能进行划分(见表 3-3)。加勒比地区、撒哈拉以南非洲(Sub-Saharan African,SSA)国家以及柬埔寨的服装产品通常局限于CMT 功能,专注于低成本大批量生产。孟加拉国、印度尼西亚、墨西哥和越南的大部分服装制造商归属于 OEM 生产,占据着越来越多的市场份额。中国、印度和土耳其等国的服装出口主要是 OEM 或 ODM,但在国内市场拥有 OBM 功能。提供全能型服务的国家能够协调供应链和增值活动,如:服装设计、向其他国家进行投资或签约外包生产(Frederick 和Gereffi,2011)。

表 3-3　服装生产的功能种类和国家和地区示例

功能类别	作用	国家/地区/经济体示例
CMT (裁剪、缝纫和后整理)	低端供应商 低成本大批量生产	柬埔寨、加勒比和洪都拉斯、撒哈拉以南非洲地区(除毛里求斯)
FOB(OEM) (来样加工)	首选供应商;规模经济量产	孟加拉国、印度尼西亚、巴基斯坦、越南
	利基供应商 在特定产品领域有特色	墨西哥、摩洛哥、斯里兰卡
ODM (原设计制造)	战略供应商;高附加值、高科技或量产出口;自有品牌满足内需	中国、印度、土耳其
全球领先企业	全球品牌拥有者;市场和零售	欧盟 15 国、日本、美国
全包服务提供者	协调供应链 OEM 或 ODM 生产;投资海外或签约外包生产	中国香港、韩国、中国台湾(1980年)、马来西亚、新加坡(1995 年)、泰国(2010 年)

来源:本章作者(Stacey Frederick,Cornelia Staritz)。

3.3　贸易规则与制度环境

除了至关重要的组织形态外,贸易规则与制度环境对全球的生产、就业方式以及服装全球价值链的发展起着关键作用。在全球经济中,服装业是经受贸易规则与制度影响最多的生产活动之一。2005 年之前,受《国际棉纺织品长期协定》和更早签署的《国际棉纺织品短期协定》(1961 年)以及 1974 年签署的《多纤维协定》影响,全球服装和纺织贸易实施配额限制长达 40 余年。《多纤维协定》对全球服装业的生产、贸易和就业模式影响巨大。制定贸易规则的目的是通过实行进口配额限制,保护主要进口国家(如加拿大、欧洲、美国等)市场,使这些国家在市场完全开放之前,有充足的时间调整相关产业部门。然而,配额限制使得越来越多的国家参与服装生产制造,同时促使许多发展中国家建立起服装制造业。据统计,有 73 个国家受限于欧盟、加拿大和美国的配额政策。虽然有配额限制的存在,但大多数国家并没有完全利用全部的配额数量。因此,当制造商(主要来自中国香港、日本、韩国、中国台湾以及后起之秀的中国大陆)出口量达到配额上限时,他们会在现有未充分利用配额的生产国或没有限额的国家投资设立服装工厂或寻找代工厂。特别是中国香港、中国台湾、中国大陆以及韩国(较少)的生产商,这些国家和地区将他们的业务转移至其他亚洲经济体,进而在 20 世纪 90 年代,开始转向拉丁美洲、加勒比地区和撒哈拉以南的非洲国家(Gereffi,1999)。这些国家以前没有足够规模的服装出口,因此在 MFA 框架内并没有配额限制。

在乌拉圭回合的谈判中,决定把服装和纺织品贸易缔约国之间达成的关税及贸易总协定(GATT)带入新成立的世界贸易组织(WTO)。1994年签署的《纺织品和服装协定》(ATC)规定在 2004 年底逐步取消 MFA 的配额限制,即届时所有 WTO 成员国之间的服装和纺织品贸易配额一并取消。按原计划,配额逐步取消分为四个阶段,共十年时间,但各进口国纷纷设法延期配额取消的相应时间,造成至 2004 年底,仅主要受限产品配额被取消(Kaplinsky 和 Morris,2006)。而本来标志着配额体系结束的2005 年,主要的进口市场,包括欧美以及一些中等收入国家(例如,阿根廷、巴西、南非和土耳其等),依据中国加入 WTO 签署的磋商机制,设置了 2005—2008 年底临时限制中国产品进口数量的特保措施。但是,特保措施协议的配额相较之前实行的 ATC 协定数量更多,增长率也更高。

2005 年大部分配额取消至 2009 年配额完全取消期间,特别是发达国家和纺织服装业份额较重的发展中国家以及具备大型终端市场(例如,中国、印度和南非)的国家,关税在全球服装贸易中仍起着核心作用。享受最惠国(Most Favored Nation,MFN)待遇国家出口至欧盟的纺织品关税为 6.7%,美国为 7.5%,而对应的服装关税分别为 11.5% 和 11.4%。然而,不同产品类别的关税并不相同。在美国,服装产品的关税范围为0%~32%,棉制品的关税为 13%~17%,而化学纤维产品的关税为25%~32%。在欧盟,服装产品的关税为 0%~12%,棉制品和化学纤维产品的关税基本相同,但这类产品的关税通常超过一般工业制品平均关税的 3% 左右。

由于服装产品出口面临着高额关税,因此,优惠的市场准入政策对全球的生产和贸易格局影响重大。优惠的市场准入政策分为两种类型(见

表 3-4)。

表 3-4　主要优惠市场准入协议的概要

授予国	协议及起始年份	得益	原产地规则	受益国
欧盟	GSP(1971)	按最惠国税率减少20%	双重型	具有 GSP 资格,未签署其他协议的国家
欧盟	欧洲-地中海伙伴关系(1995)	取决于具体的双边协议	双重型	地中海沿岸国家:阿尔及利亚、埃及、以色列、约旦、黎巴嫩、摩洛哥
欧盟	GSP-EBA(2001)	免关税,无配额限制	双重型[a]	LDCs
欧盟	GSP+(2005)	免关税	双重型	欠发达国家;条件:核心人权有保障,环境治理和保护公约完善
欧盟	EPAs(2008—2009)	免关税	单边型	签署 EPA 的非洲、加勒比和太平洋国家(ACP)
美国	GSP(1976)		不包括纺织服装	有 GSP 资格的国家
美国	NAFTA(1994)	免关税	NAFTA,从纱线开始(yarn-forward)	加拿大、墨西哥
美国	AGOA(2000)	免关税,无配额限制	AGOA/美国多数产品施行从纱线开始或组装原产地规则;欠发达国家	撒哈拉以南非洲国家
美国	DR-CAFTA(2006)	免关税	DR-CAFTA / 美国从纱线开始,有例外	中美洲(除巴拿马)和多米尼加共和国
日本	GSP(1971)	0~50%优惠税率	三重型[b],一些产品线优先开放	LDCs
加拿大	GSP(2003)	免关税	允许普惠制受惠国使用来自加拿大的织物	LDCs

来源:作者(Stacey Frederick, Cornelia Staritz)。

注释:GSP=普惠制;GSP＋=超普惠制,提供优惠市场准入,适合欠发达国家;MFN=最惠国;EBA=除了武器之外的所有产品;LDCs=最不发达国家;EPAs=经济伙伴关系协定;ACP=非洲、加勒比和太平洋地区;NAFTA=北美自由贸易协议;yarn-forward =从纱线开始的原产地规则;AGOA=非洲增长与机会法案;DR-CAFTA =多米尼加共和国-中美洲自由贸易协定。

a. 欧盟修订了原产地规则(ROO),对最不发达国家由双重型转为单边型,2011 年 1 月 1 日生效。

b. 孟加拉国已取得针织物(HS 第 61 章)的双重型原产地规则,于 2011 年 4 月生效。

(1) 区域和双边贸易协定

发达国家,特别是欧盟、日本和美国,通过谈判达成区域贸易协定[①],以便更多地利用区域产品网络。发展中国家也越来越多地通过谈判达成区域贸易协定[②]。然而,协定的谈判和实施进展缓慢,特别是纺织品和服装产品的谈判最艰难。除了区域协定以外,各国越来越多地进行双边贸易易协定的谈判,其中欧盟和美国在这方面最活跃。当然,这些双边协定在不同程度上涵盖着服装产品条款。

(2) 普惠制(GSP)

27 个发达国家通过 GSP 为 100 多个普惠制受益国提供了优惠关税。然而,在欧盟和美国提供的普惠制协议中,服装产品的关税税率只是略微减少。在普惠制框架内,除了武器外,一些国家分别同低收入国家进行优惠准入谈判,比如由欧盟倡议的 EBA(Everything but Arms)[③]以及由美国提出的非洲增长和机会法案(Africa Growth and Opportunity Act, AGOA)[④]。加拿大和日本在 21 世纪初对最不发达国家也有不同的优惠的市场准入政策。这些优惠的市场准入政策中,或多或少,也是最重要的影响因素是原产地规则的限制。

---

①例如,与美国相关的案例有:北美自由贸易协定(NAFTA)、加勒比盆地倡议(CBI)及多米尼加共和国-中美洲自由贸易协定(DR-CAFTA);与欧盟相关的案例有:欧盟内部协议、欧盟-地中海合作伙伴关系以及欧盟海关联盟。

②例如,东南亚国家联盟(ASEAN);南亚区域合作协会(SAARC);南方共同市场;安第斯共同体;撒哈拉以南非洲若干协议:包括南部非洲发展共同体(SADC)、东非共同体(EAC)和西非国家经济共同体(ECOWAS)。

③EBA(除了武器之外的所有产品)修正案于 2001 年 3 月开始实施,并且扩展了所有源自最不发达国家产品的免税和免配额范围。一般来说,在欧盟普惠制条件下,适用于双重型原产地规则,也就是说两个重要的加工过程必须在受惠国之间进行。然而在 2011 年 1 月,欧盟对最不发达国家改为单边型原产地规则。GSP+(超普惠制)适合为经济欠发达国家提供优惠市场进入。该协议的受益国需要证明他们的经济区体系"缺乏多样性产业,脆弱以及需要外界帮助"。此外,受益国家需要批准和实施 16 项核心保护人权及劳工权益的标准,同时批准实施旨在保护环境、打击毒品走私和生产的 11 个公约中的至少七个。GSP+在 2005 年 12 月开始运作,并对进入欧盟市场超过 7 200 种类的产品免税。该受益国板块的非洲、加勒比和太平洋(ACP)国家一直在欧盟市场受到最优惠的关税待遇。2000 年签署的科托努协议取代了洛美公约(于 1975 年签署并且已经修改过三次),该协议规定,履行原产地规则将取消服装进口关税。科托努协议的核心部分之一是经济伙伴关系协定(EPAs),2008 和 2009 年若干国家签署了这份协议。对于签署临时 EPAs 的国家,原产地规则改为单边型。

④包括撒哈拉以南非洲国家的《非洲增长与机会法案》于 2000 年 5 月签署,并随后补充、修改了三次,有效期到 2015 年。就改善市场准入政策而言,欠发达国家(1988 年定义为:人均年国民生产总值少于 1 500 美元的国家)与其他国家的受益是不同的。但对于欠发达国家来说,因为大多数在《非洲增长与机会法案》下贸易自由化的产品,目前已被普惠制替代,因此是否能够享受服装产品的优惠政策很重要。《非洲增长与机会法案》通常采用三重型原产地规则。但适用于欠发达国家的特殊规则是允许这些国家通过第三国进口服装面料(第三国织物条款)并享受免税待遇,这一规则最初有效期到 2004 年 9 月,但后来延长到 2007 年 9 月,并再次延长到 2012 年 9 月。

3.4　MFA 配额取消的启示

2004 年底,全球服装贸易发生了近代史上最显著的变化。各国之间自 2005 年起大部分服装已经不再施行进口配额,并在 2009 年完全取消了配额政策。国际买家在任何国家采购任何品类的服装已不受数量限制,只征收相应关税。在竞争激烈的环境下,国际买家的采购政策已发生重大转变,并对全球服装业的贸易、生产和就业模式产生深远影响。

(1) 竞争动态和采购政策的变化

在实施 MFA 配额期间,国际买家的采购政策很大程度上受制于所能得到的配额。随着配额的逐步取消,其他因素开始影响采购政策的制定,全球服装业的竞争态势发生重大改变。最重要的变化如下(Gereffi 和 Frederick,2010;Frederick 和 Gereffi,2011;Staritz,2011):

① 成本竞争

后配额时代,由于产能过剩导致服装价格下降,成本竞争激烈。一个原因是在 MFA 实施期间,一些国家为了充分利用多余的配额或无配额限制的政策,纷纷设立服装加工业,而在配额取消后则出现了产能过剩,成本竞争压力增大。另一个原因是受限于配额政策的服装出口国家(如中国),由于配额的稀缺性,出口商必须"购买"另一个国家配额的份额,增加了额外的间接成本,从而导致最终产品价格的上升。然而,自中国 2001 年加入世界贸易组织后,出口至欧盟 15 国和美国的服装平均单位价格(出口单价)开始下跌,反映了全球服装供应量增价跌的态势(见图 3-3 和图 3-4)。此外,2005 年开始的后配额时代,由于产能过剩和市场竞争激烈,出口至美国市场的服装产品平均单价不断下跌。出口至欧盟 15 国市场的平均单价 2005 年处于稳定状态,2006 和 2007 年出现略微增长,但 2008 年又开始下降。

② 产地整合

后配额时代,国际买家有了更好的选择机会。服装采购集中于最有竞争力的供应商——产品质量稳定、交货准时、大规模生产,并具有灵活的定价优势。因此,对服装生产的各种功能要求不断增加,而且也变得更加复杂。国际买家一直致力于更具成本规模效益的供应链管理,力图优化供应链的复杂程度。因此,他们往往倾向与规模大、功能强的供应商建立战略伙伴关系。这种趋势导致产地集聚整合,从而减少服装供应国或服装供应国国内企业的数量。

③ 非制造功能

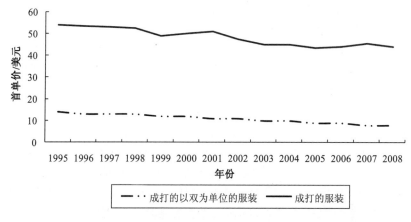

图 3-3　美国进口服装的平均单价(1995—2008 年)

来源:美国国际贸易委员会。
注释:服装数据源自商品名称及编码协调制度(HS)编码第 61 和 62 章;首单价指进入美国海关的不同类型首批报关单价。

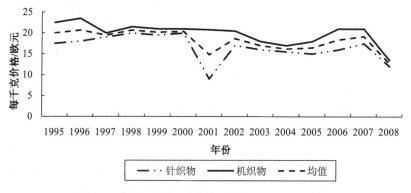

图 3-4　欧盟 15 国进口服装的平均单价(1995—2008 年)

来源:欧盟统计局。
注释:服装数据源自商品名称及编码协调制度(HS)编码第 61 章针织产品和第 62 章机织产品及两者的均值;2011 年孟加拉国有两类服装增量,HS 编码为 610711(男针织纯棉内衣)和 610821(女棉制针织或钩编内衣)。

　　国际买家不断要求供应商提升多样性功能。除了制造能力外,国际买家还期望供应商提供若干非制造服务功能,例如:面辅料采购、基于供应合同的融资、产品开发与设计、仓储管理和库存量控制、物流以及融资能力(如 60~90 天的即期汇票)等。国际买家的改进目标是致力于提升自身核心竞争力,优化供应链效率,促使服装供应商从 CMT 向 FOB 转型。这一转型能增加服装出口行业的进入壁垒,因为如果供应商只会生产而无其他多样性功能(特别是面辅料采购功能),则很难应对后配额时代全球服装业的需求。

④ 时间因素的重要性

交货期和柔性生产对 MFA/ATC 时代的采购决策至关重要。目前已向敏捷零售（lean retailing，LR）和适时生产交货（just-in-time，JIT）转变，由于服装市场变化快速，国际买家需要缩短供货周期，及时补货，减少库存，而且还要承担预测不准带来的较大存货风险（Abernathy、Volpe 和 Weil，2006）。信息技术的发展使得敏捷零售成为可能（例如，条形码、POS 机、电子数据交换〔Electronic Data Interchange，EDI〕和自动化配送中心），而且这也是 20 世纪 80 年代初以来，服装需求增长停滞和消费市场快速变化的应对措施。后配额时代，日益重要的是国际买家追求短交货期、柔性生产、缩短产品生命周期以及多季节快速供应时尚产品。

⑤ 劳工和环境的社会责任

为了应对从事企业社会责任运动的非政府组织及环保消费者的压力，遵守劳动法规和环境标准已成为国际买家决定是否采购的重要因素之一。由于服装业的劳动强度和纺织业的环境影响问题（例如，高能耗和废水处理），使得遵守劳动法规和环保要求成为一项重要签约内容。为此，国际采购商通常都要制定相关的环境保护及劳工准则，并定期进行审核。遵守国际买家的劳动法规和环境标准往往是供应商进入并成为供应链体系中一员的基本准则。

⑥ 政策环境及基础设施

除了企业具体的采购准则外，国家的政策环境也是国际买家制定采购决策的关键因素。如前所述，在全球服装贸易中，贸易协定和优惠的市场准入两项政策起着至关重要的作用。在全球服装业成本不断上升的竞争环境中，良好的、可靠的基础设施和政策环境对缩短交货时间以及满足国际买家要求显得特别重要。其中关键的因素是运输效率、物流、海关基础设施、服务水平以及可靠的能源获取，这些因素对资本密集型的纺织生产尤为重要。此外，当服装企业从 CMT 转变为 FOB 供应商时，获得低成本的融资渠道是关键，因为他们必须能够得到资金投入生产，并为国际买家提供信贷额度。

(2) 后配额时代的出口模式

MFA 配额的逐步取消、产业竞争环境的改变以及国际买家的采购政策，对服装出口模式有着重要影响。就国家层面而言，既有"赢家"也有"输家"，并且在一个国家内部也有着不同类型的企业和劳工群体。

① 出口总额

在 MFA 配额逐步取消的背景下,中国的服装出口占全球份额的比重明显增加,从 2004 年的 28.3％提高到 2008 年的 38.8％,成为目前世界上最大的服装出口国(见表 3-5)。孟加拉国、柬埔寨、印度、印度尼西亚和越南的出口增幅也超过了世界平均水平(见图 3-5)。总的来说,2004—2008 年期间,服装出口排名前 15 的国家或经济体市场份额从 77.4％增加到了 84.6％①。

表 3-5　各年份服装出口排名前 15 的国家和地区

国家/地区/经济体	出口额/亿美元					市场份额/%				
	1995	2000	2004	2005	2008	1995	2000	2004	2005	2008
全球	1 525.32	1 936.69	2 516.56	2 684.17	3 358.78					
中国	328.68	480.19	711.37	898.29	1 303.94	21.5	24.8	28.3	33.5	38.8
欧盟 15 国	378.57	339.83	466.43	477.57	600.76	24.8	17.5	18.5	17.8	17.9
土耳其	52.61	67.10	123.97	129.22	157.69	3.4	3.5	4.9	4.8	4.7
孟加拉国	25.44	48.62	79.45	80.26	134.64	1.7	2.5	3.2	3.0	4.0
印度	42.33	51.31	72.98	94.68	122.10	2.8	2.6	2.9	3.5	3.6
越南	8.31	15.95	44.08	47.37	95.41	0.5	0.8	1.8	1.8	2.8
印度尼西亚	32.55	46.75	52.86	56.73	76.30	2.1	2.4	2.1	2.1	2.3
中国香港	104.63	101.44	93.13	84.95	51.07	6.9	5.2	3.7	3.2	1.5
墨西哥	28.71	89.24	72.85	66.83	46.34	1.9	4.6	2.9	2.5	1.4
突尼斯	24.00	26.45	35.90	34.76	44.89	1.6	1.4	1.4	1.3	1.3
摩洛哥	22.50	34.76	34.76	33.26	44.63	1.5	1.4	1.4	1.3	1.3
罗马尼亚	n.a.	27.37	53.69	51.72	42.16	n.a.	1.4	2.1	1.9	1.3
泰国	27.06	36.72	39.68	38.60	42.00	1.8	1.9	1.6	1.4	1.3
柬埔寨	0.63	12.14	24.34	26.96	40.43	0.0	0.6	1.0	1.0	1.2
斯里兰卡	16.80	25.18	29.73	30.82	38.09	1.1	1.3	1.2	1.1	1.1
美国	44.02	51.57	31.73	36.81	n.a.	2.9	2.7	1.3	1.4	n.a.
韩国	44.23	46.92	35.46	n.a.	n.a.	2.9	2.4	1.4	n.a.	n.a.
其他亚洲ª	29.98	30.55	n.a.	n.a.	n.a.	2.0	1.6	n.a.	n.a.	n.a.
菲律宾	n.a.	25.99	n.a.	n.a.	n.a.	n.a.	1.3	n.a.	n.a.	n.a.
波兰	23.06	n.a.	n.a.	n.a.	n.a.	1.5	n.a.	n.a.	n.a.	n.a.
排名前 15 的数据	1 208.35	1 470.09	1 948.36	2 161.86	2 840.44	79.2	75.9	77.4	80.5	84.6
巴基斯坦	12.79	17.31	26.65	26.73	35.04	0.8	0.9	1.1	1.0	1.0
洪都拉斯	9.70	25.24	29.26	28.97	30.35	0.6	1.3	1.2	1.1	0.9

来源:联合国商品贸易统计数据库。

注释:服装数据源自商品名称及编码协调制度(HS)第 61 和 62 章;前 15 国按各年份计算;n.a.指不适用(表示该国家/地区/经济体在指定年份中未名列前 15 位);灰底国家是九个案例研究国;检索日期 2011 年 4 月 3 日。

a:未列名主要指中国台湾。

①全球金融危机始于 2008 年,而 2009 年危机愈演愈烈,但本文只采用了部分数据。对中国的特保措施于 2008 年底结束,相关数据未能显现。

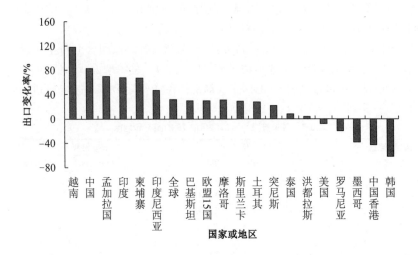

图 3-5   2004 和 2008 年服装出口变化率(排名前 15 国家、案例国家及特定经济体)

来源:联合国商品贸易统计数据库(联合国商品贸易)。

注释:服装数据源自商品名称及编码协调制度(HS)第 61 和 62 章;2004 和 2008 年的比较包括前 15 个国家和地区(但韩国和美国 2008 年不属于排名前 15 的国家),检索日期 2011 年 4 月 3 日。

② 美国服装进口

欧盟 15 国和美国是目前世界上最大的服装进口国和地区,2008 年这两个市场的进口占全球服装进口总额的 67.3%。发展中国家的服装出口高度集中于这两个市场。

美国服装进口总量中,来自中国的进口份额从 2000 年的 10.5%增加到 2008 年的 32.8%(见表 3-6);越南占据美国服装进口的第二大份额,从 2004 年的 3.7%增加到 2008 年的 7.0%;其他在美国市场的"赢家",包括:孟加拉国、柬埔寨及印度等;墨西哥 2008 年服装出口占该国外贸出口的第三位,但在美国市场的份额则从 2000 年的 14.6%急剧下降至 2008 年的 5.6%;多米尼加共和国-中美洲自由贸易协定(Dominican Republic-Central America Free Trade Agreement,DR-CAFTA)框架内的国家包括:哥斯达黎加、多米尼加共和国、萨尔瓦多、危地马拉、洪都拉斯和尼加拉瓜等,对美国市场份额也在下降,从 2000 年的 15.3%下降至 2008 年的 10.5%;根据美国国际贸易委员数据,2000—2004 年期间,受非洲增长和机会法案(AGOA)的刺激,撒哈拉以南非洲国家占美国服装市场的份额从 1.3%增加至 2.6%。但是从 2005 年起,这些非洲国家丧失了原有的市场份额。总体而言,排名前 15 的服装出口国占据美国进口量的份额,从 1995 年的 75.4% 减少至 2004 年的 69.7%，而后，在 2008 年又提高到 82.2%。

表 3-6 各年份美国服装进口排名前 15 的国家和地区

国家/地区/	海关报价/亿美元					市场占有率/%				
经济体	1995	2000	2004	2005	2008	1995	2000	2004	2005	2008
总额	361.03	592.06	668.69	708.07	731.02					
中国	46.53	62.02	107.21	168.08	240.00	12.9	10.5	16.0	23.7	32.8
越南	n.a.	n.a.	25.06	26.65	51.51	n.a.	n.a.	3.7	3.8	7.0
墨西哥	27.79	86.18	68.45	62.30	41.29	7.7	14.6	10.2	8.8	5.6
印度尼西亚	11.89	20.60	24.02	28.82	40.35	3.3	3.5	3.6	4.1	5.5
孟加拉国	9.97	19.42	18.72	22.68	33.55	2.8	3.3	2.8	3.2	4.6
印度	11.63	18.52	22.77	30.58	31.22	3.2	3.1	3.4	4.3	4.3
洪都拉斯	9.32	24.16	27.43	26.85	26.75	2.6	4.1	4.1	3.8	3.7
柬埔寨	n.a.	n.a.	n.a.	17.02	23.71	n.a.	n.a.	n.a.	2.4	3.2
欧盟 15 国	17.40	22.45	22.89	21.71	20.65	4.8	3.8	3.4	3.1	2.8
泰国	10.42	18.41	18.22	18.33	16.96	2.9	3.1	2.7	2.6	2.3
中国香港	42.61	44.92	38.79	35.23	15.59	11.8	7.6	5.8	5.0	2.1
萨尔瓦多	n.a.	16.02	17.20	n.a.	15.33	n.a.	2.7	2.6	n.a.	2.1
巴基斯坦	n.a.	n.a.	n.a.	n.a.	15.08	n.a.	n.a.	n.a.	n.a.	2.1
斯里兰卡	9.19	n.a.	n.a.	16.53	14.90	2.5	n.a.	n.a.	2.3	2.0
危地马拉	n.a.	n.a.	19.47	18.17	13.88	n.a.	n.a.	2.9	2.6	1.9
菲律宾	14.89	18.76	17.65	18.21	n.a.	4.1	3.2	2.6	2.6	n.a.
多米尼加	16.98	23.90	20.36	18.31	n.a.	4.7	4.0	3.0	2.6	n.a.
韩国	16.61	22.63	18.08	n.a.	n.a.	4.6	3.8	2.7	n.a.	n.a.
中国台湾	19.17	19.51	n.a.	n.a.	n.a.	5.3	3.3	n.a.	n.a.	n.a.
加拿大	7.74	17.45	n.a.	n.a.	n.a.	2.1	2.9	n.a.	n.a.	n.a.
排名前 15 的数据	272.14	434.95	466.32	529.47	600.77	75.4	73.5	69.7	74.8	82.2
DR-CAFTA	47.25	90.59	95.59	91.50	76.68	13.1	15.3	14.3	12.9	10.5

来源：美国国际贸易委员会（USITC）。

注释：服装数据源自商品名称及编码协调制度（HS）第 61、62 章；前 15 位国家/地区/经济体以各年份计算；DR-CAFTA 指多米尼加共和国-中美洲自由贸易协定；"n.a."指数据不适合入表（表示该国家/地区/经济体在指定年份中没有处于前 15 位）。

③ 欧盟 15 国服装进口

欧盟内部成员国之间的贸易体系占据最大的服装贸易份额。然而，这一指数却从 1995 年的 43.4% 下降到 2008 年的 37.4%（见表 3-7）。中国是欧盟 15 国的第二大服装进口来源国，份额从 1995 年的 7.0% 增加到 2008 年的 23.4%。第三大进口来源国是土耳其，1995 至 2004 年，份额从 6.3% 增加到 8.8%。但在 MFA 配额逐步取消的背景下，突尼斯、摩洛哥及罗马尼亚的服装出口在欧盟市场的份额下降。在通常地理意义上的泛欧洲区国家（包括土耳其、中欧、东欧及北非国家）方面，区域供应商的进口份额从 2004 年的 27.3% 下降至 2008 年的 21.3%。在后配额时代,孟加拉国和印度占据的市场份额有所增长。占据欧盟 15 国进口市场排名前 15 的国家和地区市场份额从 1995 至 2004 年一直稳定在 85% 左右,到 2008 年提高到 90.8%。

表 3-7　各年份服装出口至欧盟 15 国的前 15 位国家和地区

国家/地区/经济体	海关报价/亿美元					市场占有率/%				
	1995	2000	2004	2005	2008	1995	2000	2004	2005	2008
全球进口额	503.77	781.17	853.93	903.66	1 037.58					
欧盟 15 国	218.38	305.13	326.42	340.93	388.12	43.3	39.1	38.2	37.7	37.4
中国	35.42	74.50	110.38	164.20	243.30	7.0	9.5	12.9	18.2	23.4
土耳其	31.89	53.22	75.20	78.57	76.12	6.3	6.8	8.8	8.7	7.3
孟加拉国	9.67	25.67	36.89	35.09	46.67	1.9	3.3	4.3	3.9	4.5
印度	15.88	20.05	24.34	32.01	38.26	3.2	2.6	2.9	3.5	3.7
突尼斯	17.29	25.67	25.86	24.54	25.80	3.4	3.3	3.0	2.7	2.5
摩洛哥	16.31	23.56	24.17	22.62	23.86	3.2	3.0	2.8	2.5	2.3
罗马尼亚	9.72	25.58	36.79	34.50	23.49	1.9	3.3	4.3	3.8	2.3
波兰	16.04	18.26	11.53	9.98	14.21	3.2	2.3	1.4	1.1	1.4
越南	n.a.	n.a.	n.a.	n.a.	12.01	n.a.	n.a.	n.a.	n.a.	1.2
斯里兰卡	n.a.	831	8.06	7.95	11.13	n.a.	1.1	0.9	0.9	1.1
印尼	9.08	18.00	13.20	11.88	11.14	1.8	2.3	1.5	1.3	1.1
保加利亚	n.a.	n.a.	10.46	10.72	11.27	n.a.	n.a.	1.2	1.2	1.1
巴基斯坦	n.a.	n.a.	9.06	7.70	8.65	n.a.	n.a.	1.1	0.9	0.8
泰国	5.46	9.11	8.68	7.70	n.a	1.1	1.2	1.0	0.9	n.a
中国香港	25.47	31.04	19.23	16.82	8.26	5.1	4.0	2.3	1.9	0.8
匈牙利	7.29	10.01	n.a.	n.a.	n.a.	1.4	1.3	n.a.	n.a.	n.a.
韩国	n.a.	8.91	n.a.	n.a.	n.a.	n.a.	1.1	n.a.	n.a.	n.a.
毛里求斯	4.48	n.a.	n.a.	n.a.	n.a.	0.9	n.a.	n.a.	n.a.	n.a.
美国	4.43	n.a.	n.a.	n.a.	n.a.	0.9	n.a.	n.a.	n.a.	n.a.
排名前 15 的数据	426.83	657.03	740.26	805.20	942.29	84.7	84.1	86.7	89.1	90.8
泛欧洲区[a]	127.46	205.99	233.30	226.03	221.36	25.3	26.4	27.3	25.0	21.3

来源:欧盟统计局。

注释:服装数据源自商品名称及编码协调制度(HS)第 61 和 62 章;世界进口额表示欧盟 15 国内部贸易和外部进口的总和;"n.a."指数据不适合入表(指定年份该国家/地区/经济体并不在前 15 名之内)。

a:泛欧洲区包括土耳其、欧洲中部和东部地区(罗马尼亚、波兰、捷克共和国、匈牙利、斯洛伐克共和国、斯洛文尼亚、爱沙尼亚、拉脱维亚、立陶宛、前南斯拉夫马其顿共和国、黑罗尼亚、黑山共和国、阿尔巴尼亚、波斯尼亚和黑塞哥维那、摩尔多瓦、乌克兰、白俄罗斯、俄罗斯联邦),中东和北非的四个国家(突尼斯、摩洛哥、埃及、约旦)。

④ 后配额时代的集中度指数

2000—2004 年,服装出口排名前 15 的国家和地区占全球的份额上升,出口至美国的份额下降,而欧盟 15 国的份额上升。而 2004—2008

年,随着 MFA 配额的逐步取消,这一份额回升。显然,MFA 的配额取消使得服装出口国出现集中趋势。服装进口国的集中度可以用修正的赫芬达尔指数(HHI)进行衡量,即可用所有国家出口服装的市场份额平方和进行计算。公式如下:

$$HHI_j = \sum (S_{ij})^2 \cdot 10\,000 \qquad (3.1)$$

式中:S_{ij} 指第 i 国家占全球出口产品 j 的百分比。若 HHI_j 数值下降表示"集中度"降低,或者,更确切地说,该领域的出口采购呈现离散分布状态(Milberg 和 Winkler,2010)[1]。对美国和欧盟 15 国而言,HHI(集中度指数)直到 2004 年仍保持稳定。但随后,特别是 2005 年 MFA 配额取消后,这一指数显著增加(见图 3-6)。依据 HHI 的计算,显示出美国进口服装的来源国分布更集中。需要说明的是欧盟 15 国进口服装的 HHI 涵盖了欧盟 15 国作为个体的内部服装进口贸易,而不是仅仅计算欧盟 15 国来自外部服装进口的 HHI。

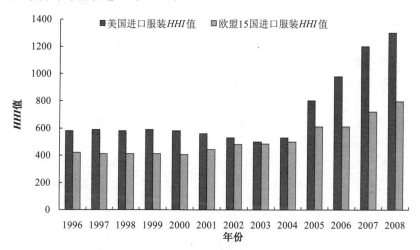

图 3-6 各年份美国和欧盟 15 国的服装进口 HHI 值

来源:美国国际贸易委员会;欧洲统计局;Staritz,2011。

注释:服装数据源自商品名称及编码协调制度(HS)第 61 和 62 章。

⑤ 国别分类

基于出口数据可以得知,全球排名前 15 的服装出口国家中,低加工成本的亚洲服装出口国,如:孟加拉国、中国、印度和越南以及出口份额较小的柬埔寨和印度尼西亚,在 MFA 配额取消后,出口份额增加。相反,高

---

[1]HHI 的范围可以在 $1/n * 10\,000$(所有国家份额相同)和 $10\,000$(一个国家独占全部份额)之间变化,其中 n 是出口该产品的国家总数(Milberg 和 Winkler,2010)。

劳动力成本的亚洲服装出口国家和经济体,比如中国香港、韩国、马来西亚、菲律宾、中国台湾和泰国等出口份额都有所下降。区域性供应商如出口至美国市场的加勒比地区、中美洲和墨西哥等国家,出口至欧盟 15 国的南非和中东欧等供应国,另外还有撒哈拉以南非洲和其他地区的国家,服装出口份额均不同程度地出现减少(Frederick 和 Gereffi,2011;Staritz,2011)。

后配额时代主要服装出口国的表现如下:

A. 全球市场份额增长与稳定的国家

a. 中国:显然中国是过去 15 年间全球服装出口的最大赢家。1995—2008 年,中国的全球服装出口份额从 22%增至 39%,贸易额从 329 亿美元增至 1 304 亿美元;

b. 成长型供应国:自 20 世纪 90 年代初期以及 MFA 配额逐步取消后,孟加拉国、柬埔寨、印度、印度尼西亚、巴基斯坦、斯里兰卡和越南的全球服装市场份额日益增加;

c. 稳定型供应国:欧盟 15 国、摩洛哥、突尼斯和土耳其至 2008 年出口额保持增长,即 MFA 配额取消后,仍能维持相对稳定的市场占有率。

B. 全球市场份额降低的国家

a. 配额取消导致份额降低:加拿大、DR-CAFTA(其中的洪都拉斯)、墨西哥、波兰、罗马尼亚、泰国和美国的服装出口市场份额随着配额的取消而减少;

b. 曾经的主要供应国和地区:中国香港、韩国、菲律宾以及中国台湾过去是服装出口的领先者,但自 20 世纪 90 年代初开始,全球服装出口市场份额减少。

⑥ 全球金融危机

关于 2008 年底针对中国特保措施结束的影响,应当与在 2008 年开始并在 2009 年波及全球的金融危机影响一并评估。全球金融危机对服装业产生了重大的直接和间接影响。直接影响包括:全球需求低迷,导致欧盟、日本和美国这些主要服装消费市场的服装进口需求大大减少;价格降低;贸易融资额减少,造成供应商筹措出口资金困难(Staritz,2011)。2008 和 2009 年,美国服装进口总额分别下降了 3.3%和 12.0%;欧盟 15国 2008 年虽小幅增长了 1.5%,但 2009 年却下降了 5.2%。据统计,因全球金融危机导致的发展中国家失业人数分别为:柬埔寨 7.5 万、中国 1 000 万、印度 100 万、印度尼西亚 10 万、墨西哥 8 万、巴基斯坦 20 万以及越南 3 万(Gereffi 和 Frederick,2010,摘自 Forstater,2010)。这场危机加

速了国际买家采购策略的转变,主要是供应商国家及企业的整合,即国际
买家利用订单减少的现状,选择具有战略优势和能力的供应商进行集中
采购。金融危机的另一个重要影响是进口市场结构的改变,虽然至少在
未来一段时期内,欧盟和美国市场仍是最大的两个进口市场。但在后金
融危机时代,新兴市场的地位将变得日益重要(Cattaneo、Gereffi 和
Staritz,2010;Staritz、Gereffi 和 Cattaneo,2011)。根据经济学人智库(E-
conomic Intelligence Unit,EIU)对 2008—2013 年所选新兴市场服装零
售需求的预测评估,这一期间增长最快的将是巴西、中国、东欧(包括
俄罗斯联邦)、印度和土耳其(Textiles Intelligence,2009,摘自 EIU,
2008)。自 MFA 配额取消后,欧盟 15 国和美国的进出口贸易总额呈
现稳定状态,甚至在针对中国的特保措施结束之后以及全球金融危机
期间加速回升。

(3) 后配额时代企业的动态变化

后配额时代对企业和员工的影响各不相同,由此形成各国不同的发
展态势。与那些专注于成衣组装的小企业相比,规模大、适应性强的企业
凭借能够提供更多的服务功能而将成为"最后的赢家"。工人技能和社会
转型的重要性也在增加。在此仅阐述企业和工人的重要变化(Frederick
和 Gereffi,2011;Staritz,2011)。

① 企业层面的调整

大多数国家的大型企业更容易应对产业环境竞争因素以及后配额时
代国际买家采购策略的变化;企业倒闭或员工失业集中发生于中小型企
业。由此,大部分国家的产业整合过程正在悄然进行,并且往往大企业以
损失小企业利益或兼并小企业的方式扩大生产和就业规模。

② 从 CMT 转向 OEM

供应商需要巩固和提高制造和非制造功能,CMT 正在向 OEM 转变。
供应商面临着越来越高的服装贸易壁垒,那些仅仅做加工,缺乏非制造功
能,特别是缺乏面辅料采购功能的企业在后配额时代将面临更大的挑战。
只做成衣缝制加工业务的企业将面临困境,而那些具有更多功能的企业
则能够应对后配额时代的变化。

③ 技能的重要性

服装业需要大量的非技能和半技能熟练工人,但是对企业员工特别
是主管、技术人员和管理者来说,技能的重要性与日俱增。缺乏技能熟练
工人是发展中国家提高竞争力和服装产业结构升级的最大障碍。因为缺
乏技能会给非技能和半技能熟练人员的雇用带来很大的影响。国际买家

需求的增加将促使企业雇用更多拥有熟练技能的工人,以提高劳动生产效率。技术升级和提高技能熟练工人的比重是应对后配额时代的两项关键战略。

④ 社会转型升级

对许多发展中国家而言,随着国际买家需求增加、企业行为准则普及以及社会不安定局面增多(因服装业薪酬低导致),所以单纯依靠低成本劳动力的出口策略难以成为应对后配额时代产业环境的可持续发展战略。低劳动力成本是一项重要的竞争因素,但是需要同其他因素相结合。社会转型升级的定义为:提高工人的社会地位,改善体面劳动的工作环境,这也是经济和社会转型升级的重要因素(Barrientos、Gereffi 和 Rossi, 2008)。

⑤ 性别影响

与其他制造业相比,服装业女性员工的雇用比例平均高达80%。然而,这一行业中,不同部门的女性雇用比例不尽相同,纺织业或服装业的特定部门和生产流程男性占据主导。女性与男性相比,通常得到的工资较少,工作环境更差,因此激烈的竞争将导致对女性员工提出更苛刻的要求。然而,随着技术重要性的增加和生产过程熟练化、转型升级以及其他更高能力的要求(比如与纺织业后向关联能力)等将减少对女性员工的需求,主要原因是女性通常缺乏相应的熟练技能,往往聚集于如成衣缝制加工那样的低附加值工作。

(4) 后配额时代发展的成因解析

由于全球买家对高水平制造和非制造能力、短交货期、柔性生产、劳工与环境保护责任的要求越来越高,成本优势和优惠的市场准入政策显然不足以保持服装业在后配额时代的竞争力。尽管成本竞争,特别是劳动力成本竞争和优惠的市场准入政策从2004年开始成为主要的竞争手段,并且许多低收入服装出口国(特别是柬埔寨)利用这些因素扩大和稳定了市场份额,但成本竞争和优惠的市场准入政策仍然不是制胜的全部因素。

后配额时代,多数国家服装业市场份额的增加得益于产业结构升级,以此满足国际买家不断提出的诸多要求,比如:服务可靠性、质量、柔性生产、交货期、社会责任和贸易规则以及功能更全面的非制造能力。这些产业结构升级通常受到私营企业、政府部门或公共团体的前瞻性政策驱动和支持。孟加拉国、印度、斯里兰卡和越南在产业发展战略和结构升级等方面表现积极。其他国家,如柬埔寨、洪都拉斯以及撒哈拉以南的非洲国家(如肯尼亚、莱索托和斯威士兰)等,虽然应对后配额时代的产业环境变化有些被动,但也在着手准备产业升级。这些现象至少有一点可以通过所有制结构分析得到解释:这些国家的服装企业大部分为外资所有,所有权属于海外投资者,一般总部设在中国大陆、中国香港、韩国和中国台湾等。

3.5　案例研究国家概述

本书第二部分为案例国家的研究报告,详细论述了九个案例国家在后配额时代的服装业结构、产业发展和产业升级经验,重点评估 MFA 配额取消后对就业和薪资的影响。本节将讨论九个案例国家全球服装业的发展概况,这些国家分别是孟加拉国、柬埔寨、洪都拉斯、印度、墨西哥、摩洛哥、巴基斯坦、斯里兰卡和越南。

(1) 服装业的发展

后配额时代,这些案例国家的服装业发展可以通过 2004—2008 年的三项指标变化进行观察。这三项指标分别为:服装出口至全球的总额、服装出口至全球的市场份额以及服装业的雇用情况(见图 3-7)。

基于这三项指标,可将这些国家分为三类:

① 增长型供应国

从 20 世纪 90 年代初以来,这类供应国的全球市场份额增加;同样,后配额时代这类供应国的出口额、市场份额和雇用人数也在增加。孟加拉国、印度和越南属于这种类型的服装供应国,某种程度上,柬埔寨也属于这一类。2004—2008 年,孟加拉国、柬埔寨、印度和越南的工人雇用人数分别增加了 40%、20%、48%和 52%。同一时期,孟加拉国的服装出口额和市场份额分别增加了 69%和 25%;柬埔寨分别为 66%和 24%;印度分别为 67%和 24%;越南分别为 116%和 56%。

② 停滞型供应国

在后配额时代,虽然出口总额增加,但市场占有率保持不变,摩洛哥、巴基斯坦和斯里兰卡属于这一类国家。这三个国家的出口额,从 2004 至 2008 年,分别增加了 28%、32%和 28%;而他们的市场占有率保持相对不变;至于雇用员工人数方面,巴基斯坦上升了 8%,而摩洛哥和斯里兰卡则分别下降了 8%和 12%。

③ 衰退型供应国

在后配额时代,出口总额和雇用人数保持不变或者下降,但市场份额下降较多,洪都拉斯和墨西哥属于这一类型。2004—2008 年,洪都拉斯的出口额增长了 4%,但市场份额和雇用人数则分别下降了 22% 和 3%;墨西哥在同一时期的出口额、市场份额和雇用员工人数分别下降了 36%、52% 和 40%。

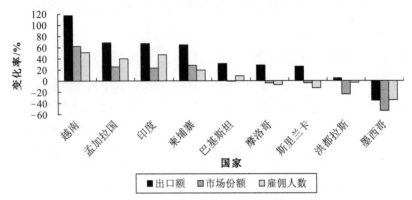

图 3-7　案例国家 2004—2008 年出口额、市场份额和雇用人数的变化

来源:出口数据源自联合国商品贸易统计数据;雇用数据有多种来源,参见背景文献(Staritz 和 Frederick,2011a,2011b,2011c,2011d,2011e,2011f,2011g,2011h,2011i);斯里兰卡 2004 年数据是 2003—2005 年的平均值。

(2) 服装产业结构和升级经验

案例国家在服装产业结构的生产模式、渠道(终端市场)、产品以及供应链(后向关联)等方面的升级经验各有千秋。在此主要论述:服装业在不同国家的重要意义(见表 3-8);不同国家服装业的主要特点,包括劳动力成本、生产模式、后向关联、所有权结构、出口市场多元化以及单价变化(见表 3-9 和表 3-10)。

① 服装业的重要意义

在孟加拉国、柬埔寨、洪都拉斯和斯里兰卡的出口贸易中,服装出口占很大比重,2008 年分别为 71.1%、84.8%、48.6% 和 40.9%。而其他国家特别是印度和墨西哥的出口结构更加多元化,2008 年两国的服装出口分别占该国出口总额的 6.1% 和 1.7%。在所有案例国家中,服装业的雇用人数比重都很大,若将非正规雇用纳入统计范围则比重更大。例如,印度 2008 年服装和纺织业的正规和非正规雇用人数达 3 500 万人,其中正规员工只有 200 万人(包括 70 万服装从业人员)。2008 年,孟加拉国、柬埔寨、洪都拉斯、摩洛哥、巴基斯坦(包括纺织业)和斯里兰卡的服装业雇用人数分别占制造业雇用总人数的 40%、30%、79%、31%、38% 和 21%。

在印度和巴基斯坦,就出口产业和就业结构而言,纺织业比服装业更重要;在巴基斯坦,这种情况主要得益于纺织制成品的生产,包括毛巾和床上用品。

表 3-8　服装业和就业的重要性

国家	占总出口额的百分比 /%			服装业 雇用人数	纺织+服装 业雇用人数	服装业占制造业 雇用人数的比重/%	
	2000	2004	2008	2008	2008	ILO	当年
孟加拉国	79.3	54.5	71.1	3 100 000	4 200 000	—	40
柬埔寨[a]	69.8	70.8	84.8	281 855	281 855	38.2(2005)	30
洪都拉斯	68.0	35.8	48.6	83 712	83 712	—	79
印度	14.1	10.5	6.1	675 000	2 037 143	6.2(2001)	—
墨西哥	5.2	3.8	1.7	289 351	750 000	12.3(2000)	8
摩洛哥	32.3	30.9	16.6	149 477	200 000	17.8(2002)	31
巴基斯坦	23.8	22.6	19.2	2 000 000	2 500 000	42.9(2001)	38
斯里兰卡	51.8	48.0	40.9	280 000	301 000	34.2(2000)	21
越南	12.6	15.5	14.3	758 274	937 350	—	—

来源:数据显示的是服装业情况,除非特别注明;服装占总出口额的百分比数据源自世界贸易组织国际贸易统计;服装+纺织业或服装业雇用人数;多种渠道,参见背景文献;服装业占制造业的雇用人数比重数据源自 Ernst,Hernandez Ferrer 和 Zult(2005);巴基斯坦的出口份额包括纺织和服装。

注释:ILO=国际劳工组织;"—"指暂无数据;a.柬埔寨雇用人数仅代表服装业,且雇用人数比重指工业雇用人数占比而不是制造业雇用人数占比。

② 劳工成本

案例国家的小时工资各不相同,从 2008 年的数据来看,最低的是孟加拉国,为 0.22 美元/时,最高是墨西哥,为 2.54 美元/时。低劳动力成本的地区(除孟加拉国外)还有:柬埔寨(0.33 美元/时)、巴基斯坦(0.37美元/时)和越南(0.38 美元/时)。印度和斯里兰卡处于中间,分别是0.51 和 0.43 美元/时。劳动力成本处于高水准的是洪都拉斯(1.77 美元/时)、摩洛哥(2.24 美元/时)以及墨西哥。

③ 生产模式

如前所述,服装生产国可以按该国主要服装企业的生产模式进行分类。在案例国家中,柬埔寨大部分企业局限于 CMT 生产模式;孟加拉国、洪都拉斯、摩洛哥、巴基斯坦和越南大部分也是 CMT 生产模式,但已开始向 OEM 的生产模式升级;另一类国家大部分从事 OEM 生产,比如墨西哥;而印度和斯里兰卡也基本属于 OEM 生产模式,但不少企业开始向ODM 模式转型升级。

④ 后向关联(与纺织业链接)

案例国家可以分为纤维生产国(如印度和巴基斯坦)和非纤维生产国。在印度和巴基斯坦,纺织业与服装业同等重要,甚至纺织业更重要。2008 年,这两个国家纺织品出口的份额分别占纺织服装总出口额的 46%

与 66％。一些原先并不从事纤维(纺织)生产的国家,为了缩短交货时间和提升竞争力而加大了对纺织业的投资(如孟加拉国和越南)。总的来说,由于机织物生产的资本密集度较高,后向关联时,开发针织企业比机织企业更适宜。

表 3-9 产业模式和结构升级(功能类型与供应链)

国　家	劳动价格 美元·时$^{-1}$		产业 模式	后向 关联	股权 结构/％	企业 (2008)	
	2002	2008				数量	规模
孟加拉国	0.39	0.22	CMT(约70％) /OEM	棉针织及棉纱, 若干棉机织物	内资(98)	4 743	大中小
柬埔寨	—	0.33	CMT(75％～ 90％)	无	外资(93)	284	大中小
洪都拉斯	1.48	1.77	CMT/OEM	若干棉针织物	外资(85)	133	大中小
印度	0.38	0.51	OEM/ODM	棉机织物与化 纤机织物	内资(大部分)	77 000	小型
墨西哥	2.45	2.54	CMT/OEM	若干棉机织物	内外资	10 159	大中小
摩洛哥	—	2.24	CMT(50％～ 70％)/OEM	若干针织和机 织物(牛仔布)	内资(大部分)	880	中小 (75％)
巴基斯坦	0.41	0.37	CMT/OEM	棉机织物	内资(98)	—	小型
斯里兰卡	0.48	0.43	OEM/ODM	若干品种针 织物	内资(80)	350	大中小
越南	—	0.38	CMT(约70％) /OEM	若干品种针 织物	民营/国企(76) 外资(18)	3 174	大中小

来源:参见背景文献(Staritz 和 Fedrick,2011a,2011b,2011c,2011d,2011e,2011f,2011g,2011h,2011i);小时劳动价格源自 Jassin-O'Rourke Group,2008。

注释:小时劳动价格比较——中国 2002 年 0.78 美元(沿海平均),中国 2008 年 0.88 美元(内陆平均);"—"指暂无数据;CMT 指剪切、缝纫和后整理;OEM 指代工生产;ODM 指原设计制造。

⑤ 所有制结构

　　柬埔寨和洪都拉斯的服装企业主要由外资公司控股(柬埔寨 93％,洪都拉斯 85％)。企业的所有制结构十分重要,因为这一结构决定了供应商在全球生产和分销网络的位置(Staritz,2011)。柬埔寨和洪都拉斯的服装企业通过各自的外资母公司整合到全球生产网络。这种组织形态能够安全有效地与国际买家连接并嵌入全球采购网络,但也限制了本土一方的决策权和功能发挥。外资母公司通常负责进口(面辅料)采购、产品开发和设计、物流、商品企划和市场推广,并与国际买家有着直接的合作。而其他国家的公司大部分或至少重要的部门由内资控股。在印度和巴基斯坦,小规模与非正规企业是纺织服装业的重要组成部分,其中印度国内纺织和服装雇用员工总人数中,非正规就业人数占90%。

　　⑥出口市场多元化

　　所有案例国家的出口主要集中在欧盟15国和美国市场,通常这些国家超过80%的出口份额流入这两类终端市场(见表3-10)。但是在后配额时代,所有国家均呈现出多元化服装出口市场。孟加拉国、印度和越南的服装出口市场最具多元化。但一些区域供应国仍然集中面向两个最大的服装终端市场:洪都拉斯和墨西哥出口面向美国市场;摩洛哥出口面向欧盟15国市场。

表3-10　出口多元化与单价

国家	除欧盟15国和美国外的出口市场份额/%			产品单价均值 2000—2008		每件单价的变化 2004—2008/%	
	2000	2005	2008	欧盟15国 (欧元/千克)	美国 (美元/打)	欧盟 15国	美国
孟加拉国	6.0	10.0	15.4	7.9	36.3	0.0	−1.7
柬埔寨	7.2	8.5	13.7	14.1	49.8	−6.7	−25.4
洪都拉斯	1.6	4.3	7.8	—	20.8	—	−6.2
印度	21.7	17.5	19.7	14.1	56.3	12.1	−19.9
墨西哥	2.3	5.1	8.0	—	46.0	—	10.4
摩洛哥	1.8	5.5	9.3	19.0	—	22.2	—
巴基斯坦	7.4	7.8	12.3	7.9	36.1	−5.1	−9.4
斯里兰卡	5.2	5.6	10.0	16.4	60.4	15.2	−21.7
越南	49.7	20.2	20.3	15.1	47.3	−12.0	−10.5

来源:联合国商品贸易统计数据库(UN COMTRADE);美国国际贸易委员会(USITC);欧盟统计局。
注释:"—"指暂无数据。

　　⑦产品多样化和产品单价

　　2000—2008年,柬埔寨、印度、墨西哥、斯里兰卡和越南出口至美国市场的服装,单价高于世界平均值,每打45美元;而孟加拉国、洪都拉斯和巴基斯坦的出口单价低于世界平均水平(见表3-10)。2004—2008年,所有国家出口到美国的产品单价均下降,仅墨西哥增加了10.4%。不同市场的单价之所以变化,一方面是不同单价的产品经过升级后变得更专业化,而另一方面,竞争激烈导致成本受压呈现下降趋势。2000—2008年,服装出口至欧盟15国市场的国家中,只有摩洛哥的产品单价高于17.5欧元/千克的世界平均单价,其他所有国家均低于这一单价(欧盟15国之间存在重要的盟内贸易,且平均单价相对较高)。2004—2008年,大多数国家提升了他们对欧盟15国出口产品的单价,只有柬埔寨、巴基斯坦和越南的单价分别下降了6.7%、5.1%和12.0%。服装供应国,如孟加拉国和巴基斯坦处于低单价阶层,而印度和斯里兰卡这两个供应国单价较高。与洪都拉斯出口至美国市场的产品单价较低相反,摩洛哥出口至欧盟 15 国市场的产品单价相对较高,这与该国作为"快时尚"品牌服装供应国地位有关。

(3) 贸易规则和优惠政策

如前所述,贸易优惠政策在服装业的发展中扮演着重要角色。研究的案例国家都享有欧盟 15 国和美国这两个最主要市场提供的优惠市场准入政策,而这些优惠政策隶属于不同的区域组织和协议(见表3-11)。

各个国家采取的产业结构升级模式和积极扶持私营或国有企业的政策不尽相同(见表 3-12)。孟加拉国、印度、斯里兰卡和越南等国已经采取了积极的产业发展战略,并通过不同方式加速产业转型升级。其他国家,如柬埔寨(除了国际劳工组织和国际金融中心资助的"柬埔寨更佳工厂计划"项目外)、洪都拉斯、墨西哥和摩洛哥等国,对开启后配额时代的产业升级并不积极。

表 3-13 提供了九个案例国家概况评价。主要比较服装产业结构的差异,特别是不同升级模式的特点和积极的政策措施。对比数据源于实证分析和作者判断的结合。依据案例国家的实证研究,表明成本竞争力和优惠的市场准入政策这两项虽然仍是很重要的竞争因素,但在后配额时代,各国多种形式的产业升级模式以及积极的引导政策也起着关键作用。孟加拉国、印度、斯里兰卡和越南等国采取积极引导政策,国企和民营企业一直在积极参与提升竞争力和产业升级战略。在后配额时代,尤其像印度和斯里兰卡这类成本较高的国家,产业功能升级为这些国家保持服装产业的竞争力起到了促进作用。然而,像柬埔寨这样的国家,尽管没有经历过重要的产业升级,也未采取积极的引导政策,但出口额和市场份额仍在增加。

简短的案例国家研究概述,需要特别强调以下三点:a. 每个国家"成功"或者"失败"的经历并不完全相同,因为增加出口和增强竞争力的因素是多方面的;b. 国家和非政府组织支持服装业的积极政策,对服装出口的增长至关重要;c. 产业升级策略(企业、行业或政策层面)对服装出口的增加和可持续竞争力的维持是十分必要的。

然而,除了以上的一般性结论,合适的政策环境和产业升级战略要依据各国的具体情况而定。

表 3-11　优惠的市场准入政策

国家	贸易区域	区域及相关国家协定	双边自由贸易	GSP	WTO 成员
孟加拉国	SAARC	SAFTA	—	澳大利亚,加拿大,新西兰,挪威,瑞士,日本	是
柬埔寨	ASEAN	ASEAN;日本,澳大利亚,新西兰和中国	—	澳大利亚,加拿大,新西兰,挪威,瑞士,日本,欧盟(EBA),LCDs	是(2004)
洪都拉斯	DR-CAFTA	墨西哥-CA3;危地马拉,萨尔瓦多,洪都拉斯	—	欧盟,加拿大	是
印度	SAARC	SAFTA	斯里兰卡	欧盟(普惠制)	是
墨西哥	NAFTA	墨西哥-CA3	欧盟	日本,土耳其,白俄罗斯,新西兰,俄罗斯联邦	是
摩洛哥	OPT;欧盟-地中海伙伴关系(国家)	欧盟;欧盟-地中海伙伴关系;EFTA,阿加迪尔协定	美国,土耳其,阿联酋	欧盟(普惠制仅用于服装,纺织品)	是
巴基斯坦	SAARC	SAFTA	中国,斯里兰卡,马来西亚	欧盟(GSP);美国提供重建机遇特区计划	是
斯里兰卡	SAARC	SAFTA	印度,巴基斯坦	欧盟(GSP+:2005 至 2010 年;GSP:2010 年至今)	是
越南	ASEAN	ASEAN;日本,澳大利亚,新西兰和中国	越南-日本经济合作协议	欧盟(GSP)	是(2007)

来源:作者(Stacey Frederick 和 Cornelia Staritz)。

注释:一=不适用;GSP=普惠制;WTO=世界贸易组织;SAARC=南亚区域合作联盟;SAFTA=南亚自由贸易协定;EBA=除了武器之外的一切产品;LDCs=最不发达国家;ASEAN=东南亚国家联盟;DR-CAFTA=多米尼加共和国-中美洲自由贸易协议;CA3=危地马拉,洪都拉斯,萨尔瓦多;NAFTA=北美自由贸易协定;OPT=对外加工贸易(协定);EFTA=欧洲自由贸易联盟;GSP+=超普惠制,即经济脆弱的发展中国家享受特别优惠的市场准入政策。

表 3-12　MFA 配额逐步取消背景下的政策

国　家	发起人	政策项目
孟加拉国	国家政府和行业协会(BGMEA/BKMEA)	国家协调委员会(NCC); 后配额时代行动计划(PMAP);EPZs 项目
柬埔寨	行业协会(GMAC);ILO	政府/私营企业论坛，服装业战略(未实施); 柬埔寨更佳工厂计划
洪都拉斯	国家及美国政府	DR-CAFTA;CBI 的优惠政策;FTZ 政策
印度	政府及行业协会	国家纺织政策 (技术升级基金计划，纺织工业园区，棉制与非棉制纤维和纱线的技术革新，产品的开发 与设计功能，综合技能发展计划)
墨西哥	国家及美国政府	NAFTA;出口加工保税区和 PITEX 项目
摩洛哥	政府和欧盟;行业协会(AMITH)	欧洲地中海框架协议，紧急计划，"光纤公民"准则
巴基斯坦	政府及行业协会	纺织远景规划 2005;技术升级基金:纺织战略 2009—2014
斯里兰卡	政府及行业协会(JAAF)	五年发展规划，绿色服装
越南	政府及行业协会(VITAS);ILO/LFC	十年发展规划;"更好的工作—越南"行动计划

来源:(作者)(Stacey Frederick 和 Cornelia Staritz)根据 Staritz 和 Frederick 2011a,2011b,2011c,2011d,2011e,2011f,2011g,2011h,2011i 文献资料整理。

注释:BGMEA＝孟加拉国服装制造商和出口商协会;BKMEA＝孟加拉国针织品制造商和出口商协会;MFA＝多纤维协定;EPZs＝出口加工区;GMAC＝柬埔寨服装制造商协会;ILO＝国际劳工组织;DR-CAFTA＝多米尼加共和国-中美洲自由贸易协定;CBI＝加勒比海国家计划;FTZ＝自由贸易区;NAFTA＝北美自由贸易协议;PITEX＝用于再出口产品加工的临时进口计划;AMITH＝摩洛哥纺织和服装工业协会;VITAS＝越南纺织和服装协会;JAAF＝服装协会联合会论坛;IFC＝国际金融中心。

表 3-13 后配额时代竞争力的影响因素——国家之间的比较(●高 ◎中等 ○低)

国家	劳动力成本[a]	市场准入[a]	积极引导政策[b]	功能升级[b]	产业链升级[b]	产品升级[a]	渠道升级[a]	出口增长[a]
孟加拉国	●	◎	●	○	◎	○	●	●
印度	◎	○	●	●	◎	◎	○	●
巴基斯坦	●	◎	○	○	●	○	●	◎
越南	●	◎	○	○	○	◎	●	●
柬埔寨	●	◎	○	○	○	○	●	●
斯里兰卡	◎	◎	○	●	◎	●	◎	○
墨西哥	○	●	○	◎	○	●	○	○
洪都拉斯	○	●	○	○	○	◎	○	○
摩洛哥	○	●	○	○	○	○	○	○

来源:作者(Stacey Frederick 和 Cornelia Staritz);劳动力成本——每小时劳动率(包括社会福利费用)(2008)源自 Jassin-O'Rourke Group(2008);市场准入——源自美国和欧盟 15 国的各种市场准入协议(参见背景文件——Staritz 和 Frederick,2011a,2011b,2011c,2011d,2011e,2011f,2011g,2011h,2011i);产业链升级:纺织品生产和其他出口产业的各种数据来源(参见背景文件);产品升级——美国和欧盟 15 国的平均单价(2000—2008)源自联合国商品贸易统计数据(UN COMTRADE)、美国国际贸易委员会(US-ITC)和欧盟统计局;渠道升级——除美国和欧盟 15 国之外的各个国家出口份额变化(2000—2008)源自联合国商品贸易统计、美国国际贸易委员会和欧盟统计局;出口增长——出口总额源自联合国商品贸易统计数据库(2004—2008)。

注释:每个类别的"高"表示这些国家在这一领域的竞争力高于其他案例国家。

a:源自实证分析。

b:以行业数据和背景文件为基础,结合作者的判断(参见背景文件对各国的论述:Staritz 和 Frederick,2011a,2011b,2011c,2011d,2011e,2011f,2011g,2011h,2011i)。

3.6 本章小结

20 世纪 70 年代以来,全球服装业规模迅速扩大,许多发展中国家逐渐参与全球服装价值链活动。2004 年底 MFA 的结束,给近代全球服装贸易带来了十分显著的变化,重塑了全球服装贸易的环境。竞争动态和国际买家的采购政策正在改变,并对全球服装业结构、国与国之间以及国家内部生产的产业重新整合和就业产生至关重要的影响。由于竞争激烈、价格压力凸显,国际买家提高了对高水平的制造或非制造功能、短交货期、柔性生产、符合劳动标准及环境保护等方面的要求。

基于这一背景,成本竞争力(尤其是劳动力成本)和优惠的市场准入政策仍然是主要的竞争因素,但并不代表整体竞争状态。产业升级特别是功能性能力的提高、建立后向关联作为重要的投资领域(如纺织业)、提升产品科技含量以及获得多元化终端市场是了解不同服装供应国如何应对后配额时代的关键因素。在后配额时代,大多数服装市场份额增加的国家已经开始产业转型升级,由此满足国际买家与日俱增的需求。服装企业在产业升级中扮演着关键角色,然而,政府的积极引导政策对于扶持企业和产业转型升级至关重要。

后配额时代,全球服装业进一步整合,核心服装供应国及企业在服装价值链中的地位得到提升。低成本的亚洲服装出口国,如孟加拉国、中国、印度、越南,某些程度上还有柬埔寨、印度尼西亚已经增加了对欧盟15国和美国市场的出口份额。这些国家份额的增长以牺牲其他区域供应国市场份额为代价,比如加勒比地区国家、中美洲国家及墨西哥等,这些国家出口到美国的份额逐步下降,北非和中东欧供应国出口至欧盟15国的份额也在减少。服装出口成本较高的亚洲国家和地区(如中国香港、韩国、马来西亚、菲律宾、中国台湾和泰国)、撒哈拉以南非洲的服装供应国以及若干不同地区的低收入国家,在后配额时代失去了原有的市场份额。在许多国家的企业层面,能够提供多样性功能服务、规模大、能力强的供应商获利将增加,而那些专注于加工的小企业或将倒闭,从而导致供应商的合并。特别是后配额时代,CMT 类型的供应商在全球服装业将面临更大的挑战。

参考文献
背景文件

Staritz, Cornelia, and Stacey Frederick. 2011a. "Background Global Value Chain Country Papers: Bangladesh." Background paper to *Sewing Success? Employment, Wages, and Poverty following the End of the Multi-fibre Arrangement*, World Bank, Washington, DC.

———. 2011b. "Background Global Value Chain Country Papers: India." Background paper to *Sewing Success? Employment, Wages, and Poverty following the End of the Multi-fibre Arrangement*, World Bank, Washington, DC.

———. 2011c. "Background Global Value Chain Country Papers: Vietnam." Background paper to *Sewing Success? Employment, Wages, and Poverty following the End of the Multi-fibre Arrangement*, World Bank, Washington, DC.

———. 2011d. "Background Global Value Chain Country Papers: Pakistan." Background paper to *Sewing Success? Employment, Wages, and Poverty following the End of the Multi-fibre Arrangement*, World Bank, Washington, DC.

———. 2011e. "Background Global Value Chain Country Papers: Cambodia." Background paper to the book *Sewing Success? Employment, Wages, and Poverty following the End of the Multi-fibre Arrangement*, World Bank, Washington, DC.

———. 2011f. "Background Global Value Chain Country Papers: Sri Lanka." Background paper to the book *Sewing Success? Employment, Wages, and Poverty following the End of the Multi-fibre Arrangement*, World Bank, Washington, DC.

———. 2011g. "Background Global Value Chain Country Papers: Honduras." Background paper to the book *Sewing Success? Employment, Wages, and Poverty following the End of the Multi-fibre Arrangement*, World Bank, Washington, DC.

———. 2011h. "Background Global Value Chain Country Papers: Mexico." Background paper to the book *Sewing Success? Employment, Wages, and Poverty following the End of the Multi-fibre Arrangement*, World Bank, Washington, DC.

———. 2011i. "Background Global Value Chain Country Papers: Morocco." Background paper to the book *Sewing Success? Employment, Wages, and Poverty following the End of the Multi-fibre Arrangement*, World Bank, Washington, DC.

来源

[1] Abernathy, Frederick H., Anthony Volpe, and David Weil. 2006. "The Future of the Apparel and Textile Industries: Prospects and Choices for Public and Private Actors." *Environment and Planning A* 38 (12): 2207-32.

[2] Bair, Jennifer, and Gary Gereffi. 2003. "Upgrading, Uneven Development, and Jobs in the North American Apparel Industry." *Global Networks* 3 (2): 143-69.

[3] Barrientos, Stephanie, Gary Gereffi, and Arianna Rossi. 2008. "What Are the Challenges and Opportunities for Economic and Social Upgrading?" Concept note for research workshop, "Capturing the Gains," University of Manchester, U. K.

[4] Cattaneo, Olivier, Gary Gereffi, and Cornelia Staritz. 2010. *Global Value Chains in a Post-Crisis World: A Development Perspective*. Washington, DC: World Bank.

[5] Dickerson, Kitty G. 1999. *Textiles and Apparel in the Global Economy*. Upper Saddle River, NJ: Merrill.

[6] Ernst, Christoph, Alfons Hernández Ferrer, and Daan Zult. 2005. "The End of the Multi-fibre Arrangement and its Implication for Trade and Employment." International Labour Organization, Geneva.

[7] Frederick, Stacey. 2010. "Development and Application of a Value Chain Research Approach to Understand and Evaluate Internal and External Factors and Relationships Affecting Economic Competitiveness in the Textile Value Chain." Doctoral dissertation, North Carolina State University, Raleigh, NC.

[8] Frederick, Stacey, and Gary Gereffi. 2011. "Upgrading and Restructuring in the Global Apparel Value Chain: Why China and Asia Are Outperforming Mexico and Central America." *International Journal of Technological Learning, Innovation, and Development* 4 (1-2): 67-95.

[9] Gereffi, Gary. 1994. "The Organization of Buyer Driven Global Commodity Chains: How U. S. Retailers Shape Overseas Production Networks." In Commodity Chains and Global Capitalism, ed. Gary Gereffi and MiguelKorzeniewicz, 95-122. Westport, CT: Praeger.

———. 1999. "International Trade and Industrial Upgrading in the Apparel Commodity Chain." *Journal of International Economics* 48 (1): 37-70.

[10] Gereffi, Gary, and Stacey Frederick. 2010. "The *Global Apparel Value Chain, Trade and the Crisis—Challenges and Opportunities for Developing Countries." In Global*

Value Chains in a Postcrisis World: A Development Perspective, ed. Olivier Catta-
neo, Gary Gereffi, and Cornelia Staritz, 157-208. Washington, DC: World Bank.

[11] Gereffi, Gary, John Humphrey, Raphael Kaplinsky, and Timothy J. Sturgeon. 2001.
"Introduction: Globalisation, Value Chains and Development. " *IDS Bulletin* 32 (3):
1-8.

[12] Gereffi, Gary, John Humphrey, and Timothy J. Sturgeon. 2005. "The Governance of
Global Value Chains. " *Review of International Political Economy* 12 (1): 78-104.

[13] Gereffi, Gary, and Olga Memedovic. 2003. "The Global Apparel Value Chain: What
Prospects for Upgrading by Developing Countries?" United Nations Industrial Develop-
ment Organization, Sectoral Studies Series, Vienna.

[14] Humphrey, John, and Hubert Schmitz. 2002. "How Does Insertion in Global Value
Chains Affect Upgrading in Industrial Clusters?" *Regional Studies* 36 (9):1017-27.

[15] Jassin-O'Rourke Group, L. 2008. "Global Apparel Manufacturing Labor Cost Analy-
sis 2008, Textile and Apparel Manufacturers & Merchants. " http://www. tammon-
line. com/researchpapers. htm.

[16] Kaplinsky, Raphael, and Mike Morris. 2006. "Dangling by a Thread: How Sharp Are
the Chinese Scissors?" Report prepared for the Department for International Develop-
ment Trade Division, Institute of Development Studies, Brighton, U. K.

[17] Milberg, William, and Deborah Winkler. 2010. "Trade, Crisis, and Recovery: Re-
structuring Global Value Chains. " In *Global Value Chains in a Postcrisis World: A
Development Perspective*, ed. Olivier Cattaneo, Gary Gereffi, and Cornelia Staritz,
23-72. Washington, DC: World Bank.

[18] Morris, Mike. 2006. "Globalisation, China, and Clothing Industrialisation Strategies
in Sub-Saharan Africa. " In *The Future of the Textile and Clothing Industry in Sub-
Saharan Africa*, ed. Herbert Jauch and Rudolf Traub-Merz,36-53. Bonn: Friedrich-
Ebert-Stiftung.

[19] Staritz, Cornelia. 2011. "Making the Cut? Low-Income Countries and the Global
Clothing Value Chain in a Post-Quota and Post-Crisis World. " Study, World Bank,
Washington, DC.

[20] Staritz, Cornelia, Gary Gereffi, and Olivier Cattaneo. 2011. *Shifting End Markets
and Upgrading Prospects in Global Value Chains. Special Issue*, *International Jour-
nal of Technological Learning*, *Innovation and Development* 4(1-3).

[21] Textiles Intelligence. 2009. "World Trade in Textiles and Clothing. " Presentation by
Sam Anson at the World Free Zones Conference, Hyderabad, India, December.

第四章 后配额时代产业升级成功的国家

Ana Luisa Gouvea Abras

4.1 导论

本章[①]分析了四个发展中的经济体——孟加拉国、印度、巴基斯坦及越南在后配额时代纺织服装业的就业情况、工资及工作条件的演变。纺织服装业仍然是这四个国家的重要行业,主要体现在对出口额和就业率(特别是女性)提高所做的贡献,同时也是非熟练工人社会经济地位提升的渠道。2008 年,越南纺织服装业就业人数约 93.735 万人,巴基斯坦约 250 万人,孟加拉国约 420 万人,印度约 3 500 万人(含非正规就业人员)。本章分析的亚洲纺织服装大国有以下共同点:第一,纺织服装业为就业和出口的增长提供了可能性;第二,在竞争日益激烈的市场中成功地拓展了出口业务;第三,政府在促进行业发展中发挥了积极作用。

本章将讨论纺织服装业不同性别工人的就业情况、行业结构、工资和

---

①本章作者诚挚感谢 Gladys Lopez-Acevedo、Raymond Robertson 及 Yevgeniya Savchenko 提供的帮助。孟加拉国和印度企业数据的回归分析由 Hong Tan 和 Yevgeniya Savchenko 完成。Kalpana Mehra 统计分析了家庭数据。产业变迁这一节的背景资料源自 Cornelia Staritz 和 Stacey Frederick 的国家研究报告(Staritz 和 Frederick,2011a,2011b,2011c,2011d)。

工作条件的发展趋势。显然,定性研究的结果很难一概而论,而定量研究能够确定积极的国家政策与行业成功之间的正相关关系。政府部门在服装业发展初期起着至关重要的作用。各国政府还为纺织服装企业应对2004年后更加激烈的市场竞争提供了政策帮助。在《多纤维协定》(MFA)配额逐步取消的过程中,研究的案例国家不断提升企业的现代化水平、产业功能以及在全球价值链(GVCs)中的地位。由分析可知,后配额时代,亚洲纺织服装大国的就业和出口收益均呈现出增长的态势。然而一些现象令人匪夷所思,即出口服装平均单价下跌和国际竞争加剧,一种解释认为这是由于国家内部因素造成的。定量研究结果表明,纺织服装工人受益于MFA的配额取消。纺织服装工人的平均工资等于或高于其他劳动密集型行业工人。此外,四个国家的纺织服装工人工资均得到增长。但工资上涨与工作条件改善并不存在必然联系,在后配额时代,四国中有三个国家的纺织服装业工作条件与其他行业相比呈负向变化。

每一个纺织服装出口国的产业升级成功之道各不相同。以印度纺织服装业为例,就业率的增长主要得益于纺织服装业中的女性员工(非正规就业)。伴随着非正规服装生产的扩张,统计意义上的企业劳动生产率指标呈现明显的负向变化。孟加拉国服装企业的数量虽有所增加,但研究发现与其他经济部门相比,孟加拉国服装企业的就业人数相对减少,而附加值和纺织业就业人数则在增加。

有趣的是,纺织服装女性就业份额要么随着行业的扩张而增加,要么不受影响。回归分析结果表明,在后配额时代,各国统计学意义上的纺织服装女性就业率与其他经济行业相比呈现出不同的变化,其中印度服装业和孟加拉国纺织业显著增长,孟加拉国服装业和越南纺织业有所减少,巴基斯坦纺织服装业则基本没有变化。实证分析清楚地表明,产业现代化将以不同的方式对就业产生影响。然而,低成本和低利润的产业容易发生就业调整,尤其是女性集中就业的产业。

本章重点分析工资和就业,因为劳动收入往往是发展中国家非技术熟练工人收入的主要来源和经济福利的决定因素。在以往的研究中,学者们阐述了纺织服装业的就业率与脱贫之间的关系(Kabeer 和 Mahmud,2004;Kabeer 和 Van Ahn,2006)。MFA配额取消后,需要关注由于纺织服装业的就业变动可能导致的贫困现象。以孟加拉国的发展模式为例,假设服装成衣出口量下降25.0%,则会导致非农行业的非技术熟练女性员工工资减少6.0%,另外还将导致城镇贫困家庭实际收入减少0.5%~1.0%(Arndt 等,2002)。本章将分析讨论MFA配额取消后,与工资和就业相关联的贫困问题。

本章内容结构:第一节,导论;第二节,产业变迁分析,重点关注纺织服装业的行业发展、出口和终端市场动态以及 2004 年后的行业政策导向;第三节,通过实证分析方法讨论就业、产业结构、工资及工作条件的变化;第四节,本章小结。

4.2 产业变迁、政策和后配额时代的发展

(1) 产业变迁

亚洲纺织服装出口大国有若干共同特点。

首先是就业和出口收益关联性强。近 30 年来,服装业一直是孟加拉国出口和正规就业增长的主要来源,直接雇用员工 310 万人,占制造业就业人数的 40%,间接依赖于服装业的就业人数超过 1 000 万人。服装是越南 2005—2009 年最大的出口行业,2009 年服装出口额占越南出口总额的 17%。服装业是越南最大的正规就业渠道,为 93.735 万人提供了就业机会。2009 年,印度纺织服装业约占国内生产总值(GDP)的 4%,工业产值的 14% 和出口总额的 14%,并且是最大的净外汇收入来源;在就业人数方面,只有农业从业人员高于纺织服装业工人数,后者约有 3 500 万工人(包括正规和非正规员工)(Ministry of Textiles,2010)。纺织服装业同样是巴基斯坦的经济支柱,2009—2010 年,该行业占该国出口总额的 54% 左右,直接提供就业机会约 250 万人(其中,服装业约 200 万人),占所有制造业就业人数的 38%(PRGMEA,2010)。

其次纺织服装业在这些经济体的制造业发展初期均起到了重要的作用,且往往得到政府积极政策的扶持。例如,越南政府负责建立了一批国有服装企业,印度政府通过一系列出口企业重组和授权的政策以促进纺织服装业生产。在孟加拉国和巴基斯坦,政府部门一直致力于提供信贷补贴以促进产能扩大。然而,尽管有相似之处,但各国的内部因素解析将有助于进一步诠释纺织服装业的发展和壮大的缘由,下面依次对四个国家进行讨论。

孟加拉国:该国纺织业和服装定制的生产历史悠久,主要针对国内市场。孟加拉国大规模服装出口始于 20 世纪 70 年代末和 80 年代初。这一时期,受 MFA 配额限制及孟加拉国充足、低廉的劳动力成本驱使,韩国、中国台湾以及其他东亚制造商开始投资孟加拉国建立服装厂,并从中获益。孟加拉国针对国内市场的服装成衣加工业最近才开始发展。两个最大的出口商,即 Read 服装公司和 Jewel 服装公司,在面向国内市场的

发展中收益颇丰。

MFA、欧盟优惠的市场准入协议以及政府的特别扶持政策对孟加拉国出口导向型服装业的建立与发展至关重要。1980 年颁布执行的两项国家决策作用尤其显著:一是政府建立了保税仓库设施,企业可以延迟支付关税直到需要使用该进口原料,并且如果进口原料用于出口产品的生产,则不需要支付关税(Ahmed,2009a);二是引进了背对背信用证(back-to-back letters of credit),出口商可在当地银行根据出口订单需要,针对进口面辅料采购开具信用证,这种源自服装进口商的主信用证(master L/C)有利于服装出口商的信贷。

印度:与孟加拉国类似,直到 20 世纪 80 年代,印度纺织服装业最初主要面向国内市场。与许多亚洲低成本出口国主要集中于服装生产不同,印度企业拥有自主的面料生产和原料基地,其中一部分专门供应服装出口生产。本章所涉及的国家中,只有巴基斯坦的企业同样能进行面料生产并拥有大量的棉花种植基地。

印度政府在本国纺织服装业的发展初期发挥了重要作用。各种政策主要有:严格的发牌制度(企业须取得许可后方可建立或扩展业务)、预留保护政策(保护小微型服装生产企业)以及对进出口的控制。20 世纪 80年代中期,印度纺织服装业逐步开放,随后融入世界市场(Tewari,2005)。对比其他服装出口国,如孟加拉国,这种产业整合并不是基于(配额波动)外商投资和优惠的市场准入,而是主要得益于当地企业在政府不断推出的政策引导下,通过产业重组,将业务范围从国内市场向国外市场扩展。

由于居民收入不断增长,国内市场对印度纺织服装企业依然很重要。当地及国外的零售连锁店致力于迎合新兴中产阶级的需求。对国内市场的注重,促使企业业务领域不断拓展,包括产品开发、设计,甚至是品牌推广。行业的发展还受到特殊国内政策的影响,特别是《国家纺织政策2000》的推出,主要措施包括建立技术升级基金和纺织集群工业园区。

巴基斯坦:相比其他南亚出口大国,巴基斯坦的服装生产和出口起步较晚。直到 20 世纪 80 年代,巴基斯坦的出口主要以棉制纺织品为主。在全世界 70 个棉花种植国中,巴基斯坦排名第四(仅次于中国、印度和美国)。棉制纺织品的优势地位主要得益于 20 世纪 60 年代农业的"绿色革命"以及 20 世纪 70~80 年代各届政府为促进纺织生产发展所作的努力。由于服装出口在很大程度上依赖于当地的棉纱和棉纤维,因此纺织品产能的增长带动了服装业的发展。

巴基斯坦纺织服装业的发展得益于强大的全球产业动力和国内产业

特色因素的组合。该国历史上注重棉制纺织服装产品的生产,最近才开始涉及非棉制服装产品的加工。服装出口商十分依赖于欧盟和美国市场,出口集中度亦有所提高。该国产业的发展轨迹必须在巴基斯坦更广泛的近期历史背景下进行评估,包括巴基斯坦在"反恐战争"中的地缘政治地位和自然灾害(如 2005 年发生的地震和 2010 年遭受的洪灾)。这些事件使巴基斯坦获得了短暂性优惠市场准入及援助资金。

越南:该国属于社会主义国家,服装业的发展不同于其他亚洲出口大国。19 世纪末,法国为越南的纺织服装业奠定了基础。第一和第二次印度支那战争(1946 至 1954 年 7 月的抗法战争和 1961 年 5 月至 1973 年 1月的抗美战争)后,在经互会(Council for Mutual Economic Assistance,CMEA)的推动下,纺织服装业又开始有了较大的发展。20 世纪 80 年代,越南与苏联、东欧各国之间的合作计划为行业的提升奠定了基础。越南负责服装缝制及部分纺织品如绣花产品的生产,并出口到苏联和东欧。由于 20 世纪 80 年代后期经互会的解散,该合作计划也随之终止,对越南服装业产生了一定的负面影响(Huy 等,2001)。1986 年越南开始实施一系列改革,并于 1989 年苏联集团瓦解后迅速发展。创新改革的目的是要把越南改造成"国家指导下的社会主义市场经济"(Staritz 和 Frederick,2011d),其中包括逐步放开国内经济、发展私营企业以及向以市场为导向的对外贸易转型。

在越南,改革标志着出口导向型发展模式的确立,其中,服装业占据了关键地位。随着对外资吸引力的不断提高,开创了新兴出口导向的增长时代。然而,国有企业(State-owned Enterprises,SOEs)在经济和产业发展战略中仍然起着至关重要的作用。这一改革进程持续到 20 世纪 90年代,在此期间,越南逐渐融入全球经济,出口的增加使得越南与世界其他地区的贸易关系日益趋向正常化。

(2) 出口动态

除印度外,亚洲纺织服装大国对后配额时代的服装出口预期悲观。虽然如此,2004 年以后,这些国家仍能够保持出口金额的增长,扩大或维持市场份额(见表 4-1)。2004—2008 年,孟加拉国的服装出口总额同比增长 69％,印度 67％,巴基斯坦 32％,越南 116％。同一时期,巴基斯坦企业保持全球服装市场份额基本不变,印度、孟加拉国和越南则分别增加了24％、25％和 56％。

孟加拉国:20 世纪 80 年代末到 2004 年,服装出口显著增长。1978年服装出口收入约 100 万美元,2004 年增长到 79 亿美元。2004—2005

年,出口金额增长,市场份额保持稳定并在后期呈现出上升的趋势。2005年服装出口总额增至 80 亿美元,比 2004 年增长了 1%,并在 2006 年持续上升至 104 亿美元。孟加拉国 2004—2005 年占全球服装出口份额从3.2%下降至 3.0%,但之后在 2006 年又回升到 3.6%。

表 4-1　相关国家出口动态

年份	1995	2004	2006	2008
孟加拉国服装出口				
总额/亿美元	25.44	79.45	104.15	134.64
占全球出口份额/%	1.7	3.2	3.6	4.0
印度服装出口				
总额/亿美元	42.33	72.98	107.05	122.10
占全球出口份额/%	2.8	2.9	3.7	3.6
印度纺织品出口				
总额/亿美元	40.31	76.90	86.14	104.30
占全球出口份额/%	2.9	4.2	4.3	4.7
巴基斯坦服装出口				
总额/亿美元	12.79	26.65	30.81	35.04
占全球出口份额/%	0.8	1.1	1.1	1.0
巴基斯坦纺织品出口				
总额/亿美元	38.48	56.79	66.99	68.25
占全球出口份额/%	2.8	3.1	3.4	3.1
越南服装出口				
总额/亿美元	8.31	44.08	59.31	95.41
占全球出口份额/%	0.5	1.8	2.1	2.8

来源:联合国商品贸易统计数据库(UN Comtrade)。

越南:自 20 世纪 90 年代初以来,越南的服装出口变化与孟加拉国有着相似之处。越南贸易伙伴的进口数据由 1995 年的 8.31 亿美元增长至2004 年的 44.08 亿美元。借助美国市场份额的增长,越南在后配额时代的表现尤其惊人。服装出口总额在 2005 年增至约 47.39 亿美元,较 2004年增长 7.5%,2006 年进一步上升至 59 亿美元。越南的全球服装出口份额占有率也从 1995 年的 0.5%增至 2004 年的 1.8%,2004—2005 年间保持在 1.8%,2006 年增至 2.1%。

巴基斯坦:与其他亚洲出口大国主要集中于服装产品加工不同,巴基斯坦和印度企业拥有强大的纺织品生产能力。从 20 世纪 90 年代开始,即 MFA 配额逐步取消前期,巴基斯坦纺织服装出口整体增长。然而,纺织和服装的出口表现并不均衡,其中纺织品出口占据主导地位,2004 年约占纺织服装总出口的 70%。巴基斯坦的纺织品出口在 20 世纪 90 年代前半期快速增长,而后半期则处于停滞状态。直至风起云涌的 2003 和 2004 年,因对欧盟和美国出口增加而有所改观(Nordås,2005)。纺织品出口额从 1995 年的 39 亿美元增至 2004 年的 57 亿美元,同时服装出口增长趋于稳定,从 1995 年的 13 亿美元增长到 2004 年的 27 亿美元。同一时期,该国纺织品出口在全球市场所占份额由 2.8% 增至 3.1%。服装出口的份额也略有增长,由 0.8% 增至 1.1%。2004—2006 年,巴基斯坦的服装出口总额由 27 亿美元上升至 31 亿美元,纺织品出口总额由 57 亿美元升至 67 亿美元。自 MFA 配额逐步取消以来,巴基斯坦参与全球服装和纺织品市场贸易的表现相当稳定。

印度:纺织服装出口自 1985 年以来表现出强劲的增长态势,服装出口额以 22.3% 的年复合增长率由 1985 年的 9.14 亿美元增至 1990 年的 25 亿美元(Tewari,2005)。纺织品出口的增长步伐紧随其后,从 1985 年的约 10 亿美元增至 1990 年的 22 亿美元。印度企业受益于 MFA 配额的取消,服装出口总额由 2004 年的 73 亿美元增至 2006 年的 107 亿美元;同一时期,纺织品出口总额由 77 亿美元增至 86 亿美元。服装出口增幅在配额取消后的两年里尤为强劲,年增长率分别为 29.7%(2005 年)和 13.1%(2006 年)。印度的服装出口占全球市场的份额也因此从 2004 年的 2.9% 上升至 2006 年的 3.7%。然而在 2007 和 2008 年,增速有所放缓,一部分原因是印度卢比的升值和制造成本的上涨(Textiles Intelligence,2008)。纺织品出口在 2006 和 2007 年增长最为强劲,年增长率分别为 10.1% 和 14.9%。2004—2006 年,印度纺织品出口的全球市场份额占有率由 4.2% 提高到 4.3%。

(3) 终端市场和出口产品

过去的几十年,出口的整体数字掩盖了亚洲大国服装和纺织品出口结构的显著变化。孟加拉国和越南最初集中在机织产品的出口,近年来更多地集中在针织产品的出口。总的来说,巴基斯坦和印度的企业由原棉出口业务逐步转变为从事具有更高附加值的棉制纺织服装生产。纺织业生产能力的提升带动了服装业的发展。关于终端市场,孟加拉国的生产制造商一直面向美国市场,而越南则由最初的日本市场逐步向欧盟市场拓展。美国市场对孟加拉国企业的重要性有所减小,而对越南企业则在增加。印度和巴基斯坦出口至欧盟 15 国和美国市场的集中度依然很高,但从 2000 年后开始下滑。

孟加拉国:20 世纪 80 年代,该国仅生产机织服装产品,但从 20 世纪 90 年代初开始,孟加拉国开始出口以毛衣和 T 恤为主的针织服装,出口增长迅猛。1991 年,该国针织服装占服装出口总量的 15％,到 2004 年这一数字增至近 50％。针织产品的出口增速主要得益于欧盟优惠的市场准入机制激励。

直到 20 世纪 90 年代早期,美国仍是孟加拉国服装产品出口的主要目的地。但在 20 世纪 90 年代,欧盟 15 国超越美国成为孟加拉国最大的终端市场。孟加拉国针织和机织服装出口的产品种类较为集中(如裤子、毛衣、T 恤和衬衫),并且 2000 年以来产品集中度不断提高。孟加拉国服装出口的产品集中度远高于如中国和印度等竞争国,而且在欧盟 15 国和美国的终端市场方面,棉产品占据了主导地位。2004—2006 年,欧盟 15 国占孟加拉国出口服装总额的比重从 64％下降到了 60％,而美国的同一占比则从 25％上升到 29％。

越南:机织和针织服装的出口量基本持平,以 2009 年为例,分别为 53.8％和 46.2％。而 2000 年之前,该国机织产品占主导地位,占总量的 75％～80％。越南的机织和针织服装出口主要集中于少数品种(如裤子、毛衣、T 恤和衬衫)。然而,这一集中程度低于孟加拉国和柬埔寨等若干竞争国。

20 世纪 90 年代,日本和欧盟 15 国是越南仅有的重要终端市场,直到 2002 年面向美国市场的出口产品甚少。21 世纪初,越南出口到日本的份额有所减少,而美国则一跃成为其最重要的终端市场,2004 年占越南出口服装总额的比重达 60.7％。直到 2006 年底,对美国市场的出口增幅受到了配额的限制。尽管如此,越南仍然保持着对美国市场份额的增幅,从 2004 年的 3.7％增至 2006 年的 4.3％。2009 年,美国市场吸收了越南出口服装总额的 55.6％,而在 2000 年仅为 3.3％。与此相反,欧盟 15 国和日本市场吸收越南出口服装的总额分别从 2000 年的 47％和 36.4％下降至 2009 年的 21.2％和 10.7％。

巴基斯坦:直到 20 世纪 80 年代,棉纺织品占据着巴基斯坦出口的主导地位,特别是原棉以及棉纱和棉布。巴基斯坦生产加工主要集中于纺织制成品(如床上用品、浴室或厨房用家纺用品),出口总额仅次于中国,世界排名第二。因此,服装出口仅占纺织服装出口总额的 30％左右,但从 20 世纪 90 年代后期以来,这一比值有所增长。

巴基斯坦的服装出口主要取决于终端市场的变化。2009 年,美国和欧盟 15 国分别吸收了该国服装出口总额的 43.6％和 43.4％,合计为 87.0％。然而,2000 年这一比值一度曾达到 92.6％,可见这两个终端市场的吸收份额有所下降。

印度:虽然融入全球经济的时间较晚,但已发展成为全球第二大纺织服装出口国。从历史角度来看,由于印度拥有大量原料生产基地,特别是棉花,所以纺织品出口占据着主导地位。但在过去的30年间,服装出口的比重有所增加,目前占纺织服装出口总额的一半以上。印度的机织和针织服装出口主要集中在少数品种(如T恤、衬衫、连衣裙和毛衣)。2000年以来,针对美国和欧盟15国的出口集中度普遍提高。然而,服装出口竞争力仍低于大多数国家。

欧盟是印度生产商主要的终端市场,2009年欧盟吸收了该国服装出口份额的54.2%以及纺织品出口份额的29.5%。印度第二大出口市场依然是美国,分别占印度服装出口份额的25.7%和纺织品出口份额的24.6%。作为印度的主要服装出口市场,欧盟15国占印度纺织服装出口份额在2000年39.3%的基础上有所增长,美国的这一份额却在同年38.9%的基础上有所下降。

(4) 贸易协定

孟加拉国、印度和巴基斯坦的纺织服装业在欧盟享有优惠市场准入的普惠制(Generalized System of Preferences,GSP)。这一政策极大地增加了亚洲纺织服装生产大国向欧盟的出口。然而,随着时间的推移欧盟普惠制优势正在不断减弱。

20世纪80年代初开始,依据普惠制,孟加拉国出口到欧盟的产品可享受免配额和免关税的待遇,2001年起,又新增了EBA计划[1]。这些优惠政策使得欧盟成为孟加拉国服装产品最大的出口地。近期,即2011年1月,孟加拉国的企业获准加入了欧盟市场的GSP+计划(为欠发达国家提供的特别优惠市场准入政策,亦称超普惠制)。藉此,原产地规则(Rules of Origin,ROO)转变为单边型。目前出口到欧盟的服装产品只有约一半使用了优惠市场准入政策。孟加拉国的产品在澳大利亚、加拿大、日本、新西兰和挪威同样拥有免税优惠。在美国,孟加拉国生产商享受最惠国待遇(MFN)。2006年前,印度出口企业享有欧盟针对纺织服装的普惠制政策。虽然从2006年1月开始,纺织品不再享受普惠制政策,但服装出口仍能继续享受比最惠国税率低20%的优惠税率。印度生产商在美国市场无任何特殊优惠,因为几乎所有的印度纺织服装产品都被排除在美国最惠国待遇之外。

巴基斯坦的企业通过欧盟的普惠制政策,也享有针对欧盟的优惠市

---

[1]EBA计划由欧盟发起,所有来自欠发达国家的进口产品除武器装备外,均享有免关税和免配额优惠,EBA计划是欧盟普惠制的一部分。

场准入。除此之外,巴基斯坦的产品还因美国"9·11事件"后实施"打击毒品和走私的特殊计划"而获得了关税的优惠(EC's Delegation to Pakistan,2004)。因此,2002—2005年,根据该计划,巴基斯坦出口产品95%的税目享有免税进入欧盟的优惠(Siegmann,2006)。2005年,印度成功挑战了欧盟普惠制政策,在世界贸易组织的压力下,巴基斯坦生产商丢失了这一特殊优惠。此后,巴基斯坦的企业只能享受到一般普惠制和60%的税目优惠(CARIS,2008)。巴基斯坦同时享有美国普惠制待遇,然而,巴基斯坦主要纺织服装业的出口产品却被排除在外,所以这一政策的优惠效果是有限的(Fakhar,2005)。

在南亚,众多的区域合作和贸易协议正处于不同的实施阶段,最重要的当属南亚区域合作联盟(South Asian Association for Regional Cooperation,SAARC)①。尽管各国在区域一体化方面已做出努力,但纺织服装业的区域贸易和投资的潜力在很大程度上仍然尚未开发。由欧盟分别于1995和2001年提出的针对南亚区域合作联盟的原产地规则基本未被执行。南亚自由贸易协定(South Asian Free Trade Agreement,SAFTA)成为南亚国家之间进一步推进区域间经济整合的关键协议,由当时的南亚区域合作联盟的成员在2004年签订,签署协定的成员国包括孟加拉国、不丹、印度、马尔代夫、尼泊尔、巴基斯坦和斯里兰卡。签署国同意在2006年底前逐步取消(除服务项目外)几乎所有货物的贸易关税(CARIS,2008)。然而,到目前为止,南亚自由贸易协定尚未得到切实有效的执行。尤其是印度和巴基斯坦之间长期存在的政治纠结阻碍着来自区域一体化的经济互利。南亚自由贸易区成员国之间签署了若干双边协议,大多数协议与印度关联,并且南亚区域合作联盟中的贸易流量主要面向印度(Weerakoon,2001)。

由于越南实行社会主义经济的特殊性,相比亚洲其他纺织服装出口大国,越南在贸易协定上有着不同的发展轨迹。越南在2007年才加入世界贸易组织,然而,越南的产品在此之前已享受日本和欧盟(1992年)、美国(2001年)授予的优惠市场准入,所有这一切都对促进该国纺织服装业的发展起到关键的作用。在美国(越南最重要的出口市场),越南的服装出口依然享有最惠国关税。越南的出口发展还受到区域贸易协定的影响,其中最为重要的是1995年加入的东南亚国家联盟(同年入世谈判正

---

①其他协定包括:南亚优惠贸易协议(South Asian Preferential Trading Agreement,SAPTA)和孟加拉湾多部门经济合作倡议(Bay of Bengal Initiative for Multi-Sectoral Economic Cooperation,BIMSTEC),涉及的国家有孟加拉国、不丹、印度、缅甸、尼泊尔、斯里兰卡和泰国。

式开始)。2009 年出口至东盟成员国的产品开始享受免税优惠。越南作为东盟成员国之一,同样享有中国-东盟自由贸易协定(ASEAN-China Free Trade Agreement,ACFTA)的政策优惠。中国-东盟自由贸易协定于 2002 年签署,正处于实施阶段。东盟与韩国之间同样也签署了自由贸易协议。

(5) 积极的引导政策

亚洲纺织服装出口大国的一大特色即政府在行业发展初期均起到了积极的促进作用。最近几年,各国加大投资力度,以应对 2004 年后行业日益加剧的竞争局面。后配额时代,各国推行了一系列举措:包括信用补贴(巴基斯坦)、建立纺织集群工业园和产业升级资金(印度)、信用证和培训项目(孟加拉国)以及国有企业现代化改革投资(越南)。虽然不是所有的举措都达到了预期目标,但亚洲纺织服装出口大国确实在 2004 年后提高了各国纺织服装出口总额,并且扩大或保持了所占有的市场份额。

孟加拉国:2004 年后,政府对纺织服装业提供了不同层面的支持。政府拨款 300 万美元用于服装从业人员提高生产效率的培训项目。2007 年下半年,政府分别为服装和纺织企业购买价值 2 亿和 2.36 亿美元的机器设备开出信用证(Saheed,2008)。自 2006 年起,政府已经投资建设了包括保税仓库的设施,并制定了优惠税率以及进口机器设备的免税政策。

巴基斯坦:为提前适应 MFA 的结束,政府在 1999—2000 年制订了全面的政策指导——《纺织 2005 远景规划》。为应对 MFA 配额取消后带来的挑战并提高竞争力,提出了包括提升技术和技能的一系列措施,提倡转向高附加值的纺织服装产品生产。然而,措施的实施缓慢并有选择性,重点在纺织设备和技术的投资。巴基斯坦政府还部署了多项措施以稳定行业发展(IFPRI,2008)。当利率和通货膨胀在 2006—2007 年显著增加时,政府提供的长短期融资优惠变得日益重要。2005 年,服装出口商获得了 6％的研发现金补贴,并在接下来的几年里扩大到纺织业。到 2008 年为止,这一计划大约花费了 5 亿美元,然而,它未能"引发技术升级"(GoP, 2008b)。这次失败与 2007—2008 年融资成本显著增加、利率上升至 35％、棉花价格飙升、通货膨胀加剧等国内环境的巨大变化有关。产业界代表认为,政府的支持是至关重要的,可以帮助行业兑现出口承诺,抑制实用性原材料融资成本的上升(*Just-style*,2008)。

越南:企业在后配额时代的积极发展可归因于 2007 年加入世界贸易组织,从而改善了市场准入和成本竞争力的环境。但是,越南的服装业同时也对生产流程、功能和后向关联(与纺织业链接)等进行了产业重组和升级。为适应后配额时代的环境,政府为服装业制定和启动了一项全面的发展战略。在总体水平上,20世纪90年代到21世纪初的投资促进了越南纺织服装业生产能力的显著提高(AFTEX,2010)。一些国有企业,特别是Vinatex公司,投入巨资提高加工设备和生产流程的现代化水平。自2005年以来,Vinatex公司已投资8亿~9亿美元进行产业现代化改造。

印度:进入21世纪,该国纺织服装业发展得益于国内政策的驱动,特别是《国家纺织政策2000》的颁布,推动了行业发展。这一政策最重要的措施是:于1999年成立技术升级基金,以促进该行业的技术现代化;于2000年推出棉花科技使命计划,以提高棉花部门的产品质量和生产效率;于2005年推出纺织集群工业园,为本土和国际厂商提供最先进的基础设施;逐步降低进口关税,扶持化学纤维和纱线的生产;支持提高产品开发、设计和品牌推广的能力(Singh,2008)。

4.3 实证结果

本节将讨论后配额时代的就业变化、行业内部结构、工资以及工作条件的变化。依据家庭和企业调查数据,分析MFA配额取消前后纺织服装业的就业变动、行业工资增幅、男女工资差距以及平均工作条件差异;同时,还将定性地阐述产业升级和企业动态的评价。

(1) 就业状况与企业绩效

在所研究的国家中有一些值得共同关注的实证数据。

首先,MFA配额取消后纺织服装业的就业率有所提高。据官方统计,巴基斯坦纺织服装就业人数从2000年的130万人增长到2009年的250万人;越南的就业人数从2000年的354 707人上升至2008年的937 350人[1];在孟加拉国,服装就业人数从2000年的160万人上升至2009年的310万人;而印度纺织服装从业人数从2001年的3 400万人增至2009年的3 500万人。

其次,纺织服装业中有大量的女性员工(见附表4A-1)。女性员工至少占纺织服装全部就业人员的四分之一。即使在女性劳动力参与较低的国家,如孟加拉国和巴基斯坦也是如此。此外,后配额时代,纺织服装女性就业率在大多数国家仍保持着相对稳定的比例。

虽然就业率增加,但有关就业构成与企业绩效的定量分析结果却喜

---

[1]Better Work Vietnam(2011)中指出有200万人受雇于纺织服装企业,并且该行业在2009年为越南提供了最多的正规就业机会。

忧参半(详见系列附表)。孟加拉国和印度服装业的就业人数和企业数量有所增加。通过回归分析,重点解析后配额时代就业、女性就业比例、人均工资以及纺织服装业相比于其他行业在经济收益方面的变化。通过比较可知,在后配额时代,服装女性就业比例:在孟加拉国有所减少,而在印度则在增加。在对越南纺织业就业人数和女性就业比例的研究中,统计数据显示出一个显著的下降趋势。最后,与其他行业相比,巴基斯坦人均销售额和就业情况在后配额时代呈下降态势。

孟加拉国:企业调查数据(附表 4A-3)表明,随着时间的推移纺织服装业的重要性正在不断增长。从 1995 至 2005 年纺织服装企业数一直在增加,尤其是服装企业,在十年中翻了一番。由回归分析结果可知,纺织服装全行业总就业人数同期增长了 8%,而在经济方面,与其他行业相比,纺织服装业工人的人均工资也在增加,同期增幅达到近 75%(见附表 4A-10)。同理,行业中的女性就业比例在纺织企业有所增加,但在服装企业却有所下降(见表 4-2)。

表 4-2　纺织服装业女性员工就业占比变化

	孟加拉国	印度		巴基斯坦	越南
	所有	所有	非正规	所有	所有
虚拟时间	0.0506***	0.0163	0.016	0.018**	0.042**
	(0.009)	(0.017)	(0.017)	(0.009)	(0.017)
虚拟时间 * 服装	−0.246***	0.086**	0.087**	−0.004	n.a.
	(0.020)	(0.034)	(0.035)	(0.009)	
虚拟时间 * 纺织	0.0817***	0.007	0.007	−0.028***	n.a.
	(0.011)	(0.040)	(0.040)	(0.008)	
虚拟时间 * 纺织服装	n.a.	n.a.	n.a.	n.a.	0.020
					(0.036)
常数	0.408***	0.358***	0.357***	0.387***	0.276***
	(0.083)	(0.079)	(0.080)	(0.002)	(0.020)
拟合系数	0.403	0.690	0.693	0.043	0.839

来源:作者(Ana Luisa Gouvea Abras)计算。
注释:分列的单元格数据取决于行业、规模、性别、国家、年份,包括被调研国家、规模和行业的虚拟变量;巴基斯坦——数据依据产业和世界发展报告(World Development Report, WDR)的就业人数,经家庭加权后构成;越南——产业统计数据源自越南统计局若干年的统计数据;印度——企业统计数据,包括行业的虚拟变量;将 2005 年作为起始年,虚拟时间设定为 1;"n.a."指数据不适合人表。
***表示 $p<0.01$,**表示 $p<0.05$。

巴基斯坦:数据回归分析表明,在后配额时代,在经济方面,与其他行业相比,整体就业率、男性就业率、纺织服装销售额以及纺织业女性就业比例均有所下降(见表 4-2、表 4-3 和附表 4A-7)。企业调查结果显示,由于纺织服装业工作强度大等特点,许多女性员工开始呈现离岗现象。由未公布的其他国家和行业的企业调查结果可以得知,相比其他行业,纺织服装业由于工作量较大或经济原因,女性员工的离职现象较多(见附表 4A-7 和 4A-8)。

越南:行业数据回归分析显示,与其他行业相比,纺织服装业的就业人数在后配额时代呈现出显著的下降趋势(见附表 4A-9)。同一时期,女性就业比率也发生了变化,具体表现为服装女性就业率增加,而纺织业则减少(见表 4-2 和附表 4A-9)。相较于其他同规模的经济行业,MFA 配额取消后并未对纺织服装企业数量产生影响(见表 4-3)。

表 4-3　企业绩效

	印度				孟加拉国对数值	越南企业数量	巴基斯坦对数值
	人均产量		人均工资		(人均工资)		(销售额)
	所有	非正规	所有	非正规			
虚拟时间	0.167**	0.168**	0.284***	0.284**	0.0543**	0.829***	0.518***
	0.000	0.000	0.000	(0.140)	(0.022)	(0.079)	(0.173)
虚拟时间*纺织	−0.049	−0.0490207	0.384	0.385	0.321***	−0.129	n.a.
	0.000	0.000	0.000	(0.252)	(0.028)	(0.080)	
虚拟时间*服装	−0.354***	−0.353***	−0.369*	−0.370*	0.109**	−0.1	n.a.
	0.000	0.000	0.000	0.211	(0.055)	(0.079)	
虚拟时间*纺织服装	n.a.	n.a.	n.a.	n.a.	n.a.	n.a.	−0.456*
							(0.235)
常数	8.153***	8.151***	4.349***	4.346***	9.484***	5.469***	15.316***
	0.000	0.000	0.000	(0.092)	(0.060)	(0.053)	(0.793)
拟合系数	0.634	0.6117	0.623	0.616	0.159	0.46	0.175
观测样本量	27 160	8 582	26 543	7 973	14 410	442	755

来源:作者(Ana Luisa Gouvea Abras)计算。

注释:分列的单元格数据取决于行业、规模、性别、国家、年份,包括被调研国家、规模和行业的虚拟变量;巴基斯坦——数据依据产业和世界发展报告(World Development Report,WDR)的就业人数,经家庭加权后构成;越南——产业统计数据源自越南统计局若干年的统计数据;印度——企业统计数据,包括行业的虚拟变量;将 2005 作为起始年,虚拟时间设定为 1;"n.a."指数据不适合入表。

* * * 表示 $p<0.01$,* * 表示 $p<0.05$,* 表示 $p<0.1$。

印度:企业调查数据显示,纺织服装业的企业数量和就业人数(与2000 年之前相比)都有所增加(见图 4-1、图 4-2),尤其是服装企业。非正规服装业女性的就业比例随时间而有所增加,并最终与非正规纺织业的比例基本持平(见图 4-3,2005 年近 30%)。实证分析表明,服装企业,尤其是非正规服装企业,2005 年后的就业人数发生了变化。相比其他经济行业,整个服装业或非正规服装企业中的女性就业比例在后配额时代均有所增加[①]。通过对人均产出、人均工资和奖励的数据分析发现,相对于其他行业,印度女性就业比例的增加伴随着服装企业绩效在统计学意义上呈下滑趋势。这一结果与后配额时代日益激烈的竞争相关,因为竞争会使得企业的业绩下滑并且还会导致能力减弱(Becker,1971)。

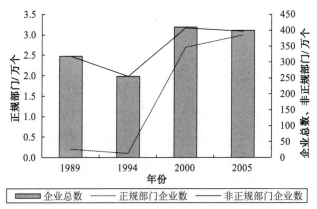

图 4-1　印度正规和非正规部门纺织服装业企业数

来源:作者(Ana Luisa Gouvea Abras)绘制。
注释:纵坐标表示按国民经济行业分类(National Industry Classification,NIC)的企业数,横坐标表示年份。
译者注:根据本书印度的相关数据,图中的参数和名称有所调整。

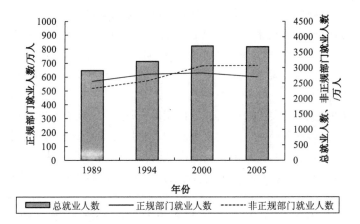

图 4-2　印度正规和非正规部门纺织服装业就业人数

来源:作者(Ana Luisa Gouvea Abras)绘制。
注释:纵坐标表示按国民经济行业分类(National Industry Classification,NIC)的就业人数,横坐标表示年份。
译者注:根据本书印度的相关数据,图中的参数和名称有所调整。

---

①使用正规行业的子公司数据在统计学上并不显著。

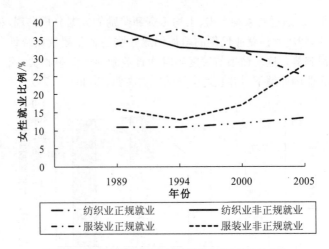

图 4-3　印度正规和非正规纺织服装业就业的女性占比

来源:作者(Ana Luisa Gouvea Abras)绘制。
注释:纵坐标表示按国民经济行业分类(National Industry Classification,NIC)
的女性就业比例,横坐标表示年份。

(2) 行业内部动态:单价的变化

正如预期的那样,随着纺织服装业出口竞争的加剧,服装出口单价自
2000 年以来呈下降趋势(见附表 4A-6)。这一下降趋势在亚洲各出口大
国中都不可避免,无论是生产相对低于世界平均单价服装出口产品的国
家如孟加拉国,还是生产较复杂且较高价服装出口产品的国家如印度。
受 2004—2007 年 MFA 配额取消后的影响,出口到美国市场的服装平均
单价均有所下降,孟加拉国下降了 11%,印度下降了 13%,巴基斯坦和越
南则下降了 6%。

孟加拉国:主要出口产品的单价相对较低,一般低于世界平均水平,
包括中国、印度和斯里兰卡出口服装的单价同样如此。这与孟加拉国既
具有低成本竞争力,又集中于基础产品的出口模式以及其他国家主要产
品的出口价值较高有关。2005 年向欧盟 15 国出口的产品中,只有巴基斯
坦的单价下降,而柬埔寨、中国、印度、斯里兰卡和越南的单价则有所提高
(Tewari,2008)。受中国加入世界贸易组织的影响,服装平均单价在
2001—2002 年明显下降,并在后配额时代继续下滑。从 2004—2007 年,
出口服装的平均单价从 2.60 美元下降至 2.31 美元,跌幅 11%。同一时
期,机织服装的平均单价从 3.26 美元下降至 2.92 美元,针织服装则
1.95 美元下降至 1.90 美元,跌幅分别为 10% 和 3%。

巴基斯坦:后配额时代,出口到美国市场的服装平均单价大幅下降。

相对更为重要的针织服装市场降幅尤其明显,而机织服装在后配额时代的平均单价则呈上升趋势。出口到欧盟15国的产品单价保持相对稳定。根据政府自我评估报告显示,由于其他因素(如质量和快速周转)在全球采购中变得日益重要,巴基斯坦服装业很难在无配额环境中占据优势。相反,该国服装业仍滞留在低附加值、低产出效率的恶性循环中,同时低廉的劳动力成本仍然是开拓业务的重点(GoP,2008a)。2004—2007年,出口到美国的服装平均价格从每打36.30美元降至34.00美元,降幅6%。出口至欧盟15国的单位价格则大致保持在每千克7.90欧元不变。

越南:后配额时代,出口到美国和欧盟15国的服装单价普遍下降或保持不变。出口到美国的平均单价,从2004年的每打56.90美元下降至2007年的53.70美元,降幅为6%。而面向欧盟15国的服装出口单价2004—2007年期间下降了18%(机织产品出口单价的降幅更大),但到2009年,价格恢复至略高于2004年的水平。

印度:出口至欧盟15国和美国的服装单价较其他主要竞争对手相对较高。这种差异与印度更为复杂、更高价值的出口产品有关,特别相比于孟加拉国和巴基斯坦。但是,导致单价较高的原因还可能是由于印度相对较高的电力、交通、物流、税收(增值税、消费税等)和劳动力等成本。从服装平均单价的变化角度来看,两个主要出口市场的模式有所不同。2004—2009年,印度出口到欧盟15国的机织和针织服装单价总体是上升的(2006年略有下降)。与孟加拉国类似,印度出口至美国的服装单价自2000年以来呈下降态势,特别是2002年,由于中国加入世贸组织(2001.11)而导致单价大幅下降。持续下降的主要原因是由于曾经一度价格较低的针织服装在出口产品中变得日益重要。2004—2007年,出口至美国的服装平均价格从每打56.20美元下降至49.00美元,降幅为13%。同一时期,出口至欧盟15国的服装单价从每千克14.1欧元增加至16.1欧元,增长了14%。

(3) 产业升级和企业动态

亚洲纺织服装出口大国在全球价值链中的位置是不同的。孟加拉国和越南处于价值链低端,一般从事的是来料来样加工(CMT)生产。印度和巴基斯坦则处在全球价值链较高的位置,拥有垂直一体化的经营模式。21世纪初,这四个国家的纺织服装业由于对本国经济起着关键性作用而受到各项政策措施的高度重视。这些政策主要针对纺织服装业的技术升级。在MFA配额逐步取消的过程中,印度、巴基斯坦和越南纺织服装业现代化水平的各项功能得到提高,孟加拉国的纺织服装业则在价值链中成功地完成了转型升级。亚洲出口大国的企业发展动态各有千秋,在此,分别讨论包括不同国家企业的所有制结构及外国直接投资(FDI)的作用。

孟加拉国:虽然外国直接投资在服装业中起核心作用,但如今该行业的内资企业仍占主导地位。在纺织服装业,外国投资企业主要集中在出口加工区(Export Processing Zones,EPZs),并占据大部分的投资份额(约75%)。尽管外国直接投资在出口加工区占主导地位,但绝大多数服装企业位于出口加工区外,且为内资拥有。2005 年,只有 1% 的服装企业在出口加工区,其中外资持股比例约为 65%(World Bank,2005a)。

孟加拉国服装企业的产业升级决策与其他亚洲大国的企业有所不同,企业投资的内容不仅仅局限于技术现代化,还包括提升产业价值链。十年前,大部分企业主要从事的是来料来样加工(CMT)业务。世界银行的一项研究(World Bank,2005b)表明,2005 年三分之二的孟加拉国服装企业从事 CMT 业务。如今,包料加工(Free on Board,亦称 FOB 或全包加工)已构成了服装企业的重要业务。与 CMT 不同,从事 FOB 的企业涉及原料采购、资金投入,并为零售店铺提供包括生产加工、后整理、运输等服务。除了由 CMT 模式向 FOB 模式的重要转变外,孟加拉国的服装企业还致力于设计能力的提升和品牌形象的建设。一些企业,尤其是位于出口加工区的大型外商独资企业,可以提供产品开发和设计以及采购和营销等服务,并与国际买家紧密合作,以此提升企业的产品设计与开发能力。这些企业中,有些企业还实现了产品档次的提升,并可以生产出更为复杂且具有更高附价值的服装产品。

越南:据该国统计局统计显示,越南服装企业数量由 2000 年的 579家增加到 2008 年的 3 174 家。同期,纺织企业的数量也从 408 家增加到 1 577 家。"更好的工作——越南"报告(Better Work Vietnam,2011)指出,在 2009 年纺织服装企业共计 3 719 家,其中 2 424 家为服装企业。按所有制划分,越南的企业可分为三类:国有企业、民营企业和外商独资企业。随着时间的推移,国有企业的重要性开始下降,但仍然发挥着核心作用。Vinatex 公司作为最大的国有企业,2009 年占据了越南纺织服装出口总额的 20% 以上。国有企业往往规模较大,雇用的工人数量一般多达数千人。相比民营企业,国有企业的优势在于能够更直接地受益于国家政策。民营企业通常是中等规模的私人控股企业。20 世纪 90 年代后期,外资参与的企业数量开始有所增加。

通过 23 次实地访谈,高特(Goto,2007)统计得出:越南服装供应商

（企业）67％是 CMT，33％是 FOB。然而，需要指出的是 FOB 的生产方式仅占 5％的加工数量，而 CMT 占了所有加工数量的 95％。上述三种类型的服装企业在全球价值链中起着不同的作用。越南民营企业大多从事的是 CMT 业务，而大型国有企业因具有更强的生产功能，因此也更多地从事 FOB 业务。外商独资企业则更倾向于迎合海外总部的需求，由于大部分高附加值的功能环节仍在总部进行运作，因此这类企业的技术升级空间十分有限。

总体来看，20 世纪 90 年代到 21 世纪初的投资显著提高了越南纺织服装业的生产功能（AFTEX，2010），但不同所有制类型的企业提升的功能各不相同。外资企业通常使用更为先进的生产工艺和设备。一些国有企业，特别是 Vinatex 公司，在现代化设备和生产工艺方面投入了巨资。自 2005 年以来，Vinatex 公司已投资 8 亿～9 亿美元用于产业现代化建设，包括更新与改造陈旧设施，提高生产效率和产品质量。

印度和巴基斯坦是少数几个（除中国和土耳其外）拥有庞大原料基地和垂直一体化经营能力的国家，这也是他们能处于全球价值链更高位置的原因。垂直一体化的整合使这些国家成为具有全球竞争力的服装出口商，其中，垂直一体化经营包括产品开发与设计、品牌管理以及生产，以迎合国内外市场的需求。

印度：就制造能力而言，该国服装业具有经营范围广泛和高度灵活性等特点。中小规模企业可以承接定制或时尚个性且富有设计感的小批量订单。较大规模的企业则可以承接大批量订单。如今越来越多的全球买家，期望不论大小企业都能够拥有产品开发、产品设计，甚至是品牌推广的能力。

然而，印度的服装企业可分为两种类型。一类是占企业数相对较少、较发达的正规企业，特点是现代化程度较高、规模较大，具有较高的资本密集度和较好的工作条件；另一类是占企业数比例庞大的非正规企业，雇用员工一般少于 10 人。非正规服装企业所雇用的员工数量虽然占行业的绝大部分，但生产量仅为总量的 31％。面对后配额时代的国内管制放松、贸易自由化、日益激烈的国际竞争环境以及全球买方市场需求的增加，印度服装业正在不断推进产业升级和整合（Singh，2008；Tewari，2008）。

外国投资者参与印度纺织服装业的程度仍然微不足道。这种较低的参与程度与政府的内向型政策有关，当初，政府政策规定企业需要以国内市场为导向并限制外国直接投资。印度的纺织服装出口一直由国内企业占主导。作为纺织业现代化趋势的一部分,通过采用新技术和配置现代化生产设备,已使印度成为世界最重要的纺织服装机械设备进口商之一。

巴基斯坦:虽然在过去的十年中,该国服装业的重要性已有所提升,但纺织业仍占据着相对更为重要的地位。在政府的帮助下,纺织服装业已实现了现代化,如采用现代纺纱、织造及后整理技术等。巴基斯坦服装业具有家庭手工业的特征。据业内人士估计,大约70%~80%的生产经营单位为设在一般家庭的小企业,其余的主要为大型综合性企业且主要从事针织服装的生产(USITC,2004,摘自SMEDA,2002)。

与印度的情况类似,外国直接投资并未在巴基斯坦的纺织服装业中发挥重要作用。近年来,政府提出了若干吸引外国直接投资的政策措施,以实现经济现代化。然而,尽管具有良好的整体开放和优惠的外国直接投资制度,但政局的不稳定性仍制约着外商投资。鉴于该行业的重要地位,后配额时代,政府推出了一系列相关政策以促进产业的升级。根据该国纺织委员会办公室(Textile Commission's Office)统计,在1999—2009的十年间,巴基斯坦纺织服装业累计投资总额约为75亿美元,现已成为另一个重要的纺织服装机械设备进口国。

(4) 行业间工资差异和女性工资

纺织服装业通常被认为是利用低廉工资、胁迫劳动和不健康方式雇用工人,因而,这种工作环境被视为"血汗工厂"(参见Carr,2001及Brown、Deardorff和Stern,2004的论述)。在之前的研究中已有若干国家服装工资及工作条件的分析(Robertson等,2009)。值得注意的是,Robertson等人的研究发现,在被调查的国家中,服装业的工资增幅要高于各国工资增幅的平均水平。此外,数据分析表明单纯依靠工资上涨并不能弥补服装业工人的恶劣工作环境。

一项针对亚洲出口大国的家庭调查数据分析表明,纺织服装业的工资水平通常要高于农业,而与其他劳动密集型行业如零售业基本持平。此外,纺织服装从业人员的受教育水平和平均工资与各个行业不相上下。然而,这种同质化中亦存在着性别差异。纺织服装业的女性员工受教育程度和工资往往低于男性员工(附录4A-1)。

对于不同的劳动密集型行业,即使综合考虑经验、性别、教育程度等因素后,工人之间的收入仍存在一定差异。数据显示,农业人员的收入往往低于平均水平,而纺织服装从业人员则呈现出工资溢价(见图4-4)。

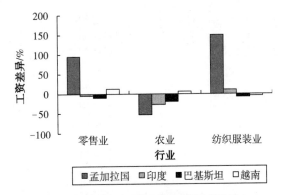

图 4-4　劳动密集型产业的行业间工资差异

来源:作者(Ana Luisa Gouvea Abras)依据 20 世纪后期的家庭调查数据和行业
虚拟工资回归系数计算所得。
注释:各行业间平均工资的百分比存在差异。

　　这一差异表明,由农业向纺织服装业转型是社会经济升级的途径之一。纺织服装工资溢价对于一个不断发展的行业是不言而喻的,如孟加拉国的纺织服装业。行业间的工资差距回归分析表明,本章所讨论的案例国家,在后配额时代背景下,纺织服装业的工作岗位有所增加。这种工资增幅与纺织服装业工人岗位需求的增强之间存在着一定联系(见本章附表中有关劳动力统计的结果)。

　　孟加拉国:过去的一段时期,该国纺织服装业的工资溢价快速上涨[1]。在排除了人口特征对工资水平的影响后,最终的数据分析结果表明,孟加拉国纺织服装从业人员的工资溢价比全国工人平均水平高出 150%(见表4-4)。另外,教育回报率并未提高(见附表 4A-2),但男女工资差距有所减小(见表 4-5)。在孟加拉国案例研究中发现一个有趣的现象,即服装单价的下降并未导致工资溢价的减少。产生这一现象有以下几个原因:首先,政府采取了积极的政策以缓解 MFA 配额取消后对企业造成的影响,从而确保该国服装企业在面对国内各行业及其他国家的纺织服装生产商挑战时仍具备较高的竞争力。这些政策包括与美国和欧洲签署贸易优惠协定以及政府为保障服装出口而制定的投资计划;其次,孟加拉国政府为提高纺织服装业的工资标准,将最低月工资标准从 1994 年的 930 塔卡(16 美元)提高到 2006 年的 1 662 塔卡(24 美元)。

----

　　[1]为了清晰地得出 MFA 结束后产生的影响,孟加拉国的数据采集于 2000—2009 年。然而,由于全球服装业经历了 2008—2009 年全球金融危机和针对中国贸易壁垒(特保措施)取消的影响,因此 2010 年的孟加拉国家庭收支调查(Bangladesh Household Income and Expenditure Survey,BHIES)并未包括在研究内。另外,有关上述冲击对服装行业造成的影响可作为单独的后续课题进行研究。

表4-4　纺织服装业的工资溢价（纺织服装业工资溢价虚拟系数）

	1999	2000	2001	2002	2003	2004	2005	2006	2007	2008	2008(LFS)	2009	变化
孟加拉国	—	0.134** (0.034)	—	**0.387** (0.023)	—	—	0.343* (0.058)	—	—	—	—	1.545** (0.034)	+
印　度	0.015 (0.015)	—	0.001 (0.017)	0.097* (0.039)	—	—	0.076** (0.025)	—	0.084** (0.012)	0.019 (0.022)	—	—	+
巴基斯坦	—	—	—	—	−0.046* (0.019)	—	−0.124* (0.016)	—	—	−0.085** (0.013)	—	—	+
越　南	—	—	—	—	—	−0.340** (0.061)	—	−0.092 (0.061)	—	−0.076** (0.030)	—	—	+

注释：被调查的工人工资待遇良好，年龄为10～69岁之间；括号中数据为标准误差；巴基斯坦2008年的结果源自生活标准测量调查（Living Standard Measurement Survey, LSMS）和劳动力调查（LFS）；"—"指暂无数据。

来源：作者（Ana Luisa Gouvea Abras）依据若干年份的家庭调查数据计算所得。

注释：被调查的工人工资待遇良好，年龄为10～69岁之间；括号中数据为标准误差；"变化"：最后一列为表示随时间推移而发生的变化趋势；巴基斯坦2008年的结果源自生活标准测量调查（Living Standard Measurement Survey, LSMS）和劳动力调查（LFS）；"—"指暂无数据。

** 表示 $p < 0.01$，* 表示 $p < 0.05$。

表4-5　男女工资差距（女性工资虚拟系数）

	1999	2000	2001	2002	2003	2004	2005	2006	2007	2008	2008(LFS)	2009	变化
孟加拉国	−0.478* (0.024)	−0.586* (0.080)	−0.493* (0.122)	**−0.429*** (0.023)	−0.563* (0.103)	**−0.489*** (0.039)	−0.373* (0.067)	—	**−0.473*** (0.019)	−0.403* (0.058)	**−0.630*** (0.082)	0.158 (0.100)	+
印　度	—	—	—	—	—	−0.400* (0.023)	−0.721* (0.094)	—	—	—	—	—	+
巴基斯坦	—	—	—	−0.127* (0.021)	—	**−0.138*** (0.025)	—	−0.135* (0.021)	—	**−0.215*** (0.031)	—	—	+
越　南	—	—	—	—	—	—	—	—	—	—	—	—	+

注释：被调查的工人工资待遇良好，年龄为10～69岁之间；括号中数据为标准误差；重点比较值以粗体显示；选择2005年前后的数据，以利于更好地识别后配额时代所发生的变化；最后一列为表示随时间推移而发生的变化趋势；巴基斯坦2008年的结果源自生活标准测量调查（Living Standard Measurement Survey, LSMS）和劳动力调查（LFS）；"—"指暂无数据。

来源：作者（Ana Luisa Gouvea Abras）依据若干年份的家庭调查数据计算所得。

** 表示 $p < 0.01$，* 表示 $p < 0.05$。

尽管孟加拉国最低工资标准有所提高,但仍处在全球服装工人工资水平的低层。2008 年,印度服装业每小时的工资水平是孟加拉国的两倍多,中国则超过四倍(Jassin-O'Rourke Group,2008)。后向关联也有助于解释在面对 MFA 配额取消时所取得的成功:纺织服装业依赖于国内生产商,然而这些生产商在后配额时代很难参与到其他国家的投资项目中。

巴基斯坦:实证研究结果显示,该国纺织服装工资溢价在 2005 年经历了一次峰值后,年末有所下降。总体而言,2003—2008 年,就行业间的工资差距比较而言,纺织服装业的工资有所上升,然而女性员工的工资待遇并没有得到改善,教育回报也没有特别的改进(见附录 4A-2)。鉴于巴基斯坦纺织服装女性员工就业水平相对较低,MFA 并未对性别差异产生较大影响是可以预期的。

越南:数据调研期间,该国纺织服装业 75% 的劳动者为女性,并且纺织服装业被认为是帮助和提高女性经济独立的一种途径。2004 年纺织服装业的工资溢价下降,之后再也未恢复到 21 世纪初的水平。2008 年工资水平的缓慢复苏与越南出口到美国服装单价下降以及出口到欧盟 15 国单价基本不变有关联。但女性员工的经济回报并未得到改善。值得注意的是,2004 年纺织业工资溢价的下降,使得四年之后男女工资差距被逐步拉大。

印度:过去该国依赖于有配额限制的欧盟和美国市场,MFA 配额取消后预期将有利于印度服装和纺织品的出口。印度被认为是 2004 年后工资溢价由降至升以及 MFA 配额取消前后男女工资差距缩小的一个相对成功案例。即使进入 21 世纪出口至美国的服装单价处于平稳下降状态,但这一改善仍然获得成功。

本研究同时也考虑了纺织服装业男女工资的其他两个方面,即在行业层面上,男女基本工资收入差异和男女附加工资的差异(见附录 4A-4 和 4A-5)。通过附加工资可以判断女性员工的某些特点,如对她们工资收入有影响的教育程度、工作经验等。如果 MFA 配额取消后女性员工的需求量高于男性,那么值得期待的是从事同类工种的工人收入差距将会缩小。工资性别差距的缩小同样也是服装业市场竞争造成的潜在结果,由此促使企业主减少对女性员工的歧视。研究发现,后配额时代纺织服装业的男女基本工资收入差距或保持不变或有所扩大。然而,印度相比于该国其他行业,后配额时代纺织服装业的男女附加工资差距正在缩小。

(5) 工作条件

讨论亚洲纺织服装出口大国是否在后配额时代取得了成功这一论题时,可以转换为对工作条件的研究。在本节中,依据家庭和劳动力市场调查数据,探索配额取消后工作条件的结构内容可能发生的变化。为了构建各国在改善工作条件时所采取的针对性措施体系,分析过程力图最大限度地利用相关数据。影响工作条件的相关变量有:就业环境、工伤、雇用童工、加班、以实物或福利替代现金报酬的比率。以下条件可以认为对工人有利,即如果他或她:a. 作为正规员工有固定工资;b. 年龄不低于 14周岁;c. 无工伤记录;d. 一周工作时间不超过 40 小时(或一周工作时间不超过六天);e. 以实物代替现金报酬的比例较低;f. 以福利代替现金报酬的比例较高。为评估实际工作中的平均工作条件,假设某一变量的工作条件良好,虚拟值等于 1,然后再根据每个工人得分进行平均变量的转换计算(见表 4-6)。

表 4-6　纺织服装业的工作条件

(1)		工作条件 (2)	工作条件(女性员工) (3)
孟加拉国	虚拟时间 * 纺织服装	0.078 * (0.010)	0.063 * (0.016)
	虚拟时间 * 纺织服装 * 女性	n. a.	−0.088 * (0.022)
印　度	虚拟时间 * 纺织服装	−0.034 * (0.004)	−0.031 * (0.005)
	虚拟时间 * 纺织服装 * 女性	n. a.	0.000 (0.012)
巴基斯坦	虚拟时间 * 纺织服装	−0.001 (0.003)	0.003 (0.004)
	虚拟时间 * 纺织服装 * 女性	n. a.	−0.025 * (0.005)
越　南	虚拟时间 * 纺织服装	0.007 (0.009)	−0.007 (0.019)
	虚拟时间 * 纺织服装 * 女性	n. a.	0.025 0.022

来源:作者(Ana Luisa Gouvea Abras)计算。

注释:被调查者年龄为 10~69 岁;括号内为标准误差;将 2005 年作为起始时间记为 1;孟加拉国的数据来源于 2002 和 2005—2006 年;印度的数据来源于 1999—2000、2004 和 2007—2008 年;越南的数据来源于 2002、2004、2006 以及 2008 年;巴基斯坦的数据来源于 2003—2004 和 2008 年;"n. a."指数据不适合入表。

* 表示 $p < 0.01$。

不同国家和时间方面的比较仍有待进一步验证。另外,相同的变量定义在不同的研究分析中也并非完全适用。例如,在讨论印度工人加班情况时,考察的变量是工人的每周工作天数,这与其他国家常用的每周工作小时的考核标准有所不同。假期或奖金分红等并非标准福利的因素,在家庭调查中也很少涉及。由于不同国家之间各个独立变量的定义不完全相同,分析将包括针对同一时期某一工作条件的回归分析及其稳健性(亦称鲁棒性)检验,而并非对所有工人的情况加以平均分析。或者,读者也可以自行评估这些平均结果可能是来自相关性较强的条件(如童工),还是来自相关性较低的条件(如工资、奖金)。数据主要来源于 2005 年初配额取消的前后若干年。虽然可以获得更多的最新数据,但为了避免金融危机对配额取消后对纺织服装业工作条件带来的影响,研究中并未涉及这一时期的数据资料。

如何界定良好的工作条件并非易事。虽然国际劳工组织(ILO)提供了相关的指导方针,但每个国家仍可制定各自的标准。例如,对于最低工作年龄或最长工作时间的规定会随国家、甚至行业和性别的变化而不同。本书的研究中规定每周工作超过 40 小时为超时加班,年龄低于 14 周岁为童工。本研究严格遵循这一规定,尽管这可能导致更多的工人被界定为处在较差的工作条件,并假设这一"计量误差"不会随时间和群体的变化而改变。

孟加拉国:工作条件的评估包括工作稳定性和工作时间是否小于或等于 40 小时。这两项调查数据源自 2002 和 2005—2006 年。回归分析对后配额时代纺织服装业工人的平均工作条件变化与其他行业进行了对比评估(见表 4-6 第二列),并进一步细化为针对男女工人之间的比较评估(见表 4-6 第三列)。总体而言,在考虑到所有纺织服装业工人群体工作时间不超时情况下,孟加拉国的工作条件是有所改善的。然而,该国纺织服装女性员工本身并未得到改善(见表 4-6 第三列)。进一步将研究样本限定为工薪阶层(未在文中给出报告),结果显示,就统计学意义而言,后配额时代,无论是男性或女性员工都呈现为负面影响。工薪阶层与所有雇员阶层的差别在于后者存在非正规薪酬的女性群体。

有趣的是,与其他行业相比,随着时间的推移,女性和所有纺织服装业员工的工资溢价都有所增长,但数据显示女性的工作条件和就业比例则呈现出明显的负相关。通过对数据的进一步分析可以发现,越来越多的纺织服装业女性员工面临着需要权衡是否以非正规工作(往往稳定性较差)为代价来获得就业机会和高薪。正如之前的论述,印度同样存在依赖于非正规雇用和女性就业以扩大生产的现象。

巴基斯坦：为了分析该国服装业工作条件，采用以下四个潜在的相关变量：就业环境、工伤、雇用童工和加班。与该国其他行业相比，大多数纺织服装从业工人群体的工作条件并未得到改善，且在后配额时代，部分女性员工的工作条件变得更差。当进行行业层面的附加工资差距比较时，与巴基斯坦服装业的性别差异并未得到改善的结果相同，纺织服装业男性和女性员工的附加工资差异也在扩大。在政策方面，巴基斯坦政府和其他国家一样都试图在 MFA 配额取消前制定出一套有效的应对政策，为此 1999—2000 年巴基斯坦政府制定了《纺织 2005 远景规划》。然而研究发现，由于政府放宽了对劳动力的限制以及雇主们更多地通过延长工作时间和聘用临时工人进行生产，抵消了后配额时代的利好效应，这一结果亦与行业间工资差异并未得到显著改善相一致。

越南：研究通过三种方法评估该国的工作条件。前两种是标准方法，即没有加班或雇用童工，另一种方法是考察其他额外收入的比重，如新年、假期和除工资外的社会福利。高于人均经济水平的福利表明工人群体重视工作的社会保障。分析所有可获得数据后发现，与其他行业相比，纺织服装业的工作条件在后配额时代并没有统计学意义上的显著改善。研究结果还包括了对效益工资比和超时加班的评估。

印度：内部政策改进和配额限制取消所带来的益处似乎并没有使得该国纺织服装业的工作条件得到改善。虚拟工作条件的因素包括：以实物替代现金报酬的比例、雇用童工和以每周工作时间超过六天为限的加班情况。结果表明，与其他行业相比，在后配额时代印度纺织服装业的工作条件并未改善，并且性别差异也没有统计上的显著变化（见表 4-6）。由于印度纺织服装从业工人中有高达 90％为非正规工人，这样的结果亦不足为奇。事实上，正如前面所讨论的，在后配额时代，印度非正规服装企业承受着行业就业变化带来的巨大压力。以实物代替现金报酬的比重和无超时加班现象的虚拟结果进行了规范的稳健性（鲁棒性）检验。

4.4　本章小结

本章主要讨论后配额时代背景下，孟加拉国、印度、巴基斯坦和越南纺织服装业的发展趋势，包括男女工人就业、行业结构、工资和工作条件。上述国家的政府均在行业发展以及纺织服装企业竞争力的提升中发挥了积极作用，以适应 2004 年后日益激烈的国际竞争环境。补贴方式和建立产业升级基金的系列国家政策以及国家内部因素与纺织服装业的现代化息息相关。

现代化对各案例国家而言有着不同的意义。总的来说,定量分析表明,后配额时代对纺织服装企业和工人有益。通过对相关的亚洲大国产业分析可知,纺织服装就业状况、出口收入以及行业的工资溢价在后配额时代均得到改善。然而,工作环境的改善情况却因不同国家而异。

就业数据分析表明,企业应对竞争加剧有不同的策略。回归分析对后配额时代纺织服装企业绩效和就业状况与其他经济行业进行了评估。结果表明,印度的非正规服装业以及女性就业占比有着积极的变化。数据分析发现,受较低的劳动生产率和劳动法律法规约束的影响,后配额时代非正规服装业的扩展始终伴随着企业层面的效益降低和工作条件不佳这类负面因素。针对孟加拉国的研究发现,该国纺织服装企业数量和就业人数均有所增加。然而,回归分析表明,在后配额时代服装业的就业人数和女性员工的占比呈减少趋势,而相较于其他行业,纺织业却在增加。孟加拉国纺织业具有附加值更高的产品和技术更熟练的工人,这一研究结果令人意外。由此,该行业正在吸引越来越多的女性员工并有能力提供更高的薪酬。越南和巴基斯坦的研究结果显示,后配额时代纺织服装业工人的就业情况以及纺织业女性员工占比与其他行业相比表现并不乐观。

附表

表 4A-1　基础教育和就业统计

就业和教育	孟加拉国			印度				巴基斯坦				越南			
	2000	2005	2009	1999	2002	2005	2009	2001	2003	2005	2008	2002	2004	2006	2008
女性劳动力/%	10	24	25	29	27	28	26	15	17	23	21	50	49	49	49
正式教育年数	3.86	4.95	4.36	4.25	4.86	4.73	5.88	4.05	4.21	4.54	4.97	6.32	8.38	8.50	8.69
纺织服装业女性受教育年数	2.35	4.61	5.35	3.60	5.19	4.77	5.80	2.74	2.88	2.93	3.58	7.78	8.64	8.50	8.74
纺织服装业男性受教育年数	4.95	7.98	6.45	5.70	5.90	5.90	6.20	4.94	5.50	5.74	6.45	8.63	9.99	10.24	9.45
纺织服装业从业人员平均受教育年数	4.08	6.71	6.03	5.06	5.69	5.53	6.04	4.39	4.77	4.74	5.62	8.00	8.88	9.21	8.89
各行业就业比例															
农业/%	41	42	35	51	48	45	49	14	14	15	18	61	58	55	54
纺织业/%	6	2	5	3	4	4	4	3	2	2	2	1	1	0	3
纺织服装业/%															
纺织服装业女性就业/%	38	33	35	32	34	36	33	27	29	29	25	75	80	75	81
农业日均工资对数	7.39	7.85	9.26	5.96	6.07	7.10	6.41	10.25	10.32	10.10	10.63	6.06	5.93	6.62	6.96
纺织服装业日均工资对数	7.07	7.60	6.54	5.20	5.30	6.70	5.70	9.90	10.00	10.10	10.50	5.37	6.11	6.35	6.77
日均工资对数	7.41	7.66	7.92	5.96	6.11	7.26	6.38	10.44	10.54	10.48	10.83	5.95	6.11	6.79	7.14

来源：作者（Ana Luisa Gouvea Abras）依据家庭数据计算所得。

注释：被调查者年龄为 10～69 岁；教育水平仅限于能够获取主要职业的劳动工人；数据为加权结果。

表 4A-2　工资回归结果和教育投入回报

国家	1999	2000	2001	2002	2003	2004	2005	2006	2007	2008	2008(LFS)	2009	变化
孟加拉国	0.047* (0.001)	0.050* (0.003)	—	—	—	—	—	—	—	—	—	—	+
印度	—	—	—	—	—	0.051* (0.001)	0.030* (0.001)	—	—	—	—	0.045* (0.003)	+
巴基斯坦	—	—	0.032* (0.002)	0.031* (0.001)	0.039* (0.002)	—	0.044* (0.001)	—	0.043* (0.001)	0.052* (0.008)	0.040* (0.001)	—	+
越南	—	—	—	0.012* (0.001)	—	0.038* (0.007)	0.013* (0.005)	0.028* (0.006)	—	0.018* (0.001)	—	—	+

来源：作者（Ana Luisa Gouvea Abras）依据不同年份的家庭调查数据计算所得。

注释：被调查的工人待遇良好，年龄为 10～69 岁之间。括号内的数据为标准误差。具有可比性的数据用粗体标注。所选择的 MFA 配额取消前的比较数据按 2005 年前后划分，以利于更好地识别后配额时代所发生的变化。最后一列显示随时间变化的趋势。巴基斯坦 2008 年的结果分为生活标准测量调查（Living Standard Measurement Survey，LSMS）和劳动力调查（LFS）；"—"指暂无数据。

* 表示 $p < 0.01$。

表 4A-3　孟加拉国的企业层面统计结果

行　业	企业数			企业数占产业份额 /%			就业人数占产业份额 /%		
	1995	2001	2005	1995	2001	2005	1995	2001	2005
食品，饮料	5 662	5 681	6 790	23.67	24.52	19.56	12.54	9.70	7.57
化学品，制药	307	578	800	1.28	2.50	2.30	1.87	5.01	2.58
服装	2 372	3 550	5 002	9.91	15.32	14.41	—	—	—
皮革	198	268	283	0.83	1.16	0.82	0.59	0.64	0.57
五金，机械	1 532	1 221	2 023	6.40	5.27	5.83	5.99	2.35	2.65
其他制造业	3 588	5 081	7 033	15.00	21.93	20.26	11.58	14.15	12.39
其他服务业	197		2	0.83	0.00	0.01	0.31	0.00	0.00
纺织品	10 067	6 790	12 777	42.08	29.31	36.81	67.12	68.15	74.23
总计	23 923	23 169	34 710	100	100	100	100	100	100

来源：作者（Ana Luisa Gouvea Abras）依据企业调查数据计算所得。

表 4A-4　纺织服装业的附加工资差距

	孟加拉国	印度	巴基斯坦	越南
虚拟时间 * 纺织服装	0.375* (0.141)	—0.078* (0.035)	0.338* (0.136)	0.189** (0.061)
常量	—0.705** (0.191)	0.319** (0.025)	0.864** (0.125)	0.180** (0.038)
拟合系数	0.58	0.097	0.465	0.064
观测样本量	57	60	55	45

来源：作者（Ana Luisa Gouvea Abras）依据不同年份的家庭调查数据计算所得。

注释：包括对时间和行业的虚拟变量。括号内的数据为标准误差。将 2005 年作为起始虚拟时间记为 1。

** 表示 $p < 0.01$，* 表示 $p < 0.05$。

表 4A-5　纺织服装业男女基本工资收入差距（%）

	孟加拉国	印度	巴基斯坦	越南
2005年以前	60	55	48	89
2005年以后	76	63	44	87

来源：作者（Ana Luisa Gouvea Abras）依据不同年份的家庭调查数据计算所得。

注释：被访问者年龄为 10～69 岁之间。孟加拉国：2002 年的数据无法获得权重，因此该年未被计算在内，2007 年的数据无法获得权重，因此该年未被计算在内。印度：被访者受访前工作不到一周的工人未被计算在内。越南：被访者受访前工作不到一周的工人未被计算在内。

表 4A-6　欧盟和美国进口服装单价

	1999	2000	2001	2002	2003	2004	2005	2006	2007	2008	2009
印度											
欧盟：欧元/千克	14.1	16.1	12.5	14.3	13.2	14.1	15.4	17.0	16.1	15.8	16.2
美国：美元/打	63.3	71.0	67.6	56.5	57.5	56.2	52.6	51.1	49.0	45.0	41.2
巴基斯坦组											
欧盟：欧元/千克	7.8	8.7	8.6	8.2	7.8	7.9	7.5	7.6	7.7	7.5	7.7
美国：美元/打	43.0	40.0	39.6	37.3	36.6	36.3	34.9	33.0	34.0	32.9	31.6
越南											
欧盟：欧元/千克	18.7	20.8	18.6	17.3	13.3	14.2	13.4	13.9	11.7	12.5	14.7
美国：美元/打	32.0	26.9	26.8	47.6	48.6	56.9	58.1	56.4	53.7	50.9	45.0

来源：摘自相关国家报告中的原始数据；Staritz 和 Frederick，2011a，2011b，2011c，2011d。

表4A-7　巴基斯坦就业统计结果

	总就业中的女性占比	对数值(总就业)	对数值(男性就业)	对数值(女性就业)
虚拟时间*纺织服装	−0.042 (0.033)	−0.293* (0.174)	−0.340** (0.100)	−0.375 (0.593)
虚拟时间	−0.024 (0.019)	−0.037 (0.101)	0.196** (0.068)	0.296 (0.265)
常量	0.524** (0.115)	16.644** (0.116)	16.270** (0.075)	15.204** (0.271)
拟合系数	0.837	0.964	0.983	1
观测样本量	59	60	60	59

来源：作者(Ana Luisa Gouvea Abras)依据不同年份的家庭调查数据计算所得。

注释：就业水平的评估数据依据产业和世界发展报告(World Development Report, WDR)的就业人数，经家庭加权后构成。按不同行业、性别、时间分别进行数据分析。包括针对行业的虚拟变量。括号中数据为标准误差。被调查者年龄为15～64岁之间。将2005年作为起始虚拟时间记为1。

** 表示 $p < 0.01$，* 表示 $p < 0.1$。

表4A-8　巴基斯坦企业调查结果

	对数值(销售额)
虚拟时间*纺织服装	−0.456* (0.235)
时间	0.518** (0.173)
常量	15.316** (0.793)
拟合系数	0.175
观测样本量	755

	新增就业率/%	流失率/%
所有	32	11
女性	48	10
男性	31	11
纺织服装企业数	222	222

来源：作者(Ana Luisa Gouvea Abras)依据2002,2007年的企业调查数据和世界发展报告(World Development Report, WDR)的就业人数计算所得。

注释：所有纺织服装就业的新增就业和岗位流失以2005年作为起始虚拟时间记为1。

** 表示 $p < 0.01$，* 表示 $p < 0.1$。

表 4A-9　越南就业统计结果

	总就业中的女性占比	对数值（总就业）	对数值（男性就业）	对数值（女性就业）
虚拟时间＊纺织品	−0.007* (0.001)	−0.264* (0.057)	−0.190* (0.057)	−0.317* (0.072)
虚拟时间＊服装	0.024* (0.001)	0.022 (0.061)	−0.015 (0.056)	0 (0.072)
人均资产	0 (0.000)	0.041 (0.103)	0.072 (0.103)	0.006 (0.107)
虚拟时间	0 (0.001)	0.538* (0.061)	0.494* (0.056)	0.578* (0.072)
常量	0.018* (0.000)	10.183* (0.044)	9.646* (0.043)	9.124* (0.045)
拟合系数	0.043	0.398	0.384	0.371
观测样本量	442	442	442	442

来源：作者（Ana Luisa Gouvea Abras）依据不同年份的行业调查数据计算所得。

注释：包括行业的虚拟变量。括号中数据为标准误差。将 2005 年作为起始虚拟时间记为 1。

＊表示 $p < 0.01$。

表 4A-10　孟加拉国企业调查结果

	对数值（附加值）	对数值（劳动力）	对数值（人均工资）	产业女性占比
虚拟时间	0.294*** (0.040)	—0.0142 (0.010)	0.0543** (0.022)	0.0506*** (0.009)
虚拟时间＊服装	—0.122 (0.077)	—0.0463* (0.025)	0.109** (0.055)	—0.246*** (0.020)
虚拟时间＊纺织品	0.121** (0.057)	0.0482*** (0.014)	0.321*** (0.028)	0.0817*** (0.011)
常量	12.65*** (0.095)	2.577*** (0.037)	9.484*** (0.060)	0.408*** (0.083)
拟合系数	0.669	0.943	0.159	0.403
观测样本量	13 959	14 439	14 410	13 959

来源：作者（Ana Luisa Gouvea Abras）依据行业调查数据计算所得。

注释：包括行业、规模和地理位置的虚拟变量。括号中数据为标准误差。将 2005 年作为起始虚拟时间记为 1。

＊＊＊表示 $p < 0.01$，＊＊表示 $p < 0.05$，＊表示 $p < 0.1$。

参考文献

孟加拉国

[1] Adhikari, Ratnakar, and Chatrini Weeratunge. 2006. "Textiles and Clothing Sector in South Asia: Coping with Post-Quota Challenges." In *South Asian Yearbook of Trade and Development*. B. L. Das, B. S. Chimni, Saman Kelegama, and Mustafizur Rahman, 109-47. New Delhi: Centre for Trade and Development (CENTAD).

[2] Adhikari, Ratnakar, and Chatrini Weeratunge. 2007. "Textiles and Clothing in South Asia: Current Status and Future Potential." *South Asia Economic Journal* 8 (2): 171-203.

[3] Ahmed, Nazneen. 2005. "Impact of the MFA Expiry on Bangladesh." In *South Asia after the Quota System: Impact of the MFA Phase-out*, ed. Saman Kelegama. Colombo: Institute of Policy Studies of Sri Lanka.

[4] Ahmed, Nazneen. 2009a. "Sustaining Ready-made Garment Exports from Bangladesh." *Journal of Contemporary Asia* 39 (4): 597-618.

[5] Ahmed, Nazneen. 2009b. "The Role of Economic Zones in Tackling Labor Compliance." *The Daily Star*, November 10.

[6] Ahmed, Nazneen. 2009c. "Elected Workers' Association in EPZs." *The Daily Star*, December 11.

[7] Ahmed, Nazneen, and Jack H. M. Peerlings. 2009. "Addressing Workers' Rights in the Textile and Apparel Industries: Consequences for the Bangladesh Economy." *World Development* 37 (3): 661-75.

[8] Anson, Robin, and Guillame Brocklehurst. 2008. Part 1 of "World Markets for Textile Machinery: Fabric Manufacture." *Textile Outlook International* 137: 98-138.

[9] Anson, Robin, and Guillame Brocklehurst. 2010a. Part 2 of "World Markets for Textile Machinery: Woven Fabric Manufacture." *Textile Outlook International* 146: 89-106.

[10] Anson, Robin, and Guillame Brocklehurst. 2010b. Part 3 of "World Markets for Textile Machinery: Knitted Fabric Manufacture." Textile Outlook International 147: 120-54.

[11] Arnold, John. 2010. "Effects of Trade Logistics on the Strategy of the Garments Industry for Product and Market Diversification." Background paper prepared for the Bangladesh Trade Note, Dhaka, World Bank.

[12] Bair, Jennifer, and Gary Gereffi. 2003. "Upgrading, Uneven Development, and Jobs in the North American Apparel Industry." *Global Networks* 3 (2): 143-69.

[13] Bakht, Zaid, Mohammad Yunus, and Md. Salimullah. 2002. "Machinery Industry in Bangladesh." IDEAS Machinery Industry Study Report 4, Tokyo Institute of Development Economies Advanced School, Tokyo.

[14] Bangladesh (Department of Textiles). 2009. *Survey of the Bangladesh Textile Industry to Assess the Requirement of Textile Technologists*. Dhaka, Bangladesh: Bangladesh DOT.

[15] BEPZA (Bangladesh Export Processing Zone Authority). 2010. *Annual Report*: 2008-

09. Dhaka: BEPZA.

[16] BIDS (Bangladesh Institute of Development Studies). 2011. "Trade Liberalization, Changes in Industrial Structure, and Job Creation in Bangladesh." Background paper for the "South Asia Regional Flagship on More and Better Job," BIDS, April, Dhaka.

[17] Brocklehurst, Guillame, and Robin Anson. 2010. Part 1 of "World Markets for Textile Machinery: Yarn Manufacture." *Textile Outlook International* 145: 80-117.

[18] Elmer, Diepak. 2010. "The RMG Skills Formation Regime in Bangladesh: A Background Paper." Background paper prepared for the Bangladesh Trade Note, Dhaka, World Bank.

[19] Gereffi, Gary. 1994. "The Organization of Buyer Driven Global Commodity Chains: How U. S. Retailers Shape Overseas Production Networks." In *Commodity Chains and Global Capitalism*, ed. Gary Gereffi and Miguel Korzeniewicz, 95-122. Westport, CT: Praeger.

[20] Gereffi, Gary. 1999. "International Trade and Industrial Upgrading in the Apparel Commodity Chain." *Journal of International Economics* 48 (1): 37-70.

[21] Gereffi, Gary. 2005. "The Global Economy: Organization, Governance, and Development." *In The Handbook of Economic Sociology*, ed. Neil J. Smelser and Richard Swedberg, 160-82. Princeton, NJ: Princeton University Press.

[22] Gereffi, Gary, John Humphrey, Raphael Kaplinsky, and Timothy J. Sturgeon. 2001. "Introduction: Globalisation, Value Chains and Development." *IDS Bulletin* 32 (3): 1-8.

[23] Gereffi, Gary, John Humphrey, and Timothy J. Sturgeon. 2005. "The Governance of Global Value Chains." *Review of International Political Economy* 12 (1): 78-104.

[24] Gereffi, Gary, and Olga Memodovic. 2003. "The Global Apparel Value Chain: What Prospects for Upgrading by Developing Countries?" United Nations Industrial Development Organization (UNIDO), Sectoral Studies Series, Vienna.

[25] Gereffi, Gary, and Frederick Stacey. 2010. "The Global Apparel Value Chain, Trade and the Crisis—Challenges and Opportunities for Developing Countries." In *Global Value Chains in a Postcrisis World: A Development Perspective*, ed. Olivier Cattaneo, Gary Gereffi, and Cornelia Staritz, 157-208. Washington, DC: World Bank.

[26] GTZ (German Technical Corporation). 2009. "Skill Development Overview: Productivity and Income Gains through Skill Development." PROGRESS fact sheet, GTZ, Dhaka, Bangladesh.

[27] Haider, Mohammed Ziaul. 2007. "Competitiveness of the Bangladesh Ready-Made Garment Industry in Major International Markets." *Asia Pacific Trade and Investment Review* 3 (1): 3-27.

[28] IMF (International Monetary Fund). 2008. *The Ready-Made Garment Industry in Bangladesh: An Update*, by Jonathan Dunn. *IMF Report*, *Washington*, *DC*.

[29] *Just-style*. 2010a. "Asian Woven Fabric Industry Moves Upmarket—Research." *Just-style. com*, September 20.

[30] *Just-style*. 2010a. 2010b. "Bangladesh: Garment Factories Resume Operations. " *Just-style. com*, August 3.

[31] *Just-style*. 2010a. 2010c. "Bangladesh in Brief: Apparel Industry Snapshot. " *Just-style. com*, August 2.

[32] *Just-style*. 2010a. 2010d. "Continuing Protests Blight Bangladesh Pay Deal. " *Just-style. com*, August 2.

[33] *Just-style*. 2010a. 2010e. "Update: Bangladesh Garment Wages to Rise 80%. " *Just-style. com*, July 29.

[34] Kabeer, Naila, and Simeen Mahmud. 2004. "Globalization, Gender and Poverty: Bangladeshi Women Workers in Export and Local Markets. " *Journal of International Development* 16: 93-109.

[35] Knowles, A. , C. Reyes, and K. Jackson. 2008. "Gender, Migration and Remittances: A Bangladeshi Experience. " In *Southern Perspectives on Development: Dialogue or Division?* ed. Alec Thorton and Andrew McGregor, 229-46. Auckland: Centre for Development Studies, University of Auckland.

[36] Quddus, Munir, and Salim Rashid. 2000. *Entrepreneurs and Economic Development: The Remarkable Story of Garment Exports from Bangladesh. Dhaka:* The University Press Limited.

[37] Rahman, Mustafizur, Debapriya Bhattacharya, and Khondakar Golam Moazzem. 2008. "Dynamics of Ongoing Changes in Bangladesh's Export Oriented RGM Enterprises: Findings from an Enterprise Level Survey. " Unpublished manu-script, Dhaka: Centre for Policy Dialogue (CPD).

[38] World Bank. 2010. *Export Bulletin*. Dhaka: World Bank, Bangladesh country office.

印度

[1] AEPC (Apparel Export Promotion Council). 2009. Presentation to Apparel Export Promotion Council, Apparel House, Institutional Area Sector-44, Gurgaon-122003 Haryana.

[2] CARIS (Centre for the Analysis of Regional Integration at Sussex). 2008. "The Impact of Trade Policies on Pakistan's Preferential Access to the European Union. " Report for the European Commission, Department of Economics, University of Sussex.

[3] Euromonitor. 2009. "Clothing-India: Country Sector Briefing. " London: Euromonitor International.

[4] Hirway, Indira. 2008. "Trade and Gender Inequalities in Labour Market: Case of Textile and Garment Industry in India. " Paper prepared for the International Seminar on Moving towards Gender Sensitization of Trade Policy, organized by United Nations Conference on Trade and Development, New Delhi, February 25-27.

[5] IFPRI (International Food Policy Research Institute). 2008. "Cotton-Textile-Apparel Sectors of India: Situations and Challenges Faced. " IFPRI Discussion Paper 00801, IFPRI, Washington, DC.

[6] Italia (Italian Trade Commission). 2009. "The Textile Industry and Related Sector Report 2009." Italian Trade Commission, www. ice. gov. it.

[7] Ministry of Textiles. 2006a. "Report of the Working Group on the Textiles and Jute Industry for the Eleventh Five-Year-Plan." December, www. planning. commission. gov. in.

[8] Ministry of Textiles. 2006b. Study for the Ministry of Textiles. Indian Council for Research on International Economic Relations (ICRIER), New Delhi, India.

[9] Ministry of Textiles. 2008. "Varieties of Global Integration: Navigating Institutional Legacies and Global Networks in India's Garment Industry." *Competition & Change* 12 (1): 49-67.

[10] Ministry of Textiles. 2009a. "Assessing the Prospects for India's Textile and Clothing Sector." July, www. texmin. nic. in.

[11] Ministry of Textiles. 2009b. "The Textiles and Clothing Industry." In *Study on Intraregional Trade and Investment in South Asia*. Manila: Development Partnership Program for South Asia, Asian Development Bank.

[12] Tewari, Meenu, and Manjeeta Singh. Forthcoming. Textile Ministry Study. Indian Council for Research on International Economic Relations (ICRIER), New Delhi, India.

[13] Thoburn, John. 2009. "The Impact of World Recession on the Textile and Garment Industries of Asia." Working Paper 17/2009, United Nations Industrial Development Organization, Research and Statistics Branch, Vienna, Austria.

[14] Verma, Samar. 2005. "Impact of the MFA Expiry on India." In *South Asia after the Quota-System: Impact of the MFA Phase-out*, ed. Saman Kelegama. Colombo: Institute of Policy Studies.

巴基斯坦

[1] Abdullah, Ahmed. 2009. "Pakistan: South Korea Invests in Garment Technology Centre." *Just-style*, October 15.

[2] ADB (Asian Development Bank). 2004. "Industrial Competitiveness. The Challenge for Pakistan." ADB Institute-Pakistan Resident Mission Seminar Paper, Tokyo, Japan.

[3] Amjad, Rashid. 2005. "Skills and Competitiveness: Can Pakistan Break Out of the Low-Level Skills Trap? *Pakistan Development Review* 44 (4): 387-409.

[4] CFR (Council on Foreign Relations). 2010. "China-Pakistan Relations, Backgrounder." Council on Foreign Relations. http://www. cfr. org/china/china -pakistan-relations/ p10070.

[5] Elliott, Kimberly Ann. 2010. "Stimulating Pakistani Exports and Job Creation. Special Zones Won't Help Nearly as Much as Cutting Tariffs across the Board." Center for Global Development, Washington, DC.

[6] FBS (Federal Bureau of Statistics). 2009. "Compendium on Gender Statistics in Pakistan 2009." FBS, Islamabad.

[7] Ghayur, Sabur. 2009. "Evolution of the Industrial Relations System in Pakistan." International Labour Organization (ILO) Working Paper, New Delhi, India.

[8] GoP (Government of Pakistan). 2000. Textile Vision 2005. Government of Pakistan.

[9] GoP (Government of Pakistan). 2010. "Chapter 3: Manufacturing." In *Economic Survey*. Ministry of Textiles, Government of Pakistan, Islamabad.

[10] Hamdani, Khalil. 2009. "Foreign Direct Investment Prospects for Pakistan." PowerPoint presentation, Pakistan Institute of Development Economics, Islamabad.

[11] Hisam, Zeenat. 2010. "Organising for Labour Rights. Women Workers in Textile/Readymade Garments Sector in Pakistan and Bangladesh." Report published by Pakistan Institute of Labour Education & Research and South Asia Alliance for Poverty Eradication (SAAPE), Karachi.

[12] Hufbauer, Gary Clyde, and Shahid Javed Burki. 2006. "Sustaining Reform with a US-Pakistan Free Trade Agreement." Peterson Institute for International Economics, Washington, DC.

[13] ILO (International Labour Organization). 2005. "Promoting Fair Globalization in Textiles and Clothing in a post-MFA Environment." Report for discussion at the Tripartite Meeting on Promoting Fair Globalization in Textiles and Clothing in a Post-MFA Environment, ILO, Geneva.

[14] ILO (International Labour Organization). 2010. "Women Continue to Face Discrimination in the World of Work." ILO, Islamabad Office, Press Release, December 6. http:// www. ilo. org/ islamabad/ info/ public/ pr/ lang—en/ WCMS_150228/ index. htm. Accessed February 21, 2011.

[15] Khan, Zubair. 2003. "Impact of post-ATC Environment on Pakistan's Textile Trade." New York: United Nations Development Programme (UNDP), Asia Pacific Regional Initiative on Trade, Economic Governance and Human Development (Asia Trade Initiative).

[16] PTJ (*Pakistan Textile Journal*). 2010a. "Pak-China Economic and Trade Relations." *Pakistan Textile Journal*, September.

[17] PTJ (*Pakistan Textile Journal*). 2010b. "Pakistan: The Third Largest Spinner Country in Asia." *Pakistan Textile Journal*, February.

[18] Saheed, Hassen. 2009. "Prospects for the Textile and Garment Industry in Pakistan." *Textile Outlook International* 142: 55-102.

[19] Sekhar, Uday. 2010. "Denim Fabric: Global Trade and Leading Players." *Textile Outlook International* 146: 32-55.

[20] Sekhar, Uday. 2009. "The Trade and Gender Interface: A Perspective from Pakistan." Sustainable Development Policy Institute, Islamabad, Pakistan.

[21] SMEDA (Small and Medium Development Authority). 2002. "Apparel Sector Brief." Lahore: Small and Medium Development Authority, Government of Pakistan.

[22] UNDP (United Nations Development Programme). 2008. "Current Status and Prospects of Female Employment in the Apparel Industry Pakistan." Baseline study submit-

ted to the Gen Prom Pakistan, New York.

[23] USA-ITA (U. S. Association of Importers of Textiles and Apparel). 2010. "White Paper of the U. S. Association of Importers of Textiles and Apparel (USA-ITA) on the Need for Meaningful Pakistan-Afghan ROZs." http://www. usaita. com/pdf/82_20100113120548. pdf.

[24] USITC (United States International Trade Commission). 2004. "Textiles and Apparel: Assessment of the Competitiveness of Certain Foreign Supplier to the U. S. Market." Publication 3671, USITC, Washington, DC.

[25] Weerakoon, Dushni. 2010. "SAFTA—Current Status and Prospects." In *Promoting Economic Cooperation in South Asia: Beyond SAFTA*, ed. Sadiq Ahmed, Saman Kelegama, and Ejaz Ghani. Washington, DC: World Bank.

越南

[1] Adams, Wilson. 2010. "Textiles and Clothing in Vietnam: Riding the Crest of a Wave." *Textile Outlook International* 146 (August).

[2] BMI (Business Monitor International). 2009. "Vietnam Textile & Clothing Report Q4 2009." Part of BMI's industry Report & Forecast Series, August, London.

[3] CIEM (Central Institute for Economic Management). 2010. Vietnam *Competitiveness Report*, by Christian Ketels, Nguyen Dinh Cung, Nguyen Thi Tue Anh, and Do Hong Hanh. Report, CIEM, Hanoi, Vietnam.

[4] GTAI (Germany Trade and Investment Agency). 2010. *Vietnam's Textil und Bekleidungsbranche wächst weiter zweistellig*, by Stefanie Schmitt. Report, GTAI, Berlin.

[5] ILO (International Labour Organization). 2009. "Sectoral Coverage of the Global Economic Crisis—Implications of the Global Financial and Economic Crisis on the Textile and Clothing Sector." ILO, Geneva.

[6] ILO (International Labour Organization). 2010. "Labor and Social Trends in Viet Nam 2009/10." ILO, Hanoi.

[7] Martin, Michael F. 2010. "U. S.-Vietnam Economic and Trade Relations: Issues for the 112th Congress." Congressional Research Service, Washington, DC.

[8] Nadvi, Khalid, John Thoburn, Tat T. Bui, Thi T. H. Nguyen, Thi H. Nguyen, Hong L. Dao, and Enrique B. Armas. 2004a. "Vietnam in the Global Garment and Textile Value Chain: Impacts on Firms and Workers." *Journal of International Development* 16 (1): 111-23.

[9] Nadvi, Khalid, John Thoburn, Tat T. Bui, Thi T. H. Nguyen, Thi H. Nguyen, Hong L. Dao, and Enrique B. Armas. 2004b. "Challenges to Vietnamese Firms in the World Garment and Textile Value Chain, and the Implications for Alleviating Poverty." *Journal of the Asia Pacific Economy* 9 (2): 249-67.

[10] Saheed, Hassen. 2007. "Prospects for the Textile and Garment Industry in Vietnam." *Textile Outlook International* 129: 12-50.

[11] Schaumburg-Mueller, Henrik. 2009. "Garment Exports from Vietnam: Changes in

Supplier Strategies. " *Journal of the Asia Pacific Economy* 14 (2): 162-71.

[12] Statistical Yearbook of Vietnam. 2010, 2008. http://www. gso. gov. vn/default_en. aspx? tabid= 515&idmid=5&ItemID=11974.

[13] Thoburn, John. 2009. "The Impact of World Recession on the Textile and Garment Industries of Asia. " Working Paper 17/2009, United Nations Industrial Development Organization (UNIDO) Research and Statistics Branch, Vienna.

[14] Thoburn, John. 2010. "Vietnam as a Role Model for Development. " Research Paper 2009/300, World Institute for Development Economics Research of the United Nations University (UNU-WIDER), Helsinki.

[15] Thomson, Lotte. 2007. "Accessing Global Value Chains? The Role of Business-State Relations in the Private Clothing Industry in Vietnam. " *Journal of Economic Geography* 7: 753-76.

[16] *Vietnam Business News*. 2010. "FDI Rushes into Vietnam. " http://vietnambusiness. asia/ fdi-rushes-into-vietnam%E2%80%99s-textile-and-garment-sector/.

拓展资料

[1] AFTEX (ASEAN Federation of Textile Industries). 2010. "Vietnam's Garment and Textile Industry. " AFTEX, Kuala Lumpur, Malaysia.

[2] Arndt, Channing, Paul Dorosh, Marzia Fontana, and Sajjad Zohir. 2002. "Opportunities and Challenges in Agriculture and Garments: A General Equilibrium Analysis of the Bangladesh Economy. " TMD Discussion Paper 07. Paper from the "Bangladesh and the WTO" project implemented by researchers from the International Food Policy Research Institute (IFPRI) and the Bangladesh Institute of Development Studies (BIDS), Washington, DC.

[3] Becker, Gary S. 1971. The *Economics of Discrimination*. 2nd ed. Chicago: University of Chicago Press.

[4] Better Work Vietnam. 2011. http://www. betterwork. org/sites/VietNam/English/Pages/index. aspx.

[5] Brown, Drusilla, Alan Deardorff, and Robert Stern. 2004. "The Effects of Multinational Production on Wages and Working Conditions in Developing Countries. " In *Challenges to Globalization: Analyzing the Economics*, ed. Robert E. Baldwin and L. Alan Winters, 279-330. Chicago: University of Chicago Press.

[6] Carr, Marilyn. 2001. "Globalization and the Informal Economy: How Global Trade and Investment Impact on the Working Poor. " Background paper com-missioned by the ILO Task Force on the Informal Economy, International Labour Office, Geneva, Switzerland.

[7] CARIS (Centre for the Analysis of Regional Integration). 2008. "The Impact of Trade Policies on Pakistan's Preferential Access to the European Union. " Report for the EC, Centre for the Analysis of Regional Integration at Sussex, Department of Economics, University of Sussex, U. K.

[8] Goto, Kenta. 2007. "Industrial Upgrading of the Vietnamese Garment Industry: An Analysis from the Global Value Chains Perspective." Working Paper. 07-1, Ritsumeikan Center for Asia Pacific Studies (RCAPS). http://www. apu. ac. jp/rcaps/.

[9] EC's Delegation to Pakistan. 2004. "European Union-Pakistan Trade Relations." http://www. delpak. cec. eu. int/eupaktrade/New-EU-Pak-Trade-May-04. htm.

[10] Fakhar, Huma. 2005. "The Political Economy of the EU GSP Scheme: Implications for Pakistan." In *South Asian Yearbook of Trade and Development* 2005. New Delhi, India: Centre for Trade and Development (Centad).

[11] GoP (Government of Pakistan). 2008a. "Textiles and Clothing Trade 2002-07." Research, Development and Advisory Cell, Ministry of Textiles, Government of Pakistan, Islamabad.

[12] GoP (Government of Pakistan). 2008b. "Investment in Imported Textile Machinery." Research, Development and Advisory Cell, Ministry of Textiles, Government of Pakistan, Islamabad.

[13] IFPRI (International Food Policy Research Institute). 2008. "Cotton-Textile-Apparel Sectors of Pakistan, Situations and Challenges Faced." Discussion Paper 00800, IFPRI, Washington, DC.

[14] Jassin-O'Rourke Group, L. 2008. "Global Apparel Manufacturing Labor Cost Analysis 2008, Textile and Apparel Manufacturers & Merchants." http: //www. tammonline. com/ researchpapers. htm.

[15] *Just-style*. 2008. "Pakistan: Extends R&D Subsidy for Apparel Exports." August 8.

[16] Kabeer, Naila, and Simeen Mahmud. 2004. "Globalization, Gender, and Poverty: Bangladeshi Women Workers in Export and Local Markets." *Journal of International Development* 16: 93-109

[17] Kabeer, Naila, and Tran Thi Van Anh. 2006. "Global Production, Local Markets: Gender, Poverty and Export Manufacturing in Vietnam." GEM-IWG Working Paper 06-3, International Working Group on Gender, Macroeconomics, and International Economics. Salt Lake City, Utah.

[18] Ministry of Textiles. 2010. *Annual Report* 2009/10. New Delhi, www. texmin. nic. in.

[19] Nordås, Hildegunn Kyvik. 2005. "Labour Implications of the Textiles and Clothing Quota Phase-Out." ILO Working Paper 224, International Labour Organization, Geneva, January.

[20] PRGMEA (Pakistan Readymade Garments Manufacturers and Exporters Association). 2010. "Pakistan's Garment Sector. An Overview." PowerPoint presentation. http:// www. prgmea. org.

[21] Robertson, Raymond, Drusilla Brown, Pierre Gaelle, and Maria Laura Sanchez-Puerta. 2009. "Globalization, Wages and the Quality of Jobs: Five Country Studies." World Bank, Washington, DC.

[22] Saheed, Hassen. 2008. "Prospects for the Textile and Garment Industry in Bangladesh." *Textile Outlook International* 135: 12-48.

[23] Siegmann, Karin Astrid. 2006. "Pakistan's Textile Sector and the EU." *South Asian Journal* 13 (September).

[24] Singh, J. N. 2008. "Indian Textile and Clothing Sector Poised for a Leap." In *Unveiling Protectionism: Regional Responses to Remaining Barriers in the Textiles and Clothing Trade*, ed. ESCAP. Studies in Trade and Investment, United Nations Economic and Social Commission for Asia and the Pacific (ESCAP), Bangkok.

[25] Staritz, Cornelia, and Stacey Frederick. 2011a. "Background Global Value Chain Country Papers: Bangladesh." Background paper to the book *Sewing Success? Employment, Wages, and Poverty following the End of the Multi-fibre Arrangement*, World Bank, Washington, DC.

[26] Staritz, Cornelia, and Stacey Frederick. 2011b. "Background Global Value Chain Country Papers: India." Background paper to the book *Sewing Success? Employment, Wages, and Poverty following the End of the Multi-fibre Arrangement*, World Bank, Washington, DC.

[27] Staritz, Cornelia, and Stacey Frederick. 2011c. "Background Global Value Chain Country Papers: Vietnam." Background paper to the book *Sewing Success? Employment, Wages, and Poverty following the End of the Multi-fibre Arrangement*, World Bank, Washington, DC.

[28] Staritz, Cornelia, and Stacey Frederick. 2011d. "Background Global Value Chain Country Papers: Pakistan." Background paper to the book *Sewing Success? Employment, Wages, and Poverty following the End of the Multi-fibre Arrangement*, World Bank, Washington, DC.

[29] Tewari, Meenu. 2005. "Post-MFA Adjustments in India's Textile and Apparel Industry: Emerging Issues and Trends." Working paper, Indian Council for Research on International Economic Relations (ICRIER), New Delhi, India, July.

[30] Tewari, Meenu. 2008. "Deepening Intraregional Trade and Investment in South Asia—The Case of the Textile and Clothing Industry." Working Paper 213, India Council for Research on International Economic Relations, New Delhi.

[31] Textiles Intelligence. 2008. *Textile Outlook International*, May-June 2008, No. 135. www. textilesintelligence. com.

[32] USITC (United States International Trade Commission). 2004. "Textiles and Apparel: Assessment of the Competitiveness of Certain Foreign Supplier to the U. S. Market." Publication 3671, USITC, Washington, DC.

[33] Vu Quoc Huy, Vi Tri Thanh, Nguyen Thang, Cu Chi Loi, Nguyen Thi Thanh Ha, and Nguyen Van Tien. 2001. "Trade Liberalisation and Competitiveness of Selected Industries in Vietnam Project: Textile and Garment Industry in Vietnam." Institute of Economics, Hanoi/International Development Research Center, Canada.

[34] Weerakoon, Dushni. 2010. "SAFTA—Current Status and Prospects." In *Promoting Economic Cooperation in South Asia: Beyond SAFTA*, ed. Sadiq Ahmed, Saman Kelegama, and Ejaz Ghani, 71-88. Washington, DC: World Bank.

［35］World Bank. 2005a. "Bangladesh Growth and Export Competiveness." Report 31394-BD, Poverty Reduction and Economic Management Sector Unit, South Asia Region, World Bank, Washington, DC.

［36］World Bank. 2005b. "End of MFA Quotas—Key Issues and Strategic Options for Bangladesh Readymade Garment Industry." Bangladesh Development Series Paper 2, Poverty Reduction and Economic Management Unit, World Bank Office, Dhaka.

实证结果

［1］Black, Sandra, and Elizabeth Brainerd. 2002. "Importing Equality? The Impact of Globalization on Gender Discrimination." IZA Discussion Paper 556, Institute for the Study of Labor, Bonn.

［2］Robertson, Raymond. 2010. "Apparel Wages before and after the Better Factories Cambodia Program." Working Paper, World Bank, Washington, DC.

第五章　后配额时代主要出口国家面临的挑战

Elisa Gamberoni

5.1　导论

《多纤维协定》(MFA)配额制度的终止导致产业资源重组,并且对竞争力强的生产国十分有利。而重组也使得一些主要出口国,尤其是那些之前严重依赖于优惠市场准入进口政策的国家,在后配额时代受到来自亚洲经济体日趋激烈的竞争与挑战。本章[①]关注的是其中三个国家:洪都拉斯、墨西哥和摩洛哥。

纺织服装业是这三个国家出口收益的重要来源,同时也是主要的就业渠道。2003 年,墨西哥的纺织服装出口额占该国出口总额的 6.0%,从业人员约占总就业人数的 10.0%;同样,洪都拉斯 2003 年的纺织服装出口额占该国出口总额的 5.0%,从业人数占全国总就业人数的 6.0%;摩洛哥在 2003—2007 年期间,平均每年纺织服装出口占该国出口总额的

---

　　①感谢 Gladys Lopez-Acevedo、Raymond Robertson 和 Yevgeniya Savchenko 提出的建议。这一章得益于 Ana Luisa Gouvea(洪都拉斯工资和工作条件的数据及回归分析);国家背景资料(Staritz 和 Frederick,2011a,2011b,2011c);Monica Tinajero(墨西哥就业的数据与回归分析)以及 Jimerson Asencio(墨西哥工资和工作条件的数据及回归分析)的研究报告。

32.0％,平均从业人数占制造业就业人数的 31.2％(Rossi,2010)。纺织服装业也是女性就业的一个关键渠道和途径。2003 年,服装业聘用的女性员工数大约占整个洪都拉斯女性员工的 14％,墨西哥则占 18％。纺织服装业的女性员工就业占比高:2003 年,墨西哥女性员工占纺织服装业工人总数的 44.0％,洪都拉斯占 60.0％,而摩洛哥 2007 年服装业中的女性员工占所有工人总数的 83.6％(Rossi,2010)。

　　已有的研究指出:关键要点在于服装业通过薪资的作用能减少贫困和增加就业机会,特别对女性从业者而言更是如此。De Hoyos、Bussolo 和 Núñez(2008)指出,2002—2006 年,洪都拉斯出口加工保税区①的工人工资比其他行业的工人工资高出约 30％。作者通过模拟演示的方式证明了如果出口加工行业不存在,洪都拉斯的贫困程度将增加 1.5 个百分点。出口加工业对减贫的有益作用在于支付给所有服装工人的工资溢价,特别是支付给女性员工的工资溢价能增加就业机会。

　　本章首先对洪都拉斯、墨西哥和摩洛哥服装业的变迁进行调研分析。之后与其他经济体进行比较,分析后配额时代洪都拉斯和墨西哥服装业的工资溢价和就业的变化趋势。由于数据资料的限制,无法精确地对摩洛哥相关情况进行阐述和分析,但本研究将尽可能地向读者提供相关的统计数据。

　　定性分析结果表明,这些国家在 MFA 配额逐步取消过程中经历了服装出口量的减少,然而摩洛哥则呈现出逆转的情况。尽管难以对其中的因果关系深入探究,但摩洛哥的服装出口一定程度上得益于积极的政策举措,如进入其他发达国家终端市场的优惠市场准入、对于优惠准入的原产地区域积累规则限制减少以及吸引外国直接投资(FDI)的能力。这些政策反过来也推动了摩洛哥出口产品和市场的多元化组合。

　　定量分析表明,后配额时代,洪都拉斯和墨西哥纺织服装业的工资溢价和雇用工人比例相比其他行业有所下降。分析结果同时还显示出性别差异的影响。相比其他行业,纺织品和服装生产过程中,女性员工的就业比例在后配额时代有所下降。墨西哥的事例初步表明女性员工就业比例与每位工人增加的附加值之间呈负相关关系。后配额时代,洪都拉斯非技术工人的就业岗位锐减,尤其在服装业。这一现象结合上述女性员工就业比例的结果表明,生产技能水平与女性员工就业占比之间可能呈现负相关关系。然而,近几年相关数据的分析并未显示出受雇于该行业的

---

①出口加工保税区由出口加工工厂组成,这些工厂进口的原料享受免税待遇。在洪都拉斯出口加工保税区的产业活动方面,最重要的是纺织工厂,2002 年占所有工厂数量的 61.2％(洪都拉斯中央银行,2002 年)。

男性和女性员工教育水平之间存在巨大差异。

最后有关服装业工作条件的分析结论显示,与其他行业相比,后配额时代墨西哥和洪都拉斯的服装业工作条件不容乐观。

本章的结构如下:

第一节:导论;第二节:MFA配额取消前后相关国家服装业的变迁以及MFA配额取消后为维持服装业出口竞争力推行的积极引导政策;第三节:行业间就业再分配的趋势;第四节:行业内就业再分配的趋势;第五节:工资溢价;第六节:工作条件评价,鉴于服装业女性员工的重要性,将提供有关性别特征变化趋势的分析;第七节:本章小结。

5.2　后配额时代的产业变迁和出口表现

本节阐述洪都拉斯、墨西哥和摩洛哥三个国家服装业的变迁[①]。首先分析具有各国特色的产业、市场和产品的相关因素。然后,本研究将论述后配额时代的影响以及相关国家为帮助企业应对日益激烈的竞争而采取的积极引导政策。

这三个国家服装业的蓬勃发展得益于核心市场(美国是洪都拉斯和墨西哥的优惠准入市场,欧盟是摩洛哥的优惠准入市场)的优惠准入和产业政策的整合。

墨西哥:受"807"条款(美国海关进口税则第807章)生产分享协议以及沿美墨边境建立出口保税加工区的驱动,该国从20世纪60年代中期开始发展出口型服装业。随着1994年北美自由贸易协定(North American Free Trade Agreement,NAFTA)的生效,允许免配额免税向美国和加拿大出口服装,墨西哥的出口额显著增加。

洪都拉斯:伴随着"美国-加勒比贸易优惠协议"的签订,20世纪80年代中期,该国以出口为导向的服装业开始发展,这个协议也被称作"加勒比国家倡议"(Caribbean Basin Initiative,CBI)。在此期间,由于降低关税和进入美国市场的免配额政策,开始出现成衣加工厂。

摩洛哥:伴随着一系列国内政策的演变,该国以出口为导向的服装业开始发展,20世纪80年代前半期,通过签署外发加工贸易(Outward Processing Trade,OPT)协议获得进入欧盟15国优惠的市场准入,服装出口进一步加速发展。OPT始于20世纪70年代中期,目的是降低进入欧洲市场的关税并提高成衣加工产品的准入配额。2000年,在欧洲-地中海伙

[①]产业变迁的描述源自 Staritz 和 Frederick(2011 a、2011 b、2011 c)。

伴关系框架下,OPT 的优惠市场准入转换成免关税准入和双重型原产地规则(ROO)。

(1) 出口终端市场的集中度

服装出口目的地在地理位置上相对集中:洪都拉斯、墨西哥和摩洛哥的出口主要集中于能够提供优惠准入的市场。

墨西哥:服装出口几乎全部面向美国终端市场,但在过去的十年中,这种集中度已经逐渐减弱。1995 年,美国占墨西哥服装出口总额的97.7%,而 2005 年这一比例下降至 94.0%。加拿大和欧盟 15 国是墨西哥仅有的两个占出口总额比例超过 1%的终端市场。

洪都拉斯:美国也一直是该国的主要出口市场。1995 年美国占洪都拉斯服装出口量的 98.4%,而近年来这种集中度也已下降,2009 年出口美国的服装占比为 87.8%。洪都拉斯其他的出口市场包括加拿大、萨尔瓦多和墨西哥,近年来也开始出口欧盟市场。

摩洛哥:一直以来,该国服装出口主要面向欧盟 15 国,然而过去的 15 年,这种集中度有所下降,服装出口至欧盟 15 国的比例由 1995 年的97.0%下降至 2009 年的 86.9%。出口到美国市场的数量在 2000 年达到峰值,占服装出口总额的 4.1%;但此后,至 2005 年出口美国的服装有所减少;随后,得益于 2006 年美国-摩洛哥自由贸易协定(FTA)签署生效,减少的趋势开始有所改善。

(2) 出口产品品类的集中度

与出口国家集中度现象类似,产品品类集中也是这些国家服装出口的特征。

洪都拉斯:主要出口针织产品(以棉为主的服装,包括运动衫、T 恤、袜子和内衣)。

墨西哥:对美国出口的服装品类同样高度集中,2009 年排名前十的出口品类占服装出口总额的 73.3%。

摩洛哥:服装出口集中于机织产品,自 20 世纪 90 年代中期以来约占摩洛哥服装出口总额的四分之三。出口产品是以棉为主的牛仔长裤、衬衫和 T 恤,这三类产品占 2009 年出口总额的 30%以上。尽管摩洛哥的服装出口仍然以棉为主,但非棉产品的出口份额正在增加,并逐渐成为欧盟重要的化纤服装供应商(Textiles Intelligence,2009a)。2009 年摩洛哥排名前十的出口品类占服装出口总额的 49.8%,与其他竞争国家相比这一比例较低。

(3) 后向关联(与纺织业的链接)

洪都拉斯:后向关联(受原产地规则以及优惠市场准入的激励)对促

进产品出口和市场集中度发挥了重要作用。例如,美国对洪都拉斯成衣加工的优惠准入政策中,只要缝线由美国制造,面料使用美国的纱线在美国织造,即授予在洪都拉斯裁剪和成衣加工的服装优惠准入。这种发展方式鼓励企业除缝制之外将裁剪工艺也转移到洪都拉斯。对服装业的投资始于21世纪初,恰逢美国对参与加勒比国家倡议(CBI)的国家优惠准入幅度开始增加,主要针对有限数量的针织面料类服装。

墨西哥: 出口行业的发展得益于关税优惠方案的区域生产分工模式。大型美国品牌制造商和纺织企业联手创建的生产网络,将服装供应链中劳动力最密集的部分转移到周边劳动力成本较低的国家。由于受到美国807/9802条款的约束,墨西哥的服装企业最初仅从事供应链中的缝制加工环节。北美自由贸易协定(NAFTA)允许服装出口免配额和免关税,条件是纱线、面料和成衣生产阶段必须在签订NAFTA的国家中进行,由此带动了对服装业的最初投资,而这些投资大部分来自美国。

摩洛哥: OPT协定框架下,摩洛哥与欧盟纺织品供应商建立了持续的采供关系,进口原料(如纱线和面料)如果来自欧盟则可享受优惠的市场准入。在这种情况下,业界往往并不积极鼓励摩洛哥向纺织加工业领域拓展,而是支持深层次的分工协作方式,因此摩洛哥服装供应商主要局限于成衣加工或来料加工。

(4) MFA配额逐步取消的影响

MFA配额逐步取消对三个国家的区域贸易优势和市场地位带来了负面影响。

墨西哥、洪都拉斯: 由于受到中国加入WTO和其他低成本亚洲国家(包括孟加拉国和越南)的竞争以及MFA配额逐步取消的影响,墨西哥针对美国市场的服装出口自2001年起负增长趋势开始加剧。

2004年底结束的MFA对洪都拉斯和墨西哥都有一定的负面影响。在MFA配额逐步取消的后期,直至2004年底,洪都拉斯和墨西哥原先受到配额保护的大多数出口至美国的服装产品被竞争国家替代。

摩洛哥: 该国被认为是后配额时代区域性供应国中的输家(Nordås,2004),在2005年初的开始几个月内,摩洛哥的服装出口量急剧减少。

(5) 服装企业数量的变迁

MFA的结束与这三个国家的服装出口企业数量减少有关,往往受到海外投资企业的重新配置(洪都拉斯和墨西哥)或内资企业结构调整(摩洛哥)的影响。

墨西哥: 服装企业数量的减少与最初外国投资的服装企业类型存在

一定的关联。墨西哥裤装业是以美国品牌制造商拥有的自主品牌为基础建立起来的,如 VF 公司(品牌:Wrangler 和 Lee)和李维斯公司(品牌:Levi's 和 Dockers)都在墨西哥建立了海外服装成衣加工厂。虽然在过去的十年里,由于消费者喜好的变化,美国全国性品牌(national brands)的消费者市场规模逐渐缩小。但男裤是美国品牌制造厂商现有的为数不多的品类之一,该品类的美国本土品牌仍然保持着相当大的消费群体。这一现象部分解释了在几乎所有其他服装品类数量出现下滑的情况下,墨西哥仍然在男裤品类上保持领先出口地位的原因(Frederick 和 Gereffi,2011)。此外,在过去的十年中,李维斯公司关闭了旗下的所有美国制造工厂,转型成为品牌营销商的运作模式;VF 公司逐渐将生产基地转移到孟加拉国等以较低价格生产同类产品的亚洲国家。

洪都拉斯:随着 MFA 配额的逐步取消,许多美国品牌制造商和其他龙头企业已转型为生产外包模式,并将亚洲列为首选地点,或在亚洲购买和建立工厂。

摩洛哥:2002 年该国服装企业的数量约为 1 200 家(USITC,2004;World Bank,2006),而官方数据显示,2008 年在摩洛哥注册经营的服装企业只有 880 家(Rossi,2010)。

(6) 政策与法规

摩洛哥:虽然这三个国家在 MFA 配额逐步取消期间失去了竞争力,但摩洛哥的服装业从 2006 年起出现逆转,恢复发展(见图 5-1)。虽然很难归纳促进这一发展的真正原因,但摩洛哥在 MFA 配额逐步取消的过程中以及后配额时代,积极的产业调整政策显然很快发挥了作用。

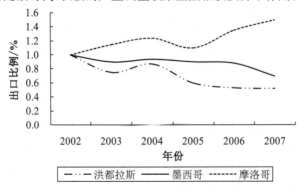

图 5-1　2002—2007 年洪都拉斯、墨西哥和摩洛哥的出口演变

来源:联合国商品贸易统计数据库(COMTRADE),第 50~63 章。

注释:2002 年为基准年。

在 2005 年的头几个月,产业的严峻形势促使摩洛哥政府制定了产业振兴紧急计划,以促进相关产业,特别是服装业的战略发展,维持和巩固摩洛哥在世界市场的地位。该计划提出了改善教育体系、交通基础设施和为私营企业服务的行政环境改革(World Bank,2006)。这项计划同先前的政策举措,如建立重组金融基金(Fonds de Soutien aux Entreprises du Secteur du Textile-Habillement,纺织服装业务支援基金,FORTEX)以及商业升级基金(Fonds National de la Miseà Niveau,国家发展升级基金,FOMAN)等,旨在支持企业重组和产业升级(包括技术、设备和人力资源等方面的升级),由此改变依赖于单一型 CMT 的供应商形象,逐步转型成为拥有完整生产制造体系的供应商。这一目标的实现需要提升包括设计、销售和面辅料进口等相关功能(World Bank,2006)。

摩洛哥的服装业还通过游说活动争取更宽松的原产地规则,在 2005 年中期成功获得了使用土耳其面料免税出口到欧盟的短期许可,并且在 2005 年末,通过采用简化的泛欧洲-地中海原产地规则,使得这一许可具有永久性①。与美国和土耳其的双边自由贸易协定增强了贸易自由化水平,同时也提高了市场准入和提升面辅料进口采购功能的可能性。此外,虽然大多数服装企业由摩洛哥内资拥有,但自从政府提出一系列外国直接投资激励政策后,特别是 21 世纪初开始,外商对该领域的投资力度有所增加(USAID,2008)。得益于国家激励政策,新的大型(国外和国内)投资项目创造了更多的就业机会——2006 年的 19 个项目平均创造了 182 个工作岗位,而 2007 年的 17 个项目平均创造了 469 个就业岗位(GOM,2008)。后配额时代快时尚零售商在摩洛哥的采购量增加,特别是西班牙的快时尚零售商(如 Inditex 旗下的 Zara,Mango)也对摩洛哥出口产生了重要影响。他们日益重要的作用不仅体现在摩洛哥服装出口水平的提升,同时还促进了出口产品品类的变化。摩洛哥出口服装的单位附加值增加,与这些国际买家需要高品质且兼具时尚性的产品有关(详见后文)。因此,在后配额时代,虽然向主要出口国(欧盟 15 国)的出口数量在减少,但出口产品的附加值却在增加。

墨西哥:与此相反,MFA 配额逐步取消期间,该国政府对服装业提供的政策支持相对有限(USITC,2004)。2001 年,墨西哥政府颁布了国家发展计划(National Development Plan,NDP),有效期至 2006 年。该计划确定了 12 个对国家竞争力至关重要的优先领域,其中包括纤维、纺织和服

---

①环欧洲-地中海纺织服装领导者协会(Cercle Euro-Méditerranéen des Dirigeants du Textile et de l'Habillement,CEDITH),News Archive(新闻资料):http://www. cedith. com/spip. php? page=archives。

装,因为他们是增加就业和吸引制造业投资的主要渠道和途径(USITC,2004)。2006年11月,墨西哥政府为精简部门机构,颁布了一项新法规以规范出口加工业。用于再出口产品加工的临时进口计划(Programa de Importación Temporal para Producir Artículos de Exportación,PITEX)和出口加工业项目相结合,形成了制造业、出口保税加工与服务(Industria Manufacturera,Maquiladoray de Servicios de Exportación,IMMEX)法案,这一法案巩固了项目方利益,并促进了与政府部门的互动(Textiles Intelligence,2009b)。政府还认识到需要减少主要来自中国的走私、假冒或其他非法进口途径流入墨西哥的纺织品和服装数量(Textiles Intelligence,2009b)[①]。

洪都拉斯:MFA配额逐步取消期间,该国主要集中于改善美国的优惠市场准入政策。MFA配额取消后,2006年初,洪都拉斯签署的多米尼加共和国-中美洲自由贸易协定(DR-CAFTA)生效。基于北美自由贸易协定(NAFTA),对美国-多米尼加共和国-中美洲自由贸易协定(U.S.-DR-CAFTA)协议范围内国家的纺织品和服装给予免税准入的优惠,前提是纱线生产和所有前道作业(即成衣加工涉及的面料生产)均源自美国或者DR-CAFTA地区的国家。MFA配额取消后洪都拉斯实施的另一项政策是2007公私合作伙伴关系(2007 private-public partnership),由中央理工学院(Instituto Politécnico Centroamericano,IPC)、化学品公司科莱恩(Clariant)和德国银行集团旗下的DEG创建了科莱恩纺织中心。投资中央理工学院的企业有两家,力克(Lectra)公司赞助学校建立服装版型设计和人体扫描实验室;利满地(Rimoldi)公司帮助配备成衣缝制实验室的机器(Apparel Magazine,2007)。洪都拉斯对外国投资者的激励政策已实施多年,包括对外国投资者免除所有的出口税、地方销售和消费税、利润和利润汇出税,另外允许无限制的资本汇出和货币兑换。此外,自1984年以来,洪都拉斯对出口企业实行面辅料进口的免税政策。1997—1998年实行了若干额外的激励政策,如政府给予企业十年的所得税免税政策、扩大自由贸易区的面积以及将优惠政策拓展至全国范围(USITC,2004)。

5.3　行业间就业再分配

贸易理论预测,贸易自由化将导致行业内与行业间的资源要素转移。

---

　①据估计,墨西哥销售的服装产品中60%是通过非法途径获得的(偷盗、走私、仿冒),价值约130亿美元。墨西哥大部分非法服装通过街边市场销售,估计占服装总销售额的26.9%(Chamber of the Garment Industry,2009)。

本节内容将着重探讨行业间资源要素的转移,分析后配额时代服装业与其他产业相比就业份额的变化。本研究还将分析男女员工人数的变化和从事生产的女性员工人数的变化(制造业女性员工的占比)。服装业被普遍认为有利于女性就业,例如,根据 1990—2000 年墨西哥家庭和企业数据分析,Aguayo-Tellez、Airola 和 Juhn(2010)指出:墨西哥女性的工资保持不变,而女性的就业率有所增加,就业率的上升似乎与墨西哥女性员工密集型行业(如服装业)实施贸易自由化所做的贡献有关,特别是北美自由贸易协定有着积极的促进作用。

后配额时代墨西哥和洪都拉斯服装业的就业人数普遍减少。洪都拉斯服装业的就业情况一直不甚稳定:1994—2000 年就业人数增加,2000—2003 年呈下降态势,而后持续提升直到 2007 年达到顶峰,2008—2009 年又有所下降。墨西哥服装就业人数从 1999 年开始持续下降,2000—2003 年降幅最为明显,2005—2008 年就业率平均每年下降 8%。

摩洛哥纺织业的就业人数不断减少,而服装业的就业人数却呈现上升态势。摩洛哥服装业的正规就业人数从 20 世纪 90 年代到 2005 年一直在增加,并且在 20 世纪 90 年代后半期有明显的大幅增长。服装业的就业人数在 2003 年达到顶峰,据统计就业人数达到 168 480 人,2007 年下降至 153 010 人。纺织业就业人数在 20 世纪 90 年代,特别是 90 年代后期急剧减少,并且进入 21 世纪后一直保持在较低的就业水平,约为 4万人,约占纺织服装业就业总人数的五分之一(Staritz 和 Frederick,2011c)。

与其他经济体相比,后配额时代洪都拉斯和墨西哥的服装就业占有率比例较小①。如表 5-1 的固定效应回归模型所示,与其他行业相比,在后配额时代,洪都拉斯纺织服装业的就业人数下降了 0.4%,但只有下降12% 时才认为有显著变化。与其他经济行业相比,墨西哥纺织服装业就业人数下降 0.7%。

如表 5-1 所示,就业人数没有很大变化,而这一分析未涉及性别差异。在后配额时代,与其他行业相比,纺织服装业女性员工比例呈下降趋势,尤其是洪都拉斯(见表 5-2)。表 5-3 同样显示,在后配额时代,与其他行业相比,从事纺织服装业制造业的女性员工占比呈下降态势。

---

①因为缺少数据,表格中摩洛哥的相关数据缺失。但作为全球服装产业中的一个重要研究领域,本章将不省略对摩洛哥的分析。

表 5-1　洪都拉斯和墨西哥行业层面的职工占比(%)

	洪都拉斯	墨西哥
虚拟时间 * T&G	—0.426	—0.70* *
	(0.031)	(0.17)
虚拟时间	0.028	0.13*
	(0.252)	(0.07)
常量	0.047* *	9.09* *
	(0.003)	(0.05)
观察样本量	57	66

来源:作者(Elisa Gamberoni)计算;墨西哥数据源自墨西哥国家统计局(Instituto Nacional de Estadistica y Geografia,INEGI)2003—2008 年的产业年度调查;洪都拉斯数据源自 2001、2003、2005、2007 年各年份多用途家庭统计调查。

注释:对固定效应进行回归控制,从 2005 年开始,虚拟时间值设为 1;T&G 代表纺织服装,虚拟值设为 1;标准差如括号内的数据所示,偏差较小。

* * 表示 $p{<}0.01$,* 表示 $p{<}0.05$。

表 5-2　洪都拉斯和墨西哥纺织服装业的男女员工占比(%)

	洪都拉斯		墨西哥	
	行业女工占全体女工比例	行业男工占全体男工比例	行业女工占全体女工比例	行业男工占全体男工比例
虚拟时间 * T&G	—2.950* *	0.389	—1.381* *	—0.493*
	(1.012)	(0.391)	(0.27)	(0.19)
虚拟时间	0.21	—0.026	0.25*	0.09
	(0.150)	(0.305)	(0.12)	(0.08)
常量	5.710* *	44.912* *	9.091* *	9.091* *
	(0.085)	(1.854)	(0.085)	(0.059)
观察样本量	57	60	66	66

来源:作者(Elisa Gamberoni)计算;墨西哥数据源自墨西哥国家统计局(Instituto Nacional de Estadistica y Geografia,INEGI)2003—2008 年的产业年度调查;洪都拉斯数据源自 2001、2003、2005、2007 年多用途家庭统计调查。

注释:对固定效应进行回归控制,从 2005 年开始,虚拟时间值设为 1;T&G 代表纺织服装,虚拟值设为 1;标准差如括号内的数据所示,偏差较小。

* * 表示 $p{<}0.01$,* 表示 $p{<}0.05$。

表 5-3　洪都拉斯和墨西哥纺织服装业女性员工就业比例(%)

	洪都拉斯	墨西哥
纺织服装	—6.386*	—0.94*
	(0.003)	(0.49)
虚拟时间	0.865	0.89* *
	(0.621)	(0.21)
常量	4.772* *	29.5* *
	(0.015)	(0.15)
观察样本量	60	66

来源:作者(Elisa Gamberoni)计算;墨西哥数据源自墨西哥国家统计局(InstitutoNacional de Estadistica y Geografia, INEGI)2003—2008 年的产业年度调查;洪都拉斯数据源自 2001、2003、2005、2007 年多用途家庭统计调查。

注释:对固定效应进行回归控制,从 2005 年开始,时间虚拟值设为 1;纺织服装虚拟值设为 1;标准差如括号内的数据所示,偏差较小。

* * 表示 $p{<}0.01$,* 表示 $p{<}0.05$。

　　其他相关研究也有类似的发现,尤其是随着产业升级,在高收入的亚洲国家,这种现象尤为明显。Tejani 和 Milberg(2010)指出,制造业的附加值增加或生产的资本密集型程度提高时,制造业女员工的就业比例将减小。研究者认为,这一现象并不完全归因于男女在技能方面的差异,因为在这些经济体中,男女受教育的差异已经缩小。准确地说,这些差异来自对女性的性别歧视和职业性别隔离(Tejani 和 Milberg,2010)、男女接受教育内容的不同(Berik,2011)以及企业更倾向于投资培训男性职工的事实。"人们一致认为:男性应当拥有更多的就业保障,从而使他们为了履行家庭责任而离不开有偿工作。"(Seguino 和 Growth,2006)

5.4　行业内就业再分配

　　基于行业层面的分析可能会低估就业再分配过程的重要性。而事实上,贸易理论认为,就业再分配不仅存在于行业之间,也存在于行业内部。因此,本节将分析行业内企业工作机会创造或流失的演变。

　　工作波动率的研究表明,随着贸易自由化程度的加深,女性更容易处于不稳定的工作状态,更容易受到外部需求的冲击。例如 Levinsohn(1999)分析了贸易自由化对智利的影响,发现女性工作的总体再分配率比男性高出两倍以上。因此,本研究认为这也许是后配额时代所面临的境况。此外,根据以前行业层面的解析结果,本研究也对女性就业比例与生产技能提高是否呈现负相关进行分析。

　　洪都拉斯:通过企业层面的新增就业率和岗位流失率可以看出,服装业内部的就业波动与其他行业的均值表现一致(见表 5-4)。2004—2007年的新增就业率与岗位流失率表明,尽管洪都拉斯纺织服装业的新增就业率低于其他行业,但并没有经历其他行业所面临的总体岗位净流失。同时表 5-4 的其他相关信息也显示,洪都拉斯服装业技术工人供不应求,而大量的非技术工人则面临着失业窘境。这一结果与其他经济领域相似:通常来说,有技能的工人供不应求,没有技能的工人将面临工作流失。

　　技术工人和非技术工人的岗位流失率以及前文提及的行业内女性员工就业比例表明:女性员工就业比例与技能程度呈负相关。然而,来自家庭调查的数据信息却表明男女职工的教育程度并无较大差异。例如,2003 年该行业女性员工的平均受教育年龄为 7 年,而男性员工为 7.6 年。综上所述,虽然研究者认为男女职工教育程度的差异在缩小,但受教育的内容可能不同(Berik,2011),这意味着女性员工的特征与技术需求不匹配。

表 5-4　洪都拉斯工人新增就业率和岗位流失率(％)

工人	部门	新增就业率	岗位流失率	波动率[注1]	净增率[注2]
全体员工	服装	9.7	4.7	14.4	5.0
	纺织	5.7	3.9	9.6	1.8
	其他行业均值	14.4	8.3	22.7	6.1
技工	服装	74.6	1.1	75.7	73.5
	纺织	12.9	17.3	30.2	−4.4
	其他行业均值	42.3	13.3	55.6	29.0
非技工	服装	8.7	36.2	44.9	−27.5
	纺织	22.1	27.7	49.8	−5.6
	其他行业均值	10.9	42.8	53.7	−31.9

来源:作者(Elisa Gamberoni)根据 2003 和 2007 年世界银行调查数据计算。
译者注释:注 1—波动率(churning rate)＝新增就业率＋岗位流失率;注 2—净增率＝新增就业率-岗位流失率;下同。

墨西哥:该国纺织和服装业均面临着就业机会减少的困境,但该行业的工作波动率与其他经济领域相一致(见表 5-5)。

表 5-5　墨西哥工人新增就业率和岗位流失率(％)

部门	新增就业率	岗位流失率	波动率	净增率
纺织	7.6	13.2	20.8	−5.6
服装	9.8	16.1	25.9	−6.3
其他行业均值	12.8	9.8	22.6	3.0

来源:作者(Elisa Gamberoni)根据墨西哥国家统计局 2003—2008 年的年度工业调查结果计算。

墨西哥有限的就业总体数据未能直接反映性别差异带来的影响。1998—2008 年,服装业女性员工占该行业职工总人数的比例从 64.2％下降至 59.0％。纺织制造业(纱线、面料、后整理)也存在类似的趋势:女性员工的比例从 32.1％下降至 27.0％。然而同一时期,纺织制成品行业(毛毯、地毯、床上用品)女性员工的比例从 46.7％上升到 60.4％。企业层面的波动率分析也表明女性员工在服装业面临着就业机会减少,而在纺织制成品行业则呈现就业形势良好的状态。反之,男性员工在纺织和服装业的新增就业率均呈现下降趋势,尤其是在纺织业。值得一提的是,在其他行业,女性的新增就业率高于男性(见表 5-6),但在纺织业,女性的就业波动率是男性的两倍以上。

企业层面的回归分析也表明,在后配额时代,纺织服装制造业的女性员工就业比例低于其他行业(见表 5-7 第一列)。通过工人附加值一栏的数据可以看出,这一现象特别存在于经济效益好的企业(见表 5-7 第二列)。第二列的回归结果表明,在整个经济体中,附加值高的企业女性员工比例较低。这与 Aguayo-Tellez、Airola 和 Juhn(2010)的研究结果一致,在 1990—2000 年期间,资本密集型产业的女性员工的工资份额与附加值之间呈负相关。Tejani 和 Milberg(2010)也指出,在行业层面,女性的生产型就业比例与工人人均附加值呈负相关关系。

表 5-6　墨西哥男女员工新增就业率和岗位流失率(%)

性别	部门	新增就业率	岗位流失率	波动率	净增率
	纺织	26.0	25.0	51.0	1.0
女性	服装	11.6	19.6	31.2	−8.0
	其他行业均值	23.3	15.7	39.0	7.6
	纺织	8.5	16.2	24.7	−7.7
男性	服装	16.2	19.5	35.7	−3.3
	其他行业均值	12.9	11.3	24.2	1.6

来源:作者(Elisa Gamberoni)根据墨西哥国家统计局 2003—2008 年的年度工业调查计算。

表 5-7　基于企业层面的女性员工占总工人数的比例(%)

	女性员工占总员工的比例	
虚拟时间 * T&G	−0.52*	1.92*
	(0.24)	(1.05)
虚拟时间	0.54**	0.58**
	(0.09)	(0.09)
人均附加值的对数	n.a.	−0.17*
		(0.09)
虚拟时间 * T&G 人均附加值的对数	n.a.	−0.51*
		(0.21)
常量	15.28**	16.25
	(5.24)	(5.19)
观察样本量	41080	40474

来源:作者(Elisa Gamberoni)根据墨西哥国家统计局 2003—2008 年的年度工业调查计算。
注释:对企业固定效应、地区虚拟值、公司规模虚拟值、行业固定效应进行回归控制;2005 年之前的时间虚拟值为 1;T&G 为纺织服装的简称,虚拟值为 1;括号内是标准差,偏差较小;"n.a."指数据不适合入表。
** 表示 $p < 0.01$,* 表示 $p < 0.05$。

摩洛哥:由于数据有限,难以对该国进行类似的分析。但是相关研究发现,该国的纺织服装业存在性别歧视。性别歧视的具体表现包括女性员工工作培训机会较少,通常企业安排的培训时间对有家庭的女性而言往往难以协调,事实证明女性更容易被非正规的部门雇用,占 90% 是家庭作坊工人(ILO,2006a)。同样,女性经常就职于低技能的工作岗位,这也反映出职业性别隔离的现象。

5.5　工资溢价

洪都拉斯:研究表明,就经济角度而言,该国服装业的工资比其他就业选择的工资要高。例如,Marcouiller 和 Robertson(2009)指出:洪都拉斯服装业工人的平均收入比其他具有类似性质行业的员工高出 10％～20％。研究者们还发现，受教育较少的年轻女性从事服装业工作比从事其他相同类型的工作更合适。

　　数据分析反映出洪都拉斯纺织服装业存在工资溢价现象，但这种优势随着 MFA 配额的逐步取消开始缩小。与整个国家经济体的平均水平相比，洪都拉斯纺织服装业的工人拥有较高薪水，但 2001—2003 年工资溢价下降了 2.8％，2003—2005 年略微上涨（0.1％），2005—2007 年，纺织服装业工资溢价下降 13.5％（见图 5-2a）。

　　墨西哥：与之相反，该国纺织服装业的工人工资低于其他行业，在 MFA 配额逐步取消之前，墨西哥的工资溢价已开始下降。1999—2003 年工资溢价下降了 5.5％，2003—2006 年进一步下降了 2％（见图 5-2b）。

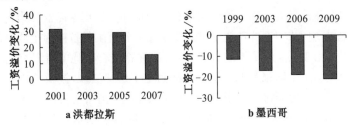

图 5-2　各年份洪都拉斯和墨西哥纺织服装业工资溢价

来源：作者（Elisa Gamberoni）根据 2001、2003、2005、2007 年各年份多用途家庭调查（Encuesta Permanente de Hogares de Propósitos Múltiples，EPHPM）（洪都拉斯）和 2003、2006、2009 年的全国城镇就业调查（Encuesta Nacional de Empleo Urbano，ENEU）（墨西哥）计算。

　　受职业、学历、年龄以及行业就业的限制，就整个经济体而言，女性员工的工资通常低于男性。女性工资的虚拟回归系数表明：洪都拉斯女性员工的平均工资比男性同行低 33％（见附录表 5A-1）；墨西哥女性的工资比男性同行低 27％（见附录表 5A-2）。

　　摩洛哥：由于缺少数据，无法进行上述的类似分析。然而，国际劳工组织（ILO 2006a）报道：一般来说，摩洛哥纺织业女性员工的工资比男性同行员工低 25％；22.6％的被采访女性表示她们的工资低于最低工资标准，而只有 5.3％的男性表示他们的工资低于最低工资标准（ILO，2006a）。

5.6　工作条件

　　相关文献资料对服装业工作条件的分析有限。

　　洪都拉斯：案例研究表明，该国服装业的工作环境跟其他行业相似。

Marcouiller 和 Robertson(2009)的研究指出,在洪都拉斯,有关社会福利(例如 13 个月工资制度、假期、社会保障以及其他福利)占劳动力成本的百分比,无论技术工人还是非技术工人,纺织服装企业与其他行业企业之间不存在系统性差异。在 VerBeek(2001)的同类研究中,比较了洪都拉斯出口加工业现有员工和最初进入工厂员工的加班时间、工作压力和其他相关工作条件,发现两者之间不存在任何差异。

墨西哥:Gereffi(2005)对该国 Torreón 产业集群区域进行了调查,指出大型零售商和营销人员都不想让他们的品牌被指与剥削工人、不安全的工作环境有任何关联,因此一些采购公司实施了非常详细的社会责任行为准则,包括遵从本国的劳动法规,以失去采购合同为代价防止违规行为的发生。

本节所涉及的工作条件界定为有否加班和童工现象以及实物支付占现金支付比例或定期的现金支付。着重定量分析洪都拉斯和墨西哥的工作条件。由于缺少摩洛哥的相关数据,因此将结合其他学者研究的成果进行论述。三个国家关于工作条件都制定了法律法规,涉及禁止雇用童工并且对工作时间进行了限制。关于童工,三个国家已批准了国际劳工组织第 182 号公约——禁止和立即行动消除最恶劣形式的童工劳动公约。

洪都拉斯:法律规定最低工作年龄为 16 岁(求学期间工作最低年龄为 14 岁),未成年人每周工作时间不得超过 30 小时(Marcouiller 和 Robertson,2009)。

墨西哥:最低法定工作年龄为 14 岁,对于 14～16 岁的工人实施特殊规定,包括每天工作时间不超过六小时,不准晚上十点后工作[1]。此外,基于《北美自由贸易协定》,如果未能实施有关使用童工的法律法规,墨西哥同意接受贸易制裁(Brown,2001)。

摩洛哥:最低的法定工作年龄为 15 岁,并且对 15～16 岁的未成年人实施特殊规定,不允许他们晚班工作以及每天工作不准超过十小时[1]。

工作时间和加班也有相应的法律法规限制。根据国际劳工组织工作时间数据库的资料,洪都拉斯工作时间规定每周不超过 44 小时,每天不超过 12 小时。墨西哥法定工作时间为每周 48 小时以及每天的加班时间不超过三小时。摩洛哥定为每周 44 小时或者每年 2 288 小时,并且每天包括加班时间在内不准超过十小时。所有的国家都立法限制加班时间并

---

[1]U. S. Bureau of International Labor Affairs(美国国际劳工事务局),网址:http://www.dol.gov.

建立了与加班时长相对应的工资增长比例（ILO working time database，国际劳工组织的工作时间数据库）。

纺织服装业中有关童工的信息十分有限，但这仍是一个亟待解决的问题。依据美国劳工部报道，总结可用的研究数据和结果如下：

摩洛哥：该国 15 岁以下的儿童大约有 3.4％参加童工劳动。尽管大部分从事农业劳动，但一些 12 岁甚至更小的孩子从事着地毯编织工作（U. S. Department of Labor，2004）。国际劳工组织（ILO，2006a）指出，童工虽然在正规行业部门几乎不存在，但非正规部门就业存在使用童工问题。

洪都拉斯：国际劳工组织对该国童工调查的结果显示：2002 年，大约有 356 241 名 5～17 岁的儿童及青少年从事与经济报酬活动有关的工作，其中 123 195 人的年龄在 14 岁以下（包括 14 岁）。虽然主要经济活动领域为农业、牧业、狩猎和渔业，但制造业也雇用了未成年工人总数的8.2％。

墨西哥：关于该国童工课题的研究十分有限。美国国际劳工事务局（U. S. Bureau of International Labor Affairs）指出："尽管过去曾经有过关于童工的报道，但目前只有有限的证据证明在出口加工业中存在童工现象。"同时该机构也表达了对更多相关文献资料的需求，因为大部分调查源于 20 世纪 90 年代初[①]。

与其他行业相比，后配额时代洪都拉斯和墨西哥的纺织服装业整体工作条件不尽如人意。本研究用替代的指数表达工作条件的因变量，该指数由三个虚拟变量的平均值构成：没有加班（工作时间为 40 小时）的虚拟值为 1；现金支付比实物支付的比例较大时，虚拟值为 1；如果工人的年龄为 14 岁以上时，虚拟值大于 1。由表 5-8 计算结果可知，与其他行业相比，后配额时代洪都拉斯和墨西哥纺织服装业的工作条件不容乐观。

在后配额时代，相对于其他行业，洪都拉斯纺织服装业的女性员工比男性员工有更高的概率获得现金支付而不是实物支付，在墨西哥女性员工获得定期（工资）支付的可能性则更大。尽管如此，在后配额时代，墨西哥服装业在 14 岁以前工作的女性员工数量仍然大于男性（见表5-9）。

---

① U. S. Bureau of International Labor Affairs（美国国际劳工事务局），网址：http://www.dol.gov.

表 5-8 洪都拉斯和墨西哥的工作条件

	洪都拉斯		墨西哥	
女性	−0.001	0.009 * *	0.042 * *	0.097 * *
	(0.003)	(0.003)	(0.000)	(0.001)
女性 * 纺织服装		−0.005		−0.072 * *
		(0.009)		(0.003)
女性 * 虚拟时间		−0.026 * *		−0.123 * *
		(0.004)		(0.001)
虚拟时间 * 纺织服装	−0.055 * *	−0.057 * *	−0.019 * *	−0.052 * *
	(0.007)	(0.010)	(0.002)	(0.003)
虚拟时间 * 纺织服装 * 女性		0.029 *		0.100 * *
		(0.014)		(0.004)
虚拟时间	0.017 * *	0.013 * *	−0.276 * *	−0.230 * *
	(0.003)	(0.003)	(0.000)	(0.000)
拟合系数	0.17	0.171	0.441	0.456
观测样本量	41 246	41 246	811 714	811 714

来源:作者(Elisa Gamberoni)根据 2001、2003、2005、2007 各年份多用途家庭调查(Encuesta Permanente de Hogares de Propositos Multiples,EPHPM)(洪都拉斯)和 2003 年全国城镇就业调查(Encuesta Nacional de Empleo Urbano-ENEU)(墨西哥)的数据进行评价和计算。

注释:对职业、年龄、年龄的平方、教育背景、婚姻状况及行业虚拟值(表中未列出)也进行了回归分析;因变量代表三个虚拟值的平均值;没有加班的情况虚拟值等于 1(40 小时),现金/实物支付的比例大时虚拟值等于 1,工人达到 14 岁以上时,虚拟值大于 1;2005 年之前的时间虚拟值等于 1;纺织服装业虚拟值等于 1;括号内数字表示标准误差。

* * 表示 $p < 0.01$,* 表示 $p < 0.05$。

表 5-9 洪都拉斯和墨西哥不同性别的工作条件

	洪都拉斯			墨西哥		
	超过 14 岁的员工	现金/实物支付的比值大	无加班	超过 14 岁的员工	定期支付	无加班
女性	−0.0000002	−0.025 * *	0.165 * *	0.428 * *	0.173 * *	0.616 * *
	(0.000)	(0.006)	(0.005)	(0.019)	(0.005)	(0.005)
虚拟时间	0.0000013 * *	−0.004	0.061 * *	−0.069 * *	−1.465 * *	−1.701 * *
	(0.000)	(0.005)	(0.005)	(0.016)	(0.005)	(0.009)
女性 * T&G	0.0000014	0.022 * *	−0.036 *	−0.137	−0.556 * *	−0.035
	(0.000)	(0.013)	(0.020)	(0.118)	(0.026)	(0.027)
女性 * 虚拟时间	0.0000012 * *	−0.090	0.004	0.050 *	−0.324 * *	−0.571 * *
	(0.000)	(0.008)	(0.007)	(0.027)	(0.007)	(0.012)
虚拟时间 * T&G	−0.0000068	−0.171 * *	0.034	0.556 * *	−0.494 * *	0.183 * *
	(0.000)	(0.025)	(0.023)	(0.177)	(0.036)	(0.066)
虚拟时间 * T&G * 女性	0.0000023	0.048 * *	0.004	−0.396 *	0.614 * *	0.125
	(0.000)	(0.015)	(0.031)	(0.221)	(0.046)	(0.081)
观测样本量	77 588	41 749	83 327	726 500	811 714	764 287

来源:作者(Elisa Gamberoni)根据 2001、2003、2005、2007 各年份多用途家庭调查(Encuesta Permanente de Hogares de Propósitos Múltiples, EPHPM)(洪都拉斯)和 2003、2006 年全国城镇就业调查(Encuesta Nacional de EmpleoUrbano, ENEU)(墨西哥)的数据计算。

注释:对职业、年龄、年龄的平方(未对童工进行回归分析)、学历、婚姻状况和行业虚拟值(表中未列出)进行了回归分析;2005 年之前的虚拟时间值等于 1,T&G 即纺织服装业虚拟值等于 1;括号内数字表示标准误差。

* * 表示 $p < 0.01$,* 表示 $p < 0.1$。

5.7　本章小结

本章分析了后配额时代洪都拉斯、墨西哥和摩洛哥纺织服装业的变迁、行业内和行业间的就业再分配以及工资溢价趋势。由于缺少相关数据,对摩洛哥的分析相对有限。

定性分析表明,只有摩洛哥成功实施了扩大纺织品和服装出口市场以及产业升级的引导政策。相比之下,洪都拉斯和墨西哥在后配额时代纺织品和服装出口减少,尤其是墨西哥。

对洪都拉斯和墨西哥的定量分析表明,MFA 配额取消后,与出口减少相一致,纺织服装业的劳动工人,尤其是女性员工,在行业内和行业间均出现了就业再分配现象。墨西哥的可用数据分析也表明,生产型女性员工就业比例与工人人均增加的附加值呈负相关关系。本研究发现:后配额时代,与其他行业相比,洪都拉斯的纺织服装业中女性员工就业比例较低,非技术工人的工作岗位大量流失。总之,其他学者论证的结果也表明,在生产过程中技能需求和女性员工就业比例呈负相关关系。此外,研究数据没有显示出该行业的男女工人在教育水平上的重要差异。对洪都拉斯和墨西哥的分析表明,与其他行业相比,后配额时代纺织服装业中的工资溢价呈现下降趋势,工作条件也不容乐观。

研究结果验证了预期的劳动力就业再分配和薪资变化的趋势,同时也阐明了产业结构调整过程中的性别差异。然而,性别差异这一课题仍需要进一步分析并予以明晰。

附表

表 5A-1　洪都拉斯工资溢价的回归分析

	对数值(工资)			
	2001	**2003**	**2005**	**2007**
工作时间	0.008*	0.012*	0.013*	0.011*
	(0.000)	(0.001)	(0.001)	(0.000)
女性虚拟值	−0.413*	−0.349*	−0.367*	−0.391*
	(0.026)	(0.036)	(0.042)	(0.023)
年龄	0.118*	0.093*	0.114*	0.131*
	(0.005)	(0.005)	(0.009)	(0.011)
年龄的平方	−0.001*	−0.001*	−0.002*	−0.001*
	(0.000)	(0.000)	(0.000)	(0.000)
教育	0.093*	0.100*	0.081*	0.103*
	(0.003)	(0.004)	(0.003)	(0.003)
纺织品和服装(T&G)	0.264*	0.242*	0.243*	0.131
	(0.022)	(0.034)	(0.031)	(0.019)
工厂	0.340*	0.489*	0.509*	0.453*
	(0.050)	(0.078)	(0.091)	(0.046)
常数	4.976*	4.358*	4.115*	4.511*
	(0.144)	(0.255)	(0.288)	(0.141)
观测样本量	13 847	5 597	5 254	16 543

来源:作者(Elisa Gamberoni)根据洪都拉斯的多用途家庭调查(Encuesta Permanente de Hogares de PropósitosMúltiples,EPHPM)数据评估和计算。

注释:职业和行业虚拟值(除了纺织品和服装)未评估;括号内为标准误差。

* 表示 $p < 0.01$。

表 5A-2　墨西哥工资溢价的回归分析

	对数值(工资)			
	2001	**2003**	**2005**	**2007**
女性虚拟值	−0.348*	−0.350*	−0.301*	−0.263*
	(0.005)	(0.006)	(0.006)	(0.007)
工作时间	0.013*	0.013*	0.013*	0.014*
	(0.000)	(0.000)	(0.000)	(0.000)
年龄	0.086*	0.083*	0.067*	0.059*
	(0.001)	(0.001)	(0.001)	(0.002)
年龄的平方	−0.001*	−0.001*	−0.001*	−0.001*
	(0.000)	(0.000)	(0.000)	(0.000)
教育	0.049*	0.045*	0.042*	0.040*
	(0.000)	(0.000)	(0.000)	(0.000)
纺织品和服装(T&G)	−0.113*	−0.177*	−0.200*	−0.230*
	(0.005)	(0.006)	(0.007)	(0.008)
工厂	0.281*	0.276*	0.139*	0.088*
	(0.009)	(0.011)	(0.011)	(0.014)
常量	5.380*	5.851*	6.404*	6.638*
	(0.024)	(0.031)	(0.033)	(0.042)
观测样本量	449 924	415 680	348 607	305 660

来源:作者(Elisa Gamberoni)根据 1999、2003、2006、2009 年各年份墨西哥的全国城镇就业调查(Encuesta Nacional de EmpleoUrbano,ENEU)数据评估和计算。

注释:职业和行业虚拟值(除了纺织品和服装)未评估;括号内为标准误差。

* 表示 $p < 0.01$。

参考文献
背景文件

Staritz, C. , and S. Frederick. 2011a. "Background Global Value Chain Country Papers: Honduras. " Background paper to the book Sewing Success? Employment, Wages, and Poverty following the End of the Multi-fibre Arrangement. Washington, DC: World Bank.

——2011b. "Background Global Value Chain Country Papers: Mexico. " Background paper to the book Sewing Success? Employment, Wages, and Poverty following the End of the Multi-fibre Arrangement, World Bank, Washington, DC.

——2011c. "Background Global Value Chain Country Papers: Morocco. " Background paper to the book Sewing Success? Employment, Wages, and Poverty following the End of the Multi-fibre Arrangement. Washington, DC: World Bank.

文献来源

[1] Aguayo-Tellez, Ernesto, Jim Airola, and Chinhui Juhn. 2010. "Did Trade Liberalization Help Women? The Case of Mexico in the 1990s. "Working Paper 16195, National Bureau of Economic Research, Cambridge, MA.

[2] *Apparel Magazine*. 2007. "IPC Training Center Expands in Honduras. " Apparel Magazine 48 (11): 34.

[3] Banco Central de Honduras. 2002. "Actividad Maquiladora en Honduras 2002. " Tegucigalpa, Honduras.

[4] Berik, Gunseli. 2011. "Gender Aspects of Trade. " In *Trade and Employment: From Myths to Facts*, ed. M. Jansen, R. Peters, and J. M. Salazar-Xirinachs. Geneva: International Labour Organization-European Commission.

[5] Brown, Drusilla. 2001. "Child Labor in Latin America: Policy and Evidence. " *World Economy* 24 (6), 761-68.

[6] Chamber of the Garment Industry (Cámara Nacional de la Industria del Vestido, CNIV). 2009. Presentation, Mexico City, Mexico.

[7] de Hoyos, Rafael, Marizio Bussolo, and Oscar Núñez. 2008. "Can Maquila Booms Reduce Poverty? Evidence from Honduras. " Policy Research Working Paper 4789, World Bank, Washington, DC.

[8] Frederick, Stacey, and Gary Gereffi. 2011. "Upgrading and Restructuring in the Global Apparel Value Chain: Why China and Asia Are Outperforming Mexico and Central America. " *International Journal of Technological Learning, Innovation, and Development* 4 (1-2): 67-95.

[9] Gereffi, Gary 2005. "Export-Oriented Growth and Industrial Upgrading—Lessons from the Mexican Apparel Case: A Case Study of Global Value Chain Analysis. " http://www. soc. duke. edu/~ggere/web/torreon_report_worldbank . pdf.

[10] GoM (Government of Morocco). 2008. "Bilan de la Commission des Investissements 2007. " Ministère des Affaires ? conomiqueet Générales, April.

[11] ILO (International Labour Organization). 2006a. "Country Brief Morocco. Decent Work Pilot Programme." http://www. ilo. org/public/english/bureau/ dwpp/countries/morocco/index. htm.

[12] ILO (International Labour Organization). 2006b. "Final DWPP Country Brief." http://www. ilo. org/public/english /bureau/dwpp/countries/morocco/index. htm. + ILO Working Time Database. International Labour Organization, Geneva. http://www. ilo. org/travaildatabase/ servlet/ workingtime.

[13] Levinsohn, J. 1999. "Employment Responses to International Liberalization in Chile." *Journal of International Economics* 47: 321-44.

[14] Marcouiller, Douglas, and Raymond Robertson. 2009. "Globalization and Working Conditions: Evidence from Honduras." In *Globalization, Wages, and the Quality of Jobs: Five Country Studies*, ed. Raymond Robertson, Drusilla Brown, Pierre LeBorgne, and Maria L. Sanchez-Puerta, 175-202. Washington, DC: World Bank.

[15] Nordås, Hildegunn Kyvik. 2004. "The Global Textile and Clothing Industry post the Agreement on Textiles and Clothing." Discussion Paper 5, World Trade Organization, Geneva.

[16] Rossi, Arianna. 2010. "Economic and Social Upgrading in Global Production Networks: The Case of the Garment Industry in Morocco." Unpublished dissertation, University of Sussex, U. K.

[17] Seguino, Stephanie, and Caren Growth. 2006. "Gender Equity and Globalization: Macroeconomic Policy for Developing Countries." *Journal of International Development* 18: 1-24.

[18] Tejani, Sheba, and William Milberg. 2010. "Global Defeminization? Industrial Upgrading, Occupational Segmentation and Manufacturing Employment in Middle-Income Countries." Schwartz Center for Economic Policy Analysis (SCEPA) Working Paper 2010-1, The New School, New York.

[19] Textiles Intelligence. 2009a. *Textile Outlook International*, May-June 2008, No. 135. www. textilesintelligence. com.

[20] Textiles Intelligence. 2009b. "Trade and Trade Policy: The World's Leading Clothing Exporters." *Global Apparel Markets* 5: 39-69.

[21] U. S. Department of Labor. 2004. "Morocco Labor Rights Report." http://white. oit. org. pe/ipec/ documentos/hon_sintesis. pdf.

[22] USAID (United States Agency for International Development). 2008. "Apparel Exports to the United States: A Comparison of Morocco, Jordan, and Egypt." USAID, Washington, DC.

[23] USITC (United States International Trade Commission). 2004. "Textiles and Apparel: Assessment of the Competitiveness of Certain Foreign Suppliers to the U. S. Market." Publication 3671, USITC, Washington, DC.

[24] VerBeek, Kurt A. 2001. "Maquiladoras: Exploitation or Emancipation? An Overview of the Situation of Maquiladora Workers in Honduras." *World Development* 29 (9):

1553-67.

[25] World Bank. 2006. "Morocco, Tunisia, Egypt and Jordan after the End of the Multi-Fiber Arrangement: Impact, Challenges and Prospects." Report 35376 MNA, World Bank, Washington, DC.

第六章 柬埔寨和斯里兰卡
——服装业的崛起

Yevgeniva Savchenko

6.1 导论

这一章[1]分析两个亚洲国家:柬埔寨和斯里兰卡。这两个国家的主要制造业为出口导向型服装业。2008 年,柬埔寨服装出口占所有制造业出口的 70%,服装业雇用了大约 32.5 万名工人,占工业总就业人数的30%。同年,斯里兰卡服装业贡献了该国出口总额的 40%,雇用 27 万名员工,占工业总就业人数的 13%[2]。两国的女性员工占服装就业的主导地位,柬埔寨占服装就业的 83%,斯里兰卡占服装就业的 73%[3]。两个国家十分关注《多纤维协定》(MFA)配额的逐步取消,预期会与中国廉价产

①本章作者感谢 Gladys Lopez-Acevedo,Raymond Robertson,Ana Luisa Gouvea Abras 和 Cornelia Staritz 提供的评论和建议;由 Elisa Gamberoni,Ana Luisa Gouvea Abras,Hong Tan 和 Yevgeniya Savchenko 提供了实证分析;6.2 服装业结构分析源自 Cornelia Staritz 和 Stacey Frederick(2011a,2011b)的国家背景论文。
②作者根据世界发展指数(World Development Indicators)的数据计算得到。
③数据来自家庭调查。

品发生竞争[①]。然而,尽管 2005 年初柬埔寨服装出口增长呈现放缓迹象,但 2005—2008 年期间,该国的服装出口年平均增长率近 14%。斯里兰卡服装出口增速相对平稳,年增长率为 6%。

这两个国家的主要区别在于,柬埔寨和斯里兰卡服装业应对 MFA 配额逐步取消采取了不同的政策导向,并取得了不同的结果。斯里兰卡服装产业转型升级成为全能型生产制造服务供应商,重心转向生产高附加值产品,以牺牲小企业的方式调整和巩固产业结构。后配额时代,柬埔寨采取两种策略增加就业和扩大企业数:一是出口供应商继续生产并不复杂的质优价廉产品;二是根据"柬埔寨更佳工厂"计划,树立遵守劳动法规的良好声誉,由此吸引国际买家。

过去的 15 年,柬埔寨和斯里兰卡的贫困率已大幅下降(World Bank,2006、2007),一些研究发现这种现象与服装业的发展有关。Yamagata(2006)2003 年进行了一项针对柬埔寨出口导向加工型企业的调查。结果表明:服装业就业率对柬埔寨的减贫有显著影响。在柬埔寨,一个流水线制衣工的工资比金边生活在贫困线以上两个人的收入总量还要高。服装业对学历的要求不是很高,使得受过很少教育的人也能够进入工厂工作。在柬埔寨和斯里兰卡,每天生活费少于一美元(purchasing power parity,购买力平价,PPP)的人群中,服装工人所占比例低于其他低技能的行业[②]。2007 年,柬埔寨服装工人中有 25% 每天生活费在一美元(PPP)以下。相比较而言,农业劳动者占 55%,服务行业劳动者占 48%。2008 年,斯里兰卡只有 11% 的服装工人每天生活费不足一美元(PPP),而农业劳动者占 21%,服务行业劳动者占 17%。

实证分析显示,两个国家随着 MFA 配额逐步取消,服装工资溢价迅速下降。然而,在接下来的若干年里,该行业的工资溢价有所上升,但没有恢复到 MFA 配额取消前的水平。两个国家在 MFA 配额取消前,男女工资的差距逐步缩小,但在后配额时代,这种差距又逐渐拉大。两个国家服装女性员工的就业比例并未受到 MFA 配额取消的影响,研究表明:在男女就业比例方面,斯里兰卡女性就业占比下降,而柬埔寨女性就业占比上升。MFA 配额逐步取消期间,柬埔寨服装业的工作环境不容乐观,而斯里兰卡服装业的工作环境,根据不同的调查,结果不尽相同。

[①]专家们预计,斯里兰卡的服装出口将减少一半,40% 的公司将在 2005 年倒闭(Kelegama 和 Epaarachchi,2002)。柬埔寨因为行业内主要是外商独资企业,这一问题将更加严重。国外投资者可能会将生产转移到更廉价的地方,比如柬埔寨优惠配额政策到期后,他们会考虑转向中国。

[②]计算由 Ana Luisa Gouvea Abras 完成。

本章总体框架如下①：第一节：导论；第二节：阐述柬埔寨和斯里兰卡的服装业结构；第三节：展现服装就业情况变化的研究结果；第四节：论述服装业内部变化；第五节：分析服装业的工资问题；第六节：解析工作条件的变化；第七节：本章小结。

6.2 柬埔寨和斯里兰卡的服装业结构

本节阐述柬埔寨和斯里兰卡的服装业结构②。首先，描述服装业的发展沿革及确定行业特征的要素，例如外国直接投资（FDI）和优惠的市场准入；然后，论证两个国家在 MFA 配额取消前后的服装出口动态，论述终端市场、出口产品定位以及后向关联（与纺织业的链接）；最后，展示两国政府为应对 MFA 配额取消而制定的服装业引导政策。

（1）服装业的发展

受外国投资和政府制定的产业发展政策两方面因素的驱动，柬埔寨和斯里兰卡的服装业在 MFA 框架下得到不断发展。

① 发展沿革

柬埔寨：由于几十年的政治和社会动荡，该国的服装业起步较晚。虽然柬埔寨在法国殖民时期曾经拥有服装加工业，但该国的现代服装工业在 20 世纪 90 年代中期才开始建立，主要投资者来自中国香港、马来西亚、新加坡和中国台湾。吸引海外投资者的原因在于柬埔寨在 MFA 框架下未使用的配额、拥有优惠的市场准入条件以及由于大量富余劳动力而形成相对较低的劳动成本。

斯里兰卡：该国服装业拥有更久远的历史。1977 年以前，斯里兰卡的服装业规模非常小，只有若干家内资企业，使用从本国国有纺织企业购买的原材料生产大众服装供应给国内市场（Kelegama 和 Wijayasiri，2004；Kelegama，2009；Staritz 和 Frederick，2011b）。1977 年，斯里兰卡成为南亚第一个实行经济自由化的国家。斯里兰卡政府，特别是投资促进委员会（Board of Investors，BOI）③非常支持服装业的发展，并为国内外投资者创建了一个良好的投资环境。贸易自由化以及在 MFA 框架下未使用的配额，迅速吸引了国外投资者，如东亚的中国香港将生产基地转移到斯里兰卡。同样，欧洲制造商也发现了通过将生产环节迁移到斯里兰卡能减

---

①本章实证分析由 Elisa Gamberoni，Ana Luisa，Gouvea Abras，Hong Tan 和 Yevgeniya Savchenko 完成。

②这一节主要内容源自 Staritz 和 Frederick（2011a，2011b）。

③在服装出口起步阶段，投资促进委员会（BOI）的名称是大科伦坡经济委员会（Greater Colombo Economic Commission，GCEC），1992 年更名为现在的 BOI。

少劳动成本的机会。政府的支撑计划也鼓励了当地服装企业的发展。

② 外国直接投资(FDI)的作用

在两个国家建立和发展服装业的过程中,FDI 扮演着重要角色,但随后这种模式发生了分化。

斯里兰卡:FDI 主要采用外商持股或合资企业的形式,这种形式在当地大型服装制造企业中已经相当普遍。根据斯里兰卡投资促进委员会(BOI)提供的数据,21 世纪初,FDI 在独资或合资服装企业的股份约占总投资额的 50%(USITC,2004)。独资或合资企业给斯里兰卡服装业带来了关键和专业技术、知识和技能。然而,服装业很快由内资企业拥有,1999 年,约 80%～85%的服装工厂由本土业主经营(Kelegama、Wijayasiri,2004)。现在,FDI 在斯里兰卡服装业所起的作用相对有限,但最近FDI 正在增加纺织领域的投资。

柬埔寨:与之相反,该国服装业由外资主导。大约 93%的工厂是外商独资,为首的是中国台湾,占 25%,中国香港占 19%,中国大陆占 18%以及其他亚洲经济体国家(Natsuda,Goto 和 Thoburn,2009)。柬埔寨人自己只拥有 7%的服装企业,而且这些企业大多是大型外资企业分包的小微型企业(大约占该行业就业总人数的 3%)。大部分企业主和管理人员是外国人,而当地员工则主要从事低技能工作。根据 2005 年对 164 家服装企业的一项调查显示[①],30%的高级经理来自中国大陆,21%来自中国台湾,15%来自中国香港,只有 8%来自柬埔寨本地(Yamagata,2006)。据柬埔寨服装制造商协会(Garment Manufacturers' Association in Cambodia,GMAC)估计,80%中层管理者也是外国人。

③ 优惠的市场准入

这两个国家服装业的发展得益于美国和欧盟优惠的市场准入。

柬埔寨:服装业开始发展时,面向美国和欧盟的出口没有受到任何配额限制,因为该国不属于 MFA 的成员。1996 年,柬埔寨作为世界贸易组织(WTO)的非会员,获得美国和欧盟市场的最惠国待遇(MFN)地位。产业崛起的主要驱动力是 1999 年签署的美国-柬埔寨双边贸易协定,依据这一协定,优惠的配额措施与遵守劳动法规相互联系。两国政府达成一致意见:如果柬埔寨政府能够保证服装工厂遵守该国的劳动法律以及与国际组织协商确定的劳动标准,配额将每年递增。配额是否增加取决于一项监控程序,即依据"制衣业工作条件的改进工程",由国际劳工组织

---

①柬埔寨共有 164 家企业,其中出口企业占 84%。

(ILO)负责落实与实施。2000 和 2001 年,所有类别的配额均增长了 9%。2001 年,经协商,美柬双边贸易协议延长三年(2002—2004 年)。在这三年中,所有品类的配额分别增加 9%、12%和 14%(Polaski,2009)。虽然柬埔寨有欧盟优惠的市场准入待遇,但未能像进入美国市场那样有效利用,因为该国出口至欧盟的服装不能满足双重型原产地规则(ROO)[①],因此利用率很低,大约只占 10%(UNCTAD,2003)。柬埔寨也享有澳大利亚、加拿大、日本、新西兰、挪威的免税市场准入。在区域组织方面,柬埔寨是东南亚国家联盟的成员之一。

斯里兰卡:依据普惠制(GSP)方案,该国获得欧盟优惠的市场准入,促进了斯里兰卡服装业的稳步增长,并加强了该国在欧洲市场的影响力。2001 年 3 月,欧盟给予斯里兰卡免配额的市场准入,但仍有关税。2004 年 2 月,除了先前根据 GSP 方案授予的 20%关税减让外,若斯里兰卡符合国际劳动标准,欧盟再授予 20%的关税减让[②]。2005 年 7 月,依据为欠发达国家制定的超普惠制(GSP+)计划方案,斯里兰卡作为第一个南亚国家,获准免税进入欧盟市场。这一举措促进了斯里兰卡对欧盟出口的强劲增长,并使得欧盟成为斯里兰卡服装产品最大的出口目的地。尽管参与了若干区域性组织,例如南亚区域合作联盟(SAARC)和印度-斯里兰卡双边自由贸易协定(Indo-Sri Lanka Bilateral Free Trade Agreement,ILBFTA)等[③],但区域性服装贸易的潜力和在斯里兰卡的投资仍未充分展现。

(2) 出口动态

在 MFA 时代,柬埔寨和斯里兰卡的服装出口增长显著。

柬埔寨:服装业自 20 世纪 90 年代中期兴起后,服装出口额在十年内翻了两番,从 1998 年的 5.78 亿美元增长到 2004 年的 24 亿美元(见图 6-1)。据柬埔寨服装制造商协会(GMAC)统计,在 20 世纪 90 年代早期,服装出口只占该国出口总额的 3%,而到了 2003 年,服装出口额占出口总额的 76.4%。2000—2004 年期间,服装出口年平均增长率为 20.5%。柬埔寨占全球服装出口份额从 1998 年的 0.3%增加到 2004 年的 1.0%。

---

①Staritz(2011,第 11 页)认为:"欧盟优惠贸易协议下的原产地规则(ROO)有不同的内涵。一般来说,在欧盟普惠制下的双重型原产地规则需要在受惠国执行两个重要的程序,而受惠国通常被要求将产品从一个四位数码目重新分类成另一个税目。对于服装业而言,意味着包括剪裁和缝制的生产必须与另一个工艺流程相结合,如面料织造或纺纱。因此,双重型原产地规则要求受惠国的服装需经过双重转移生产,即装配工序(缝制)至少加上一个装配前置操作(织造或纺纱)。"

②摩尔多瓦是唯一一已经成功获得对劳动标准让步接受普惠制的国家。

③其他协议包括:南亚特惠贸易协议(SAPTA);孟加拉湾多部门技术经济合作计划(BIMSTEC),参与国包括孟加拉国、不丹、印度、缅甸、尼泊尔、斯里兰卡和泰国;2004 年启动的南亚自由贸易协定(SAFTA)。

斯里兰卡:到了 20 世纪 90 年代中期,该国已经是一个经验丰富的服装出口国,与柬埔寨相比,它经历了稳健且更为良性的增长,出口额从 1995 年的 17 亿美元上升到 2004 年的 30 亿美元(见图 6-1)。然而,从 20 世纪 90 年代后期开始,出口增长放缓,甚至在 2001 和 2002 年出口额出现下降[①]。斯里兰卡占全球服装出口的份额从 1995 年的 1.1%增加到 2001 年的 1.3%,但随后在 2004 年又下降到 1.2%。

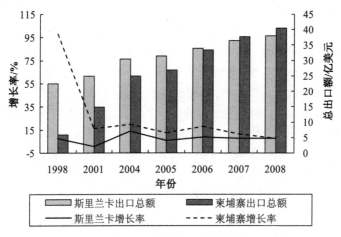

图 6-1 出口至全球的服装总额及年增长率

来源:联合国商品贸易统计数据库(UN Comtrade)。
注释:增长率是指与前一年相比的变化。

尽管对后配额时代服装业的预期悲观,但两国服装出口仍继续增加,不过增速有所放缓。有专家预言:2005 年,斯里兰卡的出口将减少一半,40%的公司将关闭(Kelegama 和 Epaarachchi,2002)。然而,尽管服装出口在 2005 年上半年表现疲软,但全年出口仍增长了 3.7%。2004—2008 年,斯里兰卡服装出口占该国出口总额的比例保持在 40%以上。斯里兰卡占全球服装出口的份额也相当稳定,在 1.1%~1.2%之间波动。2005 至 2008 年,服装出口平均每年增长 6%,出口总额增加了将近 10 亿美元。MFA 配额取消后,柬埔寨服装出口额快速增长,从 2005 年的 27 亿美元增长到 2008 年的 40 亿美元,年增长率近 14%。2004 和 2005 年,柬埔寨占全球服装出口份额依然稳定在 1.0%,2006 年增加到 1.1%,2007 年增加到 1.2%。2005 至 2008 年,美国和欧盟对从中国进口的某些类别服装

---

①这种衰退与发达国家的需求减少有关,但更重要的是与 2001 年 7 月在科伦坡国际机场的炸弹袭击有关,这场袭击引发了战争险保险费用的征收(Kelegama 和 Wijayasiri,2004)。订单的减少和上升的保险成本严重打击了服装业,使一些中小型企业在 21 世纪初纷纷倒闭。

重新实行配额限制(特保措施)①,这也是在后配额时代促进柬埔寨服装出口持续增长的原因之一,并减小 MFA 配额取消对柬埔寨带来的负面影响。

(3) 终端市场

柬埔寨和斯里兰卡的终端市场高度集中于美国和欧盟,两国 87%～90%的服装出口到这两个目的地。由柬埔寨和斯里兰卡与美国和欧盟签署的特惠协议类型可以解释这种出口集中的模式。

斯里兰卡:美国曾是该国服装出口的最大市场,但自从 MFA 配额逐步取消后,这一市场份额(结构)发生了相当大的变化。取而代之的最大出口市场是欧盟 15 国,市场份额从 2004 年的 33.5%增加到 2008 年的 48.8%,而美国则从 55.3%下降到 41.2%。世界其他地区和市场份额从 2000 年的 5.2%增加到 2008 年的 10.0%。欧盟市场的重要性源于 2005 年给予斯里兰卡 GSP＋地位而逐渐增强。转移到欧盟市场份额增加的其他原因是:欧盟国际买家在采购和设计过程中通常需要更多的服务和更高的参与度,并且对优质产品更愿意支付高价,这些采购政策可以使合作关系朝着更密切的方向发展(Gibbon,2003、2008)。

柬埔寨:服装出口高度集中于美国终端市场是由于优惠配额的激励,即源于美国-柬埔寨双边贸易协议的结果。2008 年,86.3%的服装出口到美国和欧盟 15 国,其中 61.9%的产品销往美国,24.4%的产品销往欧盟 15 国。其余比较重要的终端市场为加拿大,2008 年占(柬埔寨服装出口)6.1%的份额。尽管美国仍在柬埔寨服装出口中占据主导地位,但市场份额从 2000 年的 70.4%下降到 2008 年的 61.9%。而同一时期,欧盟 15 国的份额从 22.4%上升到了 24.4%。加拿大的份额也从 2000 年的 0.9%上升到 2008 年的 6.1%。柬埔寨自 2003 年以来增加了对加拿大的服装出口份额,这与 2003 年 1 月加拿大的 GSP 扩展到纺织品和服装领域有关。除了配额优惠外,掌控柬埔寨服装业的外国母公司股权结构也可诠释柬埔寨服装出口高度集中于美国市场的原因。这些母公司总部通常位于中国香港、韩国和中国台湾,大部分产品出口集中于美国市场,并与美国国际买家建立了良好伙伴关系。此外,与斯里兰卡不同,柬埔寨服装针对的是不同需求的市场。来自美国大众市场零售商的订单量大,其中价

---

①解除对中国设立的壁垒(特保措施)并不是本研究关注的焦点。然而,这个问题本身很有意义。与特保措施解除会对较小国家服装业产生负面影响相反,最近的研究表明,影响可能并不显著。"中国仍然占据着主要业务。欧盟近一半的服装、美国 41%的服装来自中国。但更多的订单正转向工资更低的国家,如柬埔寨和越南,这些国家的服装厂正迅速发展。越南已经成为美国服装的第二大供应商"(Economist,2011)。

格是最重要的条件,虽然质量和交货期也很重要,但没有价格来得重要。一般来说,欧盟的订单规模较小,需求变化多样,并且对质量、时尚和交货期有不同的要求和标准。

(4) 出口产品

柬埔寨和斯里兰卡服装出口的若干产品类别也具有集中度高的特点。这些产品具有不同的附加值:斯里兰卡服装业重点放在高附加值产品上,而柬埔寨服装业专注于低附加值产品的生产。

斯里兰卡: MFA 配额取消后,该国服装业开始发展内衣利基产品,并逐渐从机织服装转向针织服装生产。包括内裤、胸衣和泳装在内的内衣产品出口量,自 MFA 配额取消后几乎翻了一倍,2008 年占出口到欧盟 15 国和美国总量的近四分之一。斯里兰卡的服装出口集中于少数几个类别,如内衣、裤子和毛衣等。2008 年,排名前五的产品占服装出口到欧盟 15 国总量的 40%,占服装出口至美国总量的 47%。自 2000 年以来,斯里兰卡出口产品的集中度逐渐提高。然而,与大多数亚洲竞争国家相比,斯里兰卡的产品集中度仍然较低。此外,斯里兰卡出口的针织服装产品相比机织服装产品,占比不断增加。1995 年,机织服装产品出口份额占出口总量的 72%,2004 年这一市场份额下降至 61%,而到了 2008 年,针织服装和机织服装占出口总量的份额相等。

柬埔寨: 与斯里兰卡不同,无论是机织服装还是针织服装,该国专注于低附加值产品的出口。2008 年,排名前五的产品占服装出口到美国总量的 52.5%,占服装出口到欧盟 15 国总量的 66.3%。两个市场最主要的产品是裤子、运动衫和 T 恤。在欧盟市场,毛衣是最主要的出口产品,2003 年占据了该国向欧盟出口总量的 53.3%,而两种不同类型的毛衣占据了服装出口产品的前两位。这一现象与欧盟优惠市场准入要求的双重型原产地规则(ROO)相关,毛衣能达到这一要求。1995—2004 年,针织服装和机织服装产品出口占了相同的比例。但是自 2004 年以来,机织服装产品出口一直停滞不前,而针织产品出口继续扩大。2008 年,柬埔寨服装出口的近四分之三为针织产品。

(5) 后向关联(与纺织业的链接)

柬埔寨和斯里兰卡两国服装业的国内后向关联都很弱,用于服装生产的大部分面辅料依靠进口。

斯里兰卡: 尽管政府努力支持当地纺织业,但该国服装企业仍然依赖面辅料进口。平均而言,服装业面辅料超过 65% 是进口的(Kelegama,2009)。21 世纪初,80%～90% 的面料和 70%～90% 的辅料源于进口

(Kelegama 和 Wijayasiri,2004)。2005 年,斯里兰卡用于制造服装的纱线和面料有 60％依靠进口,并且纱线和面料进口额占斯里兰卡总进口额的四分之一(Tewari,2008)。斯里兰卡在扩大国内纺织品供应方面已经有了重大变化。本国面辅料的采购量已经显著增加,如:40％～50％的针织面料由国内生产提供,但所有的机织面料仍然依靠进口。斯里兰卡最主要的纺织品进口国和地区为:中国(30.6％)、欧盟 15 国(11.7％)、中国香港(14.2％)、印度(17.4％)和巴基斯坦(7.6％)。

柬埔寨:超过 90％的纺织品依靠进口。此外,大多数的辅料、包装和产品标识等也依靠进口。2008 年,柬埔寨的面料进口占该国总进口额的25％(Natsuda、Goto 和 Thoburn,2009)。2008 年,该国主要纺织品进口来源国和地区为:中国(41.5％)、中国香港(29.4％)、韩国(8.6％)、马来西亚(5.7％)和泰国(5.5％)。柬埔寨后向关联高度依赖进口源于外国投资者掌控着企业经营权以及服装业高度集中于 CMT(裁剪、缝纫和后整理)加工环节,柬埔寨国内服装企业仅有有限的采购决策权,因为面辅料的采购往往由海外母公司决定。

(6) 积极的引导政策

斯里兰卡服装业通过产业结构调整和产业功能升级积极应对 MFA配额逐步取消,政府在这一过程中扮演了重要的角色。相对于斯里兰卡政府的积极举措,柬埔寨政府的表现则稍逊一筹,针对服装业的主要政策是吸引外资而不是产业升级。此外,斯里兰卡政府政策实施非常有效,而柬埔寨政府政策实施相对滞后[①]。

① 斯里兰卡的引导政策

2002 年,斯里兰卡服装业的主要行业协会和政府制定了《五年战略规划》,以应对 MFA 配额逐步取消和不断加剧的全球服装业竞争。这一战略规划的重要机构是由政府和五个行业协会[②]共同建立的《服装协会联合论坛》,通过各行业协会共同协商,以应对 MFA 配额取消后带来的挑战(Wijayasiri 和 Dissanayake,2008)。

《五年战略规划》的重点关注领域包括纵向一体化、人力资源和技术进步、贸易、中小企业(small and medium enterprises,SMEs)、金融、物流和基础设施以及营销和企业形象建设(JAAF,2002;Kelegama,2005b,2009)。

---

① 这一节主要内容源自 Staritz 和 Frederick(2011a、2011b)。
② 行业协会包括:斯里兰卡服装出口商协会(SLAEA)、全国服装出口商协会、斯里兰卡服装出口商会、自由贸易区制造商协会和斯里兰卡服装采购办事处协会。

这一战略规划有五个主要目标：

a. 提高行业出口额，从 2001 年的 23 亿美元增加到 2007 年的 45 亿美元，2003—2007 年的平均增长率为 12.0%（低于 1989—2000 年的平均增长率 18.5%）。

b. 基于国际买家期望从供应商获得更多功能性服务需求，将服装业从合同制造商升级为全能型生产制造服务供应商，含面辅料进口采购、产品开发和设计。

c. 专注于高附加值产品而非低成本产品，向高附加值细分市场渗透。

d. 在运动服、休闲服、童装和内衣四个产品领域打造成为具有国际良好声誉的优秀制造商。

e. 巩固并加强服装业。

为达到这些目标，提出了三个层面的战略举措（Fonseka，2004）：

a. 宏观层面。具体措施包括：减少公共事业费用，实行劳动力市场改革，在港口和海关建设电子数据交换（EDI）系统，基础设施建设以及针对斯里兰卡的主要出口市场如比利时、印度、英国和美国建立强有力的游说团体。

b. 行业层面。政府鼓励企业进行品牌建设和营销推广、研发（R&D）、市场信息收集与分析、市场多元化拓展、后向关联（与纺织业链接）的技术升级、纺织服装厂房节能设计、产品技能开发以及提高生产效率和缩短交货期等。

c. 企业层面。努力减少制造成本，提升技能和员工素质，企业间形成强大的战略联盟。

为了将服装业从合同制造商转型成为全能型生产制造服务供应商[①]，《五年战略规划》确定了如下关键步骤：鼓励后向关联（与纺织业链接）整合，提高人力资源开发（员工素质）和技能水平，改革劳动法律法规和规章制度，树立斯里兰卡供应商高劳动标准的形象，满足中小企业的需求，加强与关键国家的双边和多边关系，力促政府改善基础设施以及筹措资金实施改革。

后配额时代，人力资源开发显得特别重要（Kelegama，2009）。政府希望通过增强市场营销能力、创新设计能力，提高企业生产效率，开发技术潜能，提高工人技能以及鼓励以纺织服装为重点、有吸引力的培训教育，由此提高服装业员工的生产效率。为此，基于现有的培训设施，实施了多

[①]全能型生产制造服务供应商的作用包括面辅料进口采购、供应链管理、产品开发与设计、客户关系管理以及强大的制造能力。

项技能培训方面的措施(Kelegama,2009)①(见专栏 6-1)。

专栏 6-1

斯里兰卡服装业人力资源开发措施

● **增强营销能力**：《服装协会联合论坛》(Joint Apparel Association Forum,JAAF)与特许市场营销协会合作,启动了一项针对特定行业专业营销资格的培训(Wijayasiri 和 Dissanayake,2008)。

● **提高设计能力**：《服装协会联合论坛》(由斯里兰卡政府提供支持)发起了一项时尚设计和开发计划,由莫勒图沃大学(University of Moratuwa)的纺织与服装技术系和伦敦时装学院联合设立了四年制学位课程。

● **提升企业生产效率**：《服装协会联合论坛》(由斯里兰卡政府提供支持)于 2004 年发起了生产力促进计划ᵃ。目标是促进形成敏捷和更有效的组织机构,从而达到更高的生产效率、更低的成本、更好的质量以及准时交货(Wijayasiri 和 Dissanayake,2008)。

● **提高技术能力**：2004 年,《服装协会联合论坛》与美国北卡州立大学纺织学院达成协议,该校与制衣业培训所、纺织培训与服务中心合作教学,并授予学生北卡州立大学的附属文凭。斯里兰卡纺织服装协会还组织以下活动：

◎ 服装设备供应商展会(每年两次)：由服装机器设备供应商展示新技术,以帮助斯里兰卡服装技术升级。

◎ 面辅料采购展会：面辅料供应商展示世界最新技术开发的面料和纺织品,以增加当地纺织品制造商对全球流行趋势的了解与认识。

◎ 出版专业杂志(Apparel Update,服装升级)。

◎ 举办会议(南亚服装峰会)。

● **后配额时代**,在捐赠者的支持下,建立了若干项目。例如,美国国际开发署(US-AID)在总数 189 个职业培训中心下属的 31 个分中心创建了四种示范训练模式,为纺织品和服装业提供专业培训。

来源：Staritz 和 Frederick,2011b。
注 a：在这个项目之前,国际劳工组织于 2002 年使用来自美国劳动部和瑞士经济事务秘书处的资金启动了工厂改进项目,这是一项旨在帮助工厂增加竞争力、改善工作环境、加强管理者与员工之间沟通和协作的计划。由斯里兰卡雇主联合会连同国际劳工组织与《服装协会联合论坛》共同合作,该项目已实施(Wijayasiri 和 Dissanayake,2008)。

作为《五年战略规划》的一部分,两项用以改善服装业工作条件及国内外形象的举措已经开始实施：a. 2006 年开展的"无罪服装"(Garments without Guilt)国际形象塑造活动；b. 2008 年开展的"骄傲"(Abhimani)国内形象塑造活动。

---

①除了正规的培训项目外,非政府组织开设了各种女职工培训项目,如美国国际劳动团结中心、印度社区警察组织、意大利运营的鲍思高(Don Bosco)。此外,政府投资的职业训练局开设有三至六个月的课程。大型公司如 Brandix 和 MAS 拥有自己的培训机构：Brandix 服装技术学院(与皇家墨尔本理工学院合作)和 MAS 管理技术学院。

② 柬埔寨的引导政策

柬埔寨政府支持服装业的发展,但积极政策的主要导向注重于吸引外国直接投资(FDI)。1994 年,政府批准在柬埔寨设立 100％外商独资企业,同时,为外国投资者提供优惠政策,改善经营环境,包括适用于服装出口业的面辅料进口免税政策,设定免税期和财政激励措施,立法建立出口加工区(EPZs)以及开发一站式服务以简化投资程序(Natsuda、Goto 和 Thoburn,2009)。除了以吸引外资为导向的政策,柬埔寨政府与孟加拉国、中国、斯里兰卡和越南等竞争国家相比,涉及本国服装业以及产业升级的扶持政策较少。

积极政策的主要成果为"柬埔寨更佳工厂",源于柬埔寨与美国之间的一项贸易协定。根据该协定,如果柬埔寨提升工作环境,美国将给予柬埔寨更优惠的市场准入待遇。该项目已经构建了一个促进政府、行业协会、企业以及工会之间合作的体制架构。"柬埔寨更佳工厂"项目是由国际劳工组织管理,并得到政府、柬埔寨服装制造商协会(GMAC)以及工会的支持。该项目与包括国际买家在内的其他利益相关者紧密合作。根据国家和国际标准进行监控,通报柬埔寨服装工厂的工作条件,并帮助工厂改善工作条件和提高生产效率。

为应对后配额时代的变化,政府在 2005 年制定了柬埔寨《服装业发展战略规划》。然而,战略规划实施呈滞后状态。战略规划的主要目标是"创造柬埔寨服装业可持续发展环境,保持出口竞争力和产品多元化,开创利基市场,获取国内更高的附加值,以及给予雇员公平分配的权利"(Staritz 和 Frederick,2011a)。

战略目标如下:

a. 通过集聚战略合作伙伴提升服装业结构和信息库功能;

b. 改善主要市场的准入条件,形成公营和私营的紧密合作伙伴关系;

c. 降低交易(行政)费用;

d. 通过链接国内纺织业以及鼓励本国投资整个供应链,由此缩短交货期和增加附加值;

e. 提高和拓展营销能力,寻找更多终端市场和国际买家;

f. 建立技能发展计划,提高生产效率;

g. 注重基础设施改造,解决国内产品成本较高的问题,如高昂的电力成本和港口费用。

这一战略规划涉及各利益相关方的工作计划与管理框架,主要包括柬埔寨国家出口委员会、柬埔寨服装制造商协会、工会和劳动组织。然而,尽管设定的目标雄心勃勃,但这一策略迄今为止还未完全得到实施。

服装业是柬埔寨经济增长的发动机,然而政府对该行业的系统技能训练的投资一直有限。现有的训练主要集中于指导女性员工如何缝纫、如何减少伤害和控制停机时间,而不是依靠产业升级推动生产效率的提高,以实现更高技能、更高附加值的生产活动(Rasiah,2009)。唯一的两个功能齐全的正规培训机构为柬埔寨制衣培训中心(Cambodia Garment Training Center,CGTC)和柬埔寨技能发展中心(Cambodia Skills Development Center,CASDEC)[①]。

6.3　就业

本节论述柬埔寨和斯里兰卡两国服装业的就业特征以及对比这两个国家在 MFA 配额取消前后的就业状况。柬埔寨与斯里兰卡服装领域的就业人口拥有若干共同特征:第一,从事纺织与服装业的人口比例相对较小,柬埔寨占 5%,斯里兰卡占 6%,并且在 MFA 配额取消后保持稳定(见表 6-1)。第二,服装业就业以女性为主。柬埔寨(2009 年)与斯里兰卡(2008 年)女性分别占服装业总就业人数的 83% 和 73%。两个国家的这一比例远远高于女性在该国劳动就业总人数的占有比例,柬埔寨占 50%,斯里兰卡占 34%。并且在 MFA 配额取消后,这两个国家的女性服装就业比例保持相对稳定。第三,服装业劳动力所受教育水平高于两国的平均教育水平。

表 6-1　柬埔寨和斯里兰卡的劳动力特征

	柬埔寨				斯里兰卡		
	2004	2007	2008	2009	2002	2006	2008
就业和教育							
女性劳动力占比/%	50	49	48	50	32	31	34
受教育年数	5.51	6.07	6.05	5.98	8.44	8.56	8.81
纺织服业女性受教育年数	6.12	6.26	5.80	6.39	10.03	10.01	10.18
纺织服装业男性受教育年数	7.55	8.62	7.22	7.28	10.20	10.33	10.46
纺织服装业平均受教育年数	6.39	6.67	6.10	6.55	10.08	10.11	10.26
行业就业占比							
农业/%	58	49	43	53	20	12	18
纺织服装业/%	4	5	5	5	6	6	6

来源:作者(Yevgeniva Savchenko)。

---

①柬埔寨制衣培训中心(CGTC)成立于 2002 年 4 月,由柬埔寨服装制造商协会(GMAC)管理,得到八个组织的支持。主要课程为“服装行业主管培训”;最近开设了一门新课程“技能开发入门”。柬埔寨技能开发中心(CASDEC)提供技术和工程方面的培训,特别是针对中层管理人员,也可以直接对企业生产管理需求提供帮助,包括制定工作流程、规划、控制和监督。该中心由美国国际开发署(USAID)赞助,但现在很大程度上转为自营。

柬埔寨:人均有六年的教育经历,而在服装领域,工人平均拥有六年半的教育经历。尽管该行业的教育水平比国家平均教育水平稍高一些,但是该行业在劳动技能与管理水平这两方面最受关注的仍然是劳动技能(见专栏6-2)。。

专栏 6-2

柬埔寨服装业——技能缺乏

柬埔寨服装劳动生产效率相对较低,主要原因是工人与管理者缺少技能。熟练的缝纫工供不应求,而拥有管理以及时尚设计等技能的人才严重短缺。大多数中高层管理人员、技术工人以及监管人员为外国人,大约有5 000名中国服装技术与督导人员通过中国人力资源代理机构派遣到柬埔寨服装工厂。这些外国人带来了经验,对柬埔寨服装业的快速发展起到了至关重要的作用。但是,他们在该国产业升级和生产效率提高方面遇到了挑战,因为这些派遣技工和管理人员在生产工艺和工业工程管理等方面接受的培训与掌握的技能有限,管理方法或过时或不适用。此外,在语言和文化交流方面也存在沟通障碍(Nathan Associates,2007),如对当地员工的知识传输由于沟通障碍进展缓慢,一知半解时有发生。

来源:Staritz 和 Frederick,2011a。

服装业就业人数从1995年的1.9万名迅速增长到2004年的27万名(Staritz 和 Frederick,2011a)。在 MFA 配额取消后仍保持增长,2007年就业人数达353 017名,然而2008年,就业人数下降至324 871名(见图6-2)。据估计,除了这些直接就业岗位,服装业还创造了24.2万个间接就业岗位:11.3万个服务性岗位,包括运输与贸易;3.7万个非服装制造岗位,主要在建筑领域;9.2万个农业性质岗位(Natsuda、Goto 和 Thoburn,2009,摘自 EIC, 2007)。很遗憾,由于缺少时间序列数据或各行业和企业的面板数据,本研究无法对柬埔寨行业层面进行就业状态的回归分析和研究。

斯里兰卡:服装业就业人数从1990年的102 000名增长到2004年的340 367名,占所有制造业就业人数的三分之一(Staritz 和 Frederick,2011b)。在 MFA 配额取消后,由于行业开始对企业进行整合[①],就业人数减少约20%,2008年降至27万名(见图6-2)。对斯里兰卡产业数据的回归分析也证明了这些数据结果,显示在后配额时代,纺织服装业的就业率下降了28%,然而这些结果并不显著(见附表6A-1)。其原因是,在

---

①对斯里兰卡而言,结构调整意味着服装业集中于少数大型企业,随之产生的现象是小型企业数量和就业人数的减少。

MFA 正式结束之前,服装业已经着手进行了产业整合。

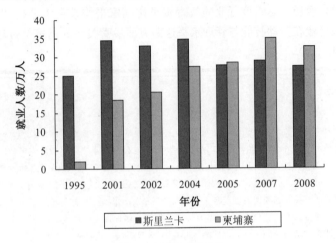

图 6-2　服装业就业比较

来源:Kelegama,2005a、2005b、2006、2009;Tait,2008;*Just-style*,2009;Saheed,2010;柬埔寨服装制造商协会(GMAC)。

注释:柬埔寨展示的是工人就业数据。

斯里兰卡即使女性占比出现减少,服装业就业仍以女性为主。20 世纪 80~90 年代,斯里兰卡 90%以上的服装工人为女性[①],2005 年后,这个比例下降至 80%。不过,对斯里兰卡行业的回归分析表明,后配额时代纺织服装女性员工占比下降并不显著(见附表 6A-1)。尽管行业正在整合,但矛盾的是,斯里兰卡服装业仍经历着劳动力短缺的困惑,这与服装业在斯里兰卡国内较差的形象有关,包括众所周知的低工资和简陋的工作条件。据估计在该行业所有技能部门中,约有 15 万个空缺岗位(Wijayasiri 和 Dissanayake,2008)。然而,斯里兰卡大约有 15 万名服装工人在国外就业,其中大部分人技术娴熟,这些国家或地区包括:孟加拉国、肯尼亚、马尔代夫、毛里求斯和中东,他们认为在国外可以获得更高的薪资,更好的经济和社会待遇(Kelegama 和 Wijayasiri,2004)。

6.4　行业内的变化

本节论述随着 MFA 配额取消,柬埔寨和斯里兰卡服装行业内的变化。首先,阐明后配额时代这两个国家的服装单价呈现下降态势;然后,考察两国在全球价值链中位置的改变。结果显示:斯里兰卡提升了服装

---

①见 Staritz 和 Frederick(2011b)相关文献。

业在价值链中的地位,而柬埔寨的服装业保持原状;最后,在企业动态方面,MFA 配额取消后,柬埔寨服装企业的数量继续增加,而斯里兰卡的服装企业数量减少(被淘汰的主要是中小企业)。

(1) 服装单价变动分析

后配额时代,柬埔寨和斯里兰卡的服装单价均呈现下降趋势。2004—2008 年,斯里兰卡对美国的服装出口单价从每打 59 美元急剧下降至每打 42 美元(见图 6-3)。

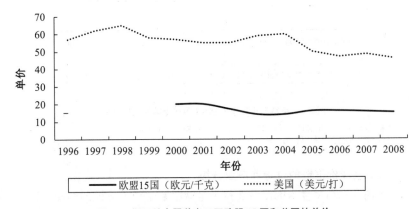

图 6-3 斯里兰卡服装出口至欧盟 15 国和美国的单价

来源:欧盟 15 国—欧盟统计局;美国—美国国际贸易委员会(USITC)。
注释:出口到美国的产品,计量数据(volume data)对四种产品不适用,五种产品的计量数据以件数计,此处将这两种测量产品单位的数据都转化为"打"。

出口至欧盟的服装单价在 2004—2005 年略微上升,随后缓慢下降(Staritz 和 Frederick,2011b)。尽管同样是服装单价下降,但斯里兰卡服装出口的单价总体上比其他亚洲服装出口国家高,这是因为斯里兰卡专注于高附加值产品的生产。印度和斯里兰卡出口至欧盟的服装单价均高于其他亚洲竞争国家,包括孟加拉国、柬埔寨、中国、巴基斯坦和越南(Tewari,2008)。

另一方面,柬埔寨主要出口产品的单价低于世界平均水平。2005 年柬埔寨出口至欧盟 15 国的产品单价低于印度、斯里兰卡和越南,但高于孟加拉国、中国、巴基斯坦(Tewari,2008)。柬埔寨服装出口价格低的原因在于集中出口基本产品,而其他国家则出口高附加值产品。观察 MFA 配额取消后的单价下降,其中,出口至美国的服装单价比欧盟下降幅度更大。根据美国国际贸易委员会和欧盟统计局的统计数据,2004—2008 年期间,柬埔寨出口至美国的服装平均价格下降了 25%,从每打 52 美元降至每打 39 美元,而出口至欧盟 15 国的平均价格也下降了 7%,从每千克

13.4 欧元降至 12.5 欧元(Starit 和 Frederick,2011a)(见图 6-4)。

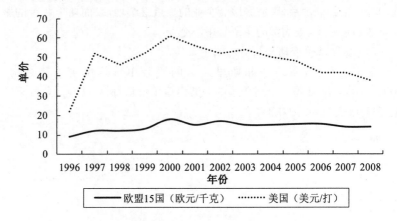

图 6-4　柬埔寨出口至欧盟 15 国和美国的服装单价

来源:欧盟 15 国—欧统计局;美国—美国国际贸易委员会(USITC)。

注释:美国的产品数值以打为计量单位。

(2) 全球价值链的位置和产业升级

　　柬埔寨和斯里兰卡的服装业位于全球服装生产价值链的两端。斯里兰卡服装业为价值链升级作出了不懈努力,包括工艺流程、产品、功能、社会责任以及一定程度上的供应链升级[①]。相比之下,柬埔寨服装业集中于服装制造价值链的最低端,即来料来样加工生产(裁剪、缝纫和后整理,CMT)。这些差异在某种程度上可以用产权结构予以解释。斯里兰卡的大多数企业产权由内资掌握,因此在产业战略方面拥有诸多营销决策权。与之相比,大部分柬埔寨工厂由外商投资掌控,主要决策由母公司总部制定,因此这些工厂在营销战略决策、吸引订单等方面的影响力和自主权有限。此外,斯里兰卡的大型制造商注重投资新技术,而柬埔寨工厂仍然使用由母公司提供的简陋设备,这是造成两国在全球生产价值链功能定位差异的另一原因。

　　斯里兰卡:服装产业功能升级是该国后配额时代《五年战略规划》的一项重要内容,该规划拟将服装业从合同制造商转变成为全能型生产制造服务供应商。这项战略工作由大型制造商如 Brandix 公司和 MAS 公司起步和实施,在 20 世纪 90 年代早期,这些企业开始增强各种功能和提

---

①这一节主要内容源自 Staritz 和 Frederick(2011a、2011b)。

供更广泛的服务,现在他们既提供设计又提供营销等方面的服务①。如今,斯里兰卡服装业的一个重要组成部分是提供全能型生产制造服务功能,包括面辅料进口采购活动以及拥有一定程度的产品开发和设计能力。此外,斯里兰卡服装业已升级到具备生产更高附加值产品的能力。大型制造商注重将产品升级为中高附加值或利基产品,尤其是内衣和若干运动服产品。

柬埔寨:该国服装业仍然集中于 CMT,这种生产模式按合同要求由服装厂接收所有从国际买家或母公司输入的材料(主要是面料和辅料),只负责缝制阶段的工作,然后出口成衣。然而,CMT 工厂除了缝纫工作外,还负责面料开裁、后整理,包括水洗工艺和包装等工作。柬埔寨服装制造商协会(GMAC)报道,60%的工厂(通常为外商投资子公司)为 CMT模式,25%为来样加工(FOB,又称全包加工)模式,15%为转包加工(sub-contracting arrangements,又称分包加工)模式。在柬埔寨,只有少数服装企业参与产品设计或产品开发过程。

斯里兰卡:该国本土大型制造商在制定行业发展战略中拥有决策权。MFA 配额取消后,这些企业建立了自有品牌,并在国外开设工厂。建立自己的品牌是一项重要的创新,因为当时斯里兰卡的服装业没有任何自有品牌。例如,MAS 公司在 2007 年创立了 Amante 内衣品牌。该品牌的目标顾客是中高收入者,力图与黛安芬、艾格和娜圣莎等国际品牌一争高低(Wijayasiri 和 Dissanayake,2008)。在国外投资开厂进一步提升了这些企业的媒体影响力,藉此,斯里兰卡企业能够组织管理本土以及国际生产和采购网络。斯里兰卡的服装制造商在约旦、肯尼亚、马达加斯加、马尔代夫群岛、毛里求斯以及最近在孟加拉国、印度和南亚的其他国家开设了工厂②。

柬埔寨:与斯里兰卡相比,该国工厂主要集中于三角形制造网络,即与来自跨国制造商的全球买家以及设在中国、中国香港、韩国、马来西亚、

---

①他们建立了自己的设计中心,使得企业内部设计工作者与品牌所有者的设计团队紧密合作,以便诠释他们的设计、提出建议、有时甚至提供创新思路。MAS 公司还在中国香港、英国和美国建立设计工作室,为它的主要顾客提供设计方案,顾客包括 Victoria Secret、GAP 和 Speedo。Brandix 公司还未开设海外设计中心,但在纽约和伦敦设有营销办事处,以加强与国际买家的联系(Wijayasiri 和 Dissanayake,2008)。

②例如,Brandix 和 MAS 在印度设立了纺织服装产业园区。这两个制造商还在其他国家建立了工厂,但他们在印度的投资规模比以往都大,这些投资受到配额可用性的驱动。Brandix 公司位于普拉得什邦的印度服装城,占地 6 000 余亩,2006 年在政府的支持下成立,预计年销售额为 120 亿美元,雇员超过六万人。它的目标是成为印度最大的垂直一体化纺织服装企业,涵盖整个供应链,从纤维到纺纱、针织、机织、剪裁和辅料准备、缝纫和后整理、物流和仓储服务等。MAS 公司 2006 年签署了一份谅解备忘录(MOU),投资两亿美元在印度安得拉邦建立了一个占地 4552 亩的产业园区(Wijayasiri 和 Dissanayake,2008)。

新加坡和中国台湾的总部一起,组成全球范围的制造网络。因此,柬埔寨的工厂通过他们的海外母公司融合进入服装全球价值链,即柬埔寨工厂接受母公司下达的生产订单、面辅料进口和配送指令。这种融合方式能够确保进入国际买家供应链和面辅料进口采购网络的安全。但是柬埔寨当地企业只有有限的决策权和执行权。生产、销售和管理决策主要由母公司总部确定。母公司通常负责服装面辅料进口采购、产品开发与设计、物流、商品企划以及营销推广,并负责与国际买家直接联系。

斯里兰卡:服装业的技术水平参差不齐,大型制造商由于在技术和员工开发上注重投入,通常使用最新技术,而中小企业的技术含量相对较低(JAAF,2002)。作为《服装协会联合论坛》提高生产力计划的一部分,斯里兰卡的大型制造商已经在生产流程中实施精益制造方法,由此减少浪费、缩短交货期、降低生产成本,并且他们对供应链的建设也进行了投资(Wijayasiri 和 Dissanayake,2008)。

柬埔寨:服装业仍在使用传统的技术,大多数机械设备为来自母公司的二手货。2004 年亚洲发展银行(ADB)的一项研究表明,柬埔寨服装企业采用的缝制工艺和检验技术等级最低,而且无论是数量还是质量,几乎很少有缝制设备采用辅助器件帮助工人更有效地工作(ADB,2004)。来自柬埔寨的访谈调查结果表明,柬埔寨的机械设备大部分是在中国大陆、中国香港、中国台湾、马来西亚、泰国的三角形生产网络使用过的,或者少部分是由当地制造商从国外进口的二手货。只有针织设备(纬编和经编)是由一些公司直接从德国和中国台湾进口的一手货(Rasiah,2009)。

(3) 企业动态

由于产业战略不同,柬埔寨和斯里兰卡在后配额时代的企业动态也不尽相同。MFA 配额取消后,诸多柬埔寨企业继续发展。而在斯里兰卡,MFA 配额取消前该国企业已取得发展,MFA 配额取消后,服装业进行了结构调整,大量中小企业被淘汰出局。

柬埔寨:1994—2004 年,服装企业数迅速增加,由 20 家增加到 219 家。后配时代,企业数量继续增加,2008 年达到 284 家。在柬埔寨,雇用工人数超过 5 000 名的工厂数量比 2004 和 2005 年的两倍还多。仅有四分之一的工厂员工少于 500 名,大多数工厂的员工在 500～2 000 名之间(Natsuda 等,2009)。

斯里兰卡:服装企业数从 1990 年的 142 家增加到 2001 年的最高值1 061家。此后,企业数量开始下降,2004 年约有 830 家,2008 年约有 350 家。下降的原因是产业结构调整,中小企业数量不断减少,行业合并推手是大型企业。行业数据回归分析证实了后配额时代斯里兰卡工厂数量的负向变化(见附表 6A-1)。然而这一结果并不显著,事实证明斯里兰卡为应对 MFA 配额取消,已提前做好准备,产业结构调整是应对战略的一部分。

6.5 工资

本节论述工资变化以及 MFA 配额取消前后男女工资差异和服装业的工资溢价现象。分析显示,两个国家的纺织服装业平均工资高于农业(见表 6-2)。柬埔寨服装业的工资高于该经济体系的平均工资水准,然而,斯里兰卡服装业的工资略低于该国经济体系的平均工资水准。

斯里兰卡平均劳动成本相对高一些,2008 年为 0.43 美元/小时(包括社会福利费用)。这个价格是孟加拉国的两倍,同样也高于柬埔寨、巴基斯坦和越南,但低于中国和印度。柬埔寨的平均劳动成本相对低一些:一名生产工人的基本最低工资(包括津贴和加班费)为 0.33 美元/小时(Nathan Associates,2007)[1]。2008 年,在区域竞争国家排名中,柬埔寨位于孟加拉国之后,排名第二。然而,这些较低的工资水平伴随的是较低的劳动生产效率。2004 年一项世界银行的研究显示,柬埔寨的企业与工人一般要比孟加拉国、中国、印度、巴基斯坦的生产效率低,并且该国较低的劳动力成本并不能完全补偿工人较低的生产效率(World Bank,2004)。

表 6-2　柬埔寨和斯里兰卡以当地货币计算的工资水准

	柬埔寨				斯里兰卡		
	2004	2007	2008	2009	2002	2006	2008
纺织服装业平均工资对数值	12.24	12.45	12.53	12.45	8.35	8.75	8.86
农业平均工资对数值	11.05	11.6	11.72	11.61	7.82	8.31	8.68
平均工资对数值	11.74	12.31	12.47	12.22	8.34	8.83	8.94

来源:作者(Yevgeniva Savchenko)计算。

表 6-3 和表 6-4 分别展示了斯里兰卡与柬埔寨工资回归分析的结果。回归分析采用第二章所描述的方法。柬埔寨分析数据源自六次社会经济家庭调查结果,涵盖了 1996—2009 年相关年份的各类信息;斯里兰卡分析数据源自 2002 和 2006 年家庭收入与支出调查以及 2002 和 2008 年斯里兰卡劳动力调查。

---

[1]关于劳动力成本与其他国家的比较参见第三章。

表 6-3 柬埔寨的工资溢价回归分析

	工资对数值					
	1996	**1999**	**2004**	**2007**	**2008**	**2009**
女性虚拟变量	−0.266**	−0.141**	−0.120**	−0.128**	−0.133**	−0.115**
工作时间	0.010**	0.011**	0.016**	0.014**	0.017**	0.017**
年龄	0.059**	0.044**	0.038**	0.052**	0.066**	0.056**
教育	0.053**	0.042**	0.009**	0.079*.*	0.066**	0.050**
纺织服装工资溢价	−0.301**	0.781**	0.287**	0.354**	0.374**	0.130*
风险	−0.000	0.094	−0.085	0.362*	0.132	0.040
常数	10.640**	9.973**	10.747**	9.942**	9.930**	10.394**
观测样本量	4 706	3 000	7 068	2 294	1 287	3 800

来源：作者(Yevgeniva Savchenko)基于柬埔寨社会经济家庭调查数据计算。
注释：行业的总平均值通过计算得到；其他控制因子包括年龄的平方、工作时间、行业、职业等虚拟变量。
** 表示 $p < 0.01$，* 表示 $p < 0.05$。

表 6-4 斯里兰卡的工资溢价回归分析

	工资对数值		
	2002	**2006**	**2008**
女性虚拟变量	−0.401**	−0.553**	−0.443*
年龄	0.111**	0.154**	0.118*
教育	0.040**	0.039**	0.041*
纺织服装工资溢价	0.196**	0.050**	0.082*
风险	0.525**	0.790**	0.528*
常数	6.070**	5.742**	6.181*
观测样本量	12 213	17 828	14 998

来源：作者(Yevgeniva Savchenko)基于斯里兰卡 2002 和 2006 年家庭收入支出调查以及 2008 年劳动力调查的数据计算。
注释：行业的总平均值通过计算得到；其他控制因子包括年龄的平方、行业、职业等虚拟变量。斯里兰卡调查中没有"工作时间"数据。
** 表示 $p < 0.01$，* 表示 $p < 0.05$。

柬埔寨:女性工资的差距随时间的推移而逐渐减少,1996 年,女性工资平均比男性工资低 26.6%,但是在 2009 年,女性工资比男性工资只低了 11.5%(见表 6-3)。在 MFA 配额取消后,工资差距从 2004 年的 12.0%扩大到 2008 年的 13.3%。但是到 2009 年,差距缩减到 11.5%。

斯里兰卡:性别引起的工资差异在 MFA 配额取消后有所扩大,2002 年,女性工资比男性低 40.1%(见表 6-4)。到 2006 年,这个差距达到 55.3%,尽管在 2008 年下降至 44.3%,但仍比 MFA 配额取消前稍高一些。

两个国家相比较整个经济体系平均工资水准,服装业的工资溢价较高;然而,这个溢价值在 MFA 配额取消之后降幅较大。

柬埔寨：1996 年，服装业的工资溢价为负值（-0.301），可能是因为当年行业刚刚起步，运营时间仅为三年。1999 年，柬埔寨与美国和欧盟签署贸易协定后，出口明显增加，因此服装工资溢价也显著增大①。与 1999 年相比，2004 年服装业的工资溢价有所下降，而在 2007—2008 年期间又有所增长。

斯里兰卡：2002 年，纺织服装业与整个经济体系平均工资相比，工资溢价明显，为 19.6%（见表 6-4）。2006 年工资溢价下降至 5%，但是在 2008 年又上升至 8%。2008 年服装业的工资溢价增长可能与行业重心转向高附加值产品（内衣）有关。

6.6 工作条件

这一节将阐述 MFA 配额取消对工人工作条件的影响。直接影响工人幸福感的工作条件为加班、严酷的工作环境、社会福利欠佳以及工作歧视。但产品需求方也会间接影响工人的就业和工资：如果国际买家了解到生产商使用童工或不能善待员工，可能支付更低的价格或拒绝采购产品。

柬埔寨和斯里兰卡政府为改善服装业的工作条件，采取了不同的政策。

斯里兰卡：作为《五年战略规划》的一部分，为提高服装业形象和改善工作条件，该国于 2006 年举办了一项国际形象塑造活动："无罪服装"（Garments without Guilt）；2008 年举办了一项国内形象塑造活动："骄傲"（Abhimani）。尽管做了很多努力，但工人的工作条件依然不理想。正如前面提到的，斯里兰卡的劳动力成本低于中国和印度。除了低工资外，缺少正规合同、长时间和高强度工作，尤其是结社权和协商谈判权（如许多企业不愿意承认工会地位）等是服装企业的常见问题，小企业问题尤其严重（Staritz 和 Frederick，2011b）。Kelegama 和 Wijayasiri（2004）发现了服装业劳动力岗位空缺的原因，即在一定程度上是因为严酷的工作环境，造成工人转移到国外以寻找更高的工资和更好的工作条件。

柬埔寨：自 1999 年启动"柬埔寨更佳工厂"计划后，该国有着良好的遵守劳动法规记录。受该项计划影响，是否遵守国际劳工标准直接关系到柬埔寨从美国得到的出口配额。根据 2004 年外国投资咨询服务机构针对进口柬埔寨服装产品的美国和欧洲 15 家最大国际买家进行的一项

---

①Robertson 等人（2009）也记载了 2004 年柬埔寨服装业可观的工资溢价。

调查结果显示,柬埔寨被评价为亚洲服装出口国中"劳动标准水平"最高和"保护工人权利并组织工会"最好的国家。这些亚洲服装出口国家包括孟加拉国、中国、泰国和越南(Staritz 和 Frederick,2011a)。

"柬埔寨更佳工厂"体系对该国服装业进行了全面和系统的监控和管理,行业内所有的工厂均登录注册于该计划项目。一个以高棉语为沟通语言的督查队伍进行了一项为期十个月的检测访问,最后完成了工厂的调查报告和一份公开可用的综合报告。这一过程及报告通过计算机信息管理系统得到简化,从而国际买家和供应商都能进入这个系统查看。检测检查表(基于柬埔寨劳动法和国际劳工组织核心劳动标准)涵盖的条目超过 480 项。2004 年 MFA 配额取消时,恰逢美国的配额到期,似乎消除了"柬埔寨更佳工厂"的激励动机(Staritz 和 Frederick,2011a)。然而,柬埔寨仍继续推进该计划项目,以维持遵守劳动标准的良好声誉。尽管柬埔寨在遵守劳动标准方面拥有良好的记录,但是仍然存在着一些问题。Miller 等人(2007)指出,社会责任审计对雇用童工、强迫劳动、健康和安全有积极影响,但对于结社自由、集体谈判、性别歧视、最低生活工资保障和工作时间等方面的影响有限。低工资和超时劳动现象在柬埔寨普遍存在,建立集体谈判机制也遇到了困难。

工作条件通过以下两个虚拟变量取平均值进行计算:工作年龄超过14 岁为一个虚拟值,每个工作周工作时间小于或等于 40 小时为另一个虚拟值(见表 6-5 第一至第四列)。

在这两种情况下,对不同年份的调查数据进行合并回归。2005 年及之后的时间是一个虚拟值。结果表明,在后配额时代,柬埔寨纺织服装业的工作条件变差,指数比其他行业低 5.2%(见表 6-5 第一列)。这些数据也反映了一个事实:美国配额取消使得企业遵守"柬埔寨更佳工厂"设定的劳动标准激励动机消退。

斯里兰卡:后配额时代,该国纺织服装业的工作条件有所改善,指数比其他行业高 2.3%,这可能源自"无罪服装"活动的影响。尽管在后配额时代这两个国家的女性工作条件相对男性工作条件或与其他产业相比有所改善,但这些改变并不显著,表明 MFA 配额取消对纺织服装业的女性工作环境影响在性别方面并没有什么不同。结合斯里兰卡的家庭调查,可以用另一个测量方法衡量工作条件(见表 6-5 第五和第六列):奖金和津贴占现金收入的比例以及食品券占现金支出的比例。良好的工作条件应该是高于平均水平的绩效薪酬占比和低于平均水平的食品券占比。这里的因变量是这两个变量各自的平均值。分析显示:后配额时代斯里兰

卡纺织服装业的工作条件指数比其他行业差 3%。然而,在后配额时代,
女性工作条件相对于男性与其他行业改善了 8.5%(见表 6-5 第六列)。

表 6-5 柬埔寨和斯里兰卡的工作条件回归分析

	柬埔寨		斯里兰卡			
	家庭调查		劳动力调查		家庭调查	
	(1)	(2)	(3)	(4)	(5)	(6)
女性	0.031**	0.032**	0.066**	0.059**	0.010**	0.038**
	(0.002)	(0.002)	(0.002)	(0.004)	(0.003)	(0.004)
虚拟时间	0.045**	0.046**	−0.009**	−0.014**	−0.451**	−0.435**
	(0.002)	(0.003)	(0.002)	(0.003)	(0.003)	(0.003)
女性 * 纺织服装	n.a.	−0.036**	n.a.	−0.029*	n.a.	−0.008
		(0.012)		(0.015)		(0.014)
女性 * 虚拟时间	n.a.	−0.001	n.a.	0.015**	n.a.	−0.060**
		(0.004)		(0.005)		(0.005)
虚拟时间 * 纺织服装	−0.052**	−0.069**	0.023**	0.01	−0.030**	−0.062**
	(0.008)	(0.018)	(0.009)	(0.017)	(0.009)	(0.016)
虚拟时间 * 纺织服装 * 女性	n.a.	0.022	n.a.	0.01	n.a.	0.085**
		(0.020)		(0.020)		(0.020)
常数	0.779**	0.779**	0.737**	0.739**	0.630**	0.631**
	(0.016)	(0.016)	(0.015)	(0.015)	(0.029)	(0.029)
拟合系数	0.09	0.091	0.122	0.123	0.559	0.561
观测样本量	84 724	84 724	49 348	49 348	34 585	34 585

来源:作者(Yevgeniva Savchenko)计算。
注释:括号内为标准误差;其他因子包括年龄、年龄的平方、婚姻状况、教育、行业和职业等虚拟变量;纺织服装行业虚拟值取 1,其他行业虚拟值取 0;工作时间 2005 年之后虚拟值取 1;"n.a."指数据不适合入表。** 表示 $p < 0.01$,* 表示 $p < 0.1$。

6.7 本章小结

尽管对后配额时代的服装出口预期比较悲观,但是柬埔寨和斯里兰卡这两个国家仍在努力增加服装出口,保持世界市场份额以及稳健的增长率,从而减少了贫困。这种快速恢复能力可以从几个方面来解释:美国与欧盟对中国设立保护性进口配额壁垒(特保措施),时间从 2005 年起至 2008 年底为止,由此缓解 MFA 配额取消后中国产品对其他国家的冲击;其他因素,如积极的引导政策、产权制度的改革以及产业背景也很重要。

由于在后配额时代,柬埔寨和斯里兰卡的发展战略以及在全球服装市场所占的利基市场不同,因此后配额时代对就业的影响也不同。作为《五年战略规划》的一部分,斯里兰卡对服装业进行了结构调整,尽管生产总量及出口额在增加,但就业率却出现下降。在柬埔寨,MFA 配额取消后,服装业就业人数持续增加,但与其他区域或国家的同行业相比,该国

工人技能较低,生产效率不高。本研究没有观察到后配额时代这两个国家服装业的男女就业构成比有明显变化,服装业依然以女性为主导。

后配额时代,两国服装出口的单价有所下降,主要是全球服装业的竞争不断加剧所致。两个国家的男女工资差别在 MFA 期间有所减小。这个差距在 MFA 刚结束时有所扩大,之后又开始减少。从两个国家服装业的工资溢价可以观察到类似的变化趋势,即服装业工人与该国的平均工资相比获得工资溢价。MFA 刚结束时,两国的工资溢价均有所下降,但随后几年又有所回升。最后,就工作条件而言,两国有不同的结果。MFA 配额取消后,柬埔寨服装业的工作条件相比于其他国家不容乐观;而斯里兰卡方面,不同测量方法有着不同的结果。

鉴于柬埔寨和斯里兰卡两个国家服装业的产业转型模式不尽相同,还需要更多的研究才能明确这两个国家的服装业能否保持在 MFA 期间获得的繁荣及可持续发展。行业发展的主要关注点是针对中国特保措施的结束和 2008 年金融危机冲击的后果,这两者都会对服装业的需求带来影响。

附表

表 6A-1　斯里兰卡的行业数据回归分析

	企业数量	劳动力对数值	女性比例
虚拟时间	−9.61	0.04	0.07***
	(10.376)	(0.127)	(0.019)
虚拟时间＊纺织服装	−33.51	−0.28	−0.06
	(22.707)	(0.278)	(0.040)
食品、饮料、烟草	144.46	1.35***	0.32***
	(17.485)	(0.208)	(0.034)
纺织、服装、皮革	113.15***	1.18***	0.62***
	(20.371)	(0.246)	(0.036)
木制品、家具	41.35**	0.43**	0.08**
	(18.138)	(0.219)	(0.032)
造纸、印刷、出版	−3.05	−0.12	0.11***
	(20.430)	(0.250)	(0.036)
化学品、汽油、橡胶	44.01**	0.38*	0.23***
	(18.545)	(0.223)	(0.033)
非金属制品	91.30***	0.98***	0.23***
	(19.221)	(0.232)	(0.034)
基本金属	−12.19	−0.45	−0.04
	(36.759)	(0.450)	(0.065)
出口对数	n. a.	n. a.	−0.03***
			(0.006)
常数	96.19***	4.90***	0.58***
	(19.199)	(0.188)	(0.094)
观测样本量	560	560	560
拟合系数	0.3112	0.4199	0.5526

来源：作者（Yevgeniva Savchenko）计算。

注释：括号内为标准误差；由于保密限制，斯里兰卡制造业的单元数据只是行业、企业规模、省级单位的整体概括值（单元数据）。这些数据于 1993、1998 和 2007 年收集；2007 年时间虚拟值取 1，1993 和 1998 年时间虚拟值取 0；纺织服装业虚拟值取 1，其他行业虚拟值取 0；省略的部分为金属制品和机械行业；其他因子包括企业规模、企业数量和位置、女性所占比例的回归分析、劳动力对数对应的公司规模；"n. a."指数据不适合入表。

＊＊＊表示 $p < 0.01$，＊＊表示 $p < 0.05$，＊表示 $p < 0.1$。

参考文献
背景文件

Staritz, Cornelia, and Stacey Frederick. 2011a. "Background Global Value ChainCountry Papers: Cambodia." Background paper to the book Sewing Success? Employment, Wages, and Poverty following the End of the Multi-fibre Arrangement, World Bank, Washington, DC.

————. 2011b. "Background Global Value Chain Country Papers: Sri Lanka." Background paper to the book Sewing Success? Employment, Wages, and Poverty following the End of the Multi-fibre Arrangement. Washington, DC: World Bank.

来源

[1] ADB (Asian Development Bank). 2004. "Cambodia's Garment Industry: Meeting the Challenges of the Post-Quota Environment." ADB, Manila.

[2] The Economist. 2011. "Textiles in South-East Asia: Good Darning, Vietnam." June 4.

[3] Fonseka, Tilak. 2004. "Forward Integration and Supply Capacity of the Garment Industry." In Ready-Made Garment Industry in Sri Lanka: Facing the Global Challenge, ed. Saman Kelegama. Colombo: Institute of Policy Studies.

[4] Gibbon, Peter. 2003. "The African Growth and Opportunity Act and the Global Commodity Chain for Clothing." World Development 31 (11): 1809-27.

[5] Gibbon, Peter. 2008. "Governance, Entry Barriers, Upgrading: A Re-interpretation of Some GVC Concepts from the Experience of African Clothing Exports." Competition & Change 12 (1): 29-48.

[6] JAAF (Joint Apparel Association Forum). 2002. 5 Year Strategy for the Sri Lankan Apparel Industry. Colombo: JAAF.

[7] Just-style. 2009. "Sri Lanka: Apparel Firms in Bullish Mood over GSP+." Just-style. com, December 4.

[8] Kelegama, Saman. 2005a. "Impact of the MFA Expiry on Sri Lanka." In South Asia after the Quota System: Impact of the MFA Phase-out, ed. Saman Kelegama. Colombo: Institute of Policy Studies.

[9] Kelegama, Saman. 2005b. "Ready-Made Garment Industry in Sri Lanka: Preparing to Face the Global Challenges." Asia-Pacific Trade and Investment Review 1: 1, 51-68.

[10] Kelegama, Saman. 2006. Development under Stress: Sri Lankan Economy in Transition. New Delhi: Sage Publications India.

[11] Kelegama, Saman. 2009. "Ready-made Garment Exports from Sri Lanka." Journal of Contemporary Asia 39 (4): 579-96.

[12] Kelegama, Saman, and Roshen Epaarachchi. 2002. "Garment Industry in Sri Lanka." In Garment Industry in South Asia—Rags or Riches? Competitiveness, Productivity, and Job Quality in the Post-MFA Environment, ed. Gopal Joshi. Delhi: International Labour Organization (ILO).

[13] Kelegama, Saman, and Janaka Wijayasiri. 2004. "Overview of the Garment Industry in

Sri Lanka. " In *Ready-Made Garment Industry in Sri Lanka*: *Facing the Global Challenge*, ed. Saman Kelegama. Colombo: Institute of Policy Studies.

[14] Miller, Doug, Veasna Nuon, Charlene Aprill, and Ramon Certeza. 2007. "'Business as Usual?': Governing the Supply Chain in Clothing post-MFA Phase-out. The Case of Cambodia. " Discussion Paper 6, Global Union Research Network, Geneva.

[15] Nathan Associates. 2007. "Factory-Level Value Chain Analysis of Cambodia's Apparel Industry. " U. S. Agency for International Development (USAID), Washington, DC.

[16] Natsuda, Kaoru, Kenta Goto, and John Thoburn. 2009. "Challenges to the Cambodian Garment Industry in the Global Garment Value Chain. " Working Paper 09-3, Ritsumeikan Center for Asia Pacific Studies (RCAPS), Ritsumeikan Asia Pacific University, Beppu, Japan.

[17] Polaski, Sandra. 2009. "Harnessing Global Forces to Create Decent Work in Cambodia. " International Labour Organization and International Finance Corporation, Washington, DC.

[18] Rasiah, Rajah. 2009. "Can Garment Exports from Cambodia, Laos and Burma Be Sustained?" *Journal of Contemporary Asia* 39 (4): 619-37.

[19] Robertson, Raymond, Drusilla Brown, Gaëlle Pierre, and Laura Sanchez-Puerta, eds. 2009. *Globalization, Wages, and the Quality of Jobs: Five Country Studies*. Washington, DC: World Bank.

[20] Saheed, Hassen. 2010. "Prospects for the Textile and Clothing Industry in Sri Lanka. " *Textile Outlook International* 147: 79-119.

[21] Staritz, Cornelia. 2011. *Making the Cut? Low-Income Countries and the Global Clothing Value Chain in a Post-Quota and Post-Crisis World*. World Bank, Washington, DC.

[22] Tait, Niki. 2008. "Textiles and Clothing in Sri Lanka: Profiles of Five Companies. " *Textile Outlook International* 133: 59-81.

[23] Tewari, Meenu. 2008. "Deepening Intraregional Trade and Investment in South Asia—The Case of the Textile and Clothing Industry. " Working Paper 213, India Council for Research on International Economic Relations, New Delhi.

[24] UNCTAD (United Nations Conference on Trade and Development). 2003. "Trade Preferences for LDCs: An Early Assessment of Benefits and Possible Improvements. " The United Nations, New York and Geneva.

[25] USITC (United States International Trade Commission). 2004. Textile and Apparel: Assessment of the Competitiveness of Certain Foreign Suppliers to the U. S. Market, vol. 1. Washington, DC: USITC.

[26] Wijayasiri, Janaka, and Jagath Dissanayake. 2008. "Trade, Innovation and Growth: The Case of the Sri Lankan Textile and Clothing Industry. " Organisation for Economic Co-operation and Development (OECD), Institute of Policy Studies, Colombo.

[27] World Bank. 2004. "Cambodia Seizing the Global Opportunity: Investment Climate Investment and Reform Strategy for Cambodia. " Report 27925, World Bank, Washing-

ton, DC.

[28] World Bank. 2006. "Cambodia Poverty Assessment: Halving Poverty by 2015?" World Bank, Washington, DC.

[29] World Bank. 2007. "Sri Lanka Poverty Assessment: Engendering Growth with Equity: Opportunities and Challenges." World Bank, Washington, DC.

[30] World Bank. 2009. World Development Indicators, World Bank, Washington, DC.

[31] Yamagata, Tatsufumi. 2006. "The Garment Industry in Cambodia: Its Role in Poverty Reduction through Export-Oriented Development." Institute of Developing Economies Discussion Paper 62, Institute of Developing Economies, Japan External Trade Organization (JETRO), Chiba.

第七章 结 论

Gladys Lopez-Acevedo, Yevgeniya Savchenko[①]

7.1 服装与贫困

了解全球化和贸易带来的创造或减少就业以及改变工作质量方面的影响,对制定可持续扶贫战略至关重要。服装业对脱贫贡献重大。2008年,全球近70%的服装出口来自发展中国家,给这一行业带了来决定性增长动力。服装业对技术的要求相对较低,且属于劳动密集型产业,因此可以为无技能从业者、贫困人员及女性提供获得正规工作的机会。

2004年底《多纤维协定》(MFA)的彻底终止导致全球范围内的纺织服装生产和就业重新洗牌。然而,很少有研究探讨后配额时代服装价值链的发展态势(Gereffi 和 Frederick,2010;Frederick 和 Gereffi,2011;Staritz,2011),而且大部分分析并不重点关注 MFA 配额取消对就业和工人所产生的影响。

本书主要研究了后配额时代服装业就业、工资、行业、工作条件和政府政策等方面的变化。共选取九个国家进行案例研究,包括孟加拉国、柬埔寨、洪都拉斯、印度、墨西哥、摩洛哥、巴基斯坦、斯里兰卡和越南。相关

---

①本章作者感谢 Raymond Robertson 和 Cornelia Staritz 提供的建议。

分析主要采用政府的统计数据以及最新的行业、企业、劳动力和家庭的调查数据。

7.2 从国家层面阐述后配额时代的变化

配额取消导致各案例国家的服装业发生变化,例如出口增加和服装单价降低,国与国之间或国内的生产和就业重新分配。九个案例国家的服装出口额在 MFA 配额取消后的四年里共增加了 41.8%,从 2004 年的 414 亿美元增长到 2008 年的 587 亿美元。其中有赢家也有输家。从 2004 年到 2008 年,一些以前受配额限制的国家出口量迅速上升,例如,越南增加近 120%,孟加拉国增加 69%,印度增加 67%,巴基斯坦增加 32%(见图 7-1)。然而,在同一时期,其他国家的服装出口却有所下降,例如,墨西哥减少了 36%。

后配额时代由于供应急增,成本竞争加剧,导致全球服装的平均单价下降。在 MFA 配额逐步取消的实施阶段,一些国家(如孟加拉国和柬埔寨)利用无配额或额外配额扩张服装业,这一行为导致在 MFA 配额取消后产生供过于求的状况。而这种扩张同来自中国的低价及高竞争力的服装供应汇合在一起,共同加剧了后配额时代的全球服装价格竞争,并导致全球服装贸易量增价跌。

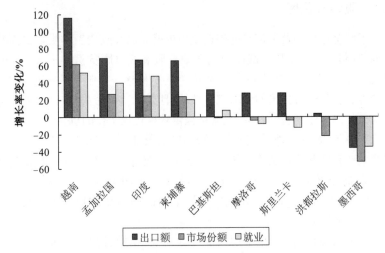

图 7-1　案例国家 2004—2008 年出口额、市场份额及就业的变化

来源:出口数据源自联合国商品贸易统计数据库(UN Comtrade);就业数据源自多方数据;参见相关国家的背景文章(Staritz 和 Frederick,2011a,2011b,2011c,2011d,2011e,2011f,2011g,2011h,2011i)。
注释:斯里兰卡 2004 年就业数据取 2003—2005 年的平均值。

MFA 的结束在各国之间掀起大规模生产再分配的风潮,服装国际买家纷纷改变采购策略,向更具服装竞争力的国家转移。因此,如图 7-1 所示,一些发展中国家的全球服装市场份额显著增加。据统计,2004—2008年期间,孟加拉国全球服装市场的份额从 3.2%提升到 4.0%,柬埔寨从1.0%提升到 1.2%,印度从 2.9%提升到 3.6%,越南从 1.8%提升到2.8%。然而,同一时期,其他国家的服装出口全球市场份额则有所下降。洪都拉斯的份额从 1.2%降至 0.8%,墨西哥从 2.9%降至 1.4%,摩洛哥从 2.8%降至 2.3%。巴基斯坦和斯里兰卡同期的服装市场份额基本维持在 1.1%。

在各个国家内部,就业、工资以及在全球价值链中的地位也发生着显著变化。2004—2008 年,部分国家的服装业就业率有所提高(见图 7-1)。例如,孟加拉国服装业的就业增加了 40.0%,柬埔寨增加 20.4%,印度增加 48.0%,巴基斯坦增加 8.0%,越南增加 52.0%。相反,其他国家的服装业就业在这一时期则出现下滑,洪都拉斯减少 3.2%,墨西哥减少34.8%,摩洛哥减少 7.7%,斯里兰卡减少 12.0%。

7.3 主要研究成果及政策意义

实证分析表明,就业和工资的变化通常与出口的变化相一致,但其他因素,例如产业升级和国内政策似乎也会影响工人的际遇(见表 7-1,详细结果见附表 7A-1)。例如,斯里兰卡颁布了一项颇具前瞻性的政策,一方面用以巩固服装产业,另一方面则致力于高附加值产品的生产。数据表明斯里兰卡服装总出口额增加,而就业总人数下降;在越南和孟加拉国,就业总人数增加,但女性所占比例有所下降,原因可能是向针织服装领域转移和产业升级。研究结果显示,价值链上的转移所造成的就业或出口增加实际上可能会减少妇女以及最接近贫困线工人的就业机会。但另一方面,服装业的转移并非都是消极的。若一个国家转向更先进的产业,那么,这可能是经济发展的标志,墨西哥也许属于这一模式。

表 7-1 同时显示,孟加拉国、印度、巴基斯坦和越南的劳动力需求显著增长。这些国家的服装企业出口量增加,相应也增加了就业和工资。相反,洪都拉斯、墨西哥和斯里兰卡的劳动力需求有所降低,因为这些国家的服装企业出口量减少,就业和工资溢价也相应下降。

第四章表明,孟加拉国、印度、巴基斯坦和斯里兰卡的服装出口额在后配额时代均有所增加,这四个国家的服装工资也同时增加。这一结果促进了包括服装业在内的整个经济体系中男女工资待遇差异的逐步减小。由此可知,服装出口额增长的同时,从事劳动密集型服装生产的女性就业需求也随之增加,这一论点也能从上述结果中得到体现,对长期的扶贫计划具有重要意义。

表 7-1　相关国家的产业评价摘要

国家	国际市场变化	国家内部变化			
	出口额和市场份额 2004—2008 年	就业人数	工资溢价	产业升级	工作条件
孟加拉国	增加	增加	增加	升级	改善（对女性不利）
印度	增加	增加	增加	升级	不容乐观
巴基斯坦	停滞	增加	增加	升级	对女性不利
越南	增加	增加	增加	升级	无变化
柬埔寨	增加	增加	下降	无变化	不容乐观
斯里兰卡	停滞	下降	下降	升级	喜忧参半
洪都拉斯	下降	下降	下降	无变化	不容乐观
墨西哥	下降	下降	下降	无变化	不容乐观
摩洛哥	停滞	下降		升级	

来源:本章作者(Gladys Lopez-Acevedo、Yevgeniya Savchenko)整理。
注释:工资溢价指纺织服装业工资高于其他行业工资的比值;产业升级广义界定为在全球价值链中向更高附加值的环节转移;没有积极做准备工作和启动升级计划来应对后配额时代的国家被定为"无变化";"—"指数据或结果无法获得;工作条件的定义在这一章的附表 7A-1 中有详细说明;纺织服装业工作条件的变化是根据与后配额时代其他行业的比较;女性工作条件的变化相对男性而言,并与后配额时代的其他行业相比较。

　　第五章的案例国家——洪都拉斯、墨西哥和摩洛哥,注重于专供单一市场(洪都拉斯和墨西哥出口美国,摩洛哥出口欧盟)。洪都拉斯和墨西哥均与美国签订了自由贸易协定,并且似乎仍然依赖于这些协议,而非选择更有前瞻性的政策来鼓励产业升级。这两个国家中,服装出口和服装业的工资在后配额时代均有所下降。对于洪都拉斯来说,工资是评价加工业是否成功以及改善贫困的关键因素。因此,洪都拉斯服装出口和就业的减少,对脱贫具有潜在的重大不利影响。

　　第六章表明,柬埔寨的服装业始终专注于价值链的低端,而斯里兰卡政府则与私营企业合作,鼓励产业升级,并重视高附加值产业的发展。有趣的是,尽管两个国家的出口总值都在上升,但就业状况却大相径庭,柬埔寨的就业呈现增长,斯里兰卡却有所下降。这一比较强调了产业结构和相关政策的重要性,即用以提升价值链的相关政策可能会造成初级工作岗位的丢失,给脱贫带来负面影响。关键问题是如何采取针对性补救措施,促进产业价值链升级。

　　本书第二部分对九个国家服装业的案例研究结果进行了详细描述。总体而言,可以从四个方面阐述本书的研究成果。

第一,服装业出口的提升并不能简单地归因于产业从高收入国家转移至低收入国家。全球买家追求的是如何以最少的成本为他们的产品选择"最好"的供应商,以达到利益最大化。服装业是一个典型的劳动密集型行业,因此,服装加工产业的转移可能最初是由国家之间的工资水平差异所驱动。然而,本书研究显示,跨国出口变化,只有三分之一是由工资差异引起的。出口增加最多的国家,包括孟加拉国、印度、巴基斯坦和越南,都对服装业实施了更有前瞻性的政策。虽然加工产业转移的原因一部分是因为工资差异,但是国内针对服装业制定的政策、所有制形式以及产业功能升级同样扮演着重要的角色。这些论点表明,在论述后配额时代工资和就业变化的驱动因素时,开展深入的国家案例研究十分必要。

第二,出口方面的变化往往与工资和就业的变化相关联,但却并非一成不变。这一事实对政策制定来说尤其重要,因为它表明单纯以出口作为衡量"成功"与否的标准,在扶贫方面远远不够。对于服装业规模较大的亚洲国家,出口增加与工资和就业方面的增长相一致;而对斯里兰卡而言,出口增加与就业下降却同时发生。墨西哥服装业的出口和就业均有所下降,但似乎其他行业已经吸纳了这些富余的劳动力。洪都拉斯的情况则略有不同,该国的出口下降导致了工资和就业的相应减少。以上结论表明,在面对日益加剧的国际竞争时,促进向高附加值的经济领域转移十分重要。

第三,本书阐述了衡量全球服装市场变化影响收入的具体方法。De Hoyos、Bussolo 和 Núñez(2008)以及 Robertson 等学者(2009)的研究证实,服装业较其他行业工资水平的高出部分(工资溢价)是工资组成成分中能够帮助工人脱贫的关键。本书研究表明,这些工资溢价的变化可以预测:经济景气的国家工资溢价上升(在大部分案例国家中),反之,则下降。这不仅意味着就业机会在出口收缩时减少,在出口扩张时增加,还意味着决定这些工作"好"与"不好"最重要的因素之一———工资溢价———也会相应减少(或增加)。这一变化对发展中国家的工人具有双重影响。

第四,从政策角度分析,出口显著增长的国家都在积极促进服装产业转型升级;而没有促进升级的国家出口增长较少甚至呈现下降态势。尽管该事实可能说明产业转型升级会增强竞争力,但升级与就业或工资的增长并非绝对呈正相关关系,在某些国家中则呈负相关关系(例如斯里兰卡,功能和产品升级却导致就业下降,尤其是女性)。其他国家的服装业(例如孟加拉国和柬埔寨)虽处于价值链的低端,却能增加就业。由于产业升级往往要求工人具有更高级的技能,缺乏技能的低收入人群受劳动力需求下降的影响是最大的。在洪都拉斯,由于未实施任何具有前瞻性的产业升级和劳动力发展计划等政策,日益加剧的竞争以及随之出现的产业转移给工人们带来了实际损失。由此可知,纺织服装业转型升级时如何提高工人的技能水平显得尤为重要。另一项值得注意的发现是:如柬埔寨的案例所示,有些进口国的国际买家对信誉(如社会责任)较为敏感,对由这类国际买家驱动的产业来说,关注工作条件和工人待遇不仅是劳工权益问题,也是一种竞争优势。

一个与政策相关的担忧是,服装加工业提供的减贫机会可能较为短暂,且极易受到全球经济环境变化的影响。为此,明确政策如何变化以及采用何种方式并通过何种途径影响工人非常重要,以便采取适当的调整政策①。当经济不断增长时,需要注重了解谁在受益以及通过什么样的方式能让低收入人群从政策改变中受益。如果低收入人群没有获益,那么政策制定者就需要找出原因,并判断如何做才能有助于低收入人群获益。

7.4　未来的研究方向

本书旨在对 MFA 配额逐步取消后带来的影响进行分析,未来的研究工作可向以下方面拓展。

第一,本书的一个重要延伸是对后配额时代的经济结构和福利问题进行研究。任何国家都有较为复杂的经济结构,这一结构由第一产业(农业)、第二产业(工业)、第三产业(服务业)三部分组成。服装业是第二产业的一个分支。服装业的变化可能使就业向其他产业流动,导致相对工资的变动并进而影响社会经济的整体福利。由于本书仅研究了后配额时代服装业的变化,并没有分析对其他行业产生的影响,因此研究的一个重要延伸点是探索后配额时代服装劳动力和产品市场的改变如何影响社会经济整体结构、福利体系以及其他行业的就业和工资机遇。

第二,针对 2008 年后发生的种种冲击如何影响服装业做进一步研究有着现实意义。本书的目的在于通过案例分析,了解九个国家的服装业在后配额时代初期的变化。然而,2008 年是本书研究立项的最后一年,全球服装业在这之后经受了多重冲击的影响。至 2008 年底,针对中国服装的特保措施全面解除,虽然中国已经是世界上最大的服装出口国,但仍然允许中国进一步增加出口量,使其增强了在国际服装市场上的竞争力。此外,2008 年,服装业也不可避免地受到全球金融危机的冲击。这一危机

---

①世界银行(2011)《南亚更多更好工作》报告指出,"将劳动力市场政策从着重于保护工作调整为着重于保护工人,这一政策变化会令南亚国家从中获益。"

直接导致发达国家的购买力和需求快速下降。Staritz(2011)、Gereffi 和 Frederick(2010)率先在宏观层面上分析了中国特保措施逐步取消的一般效果和影响以及金融危机对全球服装业的影响。至于这些冲击如何影响服装出口国的工人工资和就业等问题,需要进一步分析,但因为缺少数据,本书没有以此作为重点。

第三,对于各国国内政策的短期和长期功效也需要进一步研究。本书重点阐述了案例国家为应对 MFA 配额取消所实施的不同政策,其中包括劳动技能的提升政策。一般而言,似乎在这些政策实施成功的国家,就业和工资溢价均有所上升。然而,本书没有直接评估政策对就业和工资的影响力,并且未提供对比性分析表明哪种政策更为有效。下一步的研究需要明确各国国内政策的变化如何影响工人以及从短期和长期的不同角度分析哪种政策可以更有效地改善工人的福祉。面对复杂多变的全球经济环境,服装加工业并不一定能对减少贫困起到长效的促进作用。判断政策的改变以何种方式通过何种途径影响工人非常重要,只有这样才能促进政府采取适当的调整政策。

此外,与服装业相关的特殊政策及干预措施如何改善工作条件等内容也应列入研究范畴。一项名为《更好工作》(Better Work)的合作项目正在为此作数据收集和分析工作,该项目与当地和国际的利益相关者(包括工会和国际买家)紧密合作,由国际金融公司(International Finance Corporation,IFC)和国际劳工组织(ILO)共同开展,迅速扩展在若干低收入发展中国家的实践,目的在于改善工作条件并与国际市场接轨。《更好工作》项目在系统性收集数据方面可圈可点,有助于更深刻地理解与认识发展中国家服装业的具体变化。

168   服装产业成功之道

表 7A-1　相关国家的产业评价详尽摘要

国家	国际市场变化 出口(2004—2008年) 变化/%	就业人数 增加	年份	工资(溢价)	产业升级	改善程度	工作条件(后配额时代的变化) 变动幅度
孟加拉国	出口增量　增加　69	从 2000 年 160 万	2005	增加　均值　0.343	升级	改善	0.078***
	市场份额　增加　25	到 2009 年 310 万 增加	2009	女性　1.545***		对女性不利	—0.088***
印度	出口增量　增加　67	从 2001 年 3 400 万	2004	增加　均值　—0.046**	升级	不容乐观	—0.034***
	市场份额　停滞　24	到 2009 年 3 500 万 增加	2007	女性　0.084***		对女性不利	—0.003*
巴基斯坦	出口增量　增加　32	从 2000 年 130 万	2003	增加　均值　—0.046**	升级	对女性不利	—0.001*
	市场份额　—1	到 2009 年 250 万 增加	2008	女性　0.019*			—0.025***
越南	出口增量　增加　116	从 2000 年 354 707	2004	均值　—0.340***	升级	无变化	0.007*
	市场份额　增加　56	到 2008 年 937 350 增加	2008	女性　—0.076***		女性	0.025*
柬埔寨	出口增量　增加　66	从 2001 年 187 103	1999	均值　0.781***	无变化	无变化	—0.069***
	市场份额　增加　24	到 2008 年 324 871	2008	女性　0.374***			0.022*
斯里兰卡	出口增量　增加　28	从 2001 年 338 704 下降	2002	均值　0.196***	升级	择优参半	0.023***/0.030***
	市场份额　—4	到 2008 年 270 000	2008	女性　0.082***		女性	0.010/0.085***

续表 7A—1

国家	国际市场变化			国家内部变化			
	出口（2004—2008 年）变化/%	就业人数	年份	工资（溢价）升降	产业升级	工作条件（后配额时代的变化）改善程度	变动幅度
洪都拉斯 出口增量 下降 市场份额 下降	4 −22	从 2000 年 125 000 到 2007 年 103 377 下降	2001	0.302*** 下降	无变化	不容乐观	均值 −0.055*** 女性 0.029**
墨西哥 出口增量 下降 市场份额 停滞	−36 −52	从 2000 年 821 846 到 2007 年 489 985 下降	1999 2007 2009	0.140** −0.106* 下降 −0.181* 无变化	均值 女性	不容乐观	均值 −0.019*** 女性 0.100***
摩洛哥 出口增量 市场份额	28 −4	从 2000 年 199 478 到 2007 年 191 809 下降		升级		—	—

来源：本章作者（Gladys Lopez-Acevedo, Yevgeniya Savchenko）整理。

注释：工资溢价指纺织服装业高出其他行业的工资的幅度。产业升级做广义界定为在全球价值链中向更高附加值的环节转移。没有积极做准备工作和启动升级计划来应对后配额时代的"无变化"。"—"指数据或结果无法获得。工作条件（变动幅度）的定义为：孟加拉国取两个虚拟变量的均值——有固定工资的工作，无工作伤害，不使用童工（童工指年龄小于等于 14 岁的劳动力，下同），不超时的工作（40 小时以下，下同），巴基斯坦取四个虚拟变量的均值——有固定工资的工作，无工作伤害，不使用童工，不超时的工作，并且如果一份工作拥有比鉴于经济体系平均水平更高的收入，那么它的虚拟变量等于 1；印度取四个虚拟变量的均值——有固定工资的工作，无工作伤害，不使用童工，不超时的工作，并且如果一份工作拥有比鉴于国内经济体系平均水平更高的收入（含非现金收入），那么它的虚拟变量等于 1；洪都拉斯和墨西哥取三个虚拟变量的均值——不超时的工作（或每周工作日少于 6 天），如果一份工作的收入与非现金收入之和超过均值，那么它的虚拟变量等于 1，工资收入大于非现金收入，从业人员年龄在 14 岁或以上，虚拟变量值大于 1；乘哺兼具两个虚拟变量的均值——工作年龄在 14 岁以上；斯里兰三个虚拟变量的均值（采用这一衡量方式时，工作条件显示为改善），方式 2——取高于平均工资水平的虚拟变量，方式 3——取高于男性平均工资水平（采用这一衡量方式时，工作条件显示为下降）。改善程度指与后配额时代其他行业相比较，纺织服装业的平均工作条件变化。女性工作条件相对于男性，并与后配额时代其他行业相比较。

* 表示 p＜0.01，** 表示 p＜0.05，*** 表示 p＜0.1。

参考文献

背景文章

Staritz, Cornelia, and Stacey Frederick. 2011a. "Background Global Value Chain Country Papers: Bangladesh." Background paper to the book *Sewing Success? Employment, Wages, and Poverty following the End of the Multi-fibre Arrangement*, World Bank, Washington, DC.

——. 2011b. "Background Global Value Chain Country Papers: Cambodia." Background paper to the book *Sewing Success? Employment, Wages, and Poverty following the End of the Multi-fibre Arrangement*, World Bank, Washington, DC.

——. 2011c. "Background Global Value Chain Country Papers: Honduras." Background paper to the book *Sewing Success? Employment, Wages, and Poverty following the End of the Multi-fibre Arrangement*, World Bank, Washington, DC.

——. 2011d. "Background Global Value Chain Country Papers: India." Background paper to the book *Sewing Success? Employment, Wages, and Poverty following the End of the Multi-fibre Arrangement*, World Bank, Washington, DC.

——. 2011e. "Background Global Value Chain Country Papers: Mexico." Background paper to *Sewing Success? Employment, Wages, and Poverty following the End of the Multi-fibre Arrangement*, World Bank, Washington, DC.

——. 2011f. "Background Global Value Chain Country Papers: Morocco." Background paper to *Sewing Success? Employment, Wages, and Poverty following the End of the Multi-fibre Arrangement*, World Bank, Washington, DC.

——. 2011g. "Background Global Value Chain Country Papers: Pakistan." Background paper to *Sewing Success? Employment, Wages, and Poverty following the End of the Multi-fibre Arrangement*, World Bank, Washington, DC.

——. 2011h. "Background Global Value Chain Country Papers: Sri Lanka." Background paper to *Sewing Success? Employment, Wages, and Poverty following the End of the Multi-fibre Arrangement*, World Bank, Washington, DC.

——. 2011i. "Background Global Value Chain Country Papers: Vietnam." Background paper to *Sewing Success? Employment, Wages, and Poverty following the End of the Multi-fibre Arrangement*, World Bank, Washington, DC.

来源

[1] de Hoyos, Rafael, Marizio Bussolo, and Oscar Núñez. 2008. "Can Maquila Booms Reduce Poverty? Evidence from Honduras." World Bank Policy Research Working Paper 4789, World Bank, Washington, DC.

[2] Frederick, Stacey, and Gary Gereffi. 2011. "Upgrading and Restructuring in the Global Apparel Value Chain: Why China and Asia Are Outperforming Mexico and Central America." *International Journal of Technological Learning, Innovation, and Development* 4 (1-2): 67-95.

[3] Gereffi, Gary, and Stacey Frederick. 2010. "The Global Apparel Value Chain, Trade

and the Crisis—Challenges and Opportunities for Developing Countries. " In *Global Value Chains in a Postcrisis World: A Development Perspective*, 157-208, ed. Olivier Cattaneo, Gary Gereffi, and Cornelia Staritz. Washington, DC: World Bank.

[4] Robertson, Raymond, Drusilla Brown, Gaëlle Pierre, and Laura Sanchez-Puerta, eds. 2009. *Globalization, Wages, and the Quality of Jobs: Five Country Studies*. Washington, DC: World Bank.

[5] Staritz, Cornelia. 2011. "Making the Cut? Low-Income Countries and the Global Clothing Value Chain in a Post-Quota and Post-Crisis World. " Working Paper, World Bank, Washington, DC.

[6] World Bank. 2011. *More and Better Jobs in South Asia*. Washington, DC: World Bank.

第二部分

服装业发展、结构和
政策的案例国家研究
Cornelia Staritz, Stacey Frederick[1]

①第二部分各章节作者诚挚感谢 Gladys Lopez-Acevedo、Raymond Robertson、Elisa Gamberoni、Ana Luisa Gouvea Abras 及 Yevgeniya Savchenko 提供的帮助。另外,作者还要诚挚感谢 Meenu Tewari 对孟加拉国和斯里兰卡章节提供的帮助。

第八章　孟加拉国

8.1　导论

出口导向型服装业是过去 30 年孟加拉国出口和正规就业增长的主要来源。服装业直接雇用员工 310 万人,其中包括 40% 的制造业就业岗位,而间接从事服装业的人数超过 1 000 万人。

《多纤维协定》(MFA)、欧盟优惠的市场准入以及政府的特殊扶持政策是孟加拉国出口导向型服装业起步的关键。孟加拉国大规模服装出口始于 20 世纪 70 年代末至 80 年代初。这一时期,受 MFA"配额跳过"(quota hopping)及孟加拉国大量低成本劳动力的驱使,韩国以及其他东亚制造商开始投资孟加拉国,并获取货源。由于市场配额稳定、投资门槛低以及从国外投资商特别是韩国传递过来的初始技术和技能,促使当地企业家效仿建立服装工厂。

尽管预期后配额时代孟加拉国的服装出口不容乐观,但 2004 年之后,孟加拉国服装出口额和全球市场份额却在增加。此外,在全球金融危机中,孟加拉国的服装出口是少数赢家之一,面向美国和欧盟 15 国的市场份额不断增长。

孟加拉国的主要竞争优势是低成本劳动力,在全球主要服装出口国中该国劳务成本是最低的。除此之外,孟加拉国的服装业还拥有其他竞争优势,包括在该领域较长时间的从业经验、本土自主企业、企业家创业精神、与国内纺织供应商的后向关联(尤其在针织原料方面)以及除了CMT方式以外的其他制造能力,因此,即使在竞争日趋激烈的后配额时代,相比其他行业和国家,以上因素确保了孟加拉国服装业的盈利能力。在 MFA 配额逐步取消的背景下,孟加拉国经历了重要的产业升级过程,包括工艺、功能和供应链升级。但在技能缺口方面仍然面临严重挑战,特别在管理、技术、设计和时尚功能等方面存在瓶颈。孟加拉国面临的其他挑战有:准时交货、遵守劳动法规、产品品类的集中度及过于依赖欧盟 15 国和美国终端市场等问题。

8.2 服装业的发展

孟加拉国纺织/服装定制加工有着悠久的历史,并主要针对国内市场①。但面向国内市场的成衣化产业则形成不久。孟加拉国两个最大出口商 Reaz 服装公司和 Jewel 服装公司均源自国内服装成衣业的发展壮大。服装业大规模出口始于 20 世纪 70 年代末至 80 年代初,在此期间,得益于 MFA"配额跳过"和孟加拉国廉价丰富的劳动力,韩国、中国台湾以及其他一些东亚地区的制造商开始在孟加拉国投资并获取货源。Quddus 和 Rashid(2000)认为,孟加拉国服装出口业的突破点发生在 1978 年,当时孟加拉国的 Desh 公司企业家 Quader 应韩国大宇集团董事长的邀请,协同开展服装生产和出口方面的合作(当时韩国大型服装制造企业受配额限制)。作为这项合作项目的一部分,1979 年大宇集团在韩国的工厂为孟加拉国 Desh 公司的管理人员提供培训,由此促进了重要的基本技术与技能的传播。20 世纪 80 年代中期,孟加拉国服装业逐渐成为一个完整的产业,出口开始迅速增长。20 世纪 80 年代后期,服装成为孟加拉国最主要的出口产品。

除丰富的廉价劳动力之外,MFA 配额制度、拥有欧盟优惠的市场准入以及政府的特殊扶持政策是孟加拉国服装业最初发展的关键推动力。孟加拉国对欧盟(除了英国和法国,这两个国家在 1985—2001 年实施配额控制)和挪威的纺织品及服装出口是没有配额限制的,对美国和加拿大的纺织品出口早期也没有配额限制。1985 年,孟加拉国对美国的服装出口中有 30 个品类受配额限制,这是因为在此之前的五年内,该国对美国的服装出口呈现三位数的增长率,总出口额达 1.5 亿美元。在出口关税等价率(export tax equivalent,ETE。美国国际贸易委员会用出口关税等

①本节部分内容源自文献 Staritz(2011)。

价率来衡量配额等数量限制对出口价格的影响。通常数量限制越严格的产品,ETE 水平也越高——译者注)的配额方面,孟加拉国 2003 年为 7.6%,相对于印度(20.0%)、中国(36.0%)、巴基斯坦(10.3%)是比较低的。孟加拉国服装增长的另一个重要因素是自 20 世纪 80 年代初以来,在普惠制(GSP)框架下享有免税进入欧盟市场的待遇。尽管在整个 20 世纪 80 年代对欧盟的出口额低于美国,但这一状况在 20 世纪 90 年代发生了改变。20 世纪 90 年代中期,对欧盟的出口占孟加拉国服装出口总额的 50%以上。

1980 年出台实施的两项政府政策,对孟加拉国服装出口业的发展产生了重大影响。一是政府出台了保税仓库的管理规定,企业可以延迟支付关税,直到他们开始消耗之前进口的物资(如面辅料)时才支付;如果进口物资使用于出口商品,则不需要支付关税(Ahmed,2009)。二是建立背对背信用证制度,凭借由最终服装进口商开具的以出口商为受益方的出口订单主信用证(master L/C),出口商可以在当地银行为进口物资(如面辅料)开具信用证。通过出示出口订单主信用证,公司可以获得信用贷款以支付进口物资货款。当出口订单货款到位时,当地银行将扣除订单中进口物资的货款、利息和其他费用。这样在购买进口物资(如面辅料)时,制造商可以节约财务成本,同时服装生产上的一些费用也可降低,如工资、能源、运输和其他间接成本。这些政策对孟加拉国服装本土企业的发展尤为重要。

从 20 世纪 80 年代末至 2004 年,孟加拉国服装出口增长显著。1978 年,孟加拉国服装出口额约为 100 万美元(Ahmed,2009),而孟加拉国贸易伙伴的数据显示,1995 年出口额增加到 25.44 亿美元,2004 年增加到 79.45 亿美元(见表 8-1)。孟加拉国在全球服装出口中所占的份额从 1995 年的 1.7%增长到 2004 年的 3.2%。但是总出口数字掩盖了服装出口中关于出口品类及终端市场的显著变化。20 世纪 80 年代,孟加拉国仅生产机织服装产品,但从 20 世纪 90 年代初开始,针织服装产品,特别是毛衣和 T 恤的出口开始快速增长。1991 年,针织服装在服装出口总额中所占份额为 15%(Ahmed,2009),1995 年为 31%,2004 年几乎达到 50%,这种增长主要受益于欧盟优惠的市场准入。一直到 20 世纪 90 年代初,美国都是孟加拉国服装产品出口的主要目的地,但在 20 世纪 90 年代,欧盟 15 国超越美国成为孟加拉国服装出口的最大终端市场。20 世纪 90 年代后期,针对欧盟 15 国的服装出口总额占孟加拉国服装出口总额始终高于 50%(约 10 亿美元),并在 2004 年达到 64%(约 40 亿美元)(见图 8-1)。

表 8-1   各年份孟加拉国服装出口至全球的统计数据

	1995	1998	2001	2004	2005	2006	2007	2008	2009
出口总额/亿美元	25.44	37.04	50.32	79.45	80.26	104.15	111.81	134.64	141.89
年增长率/%	—	10.6	3.5	25.3	1.0	29.8	7.3	20.4	5.4
占全球服装出口份额/%	1.7	2.1	2.6	3.2	3.0	3.6	3.5	4.0	4.8
机织服装与针织服装出口额/亿美元									
机织服装	17.62	23.94	29.68	40.35	39.91	50.51	52.22	60.16	64.12
针织服装	7.82	13.10	20.64	39.11	40.35	53.65	59.59	74.48	77.78
机织服装与针织服装出口额占比/%									
机织服装	69.3	64.6	59.0	50.8	49.7	48.5	46.7	44.7	45.2
针织服装	30.7	35.4	41.0	49.2	50.3	51.5	53.3	55.3	54.8

来源:联合国商品贸易统计数据库(UN Comtrade);出口数据源自贸易伙伴国的进口数据。
注释:依据联合国商品贸易统计分类,数据源自商品名称及编码协调制度(HS)1992,机织服装为 HS62,针织服装为 HS61;增长率指与上年相比的变化。"—"指不适用。

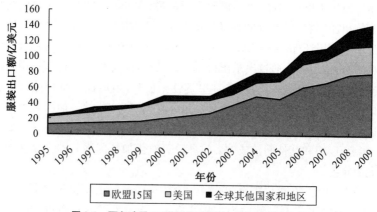

图 8-1   面向欧盟 15 国和美国的孟加拉国服装出口额
来源:联合国商品贸易统计数据库(UN Comtrade);出口数据源自贸易伙伴国的进口数据。

服装出口占孟加拉国总出口的比例从 20 世纪 80 年代初的不到 1% 增长到 2004 年的 75%(见表 8-2)。随着出口的增加,服装企业的数量从 1984 年的约 130 家增加到 2004 年的近 4 000 家,就业人数从 1985 年的 10 万人增加到 2004 年的 200 万人(见表 8-2)。

关于 MFA 配额取消对孟加拉国服装出口的影响,业界普遍持悲观态度。然而,2004—2005 年孟加拉国服装出口继续增加,市场份额也保持稳定,随后的年份仍在增长。孟加拉国贸易伙伴的进口数据显示,服装出口总额在 2005 年增加到 80.26 亿美元,比 2004 年增长 1%(见表 8-1)。2004—2005 年,孟加拉国在全球服装出口中所占的份额从 3.2% 下降至 3.0%,但在 2006 年又回升到 3.6%。然而,尽管出口总额增加了,但不同类型的企业受到的影响程度不尽相同。多数大型企业对 MFA 配额取消有充分准备,如:投资新技术和设备、开发各种生产技术功能以及与国际买家建立直接关系。而小型或转包企业未能做好充分准备,其中一些企业在后配额时代陷入倒闭的困境。因此,在后配额时代,大型企业的出口增长率高于小型或转包企业(Rahman、Bhattacharya 和 Moazzem,2008)。2004 年行业出口集中度高,前 500 名企业占据服装出口总额的 75%,前650 名企业服装出口占比超过 80%(World Bank,2005b)。

表 8-2　孟加拉国服装业:工厂数量、就业以及服装出口占比

年份	服装厂数量	就业人数 /万人	服装出口占 总出口的比例/%
1981	—	—	0.4
1982	—	—	1.1
1984	134	4.0	3.9
1985	384	11.5	12.4
1986	594	19.8	16.1
1987	629	28.3	27.7
1988	685	30.6	35.2
1989	725	31.7	36.5
1990	759	33.5	32.5
1991	834	40.2	50.5
1992	1 163	58.2	59.3
1993	1 537	80.4	60.6
1994	1 839	82.7	61.4
1995	2 182	120.0	64.2
1996	2 353	129.0	65.6
1997	2 503	130.0	67.9
1998	2 726	150.0	73.3
1999	2 963	150.0	75.7
2000	3 200	160.0	75.6
2001	3 480	180.0	75.1
2002	3 618	180.0	76.6
2003	3 760	200.0	75.0
2004	3 957	200.0	74.8
2005	4 107	200.0	74.2
2006	4 220	220.0	75.1
2007	4 490	240.0	75.6
2008	4 743	280.0	75.8
2009	4 825	310.0	79.3

来源:成衣工厂(RMG)和就业数据源自孟加拉国服装制造商和出口商协会(BGMEA);1984—2009 年的出口额源自 BGMEA;1981 和 1982 年的出口占比分别来源于 Ahmed(2009)和 Yunus(2010)。

注释:孟加拉国财政年截止期为每年的 6 月 30 日;"—"指暂无数据;无法获取 1983 年的数据。

这些统计数据标志着孟加拉国服装出口的产品结构发生了重大变化。在产品方面，后配额时代的出口增长依赖于针织服装出口。2005 年针织服装出口增长 3％，机织服装下降 1％。对于终端市场，2005 年，之前受配额限制的孟加拉国对美国市场的出口额增长了 21％（见表 8-3），而对欧盟 15 国的出口额比 2004 年下降了 5％（见表 8-4），但 2006 年又开始增长。然而，2004—2006 年，孟加拉国服装出口总额中，对欧盟 15 国的出口占比从 64％降至 60％，对美国的出口占比从 25％提高到 29％（见图 8-1）。在后配额时代，对美国出口量的增加是由于美国解除了配额限制，而在 MFA 配额取消之前，孟加拉国出口到美国市场的若干种类产品曾达到配额上限。

全球金融危机的影响始于 2008 年，但 2009 年更为严重的危机加剧应与美国针对中国的特保措施于 2008 年底结束联系在一起进行评估。孟加拉国应对金融危机更有弹性，在全球服装出口中所占份额有所增加。从孟加拉国贸易伙伴的数据可以看出，2008 年该国的服装出口总额增长了 20.4％，2009 年增长了 5.4％。孟加拉国的全球服装贸易份额从 2007 的 3.5％增长到 2009 年的 4.8％（见表 8-1）。面向欧盟 15 国的服装出口，2008 年增长 7％，2009 年增长 8％（见表 8-4）。面向美国的服装出口，2008 年增长 12％，2009 年无增长（见表 8-3）。美国的进口产品中，来自孟加拉国的竞争对手，如印度、斯里卡兰和越南，2009 年分别下降了 7.4％、17.5％和 2.9％，然而，来自中国的进口服装 2009 年增长了 2.5％。

表 8-3   各年份美国进口孟加拉国服装的相关数据

	1996	1998	2001	2004	2005	2006	2007	2008	2009
进口总额/亿美元	10.21	14.98	19.30	18.72	22.68	28.09	29.99	33.55	33.45
年增长率/％	—	13	−1	6	21	24	7	12	0
占全球总出口的比例/％	2.7	3.0	3.3	2.8	3.2	3.8	4.0	4.6	5.2
机织服装与针织服装出口额/亿美元									
机织	7.97	11.67	14.50	13.73	16.81	20.75	21.80	24.13	24.97
针织	2.24	3.31	4.81	4.99	5.87	7.34	8.19	9.42	8.49
机织服装与针织服装进口占比/％									
机织		78	78	75	73	74	74	73	72	75
针织		22	22	25	27	26	26	27	28	25

来源：美国国际贸易委员会（USITC）。

注释：服装进口数据源自商品名称及编码协调制度（HS）1992，HS62 为机织服装，HS61 为针织服装；海关完税价；增长率指与上年相比的变化；"—"指不适用。

表 8-4 各年份欧盟 15 国进口孟加拉国服装的相关数据

	1996	1998	2001	2004	2005	2006	2007	2008	2009
总额/亿美元	11.32	16.35	27.94	36.89	35.09	45.56	43.44	46.67	50.36
年增长率/%	—	12	9	20	−5	30	−5	7	8
占欧盟 15 国服装进口总额/%	2.0	2.5	3.4	4.3	3.9	4.6	4.3	4.5	5.1
机织服装与针织服装出口额/亿美元									
机织	6.25	8.68	13.25	15.22	13.28	16.78	14.99	15.13	16.69
针织	5.06	7.67	14.69	21.67	21.81	28.78	28.45	31.54	33.66
机织服装与针织服装进口占比/%									
机织	55	53	47	41	38	37	35	32	33
针织	45	47	53	59	62	63	65	68	67

来源:欧盟统计局。

注释:服装进口数据源自商品名称及编码协调制度(HS)1992,机织服为 HS62,针织服装为 HS61;海关完税价;增长率指与上年相比的变化。

后配额时代,孟加拉国服装出口的积极发展可由若干因素解释。相比其他国家的企业,孟加拉企业主要通过压缩利润空间或降低工人工资、加强与国际买家的联系等措施,从而能较好地应对后配额时代的价格下跌。由此,孟加拉国保持着成本竞争优势,尤其是低廉的劳动力——在各个重要的服装出口国中该国的劳务成本是最低的。然而,孟加拉国的服装业在生产过程、功能和后向关联等方面,进行了关键性的结构重组与转型升级,从而提高了孟加拉国的国际竞争地位。另一方面,孟加拉国大部分企业的所有权由内资控制,也起着重要作用,因为该国服装生产更多地根植于国内(内生性发展模式——译者注),国内企业家在后配额时代要将生产转移至国外并不容易。在全球经济危机的背景下,可用"沃尔玛效应"和"中国效应"来解释孟加拉国服装出口的积极发展。"沃尔玛效应"是指在经济萧条时期,消费者喜好便宜产品,例如用沃尔玛提供的廉价品来代替价格相对较贵的产品。沃尔玛是孟加拉国最大的服装国际买家。尽管在金融危机时期零售业遭受相当大的损失,但沃尔玛 2008—2009 年的销售额却在增加。"中国效应"是指因为孟加拉国是全球订单成本最低的国家,所以国际买家将一些订单从中国转向孟加拉国。由于货币升值、劳务成本提高以及劳动力短缺,中国在一些基本款服装市场开始失去竞争力。

8.3 服装业的结构

(2) 企业类型

外国直接投资(FDI)对孟加拉国建立服装业起了关键作用,并通过技术和专门知识的传播促进了服装业发展。然而,现在的孟加拉国服装业,内资企业已占主导地位。截至 2006 年底,孟加拉国 4 220 家服装企业中,外商独资或合资的企业仅有 83 家。至 2005 年,外国直接投资仅限于出口加工区(EPZs),并且在出口加工区内,外国直接投资必须以从事服装后向关联的产业(纺纱、机织/针织面料生产、印染和后整理)为投资对象。2005 年修订后的产业政策取消了这些限制,但没有任何数据显示在政策修订之后,出口加工区以外地区存在任何大规模的外国直接投资(IMF,2008)。1983—2006 年,出口加工区内的服装外国直接投资总额估计在五亿美元左右,累计约占出口加工区纺织服装投资总额的 75%。尽管外国直接投资在出口加工区内占主导地位,但绝大多数服装企业均位于出口加工区外并为内资所有。2005 年,1% 的服装企业在出口加工区内经营,外资持股比例约占 65%(World Bank,2005b)。

如今孟加拉国服装企业经营模式已发生重大变化。十年前,大多数企业从事来料来样加工(CMT)。世界银行的一项研究(World Bank,2005b)显示,2005 年,三分之二的孟加拉国服装企业从事 CMT 生产。如今来样加工(FOB)订单却成为服装企业订单的重要组成部分。与 CMT 型企业不同的是,FOB 型企业能够进行(面辅料进口)采购和融资,提供各种生产服务,并将产品整理、包装,然后交付给零售商。采购和融资功能是极其重要的步骤,因为源自供应商的(面辅料)进口采购已成为全球大多数国际买家采购服装的准则。虽然从 CMT 升级至 FOB 取得了重要的进步,但孟加拉国企业在发展更先进的设计和品牌拓展功能方面仅取得有限进展。然而,一些企业,特别是出口加工区的外商独资企业能提供产品开发和设计、商品企划、市场推广服务或者与国际买家紧密合作进行产品设计与开发。上述企业中的一部分已实现产品升级换代并能生产复杂和高附加值的服装产品,如礼服、西服、夹克和功能性服装等。但大部分企业在产品开发与设计、市场推广与商品企划等能力方面只取得有限进展,甚至没有改进。

(2) 终端市场

孟加拉国服装出口商的终端市场高度集中。2009 年,欧盟 15 国和美国占孟加拉国服装出口总额的 81.8%,其中,欧盟 15 国占 57.1%,美国占 24.7%(见表 8-5)。欧盟市场主要以针织产品为主,美国市场主要以机织产品为主。其他重要的终端市场是加拿大(4.4%)和土耳其(2.9%)。

欧盟 15 国是最大的终端市场,所占份额从 2000 年的 51.0% 增加到 2009 年的 57.1%。而 2000—2009 年期间,美国份额却从 42.9% 减少至 24.7%。同一时期,加拿大的份额增加了一倍以上,2009 年达到 4.4%。

土耳其也增加了所占份额。其余国家和地区的份额从 2000 年的 2.1%上升到 2009 年的 8.9%(见图 8-2)[①]。

表 8-5　各年份孟加拉国服装出口终端市场和排名前五的统计数据

国家/地区/经济体	海关报价/亿美元					市场份额/%				
	1995	2000	2005	2008	2009	1995	2000	2005	2008	2009
全球	25.44	48.62	80.26	134.64	141.89					
欧盟 15 国	13.55	24.81	48.01	78.23	81.08	53.3	51.0	59.8	58.1	57.1
美国	10.64	20.88	24.22	35.62	35.10	41.8	42.9	30.2	26.5	24.7
加拿大	0.65	1.01	3.60	5.30	6.19	2.6	2.1	4.5	3.9	4.4
土耳其	n.a.	n.a.	n.a.	3.39	4.15	n.a.	n.a.	n.a.	2.5	2.9
波兰	n.a.	n.a.	n.a.	2.20	2.78	n.a.	n.a.	n.a.	1.6	2.0
瑞典	0.09	0.36	0.60	n.a.	n.a.	0.4	0.7	0.8	n.a.	n.a.
挪威	0.19	n.a.	0.53	n.a.	n.a.	0.8	n.a.	0.7	n.a.	n.a.
新加坡	n.a.	0.55	n.a.	n.a.	n.a.	n.a.	1.1	n.a.	n.a.	n.a.
排名前五的出口额与份额	25.14	47.60	76.97	124.74	129.30	98.8	97.9	95.9	92.6	91.1

来源:联合国商品贸易统计数据库(UN Comtrade)。
注释:出口数据源自贸易伙伴国的进口数据;"n.a."指数据不适合入表(表示该国在指定年份不在前五名之列);由于统计方法不同,与表 8-3、表 8-4、表 8-6、表 8-7 数据不一致——译者注。

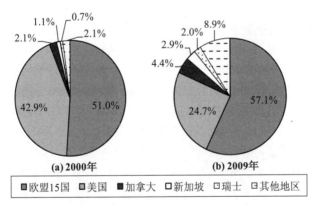

图 8-2　2000 和 2009 年孟加拉国服装出口排名前五的市场份额

来源:联合国商品贸易统计数据库(UN Comtrade)。
注释:出口代表贸易伙伴国的进口。

(3) 出口产品

20 世纪 80 年代,孟加拉国仅生产机织服装产品。但从 20 世纪 90 年

①根据孟加拉国服装制造商和出口商协会报告,2009 年孟加拉国出口的服装产品中,出口土耳其的价值为 2.4 亿美元、墨西哥为 8 200 万美元、澳大利亚 4 900 万美元、南非 4 300 万美元以及巴西 4 000 万美元。对日出口翻了一番,达到 7 400 万美元(World Bank,2010)。然而,尽管这些国家有良好的发展态势,但出口比仍然很小。

代初起,孟加拉国出口呈现多元化,针织产品开始出口。2004 年,针织产品出口占服装出口总额的近 50％,2009 年增长到 55％。孟加拉国的服装出口——机织产品和针织产品——高度集中于少数几个品类。2009 年,位列该国出口前五名的产品占对欧盟 15 国服装出口总额的 68％,占对美国服装出口总额的 56％;前十名产品的集中度分别为 82％和 71％(见表 8-6 和表 8-7)。2000 年以来产品集中度有所提高。前十种出口欧盟 15 国和美国的产品类别高度重叠——出口欧盟 15 国和美国的产品排名前十的品类有七种重叠。孟加拉国服装出口的集中度远高于竞争对手,如中国和印度。此外棉织物在欧盟 15 国和美国市场中占主导地位,例如出口欧盟 15 国排名前十的产品中,有九类是棉制品,只有一类是化纤制品;出口美国的前十名产品中,有八类是棉制品,一类是化纤制品,另一类为合成纤维制品。在欧盟 15 国市场,针织产品占主导地位,在排名前十的产品中,七类是针织服装产品,主要是 T 恤、无袖衫、毛衣、运动衫及衬衫,主要的机织产品是长裤和短裤。与欧盟 15 国市场相比,机织产品在美国市场显得更为重要,排名前十的产品中,有六类是机织产品,主要产品是长裤、短裤和衬衫,主要的针织产品是毛衣、运动衫、T 恤和无袖衫。这两个市场都以棉制品为主要产品,如针织 T 恤、毛衣和衬衫以及机织裤装。

　　孟加拉国主要的服装出口产品单价相对较低,一般低于世界平均水平。单价分析显示:与孟加拉国大多数产品的单价相比,中国、印度和斯里兰卡的服装出口单价相对较高。2005 年针对欧盟 15 国的出口服装,在孟加拉国的竞争国家中,只有巴基斯坦有较低的产品单价,而柬埔寨、中国、印度、斯里兰卡和越南的产品单价都相对较高(Tewari,2008)。实际上,这关系到孟加拉国的成本竞争力以及集中于基本产品的生产,而其他国家则在试图出口高附加值产品。图 8-3 显示了孟加拉国针织和机织出口产品的单价变动态势。2001—2002 年该国产品单价跌幅较大,主要是受中国加入 WTO 发展的影响。此外,MFA 配额取消后该国服装出口单价也持续下降。2004—2007 年,孟加拉国的服装出口平均单价从 2.60 美元降至 2.31 美元,三年间下降了 11％。同一时期机织产品的平均单价从 3.26 美元降至 2.92 美元,针织产品从 1.95 美元跌至 1.90 美元,机织产品和针织产品分别下降了 10％和 3％。2007—2009 年,该国服装出口的平均单价从 2.31 美元降至 2.23 美元,降幅超过 3％。同一时期机织产品平均单价从 2.92 美元下跌至 2.91 美元,针织产品从 1.90 美元降至 1.84 美元,分别下降了 0.3％和 3.0％。因此,与后配额时代相比,2008/2009 年的全球金融危机对针织服装价格下调的压力更加明显。

表8-6 各年份美国从孟加拉国进口服装品类排名前十的统计数据

HS编码	适用人群	成分	产品类别	海关报价/亿美元					市场份额/%				
				1996	2000	2005	2008	2009	1996	2000	2005	2008	2009
总额				10.21	19.42	22.68	33.55	33.55	58.6	60.6	61.3	70.2	70.8
620342	M&B	COT	男裤	1.04	1.84	3.07	8.17	8.90	10.2	9.5	13.6	24.4	26.6
620462	W&G	COT	女裤	0.53	1.48	2.13	4.47	4.64	5.2	7.6	9.4	13.3	13.9
620520	M&B	COT	男衬衫	1.62	2.36	3.30	3.36	3.20	15.9	12.2	14.6	10.0	9.6
611020	ALL	COT	运动衫	n.a.	0.99	1.14	2.02	1.79	n.a.	5.1	5.0	6.0	5.4
610910	ALL	COT	T恤	n.a.	n.a.	0.52	1.36	1.27	n.a.	n.a.	2.3	4.1	3.8
620920	Baby	COT	婴童服装	n.a.	n.a.	n.a.	0.76	1.00	n.a.	n.a.	n.a.	2.3	3.0
620343	M&B	SYN	男裤	0.34	0.61	0.64	0.84	0.77	3.3	3.2	2.8	2.5	2.3
620630	W&G	COT	男衬衫	0.57	1.41	1.12	0.68	0.76	5.6	7.3	4.9	2.0	2.3
610821	W&G	COT	内裤	n.a.	0.51	n.a.	1.01	0.76	n.a.	2.7	n.a.	3.0	2.3
611030	ALL	MMF	运动衫	0.35	1.23	0.84	0.88	0.61	3.4	6.3	3.7	2.6	1.8
620193	M&B	MMF	男夹克衫	0.51	0.82	0.65	n.a.	n.a.	5.0	4.2	2.9	n.a.	n.a.
620293	W&G	MMF	女夹克衫	0.32	0.49	n.a.	n.a.	n.a.	3.1	2.5	n.a.	n.a.	n.a.
620530	M&B	MMF	衬衫	n.a.	n.a.	0.50	n.a.	n.a.	n.a.	n.a.	2.2	n.a.	n.a.
621142	W&G	COT	运动套装	0.36	n.a.	n.a.	n.a.	n.a.	3.5	n.a.	n.a.	n.a.	n.a.
610510	M&B	COT	衬衫	0.36	n.a.	n.a.	n.a.	n.a.	n.a.	n.a.	n.a.	n.a.	n.a.
排名前十的进口额及份额				6.00	11.74	13.91	23.55	23.70	58.6	60.6	61.3	70.2	70.8

来源:美国国际贸易委员会(USTIC)。

注释:数据源自美国海关报价;依据海关报价确定各年份的前十名;"n.a."指数据不适合此表(表示该品类在指定年份不在前十名之列);M&B=男士和男童,W&G=女士和女童,Baby=婴儿,ALL=所有人群名称及编码协调制度(HS)1992,机织服装为HS62,针织服装为HS61;COT=棉,SYN=合成纤维,MMF=化学纤维。

表 8-7　各年份欧盟 15 国从孟加拉国进口服装品类排名前十的统计数据

HS 编码	适用人群	成分	产品类别	海关报价/亿美元					市场份额/%				
				1996	2000	2005	2008	2009	1996	2000	2005	2008	2009
总额				14.74	25.67	35.09	46.67	50.36	63.2	78.3	84.5	83.0	82.2
610910	ALL	COT	T恤	2.69	5.65	8.61	12.69	13.07	18.3	22.0	24.5	27.2	26.0
611020	ALL	COT	运动衫	0.26	0.93	3.40	6.26	6.89	1.7	3.6	9.7	13.4	13.7
620342	M&B	COT	男裤	0.48	2.58	4.38	5.71	6.48	3.3	10.1	12.5	12.2	12.9
611030	ALL	MMF	运动衫	1.10	3.46	5.44	4.49	4.48	7.5	13.5	15.5	9.6	8.9
620462	W&G	COT	女裤	0.24	1.15	2.73	2.95	3.01	1.6	4.5	7.8	6.3	6.0
610510	M&B	COT	男衬衫	0.23	1.03	1.28	2.19	2.29	1.6	4.0	3.7	4.7	4.6
620520	M&B	COT	男衬衫	1.97	2.28	1.80	1.98	2.27	13.4	8.9	5.1	4.2	4.5
610610	W&G	COT	女衬衫	n.a.	n.a.	n.a.	0.89	0.94	n.a.	n.a.	n.a.	1.9	1.9
610462	W&G	COT	女裤	n.a.	n.a.	n.a.	0.77	1.17	n.a.	n.a.	n.a.	1.7	2.3
611120	Babies	COT	婴童服装	n.a.	n.a.	1.04	0.78	0.79	n.a.	n.a.	3.0	1.7	1.6
620530	M&B	MMF	男衬衫	1.45	1.85	n.a.	n.a.	n.a.	9.8	7.2	n.a.	n.a.	n.a.
620343	M&B	SYN	男裤	n.a.	n.a.	0.52	n.a.	n.a.	n.a.	n.a.	1.5	n.a.	n.a.
620463	W&G	SYN	女裤	0.50	0.53	0.46	n.a.	n.a.	3.4	2.1	1.3	n.a.	n.a.
620193	M&B	MMF	男夹克衫	0.40	0.65	n.a.	n.a.	n.a.	2.7	2.5	n.a.	n.a.	n.a.
620293	W&G	MMF	女夹克衫	n.a.	n.a.	n.a.	n.a.	n.a.	n.a.	n.a.	n.a.	n.a.	n.a.
排名前十的出口额及市场份额				9.32	20.11	29.66	38.71	41.39					

来源：欧盟统计局。

注释：根据海关报价确定年份排名。"n. a."指数据不适合入表（表示该品类在指定年份不在前十名之列）。分类依据商品名称及编码协调制度（HS）1992，机织服装为 HS62，针织服装为 HS61；增长率指与上年相比的变化；M&B＝男士和男童，W&G＝女士和女童，Babies＝婴童，ALL＝所有人群，COT＝棉，SYN＝合成纤维，MMF＝化学纤维。

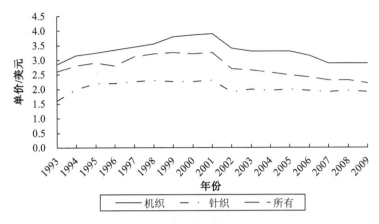

图 8-3　孟加拉国机织和针织服装出口的平均单价

来源：截至 2007 年，数据源自孟加拉国服装制造商及出口商协会（BGMEA）；2008—2009年，数据源自孟加拉国纺织部（DOT，2009）。

（4）向后关联（与纺织业的链接）

孟加拉国服装业的辅料及配套供货服务基本可以自给自足。当地货源能够满足国内服装辅料约 80％的需求，如缝纫线、纽扣、吊牌及使用标识、包装袋、胶带、衬衫纸板和纸箱等（Saheed，2008）。但孟加拉国服装业的面料和纱线主要依赖于进口，因为当地纺织企业无法提供质量、数量和品种达到要求的产品。然而，该国本地的纺织业却有着显著的发展，而且机织和针织的纺织领域存在着明显差异。孟加拉国的针织服装供应链完善，国内供应商能够满足针织产品出口所需 85％～90％的针织面料以及 75％的针织纱（Knowles、Reyes 和 Jackson 2008；DOT，2009）。染色及后整理也能支撑针织业的发展。相比之下，尽管孟加拉国的机织服装业比针织服装业开创早近十年，但机织面料行业却不如针织面料行业发展快。在过去，该国当地机织面料供应商只能满足 15％的机织服装企业需求，但2007 年起，这一比例已有所增加（Saheed，2008），然而，该国机织面料供应商也只能满足约 25％的需求（DOT，2009）。孟加拉国的针织和机织面料厂主要生产棉织物，而化学纤维织物的产能非常有限。由于当地没有棉花种植业，棉花几乎完全依赖于进口。作为增强行业后向关联的结果，尤其对针织业而言，棉花进口额的增长速度远远超过纺织品进口额的增长速度（Arnold，2010）。

与纺织业后向关联的机织和针织面料行业之间的发展差异，可用不同的投资需求进行解释。一般而言，一个最小经济规模包括印染和后整理部门的针织面料厂，投资至少需要 350 万美元，而投资一个类似的小型机织面料厂至少需要 3 500 万美元(World Bank,2005b；Ahmed,2009)。1994 年,政府对使用国产纱线和面料制作的出口服装给予现金奖励,以鼓励企业家投资综合型针织厂和纺纱厂(World Bank,2005b)。政府鼓励针织行业投资的其他激励措施包括低利率(贷款补贴)以及政府对土地开发、电力和基础设施等方面投资的支持。由于机织厂需要较大投资成本,机织行业没有得到像针织行业那样的发展。近年来,对机织行业的投资,尤其是外国直接投资的纺纱和织布综合型企业有所增加,但供需缺口仍然很大。

1998—2008 年,成衣出口业的国产面料使用量与出口服装面料总使用量的比较,即出口服装国产面料使用率见表 8-8。1998 年,出口服装国产面料使用率不足 20％,之后这一比例不断提高。2004 年,国产面料使用率超过 50％,2008 年达到 71％。表 8-9 显示了 1973—2008 年国内生产的纱线和面料的统计数据。虽然孟加拉国算不上棉花种植国,但纱线产量从 1973 年的 3.9 万吨上升到 2008 年的 71 万吨(增长 18 倍)。同样,用于国内和出口市场面料的生产总量从 1973 年的 7.02 亿米,增长到 2008 年的 58 亿米(增长 8 倍)。但孟加拉国生产的面料主要用于满足国内市场需求(World Bank,2005b)。

2007 下半年,服装业开立价值 2 亿美元的信用证(L/C),纺织业开立价值 2.36 亿美元的信用证,用于购买机械设备,这两部分共计 4.36 亿美元(Saheed,2008)。在服装业,企业开始投资新型的自动裁床、铺料机和高性能缝纫机,并启用了条形码库存管理系统,以此改进生产流程,提高生产效率,并保持较低产品价格。纺织业已形成现代化发展趋势——采用新技术并安装添置先进的生产设备。在机织面料方面,2009 年亚洲工厂引进的无梭织机增加了 47％。这股热潮由孟加拉国和中国主导,2009 年他们在全球购买总量中分别占 19.4％和 59.0％(*Just-style*,2010a)。最近几年,孟加拉国也大量购进针织面料生产机械。2008—2009 年,孟加拉国的单面和双面纬编圆机的采购量分别位居世界第二和第四。孟加拉国是手动横机和半自动横机的头号进口国,进口量占全球交易总量的一半以上。在纺纱产业方面,孟加拉国 2007 年成为全球纺锭第三大买家(仅次于中国和印度)。此外,2008 和 2009 年孟加拉国已成为短纤维纺锭的全球第三大和第四大买家(Saheed,2008)。

2009 年,孟加拉国一半以上的纺织品进口来自中国(59.5％),其余重要的供应商包括印度(11.6％)、中国香港(9.2％)、巴基斯坦(8.4％)和泰国(3.2％)(见表 8-10)①。近几年南亚地区纺织品贸易也有所增加。孟加拉国区域纺织品进口量占进口总量的比例由 2000 年的 18％增加到 2009年的 20％。2009 年,印度是该国最大的区域纺织品供应商,占全部进口纺织品总量的 11.6％,紧随其后的是巴基斯坦,占全部进口纺织品总量的8.4％。

表 8-8　1998—2008 年孟加拉国国产和使用面料的统计数据

| 财政年 | 国内市场可用面料/亿米 | | | 面向成衣出口使用的面料/亿米 | | | 国产面料使用率/％[a] | 国内市场使用的国产面料/亿米 |
	国产	进口(官方与非官方)	总量	机织	针织	总量		
1998[b]	13.56	—	—	—	—	—	18	—
1999[b]	14.24	—	—	—	—	—	23	—
2000[b]	15.99	—	—	—	—	—	29	—
2001[b]	18.00	—	—	—	—	—	33	—
2002	20.50	5.98	26.48	2.40	7.18	9.58	38	16.90
2003	22.00	6.86	29.66	3.01	8.33	11.34	40	18.32
2004	27.50	6.83	34.33	3.34	11.54	14.88	54	19.45
2005	34.00	7.25	40.57	3.75	16.21	19.96	64	20.61
2006	40.90	9.85	50.75	5.04	23.65	28.69	66	22.06
2007	49.10	11.30	60.40	6.31	29.45	35.76	68	24.64
2008	58.00	12.40	70.40	7.11	35.87	42.98	71	27.42

来源:孟加拉国纺织部 2009。

注释:"—"指暂无数据。

注 a:面向服装出口的国产面料使用率按 1—(国内市场进口纺织品面料使用量/成衣业面料使用量)计算;在此假设进口面料主要被用于出口产品的生产。

注 b:1998—2001 年的数据源自 Gherzi 等(2002)以及孟加拉国纺织企业协会 2004 年年度报告,引自 World Bank(2005b)。

(5) 就业

孟加拉国服装就业人数显著提高,从 1985 年的 10 万余人增加到2009 年的 310 万人(见图 8-4)。在整个服装业发展阶段,就业水平没有出现负增长,只有个别年份处于停滞状态,如 1999、2002、2004 和 2005 年。出孟加拉国纺织部发布的近期研究显示,2009 年孟加拉国纺织服装业拥有员工 420 万人(DOT,2009)。员工可分为三种类型:纺织服装技术人员、非技术员工和普通工人。普通工人占全部员工的 93％,是数量最多的员工类型,拥有工人 390 万人。从每个所属行业就业人数的分布来看,服装业的就业十分重要,总共拥有 310 万名员工,包括从事成衣生产的 250

---

①中国台湾也是一个很重要的纺织品供应市场,但相关的进口数据未列入联合国商品贸易(UN Comtrade)统计数据库。

万名员工和毛衣业的将近 60 万名员工,两者占纺织服装领域员工总数的
74%。针织业占就业总人数的 12%,纺纱业占 5.8%,印染业占 2.4%,机
织业占 2.4%,传统动力织布业占 1.2%(见表 8-11)。

表 8-9　1973—2008 年孟加拉国产纱线和面料的统计

财政年度	纱线产量/万吨	面料产量/亿米
1973	3.9	7.02
1984	6.7	9.83
1994	14.0	10.48
1998[a]	21.3	13.56
1999[a]	22.9	14.24
2000[a]	25.1	15.99
2001[a]	25.2	18.00
2002	29.8	20.50
2003	34.0	22.00
2004	38.0	27.50
2005	45.0	34.00
2006	53.7	40.90
2007	59.4	49.10
2008	71.0	58.00

来源:孟加拉国纺织部 2009。
注 a:1998—2001 年的数据源自 Gherzi 等(2002)以及孟加拉国纺织企业协
会 2004 年年度报告,引自 World Bank(2005b)。

表 8-10　各年份孟加拉国纺织品进口排名前五的国家和地区统计数据

国家/地区/经济体	海关报价/亿美元					市场份额/%				
	1995	2000	2005	2008	2009	1995	2000	2005	2008	2009
全球	13.43	15.49	24.42	35.42	30.81					
中国	2.24	4.65	11.76	19.83	18.32	16.7	30.0	48.2	56.0	59.5
印度	2.87	2.13	2.81	5.26	3.56	21.3	13.7	11.5	14.9	11.6
中国香港	3.53	3.09	3.70	3.55	2.84	26.3	19.9	15.2	10.0	9.2
巴基斯坦	0.76	n.a.	1.72	2.82	2.60	5.7	n.a.	7.1	8.0	8.4
泰国	n.a.	n.a.	n.a.	0.97	0.99	n.a.	n.a.	n.a.	2.7	3.2
韩国	2.55	2.74	1.34	n.a.	n.a.	19.0	17.7	5.5	n.a.	n.a.
印度尼西亚	n.a.	0.76	n.a.	n.a.	n.a.	n.a.	4.9	n.a.	n.a.	n.a.
排名前五的进口额与份额	11.95	13.37	21.33	32.43	28.32	88.9	86.3	87.4	91.6	91.9

来源:联合国贸易数据库
注释:源自国际贸易标准分类修改版 3 编码 65;"n.a."指数据不适合入表(表示该国家/地区/经济体在指
定年份不在前五之列)。

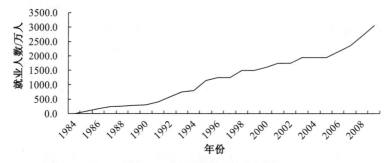

图 8-4　孟加拉国服装业就业人数

来源:孟加拉国服装制造及出口商协会(BGMEA)。

注释:孟加拉国财政年度截止期为每年 6 月 30 日。

表 8-11　按界别分类的孟加拉国纺织服装业工人就业数据

界别分组	技术员工		非技术性员工		普通工人		总人数
	人数	占比/%	人数	占比/%	人数	占比/%	
纺纱	1 595	0.6	17 678	7.2	226 536	92.2	245 809
机织	291	0.3	9 640	9.6	90 792	90.1	100 723
复合材料	103	0.7	2 088	14.7	12 036	84.6	14 227
传统动力织布	6	0.0	17 048	34.4	32 482	65.6	49 536
针织业	1 054	0.2	33 583	6.4	486 173	93.3	520 810
毛巾	72	0.4	1 546	8.4	16 886	91.3	18 504
染色(机械化)	980	1.0	9 442	9.2	92 675	89.9	103 097
染色(半机械化)	326	0.9	1 868	4.9	35 943	94.2	38 137
合成纱线	18	0.2	1 022	13.1	6 741	86.6	7 781
缝纫线	2	0.1	475	15.0	2 689	84.9	3 166
丝织业	12	0.3	549	14.6	3 201	85.1	3 762
毛衣业	161	0.0	37 620	6.3	559 739	93.7	597 520
成衣服装	438	0.0	128 585	5.1	2 374 559	94.8	2 503 522
纺织教育	390	37.5	650	62.5	0	0.0	1 040
采购	102	0.5	20 557	99.5	0	0.0	20 659
其他组织	94	100.0	0	0.0	0	0.0	94
总数与份额	5 644	0.1	282 291	6.7	3 940 452	93.2	4 228 387

来源:孟加拉国纺织部 2009。

　　关于孟加拉国就业人员的性别分布,据调查显示,20 世纪 80～90 年代超过 90% 的服装工人为女性。但从 20 世纪 90 年代以来,女性员工比例不断下降。根据 1999—2000 年孟加拉国生产制造行业普查(CMI)的数据,1999 年该国女性员工占服装业工人总数为 66.5%。进入 21 世纪后,女性员工所占比例进一步下降,2009 年女性员工在成衣化服装制造业的比例为 62%,毛衣制造业为 42%,而在整个纺织服装业的女性占比略高于50％。2009年,纺织服装业的普通工人中女性占54％,女性员工占比最高的是成衣业和纺纱业,分别占工人总数的62％和51％。在其他所有行业的界别中,女性劳动力的比例均低于50％(见表8-12)。但与制造业中女性劳动力平均占35％相比,纺织服装业的这一比值是相当高的。女性员工占比的变化与服装出口结构的变化有关,即一部分机织产品出口由针织产品出口替代。机织企业雇用女性较多,而针织行业——特别是毛衣业——大多数工人为男性。

表 8-12　2009 年孟加拉国纺织服装不同界别普通工人的性别就业数据

界别分组	一般工人		占比 /%		总人数
	男性	女性	男性	女性	
纺纱	110 070	116 466	49	51	226 536
织造	70 395	20 397	78	22	90 792
复合材料	6 816	5 220	57	43	12 036
传统动力织布	28 885	3 597	89	11	32 482
针织	261 849	224 324	54	46	486 173
毛巾	9 936	6 950	59	41	16 886
染色(机械化)	64 582	28 093	70	30	92 675
染色(半机械化)	21 531	14 412	60	40	35 943
合成纤维纱线	4 109	2 632	61	39	6 741
缝纫线	2 003	686	74	26	2 689
丝织	1 791	1 410	56	44	3 201
毛衣	324 017	235 722	58	42	559 739
成衣	894 299	1 480 260	38	62	2 374 559
总数与份额	**1 800 283**	**2 140 169**	**46**	**54**	**3 940 452**

来源:孟加拉国纺织部 2009。

关于每小时平均劳动力价格,2008 年,与其他竞争国家相比,孟加拉国的劳动力价格是最低的,每小时平均服装劳动力价格为 0.22 美元。相比之下,印度是孟加拉国的两倍多,而中国要高出孟加拉国四倍(Jassin-O Rourke Group,2008)。2008 年,孟加拉国的月最低工资为 1 662 塔卡(24美元),2010 年 9 月受劳资纠纷的影响,月最低工资增加到 3 000 塔卡(43美元)(*Just-style*,2010b),但增长后的工资水平仍处于世界最低。伴随着低工资的是相对低水平的劳动生产效率。据估计,2005 年孟加拉国每名工人年均附加值为 2 500 美元,而类似的中国服装企业工人附加值将近 7 000 美元(World Bank,2005b)。但即使调整了各个国家之间的生产效率差异(每单位生产效率的平均工资),孟加拉国服装业仍保持着单位劳动力成本的优势。

孟加拉国服装业生产效率相对较低的一个重要原因是工人、班组长和管理者缺少技能。对生产工人而言,操作者层面熟练工技能缺口估计占 25%,相当于孟加拉国服装业有约 50 万名非技术熟练工人(假设孟加拉国服装业有 310 万工人,直接操作者为 200 万人)(Bangladesh Garment Manufacturers and Exporters Association,BGMEA,孟加拉国服装制造商和出口商协会)。技能缺口在中层管理、技术、设计及时尚等领域尤为突出,如制版师、产品开发师、设计师、纺织工程师、生产经理或商品企划和营销推广等专业人员。这些技能对生产多样性以及提升高附加值的产品和活动至关重要。这些专业领域的技能缺口并没有具体的评估手段。但据孟加拉国劳动部估计,在该国服装业中,大约有 1.7 万名外国技术员工弥补了一部分技能缺口(Elmer,2010)。这些外籍员工大部分拥有熟练技能,主要来自中国、印度、韩国、巴基斯坦、菲律宾、斯里兰卡、中国台湾和土耳其等(BGMEA)。孟加拉国服装领域的技能缺口与服装出口的快速拓展有关,也与技能开发能力以及孟加拉国提供有限的技能开发和培训系统有关。

孟加拉国服装业在遵守劳动法规方面有过不良记录。从孟加拉国服装业频繁的罢工活动和劳资纠纷中可以看出,薪资与工作条件已成为长久以来的症结所在。2010 年夏天的劳工抗议活动预示着孟加拉国服装业暴力事件逐步升级(*Just-style*,2010c)。孟加拉国服装业最常见的劳工问题是低工资、缺乏劳动合同、超时工作、缺少节假日、拖欠工资、无产假、无工人宿舍等。政府调查显示,30% 的工厂不遵守劳动法规,而 90% 以上的工厂声称遵守劳动法规,但仍有一个或多个问题,包括对初级工人培训后延迟评级和加薪、不规则或减少薪水支付、低薪加班、超时工作、工作条件差、没有带薪休假和医疗设施、缺少产妇津贴、缺乏工作安全保护、缺少交通设施和职工宿舍以及忽视工会制度和劳动法规(*Just-style*,2010c)。

关于遵守劳动法规的一个主要问题是低工资。尽管自 1994 年起孟加拉国就有最低工资的规定,但并没有调节机制应对通货膨胀和其他宏观经济的变化,这种未调整状态一直延续到 2006 年 10 月。为应对劳资纠纷,政府将最低工资从 1994 年的 930 塔卡(16 美元)提升到 2006 年的 1 662 塔卡(24 美元)[①],但仍低于预估的最低生活所需收入,特别是处在由食物价格推动而持续走高的通货膨胀环境中。2010 年,抗议者要求将最低工资涨到每月 5 000 塔卡(72 美元),这一数字较最初所提出的 6 200 塔卡(89 美元)已有所减少。此外,一些全球买家群体,作为有社会责任的公

---

①自 1982 年起,出口加工区所依据的劳动法有多种,即通常所谓的指令 1 和指令 2。在出口加工区(EPZs)内,服装工人的最低工资为 30 美元,而支付的平均工资通常要更高些。

司,担心那些血汗工厂可能会玷污自己公司的名声,在 2010 年 2 月给孟加拉国总理递交了一封信函,提出希望立即采取措施解决需应对的问题。2010 年 7 月,孟加拉国劳动就业部同意将最低工资增长到每月 3 000 塔卡(43 美元),即最低工资增长了 80%,起始时间为 2010 年 10 月 31 日(*Just-style*,2010b)。这次的工资增长源自最低工资委员会建议,委员会成员包括政府、行业和工人的代表①。据估计这次的工资增长将会使服装生产商增加 7%生产成本(*Just-style*,2010b)。但这个新的最低工资仍低于工人所要求的每月 72 美元,它是否能够平息劳资纠纷仍需拭目以待,因为工会和社会活动家对这次拟定的工资增幅表示失望。

自 20 世纪 90 年代起,孟加拉国采取了其他一些解决工作条件的措施,遵守劳动法规渐成风气。孟加拉国服装制造商和出口商协会(BGMEA)以及孟加拉国针织服装制造商和出口商协会(BKMEA)已采取行动维护工厂工人的权利,但范围有限。20 名法律顾问就职于孟加拉国服装制造商和出口商协会,这对于一个拥有近 5 000 家公司的行业来说数量太少。孟加拉国服装制造商和出口商协会(BGMEA)曾经与国际劳工组织(ILO)、联合国开发计划署(UNDP)、德国技术合作公司(GTZ)和欧盟开展合作,协商促进属于该协会成员的服装工厂满足社会责任要求。孟加拉国商务部积极主动地成立了"纺织服装业社会责任全国性论坛",同时还设立了遵守社会责任问题工作队和遵守社会责任监控小组(World Bank,2005b)。这些举措后来被商务部设立的"成衣服装(RMG)遵守社会责任论坛"取代,而遵守社会责任监控小组则归属于商务部出口促进局,在"论坛"的管辖下工作。2005 年起,针对国际社会的压力,尤其是美国劳工联合会-产业工会联合会(AFL-CIO,亦称劳联-产联)的积极游说,一个由世界银行资助的项目已在出口加工区全面实施,并促进了出口加工区企业在监督和执行劳工标准方面取得重大进步。孟加拉国出口加工区管理局(BEPZA)委派了约 60 名法律顾问在八个出口加工区工作,并按计划每月提交每家工厂遵守社会责任现状的报告。这些法律顾问两人一组进行工作,每组负责大约十家工厂,按工作日或按周巡查工厂。这些顾问提供辅助管理工作,如:遵守社会责任和劳工标准、提高工人维权意识、

---

①代表企业主的孟加拉国服装制造商和出口商协会提出,如果有一系列配套措施支持企业的经营活动,才会同意提高工人的最低工资。这些措施包括:新工资规定延迟 120 天推行、取消预付所得税与增值税、减少公用事业和港口服务费、降低银行利率以及设立 7 000 万美元的基金用来建设职工宿舍等(*Just-style*,2010d)。

支持建立工人社团组织①、监控企业社会责任以及仲裁劳资纠纷等。这个项目在出口加工区的范围内发挥了明显效果,但与出口加工区管理局足够的巡视员以及监督和执行方案相比,以孟加拉国劳动部的有限资源,如何将这一项目推广至孟加拉国整个产业界仍然令人质疑。

8.4　贸易法规与积极的引导政策

(1) 优惠的市场准入

欧盟基于普惠制(GSP)授予孟加拉国优惠的市场准入。自 20 世纪 80 年代起,欧盟授予孟加拉国免配额免关税待遇以及 2001 年起的除武器外全部免税(EBA)待遇。这些优惠待遇促进了孟加拉国对欧盟的服装出口,使欧盟成为孟加拉国最大的服装出口终端市场。然而,欧盟授予的优惠市场准入要求实现双重型原产地(ROO)规则,而孟加拉国所有的服装出口尤其是机织产品出口无法满足这一要求。当时,对欧盟的服装出口中,只有约一半使用了优惠的市场准入。这种使用率因不同服装品类而有所差异,出口针织服装的优惠市场准入使用率为 90%,而机织服装只有 16%。2011 年 1 月,孟加拉国在欧盟市场享有超普惠制(GSP+)地位待遇。依据这一制度,对包括孟加拉国在内的最不发达国家(least developed countries,LDCs),原产地规则由双重型转为单一型。孟加拉国在澳大利亚、加拿大、日本、新西兰和挪威也享有免税市场准入。日本对产自孟加拉国的进口针织产品,即相关的普惠制原产地规则从 2011 年 4 月份起发生了变化,由三重型转为双重型。而在美国市场,孟加拉国仍需承担最惠国待遇(MFN)的关税。

在南亚区域层面上,该地区拥有多项按阶段实施的区域合作和贸易协定或协议②,其中最重要的是南亚区域合作联盟(SAARC)。尽管有这些区域一体化的努力,但纺织服装业的区域性贸易和投资潜能大多未开发。区域一体化的工作成就有限表现在拒绝 1995 和 2001 年由欧盟提出的,在南亚区域合作联盟框架下使用原产地条款中的区域累积规则。在印度,孟加拉国获得 800 万件服装产品免关税配额的待遇,但孟加拉国并未用尽这一配额,如 2009 年,由于存在非关税壁垒,包括高企的特别税等,仅使用了近半的配额。

①存在的问题是工人社团缺少工会的权利,也未与外界工会产生联系。因此,这种社团达不到国际劳工组织的核心劳工标准。
②这些协定或协议包括南亚区域合作联盟(SAARC)、南亚优惠贸易协议(SAPTA)、由孟加拉国倡议的孟加拉湾多部门技术经济合作计划(BIMSTEC,参加国:孟加拉国、不丹、印度、缅甸、尼泊尔、斯里兰卡和泰国)以及 2004 年起实施的南亚自由贸易协定(SAFTA)。

（2）积极的引导政策

不同级别的国家机构与政策对孟加拉国服装业的发展至关重要。一般来说,政府和行业组织积极支持纺织服装业发展;国际组织在资助以及与基础建设有关的政策落实方面起着重要作用;但更为重要的是与政府或行业组织合作,在技能开发方面发挥积极作用。

在 MFA 配额逐步取消的背景下,政府在不同层面上增加了支持纺织服装业的项目。2003 年孟加拉国商务部委托的研究报告(由 Gherzi 行业咨询公司完成)确认了本国服装业的优势、劣势以及需提高生产效率的领域。该报告就人力资源开发、基础设施建设和管理方法等方面提出了 14 项战略性建议(BIDS,2011)。为制定政策和策略,政府在 2004 年成立了国家协调委员会(National Coordination Council,NCC)。2005 年,国家协调委员会提交了一份战略实施建议报告(见表 8-13)。政府批准了这一建议,由此成为后配额时代(2005—2015 年)**纺织**服装业全面发展的核心政策指导文件。

商务部在 2004 年初制定了一项《后配额时代五年行动计划》,投资4 000 万美元支持服装业在 MFA 配额取消后的发展。这项战略性计划的目标是帮助服装业在保持现有市场份额的同时,在后配额时代七项政策框架下(见表 8-13)通过各种努力扩大市场。然而并非所有计划都能实现,主要原因是缺乏业主或赞助商的支持(BIDS,2011)。

孟加拉国政府从 2006 年开始采取特别措施加强支持服装业发展的力度,如拨款 2 亿塔卡(289 万美元)开设培训项目以提高工人生产效率。孟加拉国成衣制造商和出口商协会(BGMEA)也为服装企业增加出口出谋划策。表 8-13 是针对后配额时代纺织服装业发展的建议、计划、措施与战略的总览。

表 8-13　后配额时代孟加拉国纺织服装的专项政策

国家协调委员会
主办方:政府
实施期:2005—2015 年
实施建议:
● 企业债转股比率固定在 70:30 或其他合适的比率。
● 银行贷款应优先考虑对织造、染色和后整理部门的投资。
● 国有和私人银行对纺织业的投资利率固定为 9%。
● 出口产品的货币汇率(美元兑塔卡)波动最大范围限制在 50 派萨(100 派萨=1 塔卡)。
● 纺织业用的进口备用零件/机械设备、染料、化学品和浆料应减免税费。

（续表）

● 纺织纤维、纱线及织物的进口关税已从五个级别（0％、5％、15％、25％和 37.5％）减少至四个级别（0％、5％、12％和 25％）。纺织机械、大部分备件和配件、染料、化学物品和原棉的进口关税已降为零。
● 作为出口退税和设施（设备）债券的补偿措施，现金补贴率增至 10％。
● 纺织业技术功能缺陷可通过以下途径解决：a. 建立更多职业技术学校；b. 将孟加拉国纺织工程技术学院升级为纺织大学；c. 在所有工科类大学里增设和开放纺织院系；d. 在所有工科学校、大专和职业院校的课程体系中增设纺织学科。
● 优先发展纺织服装业，建立高科技产业园、服装产业园和出口加工区，健全和完善必要的基础设施。
● 继续执行免税期计划。
● 为倡导并实现环保，应建立污水处理厂，并提供一系列的优惠配套政策，如设备及配件免关税进口、银行低息贷款、由政府部门和行业协会组成专门委员会鼓励形成产业集群园区以及减免电、气、运输、保险等的增值税。

后配额时代政府行动计划
主办方：政府、商务部
实施期：2005—2010 年
计划内容：
● 技能和质量开发计划。旨在提高行业绩效，针对大约 22 000 名员工开展培训；主要内容包括遵守劳动法规和社会责任、质量管理和市场推广等。
● 失业工人复职计划。帮助和培训那些可能失去工作的工人（1 500 万美元）。
● 小型企业产能提高计划。a. 通过扶持小型服装制造商形成战略合作伙伴关系、合并、提升生产率等，以增强企业产能；b. 实施技能开发项目，帮助纺织服装中小型企业获取先进技术，以提高自身竞争力（300 万美元）。
● 为提高质量和降低成本，对传统纺织行业（primary textile sector, PTS）的技术和功能建设给予支持（400 万美元）。
● 为手织机织造业和传统纺织行业建立独立的设计和开发中心，从而帮助手织机织造业增强竞争力（400 万美元）。
● 支持产业前向关联，使之能够为服装业提供更好的服务，包括贸易促进和营销推广工具。
● 支持新市场机遇的拓展计划。

孟加拉国政府扶持措施
主办方：政府
起始时间：2006 年
扶持措施：
● 提供保税仓库设施。
● 技术升级（对进口重要机械设备给予优惠税率或免税）。
● 对使用国产面料替代进口面料的服装出口公司给予现金补助。
● 建立出口信用担保制度以避免国内出口信贷的风险和国外发生的商业、政治风险等。
● 对服装出口商市场推广工作的支持。
● 补贴公用事业设施费用。

（续表）

● 市场多元化。孟加拉国和印度之间的谅解备忘录（Memorandum of Understanding,
　MOU）规定,孟加拉国每年可向印度免关税出口 800 万件孟加拉国制造的服装。虽然
　这只是整个出口产品中的一小部分,但这意味着开始减少对美国和欧盟传统市场的依
　赖。
● 2009—2012 年期间,出口至新目的地（即欧盟、美国和加拿大以外）的服装出口商可得
　到一小笔现金奖励。

孟加拉国成衣制造商和出口商协会提出的服装出口战略
主办方：孟加拉国成衣制造商和出口商协会
实施期：2008—2013 年
孟加拉国成衣制造商和出口商协会提出的国内生产商出口战略：
● 提高劳动生产率；
● 多样化生产线和终端市场；
● 投资研发及人力资源；
● 重新审视和注重产品质量；
● 增强企业社会责任（CSR）公约的落实。
　　这项战略也包括游说政府改善包括天然气、电力和公路在内的国内基础设施以及落
实和鼓励国内外企业家投资纺织服装业的政策。孟加拉国成衣商和制造商出口协会还
通过向南非和巴西派遣代表团和接待日本代表团的方式,努力开拓新市场。

来源：Saheed,2008；Adhikari 和 Weeratunge,2007；World Bank,2005b；BIDS,2011。

参考文献

［1］Adhikari, R. , and C. Weeratunge. 2007. "Textiles and Clothing Sector in South Asia:
　　Coping with Post-quota Challenges. " In *South Asian Yearbook of Trade and Develop-
　　ment* 2006—*Multilateralism at Cross-roads: Reaffirming Development Priorities*, ed.
　　B. S. Chimni, B. L. Das, Saman Kelegama, and M. Rahman, 109-47. New Delhi:
　　Centre for Trade and Development and Wiley India.

［2］Ahmed, Nazneen. 2009. "Sustaining Ready-made Garment Exports from Bangladesh. "
　　Journal of Contemporary Asia 39 (4): 597-618.

［3］Arnold, John. 2010. "Effects of Trade Logistics on the Strategy of the Garments Indus-
　　try for Product and Market Diversification. " Background paper prepared for the Bangla-
　　desh Trade Note, World Bank, Dhaka.

［4］Bakht, Z. , M. Yunus, and M. Salimullah. 2002. "Machinery Industry in Bangladesh. "
　　Machinery Industry Study Report 4, Tokyo Institute of Development Economies Ad-
　　vanced School, Tokyo.

［5］BEPZA (Bangladesh Export Processing Zone Authority). 2010. *Annual Report*: 2008-
　　09. *Bangladesh Export Processing* Zone Authority, Dhaka.

［6］BIDS (Bangladesh Institute of Development Studies). 2011. "Trade Liberalization,
　　Changes in Industrial Structure, and Job Creation in Bangladesh. " Background paper by
　　Bangladesh Institute of Development Studies, Dhaka, for the book *More and Better Jobs*

in South Asia, Washington, DC: World Bank.

[7] DOT (Department of Textiles). 2009. *Survey of the Bangladesh Textile Industry to Assess the Requirement of Textile Technologists*. Dhaka, Bangladesh: Bangladesh Department of Textiles.

[8] Elmer, Diepak. 2010. "The RMG Skills Formation Regime in Bangladesh: A Background Paper." Background paper, Bangladesh Trade Note, World Bank, Dhaka.

[9] IMF (International Monetary Fund). 2008. *The Ready-made Garment Industry in Bangladesh: An Update*, by Jonathan Dunn. Report for International Monetary Fund, Washington, DC.

[10] Jassin-O'Rourke Group, L. 2008. "Global Apparel Manufacturing Labor Cost Analysis 2008, Textile and Apparel Manufacturers & Merchants." http://tammonline.com/files/ GlobalApparelLaborCostSummary2008. pdf.

[11] *Just-style*. 2010a. "Asian Woven Fabric Industry Moves Upmarket—Research." September 20.

———. 2010b. "Update: Bangladesh Garment Wages to Rise 80%." July 29.

———. 2010c. "Bangladesh in Brief: Apparel Industry Snapshot." August 2.

———. 2010d. "Continuing Protests Blight Bangladesh Pay Deal." August 2.

[12] Knowles, A. , C. Reyes, and K. Jackson. 2008. "Gender, Migration and Remittances: A Bangladeshi Experience." In *Southern Perspectives on Development: Dialogue or Division?* ed. A. Thorton and A. McGregor, 229-46. Auckland: Centre for Development Studies, University of Auckland.

[13] Mlachila, Montfort, and Yongzheng Yang. 2004. "The End of Textiles Quotas: A Case Study on the Impact on Bangladesh." Working Paper WP/04/108, International Monetary Fund, Washington, DC.

[14] Quddus, Munir, and Salim Rashid. 2000. *Entrepreneurs and Economic Development: The Remarkable Story of Garment Exports from Bangladesh*. Dhaka: The University Press Limited.

[15] Rahman, Mustafizur, Debapriya Bhattacharya, and Khondaker Golam Moazzem. 2008. "Dynamics of Ongoing Changes in Bangladesh's Export-Oriented RGM Enterprises: Findings from an Enterprise-Level Survey." Unpublished manuscript, Centre for Policy Dialogue, Dhaka.

[16] Sahced, Hassen. 2008. "Prospects for the Textile and Garment Industry in Bangladesh." *Textile Outlook International* 135: 12-48.

[17] Staritz, Cornelia. 2011. "Making the Cut? Low-Income Countries and the Global Clothing Value Chain in a Post-Quota and Post-Crisis World." Study, World Bank, Washington, DC.

[18] Tewari, Meenu. 2008. "Deepening Intraregional Trade and Investment in South Asia—The Case of the Textile and Clothing Industry." Working Paper 213, India Council for Research on International Economic Relations, New Delhi.

[19] World Bank. 2005a. "Bangladesh Growth and Export Competiveness." Report 31394-

BD, Poverty Reduction and Economic Management Sector Unit, South Asia Region, World Bank, Washington, DC.

[20] World Bank. 2005b. "End of MFA Quotas—Key Issues and Strategic Options for Bangladesh Readymade Garment Industry. " Bangladesh Development Series Paper 2, Poverty Reduction and Economic Management Unit, World Bank, Dhaka.

[21] World Bank. 2010. "Export Bulletin," Bangladesh country office, World Bank, Dhaka.

[22] Yunus, Mohammad. 2010. "Knitwear Industry in Bangladesh: A Case Study of Firms in Narayanganu. " Report prepared for the Institute of Human Development, Delhi, Bangladesh Institute of Development Studies, Dhaka.

第九章　柬埔寨

9.1　导论

柬埔寨经历了将近 30 年的政治和社会动荡后,20 世纪 90 年代中期才成为服装出口新兴国家。然而,直到 20 世纪 90 年代末,服装业在柬埔寨发展进程中一直起着主导作用。柬埔寨服装业迅速发展成为该国最大的出口行业,占商品出口总额的近 70%。自 20 世纪 90 年代末以来,服装业成为正规就业增长的主要来源,拥有约 30 万劳动力,占工业总就业人数的约 30%。

《多纤维协定》(MFA)、优惠的市场准入和大量的廉价劳动力是柬埔寨服装业发展的关键所在。这一行业的发展由外国直接投资(FDI)驱动,因为吸引外国投资商的是 MFA 的配额跳过、优惠的市场准入(尤其是根据美国-柬埔寨双边纺织服装贸易协定,配额的增长与工作条件的改善相关联)以及柬埔寨廉价的劳动力成本。

尽管在后配额时代柬埔寨服装出口期望不尽如人意,但是在 2004 年之后,柬埔寨仍然提升了出口额以及市场份额。然而,2008 年底由于受到全球金融危机的波及和针对中国特保措施(特定产品过渡性保障机制)的结束,柬埔寨的服装出口在 2009 年有所下滑。除了这些"外部"因素外,"内部"因素对解释这种下滑现象同样十分重要,尤其是柬埔寨融入服装全球价值链(GVCs)的具体过程由以下因素导致:外国投资和外派人员,他们的管理决策大部分来自位于东亚的公司总部;CMT(裁剪、缝纫和后整理)生产方式;以及分散的服装业,因行业分散限制了当地内部或与区域之间的联系。

柬埔寨最主要的竞争优势是廉价的劳动力成本、优惠的市场准入(针对欧盟国家)以及源自国际劳工组织(ILO)和国际金融公司(IFC)的"柬埔寨更佳工厂计划(Better Factories Cambodia)"获得的遵守劳动法规的良好声誉。而主要的挑战是:与孟加拉国和越南等竞争对手相比,生产效率较低;在技术、设计、时尚和管理技巧方面存在技能缺口;过长的前导时间(交货期)和有限的后向关联(与纺织业的链接);终端市场集中于美国以及欧盟 15 国;相对较简单的低附加值产品。

与其他亚洲主要服装出口国相比,除了与 ILO/IFC 合作的"柬埔寨更佳工厂计划"外,柬埔寨其他积极的政府引导政策相当有限。

9.2　服装业的发展

柬埔寨直到 20 世纪 90 年代中期才发展成为一个服装出口国[①]。尽管柬埔寨服装业的起源要追溯到法国殖民时期(1863—1953 年),但当今服装业基础是由来自中国香港、马来西亚、新加坡和中国台湾等海外投资者建立起来的。吸引他们的是 MFA 期间的免配额政策、优惠的市场准入以及柬埔寨大量劳动力过剩所带来的相对较低劳动成本。服装业在柬埔寨起步时,因为该国不是 MFA 的成员,所以对美国和欧盟出口并没有配额限制。1996 年,柬埔寨作为非世界贸易组织(WTO)成员,被美国和欧洲市场赋予最惠国待遇(MFN)地位。从 1999 年开始,基于三年半欧盟-柬埔寨纺织服装贸易协定,柬埔寨出口到欧盟市场的服装享受免配额和免关税准入待遇,并且从 2001 年开始享受针对最不发达国家(LDCs)实行的除武器之外的所有产品(EBA)免税的优惠政策。然而,该国服装业的腾飞主要源于 1999 年达成的美国-柬埔寨双边纺织服装贸易协定。

随着柬埔寨对美国出口的快速上升,1998 年两国政府开始针对柬埔寨纳入 MFA 配额框架系统进行谈判协商。双方达成了从 1999 到 2001 年三年期间的美国-柬埔寨双边纺织服装贸易协定,协定中规定了柬埔寨出口美国服装的 12 项大类固定配额。但按人口计算,相比其他国家,给予柬埔寨的这些配额是最为宽松的,因美国考虑到柬埔寨承诺提升核心劳工标准。两国政府商定,如果柬埔寨政府能够确保服装厂遵守国家劳

[①]本节一部分以 Staritz(2011)文献为基础。

动法规和国际劳工标准,配额将逐年递增。依据"服装业工作条件改善计划",由国际劳工组织负责计划监控并决定配额的增加。2000和2001年,决定所有品类的配额增加9%。2001年,该贸易协定又延长三年,即从2002到2004年,按年份,配额分别得到9%、12%和14%的增加(Polaski,2009)。美国-柬埔寨双边纺织服装贸易协定和ILO监控计划对柬埔寨服装业的最初发展至关重要,因为大幅度增加的配额确保了柬埔寨对美国市场的出口,并且向消费者、国际买家和制造商展现柬埔寨的服装生产能力,使他们认同柬埔寨是一个有能力的服装出口国。

自20世纪90年代中期以来,柬埔寨服装出口增长非常显著。据柬埔寨贸易伙伴国的进口数据显示,柬埔寨1995年出口额为6 300万美元,到2004年增长到24.34亿美元(见表9-1)。2000—2004年期间,服装出口年平均增长率达到20.5%。柬埔寨占全球服装出口的份额也从1998年的0.3%上升到2004年的1.0%。自1998年开始,美国成为柬埔寨最主要的终端市场,2004年占出口总额的62%(约14亿美元);其次为欧盟15国,占30%(约7亿美元)(见图9-1)。

表9-1 各年份柬埔寨服装出口至全球的统计数据

	1995	1998	2001	2004	2005	2006	2007	2008	2009
出口总额/亿美元	0.63	5.78	14.30	24.34	26.96	33.24	37.65	40.43	34.73
年增长率/%	—	101.4	17.8	23.7	10.8	23.3	13.3	7.4	−14.1
占全球服装出口份额/%	0.0	0.3	0.7	1.0	1.0	1.1	1.2	1.2	1.2
机织服装与针织服装出口额/亿美元									
机织服装	0.30	2.40	6.89	11.08	11.06	11.28	11.56	11.30	9.05
针织服装	0.33	3.38	7.41	13.26	15.90	21.96	26.09	29.13	25.68
机织服装与针织服装出口额占比/%									
机织服装	47.6	41.5	48.2	45.5	41.0	33.9	30.7	27.9	26.1
针织服装	52.4	58.5	51.8	54.5	59.0	66.1	69.3	72.1	73.9

来源:联合国商品贸易统计数据库(UN Comtrade)。
注释:出口额代表贸易伙伴国公布的进口额;服装分类源自商品名称及编码协调制度(HS)1992,机织服装为HS62,针织服装为HS61;增长率指与上年相比的变化;"—"指不适用。

20世纪90年代初期,柬埔寨服装出口占总出口额不足3.0%,而到2003年增长至76.4%。1995年服装企业数仅20家,而到了2004年已增加到219家[①]。在此期间,就业人数也从18 703人增加到269 846人(见表9-2)。

预期MFA配额取消对柬埔寨服装出口带来的影响并不乐观,然而自

———————

①柬埔寨服装制造商协会(Garment Manufacturers' Association in Cambodia,GMAC)报道的是正式注册和实际运营的企业数,两者的区别是前者包括了暂时关闭的企业数和正在倒闭的企业数,这里报道的数字指实际运营的企业数。

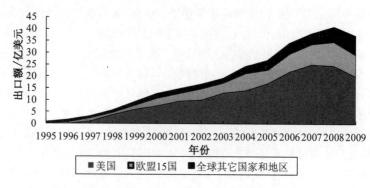

图 9-1　面向欧盟 15 国和美国的柬埔寨服装出口额

来源:联合国商品贸易统计数据库(UN Comtrade)。

注释:出口额代表贸易伙伴国公布的进口额;服装分类源自商品名称及编码协调制度(HS) 1992,机织服装为 HS62,针织服装为 HS61。

2004 年以来,柬埔寨设法努力提升了出口额和市场份额。从柬埔寨贸易伙伴国的进口数据来看,2005 年服装出口总额增加至 26.96 亿美元,相比 2004 年增长了 10.8%(见表 9-1)。柬埔寨占全球服装出口份额在 2004 至 2005 年期间稳定在 1.0%,2006 年增长至 1.1%,2007 年增长至 1.2%。这一增长得益于针织品出口的增长,因为机织品出口增长自 2005 年开始处于停滞状态。2005 年柬埔寨对美国的出口额增长了 20.1%,但对欧盟 15 国的出口额下降了 8.2%。2006 年,柬埔寨对美国和欧盟 15 国的出口额分别增长了 25.2% 和 16.3%(见表 9-3 和表 9-4)。伴随着出口额的增长,2004—2005 年期间,运营的企业数量从 219 家增加到了 247 家,总就业人数从 270 000 人增加到 283 906 人(见表 9-2)。然而,虽然净就业总人数在增加,但同时也伴随着相当多的行业内部就业调整。这是因为国际买家整合了各个国家间和各个国家内部的供应商,从而向数量更少但规模更大的工厂采购商品,所以在后配额时代,柬埔寨较小的工厂被关闭,余下的工厂则扩大规模。2004—2005 年期间,柬埔寨雇员超过 5 000 人的工厂数量翻了一倍以上。只有四分之一多一点的工厂雇员少于 500 人,大多数工厂员工人数在 500~2 000 人之间(Natsuda、Goto 和 Thoburn,2009)。

表 9-2　柬埔寨服装业:工厂数量、就业人数以及服装占总出口额的比例

年份	工厂数量		就业人数		服装占总出口额的比例/%
	注册登记	实际运营	注册登记	实际工作	
1995	—	20	—	18 703	3.0
1997	—	67	—	51 578	23.9
2001	233	185	200 861	187 103	71.2
2002	248	188	226 484	210 440	—
2003	266	197	254 355	233 969	76.5
2004	300	219	300 043	269 846	—
2005	351	247	328 466	283 906	74.5
2006	398	290	379 293	334 063	70.9
2007	432	292	414 789	353 017	69.4
2008	455	284	407 927	324 871	—
2009	487	243	405 249	281 855	—
2010	515	262	451 900	319 383	—

来源:柬埔寨服装制造商协会(GMAC);服装出口占总出口额的比例以及 1995、1997 年工厂数量和就业数据源自 Arnold 和 Shih(2010)。
注释:数据为给定年份 12 月的数值;"—"指暂无数据。

随着 2004 年底 MFA 的配额取消,基于配额系统的美国-柬埔寨双边纺织服装贸易协定也走到了尽头。但是柬埔寨政府和服装企业决定继续实施 ILO 监控计划,进行监管和实施的机构由美国劳工部转向柬埔寨政府、制造商和国际买家。此外,该计划增设了对政府官员、管理人员及工人进行能力提升和培训的项目(Polaski,2009)。然而,该计划最主要的诱因之一,即改善工作环境以获得更高的配额已经随着 2004 年底 MFA 配额取消而不复存在。从那时起,对国际买家来说最主要的诱因转变成遵守劳动法规和相应的"声誉风险保证",因为国际劳工组织的监控计划比国际买家自订的行为准则具有更高的信誉。

表 9-3　各年份美国进口柬埔寨服装的统计数据

	1996	1998	2001	2004	2005	2006	2007	2008	2009
进口总额/亿美元	0.02	3.59	9.20	14.18	17.02	21.31	24.21	23.71	18.69
年增长率/%	—	265.0	14.7	15.4	20.1	25.2	13.6	-2.0	-21.2
占国美服装进口份额/%	0.0	0.7	1.6	2.1	2.4	2.9	3.2	3.2	2.9
机织服装与针织服装进口额/亿美元									
机织服装	0.02	1.70	5.16	7.76	8.28	8.34	8.36	7.86	5.86
针织服装	0.01	1.88	4.04	6.42	8.75	12.97	15.84	15.85	12.83
机织服装与针织服装进口占比/%									
机织服装	75.0	47.5	56.1	54.7	48.6	39.1	34.5	33.1	31.3
针织服装	25.0	52.5	43.9	45.3	51.4	60.9	65.5	66.9	68.7

来源:美国国际贸易委员会(United States International Trade Commission,USITC)。
注释:服装进口数据源自商品名称及编码协调制度(HS)编码 61 和 62;海关完税价;增长率指与上年相比的变化;"—"指不适用。

表 9-4　各年份欧盟 15 国进口柬埔寨服装的统计数据

	1995	1998	2001	2004	2005	2006	2007	2008	2009
进口总额/亿欧元	0.43	1.51	3.95	5.17	4.75	5.52	5.24	5.54	5.41
年增长率/%	—	6.8	39.9	23.3	−8.2	16.3	−5.0	5.7	−2.4
占欧盟 15 国服装进口份额/%	0.1	0.2	0.5	0.6	0.5	0.6	0.5	0.5	0.6
机织服装与针织服装进口额/亿欧元									
机织服装	0.19	0.44	1.14	1.34	0.99	0.99	0.83	0.83	0.70
针织服装	0.24	1.07	2.81	3.83	3.76	4.53	4.42	4.71	4.70
机织服装与针织服装进口额占比/%									
机织服装	44.5	28.9	28.8	26.0	20.8	17.9	15.8	15.0	13.0
针织服装	55.5	71.1	71.2	74.0	79.2	82.1	84.2	85.0	87.0

来源:欧盟统计局(Eurostat)。

注释:服装进口数据源自商品名称及编码协调制度(HS)编码 61 和 62;增长率指与上年相比的变化;"—"指不适用。

　　全球金融危机的影响从 2008 年开始显现,但若与针对中国的特保措施于 2008 年底结束一起评估的话,这种影响在 2009 年更为显著。柬埔寨服装业由于这两大事件的发生受到沉重打击。从柬埔寨贸易伙伴国的进口数据来看,2008 年服装出口总额上升了 7.4%,但是在 2009 年却下降了 14.1%(见表 9-1)。对美国的服装出口分别在 2008 和 2009 年下降了 2.0% 和 21.2%,对欧盟 15 国的服装出口在 2008 年上升了 5.7%,但在 2009 年下降了 2.4%(见表 9-3 和表 9-4)。出口额减少的直接反映是一部分工厂倒闭。2007 年实际运营的工厂有 292 家,到 2008 年数量减少为 284 家,而 2009 年继续减少为 243 家(见表 9-2)。这种情况最开始发生于 2008 年 11 月,一波工厂的倒闭风潮结束了柬埔寨相对稳定的增长态势,并在一年之内,实际运营的工厂数从 2008 年 10 月的 313 家顶峰骤降到了 2009 年 11 月 241 家的低谷,而大部分生存下来的工厂开工率仅为 60%～70%(Better Factories Cambodia,2010)。自 2008 年全球金融危机开始以来,共有 70 家工厂倒闭,75 500 名工人失业,占行业就业总数的 20%。2007 年柬埔寨服装就业人数为 353 017 人,2008 年下降为 324 871 人,而 2009 年底下降到 281 855 人(见表 9-2)。

　　对柬埔寨服装业来说,2008—2009 年的事态发展展现了相当暗淡的景象。然而,从商务部发布的 2010 年数据来看,整个行业已经触底回升。2010 年 1 月服装出口出现了同比增长(7.3%),这是自 2008 年 12 月以来的第一次增长。与上年相比,2010 年同比增长了 22.7%。2010 年全年实际运营的工厂数量也开始再次增加,同年 12 月达到 262 家(Better Factories Cambodia,2010)。服装就业人数也在 2010 年再度增长,同年 12 月统计就业人数为 319 383 人。

后配额时代以及美国-柬埔寨双边纺织服装贸易协定终止后,柬埔寨出口额的增长与2005—2008年期间美国和欧盟对从中国出口的某些服装品类重新施行配额(特保措施)有关,并由此缓解了MFA配额取消对该国服装出口造成的影响。对美国来说,柬埔寨超过40%的出口产品属于美国对中国实施配额特保措施的品类。此外,柬埔寨的主要竞争国家越南,因不是WTO成员,2004年后在美国市场上仍受到配额限制。然而,2007年1月越南加入WTO,2008年底针对中国的特保措施到期终止以及全球经济危机引起的需求下降等共同作用给柬埔寨服装出口带来了负面影响。后配额时代,柬埔寨仍然是一个重要的服装出口国,竞争优势在于廉价劳动力成本和优惠的市场准入,尤其对欧盟服装出口更是如此。然而,与主要竞争国家孟加拉国和越南相比,柬埔寨的生产效率和整体竞争水平提升速度相对较低。

9.3　服装业的结构

(1) 企业类型

柬埔寨服装业主要由外国直接投资主导;将近95%的工厂是外商独资。2008年,主要的境外投资国和地区:中国台湾(25%,86家工厂)、中国香港(19%,68家工厂)、中国大陆(18%,65家工厂),紧随其后的是:韩国(10%)、马来西亚(5%)和新加坡(4%)(见图9-2)。来自包括中国大陆、中国香港和中国台湾的"大中华区"的服装工厂占所有柬埔寨服装工厂的60%以上。2000—2005年,包括中国香港和大陆的中国人总投资占服装业获批投资总额的59%;中国台湾投资占23%(Natsuda、Goto和Thoburn,2009)。只有7%的服装企业由柬埔寨本国拥有,大多数是相对较小的企业(柬埔寨服装内资企业的就业人数约占服装总就业人数的3%),且基本上为相对较大的外资企业做转包加工业务。绝大多数企业主和管理人员是外国人。根据2005年对164家服装工厂的调查,30%的高层管理人员来自中国大陆;21%来自中国台湾;15%来自中国香港;只有8%源自柬埔寨本地(Yamagata,2006)。据柬埔寨服装制造商协会(GMAC)估计,80%的中层管理人员也是外国人。

产权结构十分重要,因为它决定了供应商如何与国际生产和分销网络链接(Natsuda、Goto和Thoburn,2009)。柬埔寨大多数工厂融于三角制造网络,而在这一网络中,全球买家通过总部位于中国大陆、中国香港、韩国、马来西亚、新加坡或中国台湾的跨国生产商寻找货源。这些跨国生产商在全球范围内组成了制造网络。由此,柬埔寨的工厂通过外国母公司融入到服装全球价值链,他们在接受生产订单的同时还会收到进口面辅料和交货指令。这种运作模式可以确保柬埔寨工厂融入全球买家的供应链以及面辅料进口网络,但也限制了柬埔寨本土企业的决策和执行功能。生产、销售和管理决策主要由母公司的总部决定。不同于内资工厂,柬埔寨的外资工厂在战略决策或吸引订单方面的影响力和自主权十分有限;这些业务通常由母公司的总部与全球买家进行谈判(Natsuda、Goto 和Thoburn,2009)。母公司通常负责面辅料进口、产品开发与设计、物流、商品企划和市场推广,并且他们与全球买家有着直接的联系。跨国生产商可以利用总部办事处以及其他生产基地的技能和专长进行增值活动,由此导致柬埔寨服装自身功能提升、投资以及产业升级等需求减少(Nathan Associates,2007)。

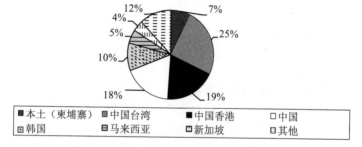

图 9-2   2008 年柬埔寨服装工厂的国籍分布占比
来源:柬埔寨服装制造商协会(GMAC)。

因此,柬埔寨服装业主要从事 CMT 加工。在 CMT 模式下,国际买家或母公司将提供所有进口原料(主要是面辅料),服装企业只负责缝纫加工,然后出口最终产品。然而,相当多的 CMT 企业也会负责面料裁剪和部分后整理工作,包括水洗和包装。根据 2006 的调查,164 家服装企业中的 139 家(87%)从事 CMT 生产(Yamagata,2006)。亚洲开发银行(Asian Development Bank,ADB)估计,2004 年超过 70%的服装出口基于CMT 加工模式(ADB,2004)。柬埔寨服装制造商协会的报告也印证了这些数据,报告指出,60%的工厂主要从事 CMT 生产,这些工厂通常是海外企业的子公司,25%的工厂从事来样加工或全包加工(FOB 模式),15%的工厂从事转包式外发加工。与 CMT 不同,FOB 企业需具备面辅料采购和融资能力,并能提供完整的生产服务以及进行后整理和包装,然后交付给零售商。这一模式非常重要,因为服装供应商负责面辅料采购在后配额时代将成为全球服装采购的标准。后配额时代,不具备完整生产服务的经营功能,特别是不具备面辅料采购功能的企业将面临来自全球服装业的挑战。原设计制造（Original Design Manufacturing，ODM）企业能够实施产品生产中的所有步骤，包括产品设计与开发。在柬埔寨，很少有企业能够涉及产品设计与开发的 ODM 模式。

2004 年，亚洲开发银行的一项研究表明，柬埔寨服装企业的缝纫和检验技术水平相对较低，并且很少有可以应用于设备上的辅助器具以帮助工人更有效地工作，以此提高产品数量和质量（ADB，2004）。柬埔寨的采访记录显示，大多数机器设备是在中国大陆、中国香港、马来西亚、中国台湾和泰国的工厂（这些工厂隶属于三角制造网络）使用后转移到柬埔寨的，或者是当地为数不多的生产商进口的二手设备。只有针织设备（纬编和经编）是从德国和中国台湾引进的一手设备（Rasiah，2009）。柬埔寨 2000—2009 年期间针织设备的采购量上升证明这一现象。2009 年柬埔寨手动横机和半自动横机的采购量全球排名第六，全自动电脑横机的采购量排名第五。服装企业购买横机用于生产针织衫及大部分的毛衣，这两类产品不需要单独织造面料的步骤，然而，这两种品类的出口在 21 世纪初达到顶峰，2005 年左右开始下滑（Brocklehurst 和 Anson，2010）。

（2）终端市场

柬埔寨的服装出口高度集中于少数几个终端市场。2009 年，83.2% 的服装出口到美国和欧盟 15 国，其中美国占柬埔寨服装出口总额的 56.0%，欧盟 15 国占 27.2%（见表 9-5）。此外，唯一比较重要的终端市场是加拿大，2009 年占柬埔寨服装出口份额的 7.2%。虽然美国依旧强力主导着柬埔寨的服装出口，但份额却从 2000 年的 70.4% 下降至 2009 年的 56.0%。2000—2009 年，欧盟 15 国的份额从 22.4% 增长到 27.2%。同期，加拿大的份额也有显著增长，从 0.9% 增长到 7.2%。同时，全球其他国家占柬埔寨服装出口的份额也从 6.4% 增长到 9.6%（见图 9-3）。

柬埔寨服装出口之所以高度集中于美国和欧盟 15 国，可以由几个因素解释。首先，基于美国-柬埔寨双边纺织服装贸易协定，柬埔寨服装进入美国市场时可享受优惠的配额。自 1999 年起，欧盟也给予柬埔寨服装出口特惠的市场准入，甚至授予免配额和免关税政策，但受到双重型原产地规则（ROO）的制约，柬埔寨服装出口很难满足这些要求。在这方面的例外是毛衣，因能满足欧盟的原产地规则，在向欧盟服装出口中占重要份额。自 2003 年开始，对加拿大服装出口的增长主要归因于加拿大普惠制（GSP）计划，该计划从 2003 年 1 月开始覆盖到了纺织品和服装；其次，那些总部设在中国香港、韩国和中国台湾的跨国生产商高度聚焦于美国市场，并与美国国际买家建立了良好的关系，这些跨国生产商是柬埔寨服装业的主要投资者;再者,终端市场不尽相同,适应终端市场需要的能力也各不相同。美国大型市场零售商的订单量大且价格是最重要的条件,虽然质量和交货期也很重要,但并不是最重要的。通常欧盟的订单相对量少,有多样化需求,对质量、时尚元素和交货期有不同的要求和标准。

表 9-5　各年份柬埔寨服装出口终端市场排名前五的统计数据

国家/地区/经济体	海关报价/亿美元					市场份额/%				
	1995	2000	2005	2008	2009	1995	2000	2005	2008	2009
全球	0.63	12.14	26.96	40.43	34.73					
美国	0.01	8.54	18.07	25.03	19.46	0.8	70.4	67.0	61.9	56.0
欧盟 15 国	0.53	2.72	6.60	9.86	9.45	83.8	22.4	24.5	24.4	27.2
加拿大	0	0.11	1.06	2.46	2.49	0.7	0.9	3.9	6.1	7.2
波兰	n.a.	n.a.	n.a.	0.47	0.56	n.a.	n.a.	n.a.	1.2	1.6
日本	n.a.	n.a.	n.a.	n.a.	0.45	n.a.	n.a.	n.a.	n.a.	1.3
墨西哥	n.a.	n.a.	n.a.	0.32	n.a.	n.a.	n.a.	n.a.	0.8	n.a.
新加坡	7	0.61	0.45	n.a.	n.a.	11.3	5.0	1.7	n.a.	n.a.
瑞士	n.a.	n.a.	0.16	n.a.	n.a.	n.a.	n.a.	0.6	n.a.	n.a.
挪威	0.02	0.04	n.a.	n.a.	n.a.	2.6	0.3	n.a.	n.a.	n.a.
排名前五的出口额与份额	0.63	12.02	26.34	38.13	32.41	99.3	99.0	97.7	94.3	9.3

来源:联合国商品贸易统计数据库(UN Comtrade)。

注释:数据源自商品名称及编码协调制度(HS)1992,编码 61 和 62;出口额代表柬埔寨贸易伙伴国的进口额;"n.a."指数据不适合入表(表明该国家/地区/经济体在指定年份不在前五名之列)。

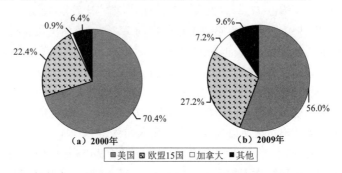

图 9-3　2000 和 2009 年柬埔寨服装出口排名前三的市场份额

来源:联合国商品贸易统计数据库(UN Comtrade)。

注释:商品名称及编码协调制度(HS)1992,编码 61 和 62;出口代表柬埔寨贸易伙伴国的进口。

(3) 出口产品

　　柬埔寨服装出口将近四分之三是针织类产品。1995—2004 年,针织类和机织类产品出口占比相近。但从 2004 年开始,机织品出口增长停滞,而针织品出口持续增长。柬埔寨服装出口,不论是机织产品还是针织产品均高度集中于少数几种品类。2009 年排名前五的品类占柬埔寨对美国服装出口总额的 48.2％,占欧盟 15 国服装出口总额的 64.8％;同年,排名前十的品类所占份额分别为 64.2％ 和 75.5％(见表 9-6 和表 9-7)。但自 2000 年开始,这两个市场的产品集中度都有所下降。对美国和欧盟 15 国出口最多的品类有重叠——两个市场出口排名前十的品类中有六类产品相同。在这两个市场中,针织类产品占据主导地位,在排名前十的产品中有八类是针织品。裤装、运动衫和 T 恤是这两个市场中最重要的品类。在欧盟市场,毛衣类产品特别重要,占 2009 年柬埔寨总出口的 51.8％,并占据服装出口产品的前两位。这与双重型原产地规则有关,柬埔寨毛衣可以满足该规则的要求,使之获得欧盟市场的优惠准入。柬埔寨针对美国市场排名前十的出口产品中,有九类以棉为主,只有一类以化纤为主。出口欧盟 15 国市场的产品呈现多样化——排名前十的有五类以棉为主,两类以合成纤维为主,一类以化纤为主,一类以毛料为主,还有一类产品为多种纤维产品(610990:丝毛化纤 T 恤)。

表 9-6　各年份美国从柬埔寨进口服装品类排名前十的统计数据

HS 编码	产品	海关报价/亿美元					市场份额/%				
		1998	2000	2005	2008	2009	1998	2000	2005	2008	2009
总额		3.59	8.02	17.02	23.71	18.69					
611020	棉制针织套衫	0.79	1.20	2.22	4.62	3.23	22.0	15.0	13.0	19.5	17.3
620462	棉制机织女裤装	0.36	1.23	3.15	3.10	2.04	9.9	15.3	18.5	13.1	10.9
620342	棉制机织男裤装	0.84	1.47	1.25	2.03	1.56	23.5	18.3	7.4	8.6	8.3
610462	棉制针织女裤装	0.12	n.a.	n.a.	1.55	1.25	3.2	n.a.	n.a.	6.5	6.7
610910	棉制针织男 T 恤	0.11	n.a.	n.a.	1.14	0.93	3.1	n.a.	n.a.	4.8	5.0
611030	化纤制针织套衫	0.24	0.59	0.60	0.97	0.71	6.6	7.3	3.5	4.1	3.8
610510	棉制针织男衬衫	0.11	0.15	n.a.	0.78	0.68	3.1	1.8	n.a.	3.3	3.6
610610	棉质针织女衬衫	0.16	n.a.	0.66	0.78	0.59	4.5	n.a.	3.9	3.3	3.2
611420	棉制针织运动服	n.a.	n.a.	n.a.	0.60	0.53	n.a.	n.a.	n.a.	2.5	2.9
610220	棉制针织女外套	n.a.	n.a.	n.a.	n.a.	0.46	n.a.	n.a.	n.a.	n.a.	2.5
610832	化纤针织女睡衣裤	n.a.	n.a.	0.60	0.52	n.a.	n.a.	n.a.	3.5	2.2	n.a.
610831	棉制针织女睡衣裤	n.a.	0.20	0.82	n.a.	n.a.	n.a.	2.4	4.8	n.a.	n.a.
620452	棉制机织女裙	n.a.	0.18	0.55	n.a.	n.a.	n.a.	2.2	3.2	n.a.	n.a.
620520	棉制机织男衬衫	n.a.	0.44	0.44	n.a.	n.a.	n.a.	5.5	2.6	n.a.	n.a.
620630	棉制机织女衬衫	n.a.	0.17	0.42	n.a.	n.a.	n.a.	2.1	2.5	n.a.	n.a.
611120	棉制针织婴儿服装	n.a.	0.13	n.a.	n.a.	n.a.	n.a.	1.6	n.a.	n.a.	n.a.
620193	化纤制机织男外套	0.11	n.a.	n.a.	n.a.	n.a.	3.1	n.a.	n.a.	n.a.	n.a.
611010	毛制针织衫	0.10	n.a.	n.a.	n.a.	n.a.	2.7	n.a.	n.a.	n.a.	n.a.
排名前十的进口额与份额		2.93	5.74	10.71	16.09	11.99	81.7	71.6	62.9	67.9	64.2

来源:美国国际贸易委员会(United States International Trade Commission,USITC)

注释:"n.a."指数据不适合入表(表明该品类在指定年份不在前十名之列);针织衫也代表毛衫、卫衣、背心以及类似产品;商品名称及编码协调制度(HS)以数字 61 开头的表示针织服装,以 62 开头的表示非针织(机织)服装。

表 9-7　各年份欧盟 15 国从柬埔寨进口服装品类排名前十的统计数据

HS 编码	产品	海关报价/亿美元					市场份额/%				
		1998	2000	2005	2008	2009	1998	2000	2005	2008	2009
总额		**1.51**	**2.82**	**4.75**	**5.54**	**5.41**					
611020	棉制针织套衫	0.13	0.42	0.73	1.73	1.44	8.5	15.0	15.5	31.2	26.7
611030	化纤制针织衫	0.49	1.04	1.87	1.23	1.36	32.1	36.7	39.3	22.1	25.1
610910	棉制针织男 T 恤	0.13	0.17	0.36	0.40	0.40	8.3	6.1	7.6	7.2	7.4
620342	棉制机织男裤装	0.08	0.26	0.25	0.20	0.16	5.2	9.1	5.4	3.5	2.9
610990	丝毛化纤 T 恤衫	0.06	0.11	0.11	0.13	0.14	3.7	3.9	2.3	2.3	2.7
610462	棉制针织女裤装	n. a.	n. a.	n. a.	0.11	0.14	n. a.	n. a.	n. a.	2.0	2.6
611011[a]	毛制针织衫	n. a.	0.07	0.10	0.16	0.13	n. a.	2.3	2.1	2.8	2.4
620463	合纤机织女裤装	0.03	0.11	0.25	0.12	0.11	2.2	4.0	5.3	2.2	2.1
610220	棉制针织女外套	n. a.	n. a.	n. a.	0.10	0.11	n. a.	n. a.	n. a.	1.8	2.0
610463	合纤针织女裤装	n. a.	n. a.	n. a.	n. a.	0.09	n. a.	n. a.	n. a.	n. a.	1.7
620462	棉制机织女裤装	n. a.	0.08	0.10	0.10	n. a.	n. a.	2.8	2.1	1.8	n. a.
610520	化纤针织男衬衫	0.03	n. a.	0.13	n. a.	n. a.	2.2	n. a.	2.6	n. a.	n. a.
620343	合纤机织男裤装	n. a.	0.07	0.07	n. a.	n. a.	n. a.	2.5	1.6	n. a.	n. a.
610230	化纤针织女外套	n. a.	0.06	n. a.	n. a.	n. a.	n. a.	2.0	n. a.	n. a.	n. a.
611212	合纤针织运动装	0.06	n. a.	n. a.	n. a.	n. a.	3.8	n. a.	n. a.	n. a.	n. a.
620193	化纤机织男上衣	0.05	n. a.	n. a.	n. a.	n. a.	3.2	n. a.	n. a.	n. a.	n. a.
620293	化纤机织女上衣	0.04	n. a.	n. a.	n. a.	n. a.	2.9	n. a.	n. a.	n. a.	n. a.
排名前十的进口额与份额		**1.09**	**2.38**	**3.98**	**4.27**	**4.08**	**72.4**	**84.3**	**83.8**	**77.0**	**75.5**

来源:欧盟统计局(Eurostat)。

注释:"n. a."指数据不适合入表(表明该品类在指定年份不在前十名之列);商品名称及编码协调制度(HS)以数字 61 开头的表示针织服装,以 62 开头的表示非针织(机织)服装;针织衫也代表毛衣、卫衣、背心以及类似产品。

注 a:该编码在 1995—2001 年改为 HS611010。

　　柬埔寨主要服装出口商品的单价相对较低,一般低于世界平均水平。以出口欧盟 15 国的产品为例,2005 年与竞争国家相比可以发现,孟加拉国、中国和巴基斯坦的单价比柬埔寨低,而印度、斯里兰卡和越南的单价比柬埔寨高(Tewari,2008)。这种现象与柬埔寨低成本的竞争优势和更注重基础产品有关,然而其他一些竞争国家则出口较高价值的产品。图 9-4 的单价数据源自柬埔寨财经部。柬埔寨服装出口的平均单价自 2004 年开始下降。根据美国国际贸易委员会(United States International Trade Commission,USITC)的数据,2004—2007 年期间柬埔寨对美出口服装每打的平均价格从 52.00 美元下降至 42.10 美元,即三年时间下降了 19%;2007—2009 年期间,对美出口服装每打的平均价格继续下降至 37.10 美元,即两年时间下降了 12% 以上。根据欧盟统计局(Eurostat)的数据,2004—2007 年期间柬埔寨对欧盟 15 国的出口服装每千克平均价格从 13.40 欧元下降到了 12.80 欧元,降幅 4%;2007—2009 年期间,该国出口至欧盟 15 国的服装每千克平均价格小幅下降至 12.60 欧元,降幅 2%。因此,在后配额时代,相比于美国市场,柬埔寨出口欧盟 15 国服装的平均价格下降并不显著。

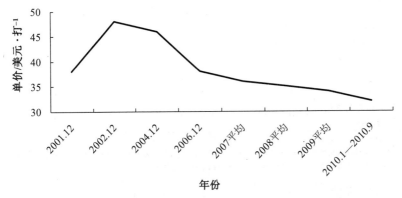

图 9-4 2001—2010 年柬埔寨出口服装的平均单价

来源:柬埔寨经济与财政部(Ministry of Economy and Finance,MEF)统计月报。

注释:包括所有种类的服装。

(4) 后向关联(与纺织业的链接)

由服装后向链接纺织业,包括纱线和面料的生产,在柬埔寨非常有限。超过 90% 的纱线和面料源自进口,本地纺织生产能力非常有限。大多数辅料、包装和产品标识也源于进口。本国材料主要局限于硬纸板箱、衣架和塑料袋。2008 年,柬埔寨面料进口占全国商品总进口额的 25%(Natsuda、Goto 和 Thoburn,2009)。柬埔寨服装业 2008 年进口的纺织品价值 13 亿美元,而 2009 年为 10.8 亿美元。2009 年,46.1% 的纺织品进口来自中国;25.1% 来自中国香港;11% 来自韩国;7.1% 来自泰国;5.6% 来自马来西亚(见表 9-8)[①]。柬埔寨源自东盟区域性的采购相当稳定,2000 年占纺织品总进口的 17.5%,2008 年占 16.6%。大部分区域性纺织品进口来自马来西亚、泰国和越南。但增加区域性采购将面临挑战,因为柬埔寨的服装业与以下若干因素有着密切的联系,包括:拥有外资控股权的东亚纺织生产商、三角制造网络、集中于 CMT 生产。在此背景下,柬埔寨服装企业的面辅料采购的决策权十分有限,因为这些采购通常由总公司决定。

---

①中国台湾的纺织品进口额也占一定比例,但联合国商品贸易统计数据库(UN COMTRADE)并没有报道关于中国台湾的数据。

表 9-8　各年份柬埔寨纺织品进口排名前五的国家和地区统计数据

国家/地区/经济体	海关报价/亿美元					市场份额/%				
	1995	2000	2005	2008	2009	1995	2000	2005	2008	2009
全球	0.67	4.01	9.30	13.25	10.80					
中国	0.04	0.76	344	5.50	4.98	6.2	19.0	37.0	41.5	46.1
中国香港	0.04	2.04	330	3.90	2.71	5.8	51.0	35.4	29.4	25.1
韩国	n. a.	0.38	0.69	1.14	1.19	n. a.	9.4	7.4	8.6	11.0
泰国	0.16	n. a.	0.56	0.73	0.76	23.6	n. a.	6.0	5.5	7.1
马来西亚	0.11	0.24	0.48	0.71	0.60	16.5	6.1	5.1	5.7	5.6
新加坡	0.30	21	n. a.	n. a.	n. a.	44.9	5.2	n. a.	n. a.	n. a.
排名前五的进口额与份额	0.64	3.63	8.46	12.02	10.24	97.0	90.6	91.0	90.7	94.8

来源:联合国商品贸易统计数据库(UN Comtrade)。

注释:源自国际贸易标准分类(SITC)修订版 3 编码 65;进口额代表柬埔寨贸易伙伴国家及地区的出口额;"n. a."指数据不适合入表(表明该国在指定年份不在前五名之列)。

(5) 就业

柬埔寨服装业就业水平增加显著,从 1995 年不足 19 000 名就业人员增长到 2007 年的 353 017 人。但在 2007 年后就业人数有所下降,2009 年为 281 855 人。然而,2010 年就业人数又再度增长,截至 2010 年 12 月就业人数为 319 383 人(见图 9-5)。关于就业的性别分布,服装业 80%~85%的员工为女性,明显与其他以男性员工为主的制造业不同。服装女性就业对柬埔寨女性的经济和社会地位有很大影响。以出口为导向的服装业是为数不多的对女性,特别是来自农村贫困家庭的女性支付报酬和提供正规就业的途径(此外还有旅游业)之一。行业中大多录用年轻未婚且较少受过教育的女性。据估计,除直接工作岗位外,服装业还创造了242 000 个间接就业岗位:包括运输和贸易在内的服务行业岗位 113 000个;非服装类制造业岗位 37 000 个,主要是与服装相关的建筑业;农业岗位 92 000 个(EIC,2007;引自 Natsuda、Goto 和 Thoburn,2009)。

柬埔寨的绝对劳动力成本相对较低,并且有着大量的劳动力供应。柬埔寨每位生产工人的最低基本月工资是 50 美元,若以每月工作 26 天计算即每天 1.92 美元(一天工作 8 小时,每周工作 6 天),平均每小时0.24 美元。加上福利和平均加班时间,平均月工资为 77.00 美元,每天2.67 美元,每小时 0.33 美元(Nathan Associates,2007;Jassin-O'Rourke Group,2008)。至于每小时平均劳动成本,2008 年,柬埔寨与区域内的竞争国家相比,仅次于孟加拉国成为排名第二的低成本国家。由于 2010 年7 月的抗议活动和有计划的全国性罢工,2010 年 10 月开始每月最低工资从 50 美元调整至 61 美元。然而,这些低工资水平伴随的是相应低下的劳动生产效率。柬埔寨的劳动生产效率据估算为中国的 65％，而孟加拉国和越南分别是中国的 75％ 和 95％（Natsuda、Goto 和 Thoburn，2009）。由世界银行 2004 年的一项研究得知，柬埔寨企业工人的生产水平普遍低于孟加拉国、中国、印度和巴基斯坦，并且柬埔寨低廉的劳动力成本并不能完全弥补工人低下的生产效率（World Bank，2004）。

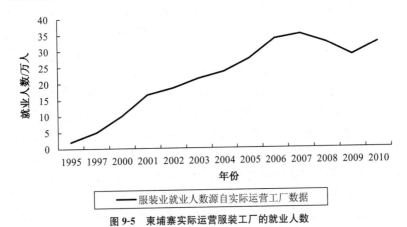

图 9-5　柬埔寨实际运营服装工厂的就业人数

来源：柬埔寨服装制造商协会（GMAC）；1995—1997 年的数据源自 Arnold 和 Shih（2010）。

　　导致柬埔寨服装业相对低下的生产效率的关键原因是缺乏有技术的工人和管理者。虽然对熟练缝纫工的需求非常大，但是更为严峻的是监督、管理、技术以及设计和时尚水平的技能缺乏。经理和主管在提升工厂生产效率、稳定劳动关系和挖掘产业升级潜力等方面起着关键作用。柬埔寨服装业绝大多数中高层管理者、熟练技工和主管是外国人。大约有 5 000 名中国服装技工和主管通过中国人力资源机构派遣到柬埔寨的服装工厂工作（Natsuda、Goto 和 Thoburn，2009）。这些外国人才所带来的经验对柬埔寨服装业的快速成长非常关键。然而，这些外国人在柬埔寨的产业升级和提高生产效率过程中面临着挑战，这是因为他们在生产过程或工业工程中接受的培训和技术水平有限，管理方法往往过时或不适用，同时，还存在着语言文化的交流障碍（Nathan Associates，2007）。另一个问题是对当地员工的知识传输由于语言沟通障碍而进展缓慢，一知半解时有发生。

　　鉴于美国-柬埔寨双边纺织服装贸易协定和与之相关的 ILO 监控计划（后配额时代改为"柬埔寨更佳工厂计划"），柬埔寨服装业因遵守劳动法规而获得良好声誉。外国投资咨询服务（Foreign Investment Advisory Services，FIAS）机构对 15 个最大的美国和欧盟国际买家的采购标准进行了调查,这些买家占了 2004 年柬埔寨服装出口的 45%(FIAS,2004)。该调查显示在包括孟加拉国、中国、泰国和越南这些亚洲服装出口国中,柬埔寨在遵守"劳动标准"和"组建工会保护工人权益"方面评分最高。国际劳工组织在柬埔寨的监控计划是最全面和系统的监察活动,督查国内所有的服装企业。业内所有工厂注册加入该计划项目,并有一支使用本地高棉语的督察小组进行了为期十个月的常规监督查访,最后完成和提交了工厂报告及综合性公开报告。这一过程通过计算机信息管理系统得到简化,可供国际买家和供应商进入系统查询。检测检查表(基于柬埔寨劳动法和国际劳工组织核心劳动标准)涵盖条目超过 480 项。

虽然柬埔寨在遵守劳动法规方面有良好的记录,但是仍然存在一些问题。根据 Miller 等(2008)的总结,虽然社会审计在童工、强迫劳工和健康安全方面有一定影响力,但是在结社自由与集体谈判、性别歧视、最低工资保障和工作时间等问题上影响力有限。低工资和过度加班现象在柬埔寨非常普遍,建立集体谈判机制也存在同样的问题。由于受到全球金融危机的牵连致使订单量下降,一些企业进行裁员或不得不关闭。除了失业问题,薪资也因为正常工作时间(包括临时停工和强制休假)和加班时间的减少而下降。此外,还有合同有效期缩短和拖欠工资等问题(Better Factories Cambodia,2010)。失业、工作缺少保障以及工资下降导致了罢工事件的上升。与 2007 年相比,2008 年柬埔寨报道的罢工事件数量上升了 30%(从 2007 年的 80 件上升到了 2008 年的 105 件)[①]。大部分的罢工诉求包括:增加工资、下岗补偿、支付津贴、工会成员不受歧视、重新雇用下岗工人等。要求提高最低工资的抗议活动和由当地自由工会(Free Trade Union,FTU)组织的有计划全国性罢工,最终导致政府、业主及五大亲政府工会经过谈判,于 2010 年 7 月达成了提升最低工资的协议(月最低工资调整至 61 美元)。

9.4　贸易法规与积极的引导政策

(1) 优惠的市场准入

由于 1999—2001 年为期三年半的欧盟-柬埔寨纺织服装贸易协定以及从 2001 年开始的除武器之外的所有产品(EBA)免税的优惠政策,柬埔寨进入欧盟市场时享有优惠的市场准入。然而,不是所有的柬埔寨服装出口产品都能满足双重型原产地规则的优惠市场准入。因此,这一优惠

---

①然而,这一罢工事件数据在 2009 年下降至 58 件,主要原因可归咎于工厂的大量倒闭。

措施的利用率很低,仅在 10%左右(UNCTAD,2003)。由于欧盟准许东南亚国家联盟(Association of South East Asian Nations,ASEAN)成员国享受"区域累积规则(即原产地规则中的区域累积规则)",因此,柬埔寨可利用欧盟普惠制的"区域累积规则",增加区域面辅料采购,此举能最大限度地利用关税优惠。柬埔寨在美国市场虽然遇到关税问题(平均11.4%),但在 1999—2004 年期间仍因美国-柬埔寨双边纺织服装贸易协定而享受配额优惠。柬埔寨享有澳大利亚、加拿大、日本、新西兰和挪威的免税市场准入。就区域层面而言,柬埔寨是东南亚国家联盟的成员国之一。

(2) 积极的引导政策

柬埔寨服装业最重要的国家机构包括政府、柬埔寨服装制造商协会(GMAC)和工会。柬埔寨工会中最重要的是五家全国性劳工联合会,包括:柬埔寨独立工会联合会(Cambodian Federation of Independent Trade Unions)、柬埔寨工会联合会(Cambodian Union's Federation)、柬埔寨王国工人自由工会(Free Trade Union of Workers of the Kingdom of Cambodia)、柬埔寨工会联盟(Cambodian Labor Union Federation)以及柬埔寨全国独立纺织工会联合会(National Independent Federation of Textile Unions in Cambodia)[①]。在柬埔寨扮演重要作用的国际机构包括国际劳工组织(ILO)、国际金融公司(IFC)、世界银行、亚洲开发银行(ADB)以及一些援助机构,特别是美国国际开发署(United States Agency for International Development,USAID)和亚洲开发基金(Asian Development Fund, ADF)。"柬埔寨更佳工厂计划"对该国服装业的发展尤为重要,该计划将制度构建落到实处,进而促进政府、行业协会、企业和工会的协作。政府-民营企业论坛(Government-Private Sector Forum)(由国际金融公司 IFC赞助)是一个让本土企业能够找出问题并提出解决方案的平台,对推动服装业的发展起着非常重要的作用。

柬埔寨政府注重支持服装业的发展。如:政府 1994 年批准可在柬埔寨成立 100%外商独资企业、改善经营环境以及为外国投资者提供激励政策。投资激励政策包括:批准出口行业可免关税进口面辅料、设定免税期条款和财政激励措施,立法建立出口加工区(EPZs)以及提供简化投资流程的一站式服务(Natsuda、Goto 和 Thoburn,2009)。除了吸引外国直接投资(FDI)的政策外,在支持地方(资金)参与服装业、服装业与纺织业链

[①]在柬埔寨,许多工会与服装业紧密联系。通常,每个企业都会有一个或更多的独立工会组织。这些独立工会都是工会联合会的成员。即所有的服装业工会都隶属于指定的五大劳工联合会之一。

接以及产业升级转型等方面,与孟加拉国、中国、斯里兰卡和越南等竞争国家相比,柬埔寨政府前瞻性的政策比较薄弱。

2005年,柬埔寨政府为了应对后配额时代的环境变化,制定了一项行业战略规划——《柬埔寨服装业发展战略》(Cambodian Garment Industry Development Strategy)。该战略规划的目标愿景:创造柬埔寨服装业可持续发展环境,保持出口竞争力和产品多元化、开创利基市场、获取国内更高的附加值以及通过公平的收入分配改善工人待遇。该战略规划的策略目标包括:a.通过集聚战略合作伙伴提升服装业公共机构和信息库功能;b.改善主要市场的准入条件,形成公营和私营的紧密合作伙伴关系;c.降低交易(行政)费用;d.通过链接国内纺织业以及鼓励本国投资整个供应链,以此缩短交货期和增加附加值;e.改善和拓展柬埔寨服装业的营销能力,吸引更多的国家和国际买家;f.建立技能开发计划,提高生产效率;g.注重基础设施改造,解决国内产品成本上升的若干问题,如高昂的电力成本和港口费用。该战略规划还伴随着一个包含各种利益相关者在内的工作计划和管理框架,这些利益相关者包括柬埔寨国家出口委员会(NECC)、柬埔寨服装制造商协会(GMAC)、工会和国际劳工组织(ILO)(Cambodia MIC,2006)。然而,这个意义深远的战略规划迄今为止没有得到落实。

尽管服装业是柬埔寨的发展引擎,但是在系统化技能培训方面的投资一直有限。现有的培训中心更为注重指导女性如何缝纫,如何减少伤害和故障停机时间,而不是推动生产效率的提高和产业升级,以此获得更全面的功能和更高附加值的生产活动(Rasiah,2009)。仅有的两个功能齐全的正规培训机构是柬埔寨制衣培训中心(CGTC)和柬埔寨技能发展中心(CASDEC,前身是服装行业生产力促进中心——Garment Industry Productivity Center,GIPC)。CGTC成立于2002年4月,由柬埔寨服装制造商协会(GMAC)主管,并由8个机构协办①。开设的主要课程是"服装业主管培训";最近还开设了一门新的课程"技能开发入门"。CASDEC主要开设针对中层管理人员的技术和工业工程培训,同时也可直接向企业提供生产管理方面的咨询,包括制定工作流程、规划、控制和监督。该中心早期由美国国际开发署(USAID)赞助,但目前已在很大程度上实现了

①包括柬埔寨商务部(Cambodian Ministry of Commerce)、柬埔寨商会(Cambodian Chamber of Commerce)、柬埔寨服装制造商协会(GMAC)和五个日本组织(日本贸易振兴机构——Japan External Trade Organization,JETRO、丸红商事——Marubeni、日本重机公司——JUKI Corporation、日本海外贸易开发协会——Japan Overseas Development Corporation,JODC、日本海外技术者研修协会——Association for Overseas Technical Scholarship,AOTS)。

财务方面的自负盈亏。

为了应对全球经济危机,柬埔寨政府启动了若干项计划,目的是努力维护服装出口和保障就业。如:2008 年 11 月,根据柬埔寨服装制造商协会(GMAC)的建议,政府宣布削减 10% 的服装出口费用和其他相关行政费用;为了缓解发达国家,特别是美国和欧盟市场需求的下降,同时也为了保持现有的就业率,政府支持开发多元化的新市场;2008 年 10 月末,商务部和柬埔寨服装业的代表前往日本参加世博会;2009 年政府暂停 1% 的工厂支出税(预付的利润税),有效期为两年;2009 年 1 月 1 日至 2011 年 12 月 31 日(Chandararot、Sina 和 Dannet 2009)。

参考文献

[1] ADB (Asian Development Bank). 2004. "Cambodia's Garment Industry: Meeting the Challenges of the Post-Quota Environment, October 2004." Report, Asian Development Bank, Manila.

[2] Arnold, Dennis, and Toh Shih. 2010. "A Fair Model of Globalization? Labor and Global Production in Cambodia." *Journal of Contemporary Asia* 40 (3): 401-24.

[3] Better Factories Cambodia. 2010. "Cambodia's Garment Industry Struggles in the Face of the Global Economic Downturn." Report, Phnom Penh.

[4] Brocklehurst, G. , and R. Anson. 2010. "World Markets for Textile Machinery: Yarn-Manufacture, Part 1." *Textile Outlook International* (145): 80-117.

[5] Cambodia MIC (Ministry of Commerce). 2006. "Cambodia National ExportStrategy: 2007-2010." Report, Cambodia's Ministry of Commerce and the International Trade Center, Phnom Penh.

[6] Chandararot, Kang, Sok Sina, and Liv Dannet. 2009. "Rapid Assessment of the Impact of the Financial Crisis in Cambodia." International Labour Organization (ILO) Asia-Pacific Working Paper Series, Bangkok.

[7] EIC (Economic Institute of Cambodia). 2007. *Export Diversification and Value Addition*. Phnom Penh: Economic Institute of Cambodia.

[8] FIAS (Foreign Investor Advisory Service). 2004. "Cambodia—Corporate Social Responsibility and the Apparel Sector Buyer Survey Results." Foreign Investor Advisory Service, International Finance Corporation, and World Bank, Washington, DC.

[9] Jassin-O'Rourke Group, L. 2008. "Global Apparel Manufacturing Labor Cost Analysis 2008, Textile and Apparel Manufacturers & Merchants," Available at http://www. tammonline. com/researchpapers. htm.

[10] Miller, Doug, Veasna Nuon, Charlene Aprill, and Ramon Certeza. 2008. "Governing the Supply Chain in Clothing Post MFA Phase Out. The Case of Cambodia." Global Union Research Network Discussion Paper 6, Revised Version (February), International Labour Organization, Geneva.

[11] Nathan Associates. 2007. "Factory-Level Value Chain Analysis of Cambodia's Apparel Industry. " Report, United States Agency for International Development, Washington, DC.

[12] Natsuda, Kaoru, Kenta Goto, and John Thoburn. 2009. "Challenges to the Cambodian Garment Industry in the Global Garment Value Chain. " Working Paper 09-3, Ritsumeikan Center for Asia Pacific Studies (RCAPS), Beppu-City.

[13] Polaski, Sandra. 2009. "Harnessing Global Forces to Create Decent Work in Cambodia. " Report, International Labour Organization and International Finance Corporation, Washington, DC.

[14] Rasiah, Rajah. 2009. "Can Garment Exports from Cambodia, Laos, and Burma Be Sustained?" *Journal of Contemporary Asia* 39 (4): 619-37.

[15] Staritz, Cornelia. 2011. "Making the Cut? Low-Income Countries and the Global Clothing Value Chain in a Post-quota and Post-crisis World. " Study, World Bank, Washington, DC.

[16] Tewari, Meenu. 2008. "Deepening Intraregional Trade and Investment in South Asia—The Case of the Textile and Clothing Industry. " Working Paper 213, India Council for Research on International Economic Relations, New Delhi.

[17] UNCTAD (United Nations Conference on Trade and Development). 2003. "Trade Preferences for LDCs: An Early Assessment of Benefits and Possible Improvements. " United Nations, New York and Geneva.

[18] World Bank. 2004. "Cambodia Seizing the Global Opportunity: Investment Climate Investment and Reform Strategy for Cambodia. " Report 27925, World Bank, Washington, DC.

[19] Yamagata, Tatsufumi. 2006. "The Garment Industry in Cambodia: Its Role in Poverty Reduction through Export-Oriented Development. " Institute of Developing Economies Discussion Paper 62, Institute of Developing Economies, Japan External Trade Organization, Chiba.

第十章　洪都拉斯

10.1　导论

洪都拉斯的服装业几乎完全依赖向美国出口,是典型的区域性供应商,得益于终端市场地理位置的接近、短交货期以及区域贸易协定。过去15年里,洪都拉斯已取代多米尼加共和国,成为多米尼加共和国-中美洲自由贸易协定(DR-CAFTA)区域内最大的美国服装供应商。

洪都拉斯以出口为导向的服装业从 20 世纪 80 年代中期开始发展,当时美国与加勒比国家签订了一系列优惠的贸易协定,即众所周知的加勒比国家倡议(CBI)。这一时期,自 1986 年起,由于出口至美国市场的关税税率下降且实行无配额准入,洪都拉斯出现了成衣组装工厂。2000 年美国对 CBI 国家成衣组装优惠的市场准入转变为免关税准入,并将针对CBI 国家的免关税准入政策拓展到成衣剪裁工序,但前提条件必须是使用由美国纱线制成的美国缝纫线和面料。这种形态鼓励美国企业除了缝纫加工外,裁剪工序也转向洪都拉斯。

洪都拉斯对纺织业的投资始于 21 世纪初,恰逢美国对源自 CBI 国家针织面料生产的特定数量服装增加优惠准入。在此期间,洪都拉斯建立了五家针织面料织造厂,其中三家为韩国所有,一家为加拿大所有,而最大的织造厂则是洪都拉斯与美国(Fruit of the Loom 公司)的合资企业。1999 年由中国台湾企业建立了第一家也是唯一的一家纺纱厂。2005 年通过的 DR-CAFTA,促进了对纺织业的投资增加,该项贸易协定允许从洪都拉斯进口的服装免关税准入,但这些服装必须使用美国或 DR-CAFTA 国家生产的织物或纱线。自 2005 年以来,由北美大型品牌制造商全额投资的七家新型针织面料织造厂在洪都拉斯相继开业。DR-CAFTA 是第一个鼓励当地企业掌握纺织采购和生产技能以及促进当地企业由来料加工(OEM,原设备制造)向来样加工(FOB,全包加工)模式转变的法规。

美国的贸易法规帮助洪都拉斯建立了以出口为导向的服装业,但它并没有帮助该国迈向高附加值产业经营活动的升级。多数企业为美国品牌制造商所有,他们只是将有限的生产要素转移到中美洲。洪都拉斯的出口产品注重于男装市场,品类集中于基本针织产品,如 T 恤、袜子和内衣等。

《多纤维协定》(MFA)、与美国签署的区域贸易协定、政府吸引外国直接投资(FDI)和出口加工区(EPZs)的政策以及相对低廉的劳动力成本等对以出口为导向的洪都拉斯服装业发展非常重要。随着 MFA 配额逐步取消,相比亚洲国家,包括洪都拉斯在内的 DR-CAFTA 区域国家已失去了竞争力且出口呈下降态势。

10.2　服装业的发展

洪都拉斯以出口为导向的服装业从 20 世纪 80 年代中期开始发展,得益于当时美国与加勒比和中美洲国家签署的一系列优惠的贸易协定,著名的加勒比国家倡议(CBI)首当其冲。其中,第一个协定项目是美国-加勒比国家经济振兴法案(CBERA),该法案于 1984 年 1 月 1 日起生效,受益国是包括洪都拉斯在内的 20 个加勒比国家和地区。这是一个生产分包协定(通常简称为 807 条款),允许美国企业将开裁后的裁片出口到洪都拉斯,缝制为成衣后再进口至美国,并只需为在洪都拉斯很少的增值部分(即劳动附加值)支付关税。

著名的 807A 条款是两年后,即 1986 年由美国推出的拓展型优惠准入待遇,当使用美国产面料在 CBI 国家进行成衣加工时,允许无配额准入并降低相应税率。这一条款在 1986—2000 年间持续有效。其间,洪都拉斯建立了在服装供应链中只进行缝制作业的诸多加工型企业。此类企业的增多也得益于洪都拉斯吸引外国直接投资激励政策的推动。1987 年,洪都拉斯出台了一项出口加工区规划,并于 1998 年将该规划概念扩展,使整个国家成为一个自由贸易区(USITC,2004)。

依据 807A 条款增加的美国市场免配额准入,为洪都拉斯以及其他 CBI 国家与受 MFA 配额限制的亚洲供应商进行竞争时赢得了商业先机。洪都拉斯已成为美国品牌制造商的钟爱之地。在此期间,诸多美国品牌制造商开始将他们的成衣加工厂向周边低工资的 CBI 区域转移。20 世纪 80 年代末,外国服装公司最早进入洪都拉斯圣佩德罗苏拉(San Pedro Sula)地区。Van Heusen 公司是第一家开设在免税区的企业,紧随其后的是 OskKosh 服装公司和 Springtown 服装公司(来自美国佐治亚洲),他们为美国的 Jockey 公司和 J. C. Penney 公司生产针织 T 恤和内衣(Cedrone,1994)。这些公司主要来自美国,转移到洪都拉斯源于该国相对美国而言的低廉劳动力成本、FDI 的激励政策以及 CBI 背景下的区域贸易协定。

807A 条款立法 16 年后,CBI 国家凭借美国-加勒比国家贸易伙伴法案(U. S. -Caribbean Basin Trade Partnership Act,CBTPA)取得了实质性的拓展。CBTPA① 签订并生效于 2000 年 10 月,在 2005—2006 年 DR-CAFTA 通过之前,CBTPA 一直是美国与中美洲国家主要的贸易协定。CBTPA 规定,使用美国产面料并在美国开裁的裁片但在 CBI 国家加工的成衣(807A+),或者使用在美国由美国产纱线织造的面料但在 CBI 国家进行衣片开裁并使用美国产缝纫线加工的成衣,享有免税和免配额准入美国市场的待遇。CBTPA 给予 CBI 国家成衣免税准入待遇,但与以往协定的不同点在于允许 CBI 国家进行衣片开裁。

CBTPA 还包括了一项新条款,即为 CBI 国家在该区域使用美国产纱线织造的针织面料,经过缝制加工且数量有限的成衣提供免税准入。除了为国内市场进行生产的若干当地企业外,这一条款促进了纺织业最初的发展。1997—2004 年,五家针织面料织造厂在洪都拉斯建立,第一家而且也是唯一的纺纱厂于 1999 年创建。

CBTPA 法案的实施时间(2000—2005 年)恰逢 MFA 配额逐步取消的后半程。这一时期,洪都拉斯对美国的出口主要集中于基本款服装,尤其是针织上衣(如 T 恤)和内衣,这两类服装占 2002 年美国从洪都拉斯进口服装总量的 72%。根据金额计算,2002 年美国从洪都拉斯进口服装的 85%享有优惠税率待遇(USITC,2004)。美国优惠的市场准入为洪都拉斯出口商提供了竞争优势,因为大多数美国进口商品的配额制度在(MFA 配额逐步取消)最后回合之前都未取消,使得洪都拉斯能胜过其他亚洲竞争对手(USITC,2004)。

---

①CBTPA 有效期至 2020 年 9 月,在此期间继续保持对加勒比区域国家的优惠贸易协定,但不包括 DR-CAFTA(多米尼加共和国-中美洲自由贸易协定)。

　　自 20 世纪 90 年代中期以来,洪都拉斯的服装出口显著增加。据洪都拉斯贸易伙伴的进口数据显示,从该国进口的服装总额由 1995 年的 9.7 亿美元增加到 2004 年的 29.26 亿美元(见表 10-1)。洪都拉斯占全球服装出口份额从 1995 年的 0.6% 上升到 2004 年的 1.2%。1995 年,机织产品的出口高于针织产品,但此后,针织产品出口连续增加,到 2004 年占出口总量的近四分之三。终端市场方面,洪都拉斯出口的服装高度集中于美国市场,2004 年出口到美国的服装占该国服装出口总额的近 96%。表 10-2 显示了洪都拉斯服装出口到美国市场的发展概况。2004 年,洪都拉斯对美国服装出口达到顶峰,共计 27.43 亿美元,占美国服装进口总额的 4.1%。表 10-3 显示了 DR-CAFTA 各国出口至美国的服装份额。洪都拉斯的市场份额从 1995 年的 19.4% 上升到 2004 年的 28.1%,使洪都拉斯成为该地区最大的服装出口国。

表 10-1　各年份洪都拉斯服装出口至全球的统计数据

	1995	1998	2001	2004	2005	2006	2007	2008	2009
出口总额/亿美元	9.70	19.84	25.58	29.26	28.97	27.77	28.91	30.35	24.57
年增长率/%	—	13.2	1.4	7.8	−1.0	−4.2	4.1	5.0	−19.1
占全球服装出口份额/%	0.6	1.1	1.3	1.2	1.1	1.0	0.9	0.9	0.8
机织服装与针织服装出口额/亿美元									
机织服装	5.03	6.99	7.43	7.69	7.32	6.45	6.48	6.20	5.05
针织服装	4.67	12.86	18.15	21.57	21.65	21.32	22.43	24.16	19.52
机织服装与针织服装的占比/%									
机织服装	51.8	35.2	29.0	26.3	25.3	23.2	22.4	20.4	20.6
针织服装	48.2	64.8	71.0	73.7	74.7	76.8	77.6	79.6	79.4

来源:联合国商品贸易统计数据库(UN Comtrade)。
注释:出口数据来自贸易伙伴国的进口数据报告;商品名称及编码协调制度(HS)1992,机织服装为 HS62,针织服装为 HS61;增长率指与上年相比的变化;"—"指不适用。

表 10-2　各年份美国进口洪都拉斯服装的统计数据

	1996	1998	2001	2004	2005	2006	2007	2008	2009
进口总额/亿美元	12.40	19.03	24.38	27.43	26.85	25.18	25.87	26.75	21.07
年增长率/%	—	12.8	0.9	6.8	−2.1	−6.2	2.8	3.4	−21.2
占美国服装进口份额/%	3.3	3.8	4.2	4.1	3.8	3.4	3.4	3.7	3.3
机织服装与针织服装进口额/亿美元									
机织服装	5.08	6.88	7.14	7.29	6.69	5.99	6.02	5.35	4.20
针织服装	7.32	12.34	17.24	20.13	20.16	19.19	19.85	21.40	16.87
机织服装与针织服装进口额占比/%									
机织服装	41.0	35.1	29.3	26.6	24.9	23.8	23.3	20.0	19.9
针织服装	59.0	64.9	70.7	73.4	75.1	76.2	76.7	80.0	80.1

来源:美国国际贸易委员会(USITC)。
注释:商品名称及编码协调制度(HS)1992,机织服装为 HS62,针织服装为 HS61;增长率指与上年相比的变化;"—"指不适用。

随着出口的发展,20 世纪 90 年代至 21 世纪初,洪都拉斯服装业的企业数和就业人数有所增加。1994 年,洪都拉斯的服装企业雇用了五万名工人(USITC,2004),洪都拉斯服装制造商协会共有 130 名企业成员(Cedrone,1994)。2003 年,洪都拉斯服装制造商协会的成员包括 157 家服装生产商、9 家纺织厂以及诸多与服装业有关的设备、配件和服务供应商(见表 10-4)。2003 年,洪都拉斯的服装生产商雇用了九万余名工人,纺织厂估计约 4 500 人(USITC,2004)。2000 年服装出口占该国出口总额的68%,但 2009 年这一占比下降至 46%左右(WTO,2010)。据洪都拉斯制造商协会(Asociación Hondureña de Maquiladores,AHM)2003 年的数据,215 家洪都拉斯出口加工工厂中,90%致力于服装生产(Bair 和 Peters,2006)。

表 10-3　各年份美国从 DR-CAFTA 国家进口服装的统计数据

国家/地区/经济体	海关报价/亿美元					占 DR-CAFTA 进口额的比例/%				
	1995	2000	2005	2008	2009	1995	2000	2005	2008	2009
DR-CAFTA 国家	47.45	89.73	95.09	91.04	61.45					
洪都拉斯	9.18	23.23	26.73	26.22	20.32	19.4	25.9	28.1	28.8	33.1
萨尔瓦多	5.82	15.83	17.20	16.19	12.98	12.3	17.6	18.1	17.8	21.1
危地马拉	6.82	14.87	19.47	18.16	11.03	14.4	16.6	20.5	19.9	17.9
尼加拉瓜	0.74	3.36	5.95	7.16	8.92	1.6	3.7	6.3	7.9	14.5
多米尼加共和国	17.31	24.25	20.59	18.49	6.13	36.5	27.0	21.7	20.3	10.0
哥斯达黎加	7.57	8.19	5.16	4.82	2.06	16.0	9.1	5.4	5.3	3.4

来源:洪都拉斯纺织服装部(OTEXA);MFA 第一类,即所有进口服装。
注释:DR-CAFTA 指多米尼加共和国-中美洲自由贸易协定。

表 10-4　洪都拉斯服装企业和就业的统计数据

年份	工厂数量	就业人数	女性就业占比/%(人数)
1997	—	87 000	—
1998	—	110 000	—
1999	—	120 000	—
2000	145	125 000	—
2001	154	110 000	—
2002	155	107 000	—
2003	162	90 618[a]	57.9(52 437)
2004	168	95 319	53.9(51 392)
2005	153	100 311	56.7(56 886)
2006	160	100 537	56.8(57 095)
2007	169	103 377	56.4(58 355)
2008	133	92 276	56.9(55 370)
2009	132	83 712	54.4(45 564)

来源:洪都拉斯中央银行(2000—2009 年工厂数量和 2003—2009 年就业人数);1997—2002 年员工人数来自 2004 年美国国际贸易委员会(USITC)的统计。
注释:"—"指暂无数据;注 a. 2003 年比 2002 年人数下降可能是由于数据统计方法转换导致的。

《多纤维协定》/《纺织品和服装协定》(MFA/ATC)配额取消后的过渡期对洪都拉斯和中美洲自由贸易协定(CAFTA)国家是一段特殊时期,因为它与 DR-CAFTA 同时出台,对洪都拉斯而言,DR-CAFTA 于 2006年 4 月 1 日起生效并实施。DR-CAFTA 以北美自由贸易协定(NAFTA)为基础,启动了美国与六个加勒比地区国家(哥斯达黎加、多米尼加共和国、萨尔瓦多、危地马拉、洪都拉斯和尼加拉瓜)之间的自由贸易。美国-多米尼加共和国-中美洲自由贸易协定(U. S. -DR-CAFTA)国家的纺织品和服装可享受免税准入待遇,但产品必须符合原产地规则(ROO)协定。纺织品和服装的原产地规则是指从纱线开始(yarn-forward)的生产,即纺纱和所有前向作业(面料生产到成衣加工)均要源自美国或 DR-CAFTA区域国家①。

其中也有一些例外,一般可以允许纤维、纱线或者织物来自于这些国家以外的区域。例如:CAFTA 包含了一项累积条款(Cumulation Provision),允许生产机织服装产品时使用墨西哥或加拿大产的面料(Office of Textiles and Apparel,OTEXA,2011)。由于 DR-CAFTA 的实施与 MFA的结束(2005 年)发生在同一年,所以很难分辨出两者的不同影响。然而尽管美国增加了优惠的市场准入,但在后配额时代,洪都拉斯的出口却呈下降态势。

在 MFA 结束的过渡阶段,2005 年洪都拉斯的服装出口下降了1.0%,2006 年下降了 4.2%,而洪都拉斯在全球服装出口中的占比从2004 年的 1.2%下降至 2006 年的 1.0%(见表 10-1)。出口到美国的服装2005 年下降了 2.1%,2006 年下降了 6.2%,而洪都拉斯在美国服装市场的份额从 2004 年的 4.1%下降至 2006 年的 3.4%(见表 10-2)。随着配额的逐步取消,许多起初进驻洪都拉斯的美国品牌制造商和龙头企业开始转向外包生产模式。在这种模式下,亚洲成为一个理想的选择区域,他们在亚洲购买或建立工厂。总部设在美国的制造商兼营销商汉佰(Hanesbrands)公司在 2006 年独立上市时表示,计划关闭美国的工厂,进一步加强在中美洲的工厂,并强化在亚洲的投资与采购合作关系。汉佰公司(美国)在泰国和越南拥有工厂,在中国有一家面料厂。2010 年,加拿大的吉尔丹(Gildan)公司购买了在孟加拉国的首家工厂。

2007—2008 年,洪都拉斯的出口值已经回升到接近 2004—2005 年的水平,但是,全球经济危机以及同期针对中国特保措施(特定产品过渡性

①可参见 U. S. -DR-CAFTA 中的原产地规则(ROO)附录 4. 1(第 44-66 页)的原产地特别条款(OTEXA,2011)。

保障机制)的结束再次给洪都拉斯出口带来了负面影响。2008—2009 年，洪都拉斯面向全球和美国的服装出口分别下降了 19.1％和 21.1％。洪都拉斯的出口加工产业在全球经济危机期间失去了三万个工作岗位,但 2010 年主导产业的政府部门预测,由于近期对洪都拉斯北部工业区的投资有所增加以及面向美国的出口复苏,洪都拉斯的纺织服装出口加工业将会出现增长(Freeman,2010)。

洪都拉斯近期的政治动乱已引起该地区纺织服装生产商的关注。2009 年 6 月,洪都拉斯总统曼努埃尔·塞拉亚被武装力量撤职,取而代之的是新总统罗伯托·米切莱蒂。2009 年 7 月,美国 Nike、Adidas、Gap 和 Knight 等服装品牌公司写信给美国政府,表达了他们对该国动荡政局的担忧,因为这些美国公司每年在当地制造数百万美元的服装(Ellis,2009)。服装和制鞋企业呼吁美国国务卿和其他利益相关者对洪都拉斯新政府施加压力,要求充分尊重出版自由、言论自由、行动自由、集会自由和结社自由。2009 年 10 月,贸易协会联盟[①]呼吁美国国务卿进一步对洪都拉斯政府施加压力,促使该国政府在纺织服装业更加恶化之前解决政变遗留问题。该组织发出警告,如果目前僵局持续下去,那么洪都拉斯的纺织服装业将会受到永久损害。协会成员的报告指出,在洪都拉斯融资成本增加的不确定性,使得他们对这一地区失去信心。报告表明,从洪都拉斯进口的纺织服装以及向洪都拉斯出口的纺织品降幅均超过 30％(Casabona,2009)。

10.3 多米尼加共和国-中美洲自由贸易协定(DR-CAFTA)国家概述

本节简要阐述 DR-CAFTA 区域国家的纺织服装业概况,前述的表 10-3 显示了美国从这些国家的进口额以及各国占该区域总出口的份额。

洪都拉斯: 该地区服装出口国主要面向美国市场,2009 年美国从洪都拉斯进口的服装占从 DR-CAFTA 国家进口服装总额的 33％。洪都拉斯是一个基于针织服装的供应国,以男装为主,如 T 恤和内衣。该国的大部分投资来自美国的品牌服装制造商,他们利用低廉的劳动成本以及优惠的关税和配额准入,在洪都拉斯设厂经营,使得这些在洪都拉斯生产再出口到美国的产品成本比完全在美国生产的成本低很多。

萨尔瓦多: 与洪都拉斯的出口路线非常相似。2009 年萨尔瓦多是该

①包括美国服装和鞋类协会、美国生产商贸易行动联盟、袜业协会、美国棉花协会、美国纺织团体协会、美国纺织协会、美国零售业联合会、美国纺织品和服装进口商协会。

区域中面向美国的第二大服装出口国,占该区域出口总额的 21%。出口至美国的产品大多数是针织衬衫和内衣(主要是棉制品)。在区域内,萨尔瓦多是机织女士长裤的第二大出口国,并且拥有的纺织企业数量位列第三。

多米尼加共和国:1995 年,在美国市场曾拥有与现在的洪都拉斯类似的地位,占该区域出口额的 36.5%,供应的商品与其他国家类似。然而在过去的 15 年里,多米尼加共和国的出口呈现连续下降,与洪都拉斯的地位发生了逆转。现在,多米尼加共和国面向美国的服装出口仅占该区域的 10%。多米尼加共和国、萨尔瓦多和洪都拉斯的劳务成本相近。

危地马拉:在该区域扮演着和其他国家完全不同的角色。危地马拉主要供应女装给美国的零售商和品牌经销商,企业所有权的拥有者主要是为美国品牌经销商提供全包生产的韩国(总共 224 家企业中有 130 家为韩国独资)或危地马拉服装制造商。许多独立的采购代理商和美国零售商的买手在危地马拉都有办事处。危地马拉也是该区域机织产品的主要供应国。该国有一个非常强大的行业组织 VESTEX,起着若干关键性作用,如将危地马拉营销推广成为全包生产的供应国以及帮助国内企业积极参加每年的采购交易会并在服装出版物上刊登广告。危地马拉是该区域的三大服装出口国之一,占该区域出口到美国服装总额的 18%。

尼加拉瓜:服装业的出口增长具有独特性,真正的出口起步得益于签署的 DR-CAFTA。依据该协定法案,对尼加拉瓜若干机织服装品类给予优惠关税待遇(TPL)。这一协定法案允许尼加拉瓜服装制造商使用的面料产自世界各地而不仅仅是美国。大多数出口到美国的产品是男女纯棉针织衬衫,其次是男女棉制长裤。目前尼加拉瓜是 DR-CAFTA 区域中出口蓝色男士牛仔裤的主要国家。

哥斯达黎加:1995 年及之前,该国出口业地位十分突显,但如今该国在美国市场中所起的利基作用非常有限。哥斯达黎加出口的产品主要是袜子、内衣和泳装,且大部分为化纤产品。哥斯达黎加的泳装享有优惠关税待遇,并且该国是 DR-CAFTA 国家中唯一的在出口至美国排名前十的品类中含有纺织品的国家(功能纱线)。2008 年以前,哥斯达黎加最大的出口品类是棉制蓝色男士牛仔机织长裤,但 2008 年这一品类的出口明显下降。哥斯达黎加是该区域中劳务成本最高也是最后一个实施 DR-CAFTA 法案的国家。该国正注重于向其他行业转型,如电子业和旅游业。

10.4　服装业的结构

(1) 企业类型

洪都拉斯的大部分服装企业归北美品牌制造商所有，即为了利用当地出口至美国优惠的市场准入待遇，外商于 20 世纪 80 年代后期开始在当地开办工厂。根据 AHM(Asociación Hondureña de Maquiladores，洪都拉斯制造商协会)统计的就业数据，五家北美品牌制造商(详见后文)雇用了大约 38 000 名工人。2009 年洪都拉斯服装业共有员工 83 712 名，而北美品牌制造商拥有的企业员工数约占其中的 45%。洪都拉斯也有一些属于自己的大型服装企业，包括 Kattan 集团、Lovable 集团和 GrupoKarim's 集团(详见后文)。这三家内资企业的员工数量几乎占洪都拉斯服装业员工总数的 17%。另外，也有亚洲投资商所拥有的企业，投资者大多来自韩国和中国台湾。韩国企业是洪都拉斯纺织业的早期投资者，目前以三家面料厂为代表，包括 1997 年建立的 Shin Sung 公司以及 2002 年左右建立的 Woong Chun 公司和 Cottonwise 公司 (AHM，2010；Bair 和 Peters，2006)。投资商国家分析的数据与 2002—2003 年 AHM 的数据相似，前者显示美资企业拥有服装业劳工的 54%、韩国企业占 17%、洪都拉斯本国占 15%、加拿大占 5% 以及其他亚洲国家和地区占 9%(USITC，2004)。2001 年，服装业累计投资总额为 14 亿美元，其中 7.51 亿美元是外国直接投资(FDI)，6.7 亿美元是国内投资。美国是主要的外资来源，约占累计投资总额的 26%(3.7 亿美元)，其次是韩国，占 10%(1.46 亿美元)。

洪都拉斯服装业主要由两部分组成，一部分是以裁剪-缝纫-后整理(CMT)或来料来样加工(OEM)模式为主的内资企业；另一部分则是在洪都拉斯及其他中美洲国家都拥有成衣组装厂和纺织厂的美资企业。这些美资企业专为母公司生产，而与 OEM 相关的功能受到龙头企业(美资企业控股方)采购或生产业务活动的制约。

北美的成衣生产分包网络在若干政策的推动下得到发展，但这实际上却阻碍了洪都拉斯企业结构转型升级的机会。20 世纪 80 年代，洪都拉斯开始从事 CMT 模式中的组装(缝纫加工)部分。2000 年随着 CBTPA 的实施，扩大了优惠的市场准入，允许在 CBI 国家的企业开展裁剪和缝纫加工作业。依据 CBTPA 法案，由 CBI 区域针织面料制成的特定数量的针织成衣可以免税免配额出口至美国，由此该国针织面料业吸引了若干源自洪都拉斯、韩国、中国台湾和美国的投资者。2005 年随着 DR-CAFTA 的通过，北美五大主要品牌制造商中的四家在洪都拉斯开设了针织面料生产工厂。Fruit of the Loom/Russell、Gildan、Anvil 和 Delta Apparel 公司都已在洪都拉斯开办纺织厂,为裁剪和缝纫一体化的加工厂供货。汉佰公司在邻国萨尔瓦多拥有面料厂,这可能是 2005 年之后萨尔瓦多向洪都拉斯出口纺织品大幅增加的重要原因。

其他类型的企业主要由出口导向型或面向区域市场的国内企业构成。这些企业有能力进行 OEM 模式生产,只是面料生产能力有限,但他们也进行 CMT 模式的加工。这些公司虽然数量有限,但近年来却最具活力,2000 年以来的大部分时间,他们的产能和就业人数都在扩大(Bair 和 Peters,2006)。2000 年的贸易协定允许国内企业在不依靠美国服装制造商的情况下,生产并出口服装到美国市场。这也促使一些投资商开始在洪都拉斯建立或扩大针织业务,以全包(FOB)模式生产出口至美国的 T恤、内衣和其他针织服装。

除纺织业的后向关联之外,原设计制造(ODM)和原品牌制造(OBM)仅获得有限的发展。由于洪都拉斯大多数的企业为外资品牌制造商所有,因此除非母公司将产品设计或品牌经营活动从北美转移到中美洲,否则洪都拉斯几乎不可能掌握这些技能。洪都拉斯若干国内企业为中美洲生产原创品牌服装。例如,Lovable 集团公司为中美洲区域市场生产自主品牌服装,Kattan 集团公司与美国 Phillips-Van Heusen(PVH)公司签订了品牌授权经营协议(licensing agreement),授权前者在中美洲地区生产与销售 PVH 品牌的服装。

(2) 洪都拉斯的北美品牌制造商

汉佰(Hanesbrands): 一家总部位于美国的制造商和销售商,主营男士、女士及儿童的内衣和外衣。汉佰公司生产各类产品,包括运动衫、内衣、文胸、袜子和 T 恤等(见表 10-5)。汉佰公司拥有众多知名服装品牌,包括 Hanes、Playtex、Bali、barely there、Just My Size、Wonderbra、Duofold、Champion、C9 by Champion 以及 Hanes Beefy-T 等。2008 年,汉佰公司 27%的销售额源自 T 恤(Textiles Intelligence,2008)。汉佰公司在中美洲具有重要地位,特别是在多米尼加共和国、萨尔瓦多和洪都拉斯。自从 2006 年成为独立的上市公司,汉佰公司一直进行着产业结构调整,如:关闭在北美地区工厂,加强中美洲工厂,同时提升在亚洲地区的产能。汉佰公司在洪都拉斯拥有十家成衣厂,其他中美洲工厂包括位于多米尼加共和国的六家成衣厂以及在萨尔瓦多的一家纺织厂。汉佰公司在洪都拉斯大约有 1.2 万名工人(Hanesbrands,2011)。2009 年 2 月,汉佰公司开始了一项继续教育计划,超过一万名公司员工免费参与了该培训项目。员工们每周六在圣佩德罗苏拉附近维兰纽瓦镇和克鲁姆镇的学校接受培训,这些学校靠近学员工作的工厂。该计划有助于汉佰公司服装生产经营活动与成衣工厂之间的密切联系(Hanesbrands,2011)。

表 10-5 汉佰(Hanesbrands)创办的洪都拉斯工厂

工厂名称	业务	产品	员工	地理位置
Jasper de Honduras	成衣	T恤、针织绒衫、运动衫	2 175	ZIP Honduras
Confecciones del Valle	成衣	文胸、内衣	2 100	ZIP Buena Vista
Hanes Honduras	成衣	运动装	1 850	ZIP Choloma
Manufacturera San Pedro Sula	成衣	T恤	1 350	ZIP Buena Vista
Jogbra Honduras	成衣	女子运动装和文胸	1 300	ZIP Buena Vista
Confecciones Atlántida	成衣	男子短裤和 T恤	898	ZOLI Manufacturera Ceibeña
Industrial Embroidery	配饰	刺绣、筛网印花、标识	668	ZOLI Inhdelva
HBI Socks de Honduras	服务	袜子	4	ZIP Búfalo
合计			10 345	

来源:AHM(洪都拉斯制造商协会)2010 年;BCH(洪都拉斯中央银行),2010 年;Hanesbrands,2011 年。

Fruit of the Loom、Russell 和 VF Intimate:均隶属于伯克希尔哈撒韦(Berkshire Hathaway)集团公司旗下的"Fruit of the Loom"事业部。Fruit of the Loom 主要生产和销售男士 T恤、内衣、运动装,同时也生产和销售女士和儿童服装(见表 10-6)。Fruit of the Loom 旗下的 Russell 在洪都拉斯拥有九家工厂,因此不需将生产外包给其他制造商(Fibre2Fashion,2009)。Fruit of the Loom 在洪都拉斯的工厂雇用了 10 875 名工人(AHM,2010)。

表 10-6 Fruit of the Loom 和 Russell 公司创办的洪都拉斯工厂

工厂名称	业务	产品	员工	地理位置
Confecciones Dos Caminos	成衣	日常服	2 173	ZIP Búfalo
Caracol Knits	纺织	针织面料	1 900	ZOLI Caracol Knits
El Porvenir Manufacturing	成衣	内衣	1 627	ZIP El Porvenir
DesotoKnits	成衣	袜子,包装	1 241	ZOLI R. L. A. Manufacturing
RLARussell Manufacturing	纺织	织物	1 069	ZOLI R. L. A. Manufacturing
Jerzees Buena Vista	成衣	绒衫	927	ZIP Buena Vista
Manufacturas Villanueva	服务	包装	868	ZIP Villanueva
VFI Honduras	成衣	内衣、女子内衣、睡衣	670	ZIP Choloma
Coral Knits	纺织	织物	400	ZOLI Caracol Knits
合计			10 875	

来源:AHM(洪都拉斯制造商协会),2010 年;BCH(洪都拉斯中央银行),2010 年。

Gildan:一家制造 T恤、运动衫、内衣和袜子的加拿大纵向一体化制造商。2008 年,该公司 77％的销售额源自 T 恤(Textiles Intelligence,2008)。目前 Gildan 公司在洪都拉斯有七家企业:两家服装成衣厂、两家纺织厂、两家袜厂以及一家配送中心(见表 10-7)。Gildan 公司在洪都拉斯的工人超过一万名。1998 年 Gildan 公司在洪都拉斯创办了第一家成衣组装厂。2003 年,Gildan 公司在洪都拉斯的工厂已增至三家,并创建了第一家纺织厂。2007 年,Gildan 公司在洪都拉斯开设了第一家袜厂,这一年该企业在当地的工厂总数达到峰值,共有八家。自 2007 年以来,Gildan公司一直在巩固和提升在洪都拉斯的经营业务。该公司在中美洲其他地区的投资包括:尼加拉瓜的两家成衣厂以及在多米尼加共和国的一家纺织厂和一家成衣厂。此外,Gildan 公司在海地与服装承包商有裁剪缝纫外包业务关系,这些承包商与 Gildan 公司在多米尼加共和国的工厂有密切的合作。

表 10-7　Gildan 公司创办的洪都拉斯工厂

工厂名称	业务	产品	员工	地理位置
Gildan ctivewear San Miguel	成衣	运动服	4 000	ZOLI América
Gildan Activewear Villanueva	成衣	绒衫和裤子	2 381	ZIP Villanueva
Gildan Hosiery	袜类、针织	袜子	1 400	ZOLI SanMiguel VI
Gildan Choloma Textile	纺织	织物生产商	1 000	ZOLI San Miguel VI
Gildan Honduras	纺织	织物	869	ZOLI San Miguel VI
Prewett Mills Honduras	袜类、针织	袜子	581	Villanueva
Gildan Distribution Center	配送中心		—	Choloma
合计			10 231	

来源:AHM(洪都拉斯制造商协会),2010 年;BCH(洪都拉斯中央银行),2010 年。
注释:"一"指暂无数据。

Anvil Knitwear:一家总部设在美国的公司,从事男士、女士和儿童的T 恤、马球衫(polo 衫)、摇粒绒上装和运动短裤等的设计、制造以及市场分销(见表 10-8)。Anvil Knitwear 公司有三家海外制造厂:两家在洪都拉斯,一家成衣(裁剪缝纫)厂在尼加拉瓜(Textiles Intelligence,2009)。Anvil Knitwear 公司自 1996 年在洪都拉斯开办 Star(股份有限公司)工厂后,在第一个五年运营期,该工厂只进行缝纫加工,但是随着新贸易法规的施行,裁剪工序也转移至当地的生产流程。2005 年,建立了针织面料织造和后整理的 AKH(股份有限公司)工厂,作为配套项目支持 Star 工厂。Anvil Knitwear 公司在洪都拉斯的两家工厂雇用了近 2 500 名工人,并获得了负责任的全球成衣制造(Worldwide Responsible Accredited Production, WRAP)认证资格。Anvil Knitwear 公司位于洪都拉斯的工厂是全球第一家获得 WRAP 这一新组织机构认证资格的纺织服装工厂(Fibre2Fashion,2010)。

表 10-8　　Anvil Knitwea 公司创办的洪都拉斯工厂

工厂名称	业务	产品	员工	地理位置
ASK,S. A.	纺织	针织面料的织造、染色、后整理	546	ZOLI Green Valley,2005 年建立
Star,S. A.	成衣	T 恤(针织面料裁剪、缝纫)	1 930	ZIP El Porvenir,1996 年建立
合计			2 476	

来源:AHM(洪都拉斯制造商协会),2010 年。
注释:S. A. 即股份有限公司(西班牙语)。

Delta Apparel:生产 T 恤和普通运动装。2007 年 Delta Apparel 公司在洪都拉斯拥有两家服装成衣厂和一家纺织厂(见表 10-9)。其他地区的制造工厂位于萨尔瓦多和墨西哥。Delta Apparel 公司在洪都拉斯雇用了约 2 300 名员工。

表 10-9　　Delta Apparel 公司创办的洪都拉斯工厂

工厂名称	业务	产品	员工	地理位置
Ceiba Textiles	纺织	针织织造、染色、后整理、裁剪、缝纫	441	ZOLI Green Valley, 2007 年建立
Delta Apparel Honduras	成衣	无图案 T 恤	986	ZIP Buena Vista
Delta Cortés	成衣	无图案 T 恤	902	ZIP Buena Vista
合计			2 329	

来源:AHM(洪都拉斯制造商协会),2010 年;BCH(洪都拉斯中央银行),2010 年。

在洪都拉斯至少有一家工厂的外资大型服装制造商有:VF Corporation 公司(Red Kap;Workwear Division)、Jockey 公司、NH Apparel 公司、Garan 公司(由伯克希尔哈撒韦公司控股)、Dickies 公司以及 Bay Island Sportswear 公司等。

(3) 洪都拉斯的内资制造企业集团

洪都拉斯的内资制造企业集团见表 10-10。

表 10-10　洪都拉斯国内主要纺织服装企业集团

集团名称	企业数	业务类别	产品及服务	员工人数
Kattan	4~6	成衣(3) 水洗整理(1)	机织、针织衬衫及裤装；衣物水洗服务；Phillips-Van Heusen(PVH)品牌授权经营	约 4 000
GrupoKarim's	4	成衣(1) 纺纱(1) 化纤(1) 循环再利用(1)	2010 年 9 月收购中国台湾纺纱厂(洪都拉斯唯一的纺纱厂)；服装产品为(成衣化)制服和马球衫(polo 衫)	约 2 000
Lovable	9	成衣(6) 纺织(2) 服务(1)	女子内衣、内衣、T 恤、针织面料、弹力织物、刺绣、丝网印染	约 8 000
合计				约 14 000

来源：AHM(洪都拉斯制造商协会)，2010 年；各公司网站。

The Kattan Family 集团：公司诞生于 20 世纪 20 年代，最初在圣佩德罗苏拉开设了第一家小型裁缝铺，是洪都拉斯国内服装业的鼻祖，专为中美洲市场提供服务。在随后的 40 年，公司不断扩大区域市场，直到 20 世纪 60 年代末洪都拉斯与萨尔瓦多爆发了六日战争，使得洪都拉斯公司不得不撤离区域共同市场。这一事件促使 Kattan 公司开始寻找出口美国的机会。1965 年 Kattan 集团与美国 Phillips-Van Heusen(PVH)公司首次合作，获得在中美洲生产和销售 PVH 产品的品牌授权经营协议(licensing agreement)。1985 年，Kattan 集团与美国 Cluett Peabody 公司创办了第一家洪美合资企业——The Arrow 股份有限公司(Cedrone 1994)。1994 年 Kattan 集团拥有七家工厂，其中五家为合资企业，合资对象包括 Warnaco 公司(男装事业部)、PVH 公司以及 CTF(Corporation Textile of Foshan)公司。如今 Kattan 集团主要客户包括汉佰和 Gildan(以针织衬衫为主)以及 PVH、Oxford Industry brands、Carhartt(以机织衬衫为主)等诸多知名品牌公司。

GrupoKarim's 集团：拥有洪都拉斯唯一的一家纺纱厂，该厂之前属于一家中国台湾公司。集团总部位于洪都拉斯，拥有成衣加工、化纤生产、纺纱和织造生产及循环再利用等工厂。该集团在其他中美洲国家也有生产工厂。

The Lovable Group 集团：一家面向洪都拉斯和中美洲地区内衣市场，集出口、品牌设计及产品开发为一体的企业集团。成立于 1964 年，从事成衣、织造及弹力织物生产，在洪都拉斯拥有九家工厂，包括 Elcatex 和 Elca 两家纺织厂。

(4) 终端市场

在过去的 15 年里，虽然洪都拉斯服装出口量在减少，但主要服装出口地仍是美国。1995 年,洪都拉斯 98.4% 的产品出口终端市场是美国,但 2009 年这一比例下降至 87.8%(见表 10-11)。

表 10-11 各年份洪都拉斯服装出口终端市场排名前五的统计数据

国家/地区/经济体	海关报价/亿美元					市场份额/%				
	1995	2000	2005	2008	2009	1995	2000	2005	2008	2009
全球	**9.70**	**25.24**	**28.97**	**30.35**	**24.57**					
美国	9.54	24.62	27.44	27.41	21.56	98.4	97.6	94.7	90.3	87.8
墨西哥	n. a.	0.03	0.18	0.46	0.65	n. a.	0.1	0.6	1.5	2.6
萨尔瓦多	n. a.	n. a.	n. a.	0.38	0.65	n. a.	n. a.	n. a.	1.2	2.6
加拿大	0.07	0.24	0.52	0.63	0.62	0.7	0.9	1.8	2.1	2.5
欧盟 15 国	0.04	0.21	0.30	0.57	0.52	0.4	0.8	1.0	1.9	2.1
摩洛哥	n. a.	n. a.	n. a.	n. a.	n. a.	n. a.	n. a.	n. a.	n. a.	n. a.
哥斯达黎加	n. a.	n. a.	0.23	n. a.	n. a.	n. a.	n. a.	0.8	n. a.	n. a.
日本	0.01	0.07	n. a.	n. a.	n. a.	0.1	0.3	n. a.	n. a.	n. a.
危地马拉	0.01	n. a.	n. a.	n. a.	n. a.	0.1	n. a.	n. a.	n. a.	n. a.
前五名的进口额与份额	**9.68**	**25.17**	**28.67**	**29.44**	**24.00**	**99.8**	**99.7**	**99.0**	**97.0**	**97.7**

来源:联合国商品贸易统计数据库(UN Comtrade)。
注释:商品名称及编码协调制度(HS)1992,机织服装为 HS62,针织服装为 HS61;出口数据源自贸易伙伴国从洪都拉斯的进口数据;"n. a."指数据不适合入表(表示该国家/地区/经济体在指定年份不在前五名之列)。

自 2005 年以来,随着 DR-CAFTA 的实施,洪都拉斯面向萨尔瓦多和墨西哥的出口有所增加。加拿大是洪都拉斯另一个重要的出口终端市场,主要得益于 Gildan 公司的出口推动,该公司是一家在洪都拉斯拥有全能型生产工厂的加拿大针织品制造商。2009 年欧盟 15 国占洪都拉斯服装出口总额的 2.1%,这一份额较 2000 年的 0.8% 有所上升(见图 10-1)。

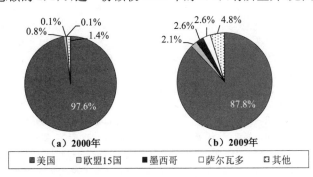

图 10-1 2000 和 2009 年洪都拉斯服装出口排名前三的市场份额
来源:联合国商品贸易统计数据库(UN Comtrade)。
注释:商品名称及编码协调制度(HS)1992,HS62 为机织服装,HS61 为针织服装;出口代表贸易伙伴国的进口。

(5) 出口产品

针织产品在洪都拉斯的出口产品系列中占据主导地位,以棉制服装为主,包括运动衫(绒衫)、T恤、袜子和内衣裤。1995年,针织品出口占服装出口总额的48.2%,2004年为73.7%,而2009年为79.4%。2008年,洪都拉斯是美国十大服装供应国之一,有两类产品属于美国进口服装品类的前十名。2008年美国从洪都拉斯进口的最大品类是棉制针织运动衫,占服装进口总额的19.3%(见表10-12),在美国这一品类的供应国中,洪都拉斯排名第八。在美国服装进口排名前十的国家中,洪都拉斯是单价最低的供应国,平均单价每件1.69美元(Brocklehurst,2009)。洪都拉斯也是美国男士与男童棉制针织衬衫进口数量中位列第三的主要供应商。然而与2007年相比,2008年洪都拉斯在美国进口排名前十的国家中位列最后,出口额和出口数量分别下降了5.3%和6.4%。同样,洪都拉斯也是女士和女童品类服装产品单价最低的供应国,平均单价每件1.52美元(Brocklehurst,2009)。表10-13所示为洪都拉斯出口至美国和欧盟排名前十品类的服装产品单价数据。

表 10-12　各年份美国从洪都拉斯进口服装品类排名前十的统计数据

HS 编码	产品	海关报价/亿美元					市场份额/%				
		1998	2000	2005	2008	2009	1998	2000	2005	2008	2009
总额		12.40	24.16	26.85	26.75	21.07					
611020	棉制针织运动衫	1.44	4.59	6.06	5.17	4.15	11.6	19.0	22.6	19.3	19.7
610910	棉制针织 T 恤	1.83	4.99	6.44	6.25	4.00	14.7	20.7	24.0	23.4	19.0
611030	化纤针织运动衫	n.a.	n.a.	1.08	2.40	1.97	n.a.	n.a.	4.0	9.0	9.4
611595	棉制针织袜类[a]	n.a.	n.a.	n.a.	1.43	1.69	n.a.	n.a.	n.a.	5.4	8.0
610821	棉制针织女士内裤	0.39	n.a.	0.75	0.96	1.02	3.1	n.a.	2.8	3.6	4.8
621210	文胸	0.66	1.28	1.55	1.10	0.86	5.3	5.3	5.5	4.1	4.1
621010	不同纤维非织造布服装	n.a.	0.55	n.a.	n.a.	0.76	n.a.	2.3	n.a.	n.a.	3.6
620343	合纤机织男裤	n.a.	n.a.	0.83	0.86	0.69	n.a.	n.a.	3.1	3.2	3.3
610711	棉制针织男士内裤	0.71	1.33	1.14	0.99	0.66	5.7	5.5	4.3	3.7	3.1
620530	化纤男式衬衫	n.a.	n.a.	0.67	n.a.	0.59	n.a.	n.a.	2.5	n.a.	2.8
620342	棉制机织男裤	1.20	1.43	1.29	0.89	n.a.	9.7	5.9	4.8	3.3	n.a.
610990	不同纤维针织内衣	n.a.	1.23	1.01	0.80	n.a.	n.a.	5.1	3.8	3.0	n.a.
610510	棉制针织男衬衫	0.80	1.21	n.a.	n.a.	n.a.	6.4	5.0	n.a.	n.a.	n.a.
620520	棉制机织男衬衫	0.96	1.12	n.a.	n.a.	n.a.	7.7	4.6	n.a.	n.a.	n.a.
620462	棉制机织女裤	0.54	0.75	n.a.	n.a.	n.a.	4.3	3.1	n.a.	n.a.	n.a
610462	棉制针织女裤	0.43	n.a.	n.a.	n.a.	n.a.	3.5	n.a.	n.a.	n.a.	n.a.
排名前十的进口额与份额		8.96	18.47	20.74	20.84	16.39	72.2	76.4	77.2	77.9	77.8

来源:美国国际贸易委员会(USITC)。

注释:海关完税价;"n.a."指数据不适合入表(表明该品类在指定年份不在前十名之列);商品名称及编码协调制度(HS)1992,机织服装HS62,针织服装HS61;注a.棉制针织及其他未列明材料的袜类,2007年HS编码从611592改变为611595。

表 10-13　洪都拉斯出口至欧盟 15 国和美国的服装单价

年份	欧盟 15 国单价(欧元/千克)			美国单价(美元/打)		
	针织	机织	总体均价	针织	机织	总体均价
1995	17.8	24.7	20.1			
1996	23.9	23.5	23.6	17.8	44.0	23.5
1997	29.7	33.3	32.9	18.0	44.6	23.2
1998	29.1	33.3	32.2	18.2	42.9	22.9
1999	24.4	35.0	29.2	17.9	41.6	22.0
2000	6.8	33.5	7.6	18.3	48.4	22.5
2001	6.9	53.8	7.9	18.6	48.1	22.7
2002	6.8	32.3	7.8	17.8	45.2	21.5
2003	5.3	38.4	6.1	17.0	45.0	20.4
2004	5.1	31.8	5.6	17.3	47.3	20.9
2005	5.7	26.3	6.3	16.5	48.1	19.8
2006	5.3	18.9	6.2	16.8	48.3	19.9
2007	5.6	30.8	6.0	16.6	50.6	19.9
2008	4.2	26.1	4.6	17.0	48.3	19.6
2009	4.0	31.7	4.2	18.5	45.9	21.2

来源:欧盟统计局,单位为千克;美国国际贸易委员会(USITC)仅统计数量以打为第一计量单位的商品。

2009 年,DR-CAFTA 区域作为一个整体,出口到美国市场的主要产品是棉制针织衬衫,占美国从该区域纺织服装进口总额的 38%(OTEXA, 2011)。这一产品能为同一区域内的类似产品动态竞争变化提供一个有意义的研究案例。

一般情况下,美国 T 恤进口的增长源自危地马拉、海地和尼加拉瓜,而下降的国家是多米尼加共和国、萨尔瓦多、洪都拉斯和墨西哥(Textiles Intelligence,2008)。首先,墨西哥下降的原因是外资龙头企业将订单转移至附近的中美洲国家;接着,外资龙头企业又将订单从多米尼加共和国、哥斯达黎加及萨尔瓦多转移出去。现在外资龙头企业订单正向成本更低的拉丁美洲国家转移或转包给亚洲的制造商。

(6) 后向关联(与纺织业的链接)

过去,洪都拉斯纺织服装业使用的大部分棉织物和几乎所有的棉纱源自美国,而中国大陆、韩国、中国台湾则主要提供化纤机织物给洪都拉斯(USITC,2004)。随着 DR-CAFTA 的实施,洪都拉斯从萨尔瓦多、危地马拉和墨西哥进口的织物有所增加。2004 年,这三个国家分别占洪都拉斯进口纺织品份额的 0.9%、1.0% 和 0.2%,到 2009 年,萨尔瓦多上升到 5.5%;危地马拉上升到 4.5%;墨西哥上升到 1.5%。另一方面,2004—2009 年期间,中国的份额从 2.1% 下降至 1.6%,中国香港从 5.1% 下降至 0.9%,韩国从 6.7% 下降至 0.9%(见表 10-14)。

表 10-14　各年份洪都拉斯纺织品进口排名前五的国家和地区统计数据

国家/地区/经济体	海关报价/亿美元					市场份额/%				
	1995	2000	2005	2008	2009	1995	2000	2005	2008	2009
全球	2.08	4.97	12.35	16.34	11.12					
美国	0.87	2.63	10.13	13.68	8.88	41.8	53.0	82.0	83.7	79.9
萨尔瓦多	0.07	0.18	n.a.	0.52	0.61	3.4	3.6	n.a.	3.2	4.5
危地马拉	n.a.	n.a.	0.26	0.52	0.50	n.a.	n.a.	2.1	3.2	5.5
中国	0.19	0.42	0.36	0.41	0.32	9.0	8.5	2.9	2.5	2.9
墨西哥	n.a.	n.a.	n.a.	n.a.	0.16	n.a.	n.a.	n.a.	n.a.	1.5
韩国	0.66	1.11	0.53	0.25	n.a.	31.7	22.4	4.3	1.5	n.a.
中国香港	0.11	0.24	0.39	n.a.	n.a.	5.2	4.8	3.2	n.a.	n.a.
排名前五的进口额与份额	1.89	4.58	11.67	15.39	10.48	91.1	92.2	94.5	94.2	94.2

来源:联合国商品贸易统计数据库(UN Comtrade)。
注释:纺织品按国际标准贸易(SITC)分类;进口额代表洪都拉斯贸易伙伴国家及地区的出口额;"n.a."指数据不适合入表(表明该国或地区在指定年份不在前五名之列)。

　　加勒比国家不生产机织物(生产有限数量供给国内市场的除外)。2000年实施的 CBTPA 促进了该区域面料业的发展,并催生了小规模的针织面料织造业。洪都拉斯拥有若干针织面料织造和成衣一体化的工厂。2002年,该国是美国从该区域进口服装的最大区域针织面料供应商,因为洪都拉斯为区域提供的面料能享受 CBTPA 的优惠待遇。2003年,洪都拉斯有九家纺织厂,其中有六家同时也生产服装,一家生产纱线(Bair 和 Peters,2006)。据资料披露,洪都拉斯只有一家纺纱厂,目前属于 GrupoKarim's 公司,但最初由中国台湾公司于1999年创办。洪都拉斯也有少数辅料(拉链、纽扣、标识等)供应商。另外,两家世界级水平的缝纫线制造商也在洪都拉斯设立工厂(A&E 和 Coats)。表 10-15 所示为洪都拉斯纺织企业概况。

　　(7) 就业

　　洪都拉斯服装业的就业情况一直很不稳定。1994—2000年就业人数有所增加,2000—2003年就业人数出现下降,之后直到2007年又开始回升,但 2008—2009 年再次减少。21世纪头十年间,女性就业率约为56%。服装企业的数量也有所变化,但在 2000—2009 年期间,公司数量基本在 130—165 家这一狭窄的范围内波动(见图 10-2)。2008年,洪都拉斯每小时的劳动力成本约为 1.77 美元。相对于其他区域的供应国,洪都拉斯的时薪低于哥斯达黎加(3.35 美元)和墨西哥(2.54 美元),但高于尼加拉瓜(1.00 美元)和海地(0.52 美元),基本上与萨尔瓦多(1.79 美元)、多米尼加共和国(1.75 美元)和危地马拉(1.65 美元)相同(Jassin-O'Rourke Group,2008)。

表 10-15　洪都拉斯主要纺织企业概况

海外企业名称	国内企业名称	产品	员工	所有权	地理位置	创立时间	来源
Lovable Group	Textiles Río Lindo	面料	2 500	中国	—	1951	Bair 和 Peters，2006
	ELCATEX	棉和涤纶纬编针织物	238	洪都拉斯	ZOLI Elcatex	1964	AHM，2010
Shin Sung	Shin Sung Honduras	面料	110	韩国	ZOLI San Miguel VI	1997	AHM，2010
Diban Group	Industrias Continental	针织面料，成衣	1 900	洪都拉斯和美国	ZOLI Industrias Continental	2000	AHM，2010
Fruit of the Loom	Caracol Knits	棉和涤纶丝编针织物	504	韩国	ZOLI Caracol Knits	2001	AHM，2010
Woong Chun	Woong Chun Honduras	面料	135	韩国	ZOLI Woong Chun Honduras	2002	AHM，2010
Cottonwise	Cottonwise Textiles	运动服及内衣用面料	869	加拿大	ZIP San José	2002	AHM，2010
Gildan	Gildan Honduras Textiles	针织面料及染整	546	美国	ZOLI San Miguel VI	2003	AHM，2010;BCH，2010
Anvil Knitwear	AKH	面料	400	洪都拉斯	ZOLI Green Valley	2005	AHM，2010
Fruit of the Loom/ Caracol Knits	Coral Knits	面料	1 069	洪都拉斯	ZOLI Caracol Knits	2005	AHM，2010
Fruit of theLoom /Russell	RLA Russell Manufacturing	运动服及内衣用面料	1 000	美国	ZOLI RLA Manufacturing	2005	AHM，2010
Gildan	Gildan Choloma Textile	针织、染整、裁剪，成衣	441	加拿大	ZOLI San Miguel VI	2006	AHM，2010;BCH，2010
Delta Apparel	Ceiba Textiles	纬编针织物（后整理）	340	美国	ZOLI Green Valley	2007	AHM，2010
Bay Island Sportswear	Simtex International	针织面料	198	美国	ZOLI Green Valley	2008	AHM，2010;BCH，2010
Roman Knit	RKH			美国和哥斯达黎加	ZOLI Green Valley	2009	AHM，2010
纱线、缝纫线及弹力面料制造商							
Grupo Karim's	Former Yangtex; Formosa	纱线；环锭纺精梳棉；棉涤混纺	1 417	洪都拉斯（中国台湾）	ZIP Formosa	1999	Bair 和 Peters，2006; AAPN
American & Efird	Hilos A&E de Honduras	化纤缝纫线经销商	14	美国	ZOLI Elcatex	<2001	AHM，2010
Coats NA	Coats Honduras	棉和化纤缝纫线	300	英国	ZOLI Inhdelva	<2001	AHM，2010
Lovable Group	ELCA	纱线染色；窄幅针织面料；弹力面料	299	洪都拉斯	ZOLI Elcatex	2005	AHM，2010
	Telas Eliasticas	针织和机织弹力面料	—	洪都拉斯	ZOLI Green Valley Industrial	2009	BCH，2010

来源：作者（Cornelia Staritz, Stacey Frederick）。

注释：AHM（洪都拉斯制造商协会）列出了 14 家纺织企业（2011 年 3 月 10 日）；"—"指不适用或无数据；BCH 为洪都拉斯中央银行；AAPN 为美国成衣制造商协会。

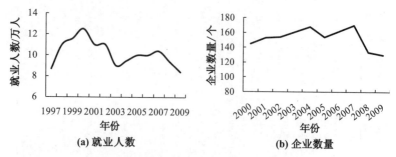

图 10-2　洪都拉斯服装业就业人数和企业数量

来源:洪都拉斯中央银行(各年份)和美国国际贸易委员会(USITC,2004)。

在过去十年中,洪都拉斯新闻媒体屡次报道海外龙头企业剥夺工人组织工会的权利。2005 年,Gildan 公司因关闭洪都拉斯的 El Porvenir 工厂以对抗加入工会的工人而受到指控。2009 年,学生抗议活动首先指向 Fruit of the Loom 集团旗下的 Russell Athletic 公司。持续的全国学生运动由反血汗工厂学生联合会(United Students against Sweatshops, USAS)领导,他们争取并得到大学联盟的支持,从而对服装供应商 Russell Athletic 公司施压,促使该公司重开在洪都拉斯因拒绝承认工会而关闭的工厂,这次运动以获得劳工权益而胜利结束。大学生及所在大学依据劳工权利联盟(Worker Rights Consortium, WRC)对被关闭工厂进行现场深入调查的结论,在此基础上提出自己的建议。175 所美国大学对此次劳动权利调查进行了监管,而 USAS 帮助这一调查在这十年中更早地浮出水面。WRC 指出:Russell 公司决定关闭工厂显然是打算避免工人组织工会,而这一行为明显违反了劳工权利联盟(WRC)和大学联盟针对供应商提出的行为准则(Fibre2Fashion,2009)。该事件标志着历史上首次有工厂因排斥工会而关闭,随后又因工人维权运动而重新恢复运营,这也是中美洲服装出口业历史上第一次外资公司的被迫妥协协议(Fibre2Fashion,2009)。

在过去三年里,洪都拉斯新闻多次披露,由于国际买家在洪都拉斯减少采购而导致当地工厂关闭或停业,当地工人对此十分不满。2009 年 1 月,耐克公司的两家分包商 Hugger 和 Vision Tex 工厂停业。大学生联盟对耐克公司提出了抗议后,耐克公司为那些因耐克洪都拉斯工厂关闭而失业的员工建立了一个 150 万美元的基金。National Mills 工厂是一家美资企业,是美国 PVH 公司的供应商,在关闭了洪都拉斯的经营业务后,欠下很多未支付的工人遣散费和其他款项。PVH 公司同意暂扣 National Mills 工厂的未付款项,直至工厂主按规定履行对工人的义务。随后,由工会、律师、原工厂经理和其他代表管理层的人员组成了一个代表委员会。National Mills 工厂将厂房和设备的所有权转交至代表委员会以出售给有兴趣的买家。同时,由于受到来自 PVH 公司的持续压力,National Mills 工厂同意使用未付款项以履行对工人的承诺。

10.5　贸易法规与积极的引导政策

(1) 优惠的市场准入

从 1984 年开始,美国首先发起并制定了一系列贸易法案,统称为加勒比国家倡议(CBI)(见表 10-16)。CBI 是美国与中美洲以及加勒比国家经济关系的重要纽带。依据 CBERA(美国-加勒比国家经济振兴法案)生产分包协定,美国公司将开裁的衣片运送至 CBI 国家进行成衣组装加工,同一公司再进口成衣时适用美国统一关税表(Harmonized Tariff Schedule, HTS)第 9802.00.80 税目征税,1989 年前则适用美国关税税率表(Tariff Schedules of the United States, TSUS)第 807.00 税目征税。通常,上述生产分包协定税则简称 9802 条款或 807A 条款,该法案为美国公司提供了优惠的市场准入,即只对国外进口货品的增值部分征税。而对于服装成衣加工而言,增值部分主要指劳务费用(成衣加工费)(Bair 和 Peters,2006)。这一关税税则规定对构成进口组装货品(如成衣)的美国零部件(如裁片)免关税。制造服装的面料可以产自美国或外国,只要衣片裁剪在美,然后出口至 CBI 国家进行成衣加工,而且除了成衣和附属件加工费外,不按进口价值全额征税(USITC,2004)。

1986 年,依据前 TSUS(美国关税税率表)807.00 税目(亦称 807A)的框架,美国设立了一项"特别准入法案",即面料由美国生产并在美国裁成衣片,后在 CBI 地区加工的成衣,可享受几乎不受限制的市场准入待遇。807A 并未违背常规配额制度,这种进口贸易活动是在所谓"保证准入条件"(guaranteed access levels, GALs)的优惠配额背景下开展的(USITC,2004)。

2000 年,随着"美国贸易发展法案 2000"的出台,洪都拉斯获得进入美国市场的特别优惠准入。美国-加勒比国家贸易伙伴法案(US-CBTPA)第二条扩展了优惠待遇,依据先前的 CBERA(美国-加勒比国家经济振兴法案)框架,准许在 CBI 国家按规定条件加工成衣并出口到美国。2000 年 10 月 1 日起,CBTPA(美国加勒比国家贸易伙伴法案)对 CBI 国家加工的成衣授予无限制的免税免配额待遇,但必须符合以下条件之一: a. 面料的生产和裁剪均在美国完成[1]; b. 面料在美国生产(纱线产自美

---

①807A 本质上是 807 特别准入条款的补充条款,807A 有免关税和免配额特别条款。

国),在符合条件的 CBI 国家裁剪并用美国缝纫线进行成衣加工。CBT-PA 的目的是为加勒比国家提供贸易准入优惠,这种形式与 1994 年起实施的北美自由贸易协定(NAFTA)非常相似(Bair 和 Peters,2006)。CBT-PA 还包括了一项新条款,对少数在加勒比国家使用当地面料(但纱线产自美国)生产的针织成衣提供免税准入。2002 年 8 月 6 日,美国启动了一项新的协定——2002 年贸易法案,在 3107(a)条款中修正了 CBTPA 中的服装条款,大幅提升使用当地针织面料生产成衣数量的额度。然而,2002 年,使用加勒比国家当地面料制作的成衣占美国从该区域进口服装的比例小于 5%。2002 年,针织 T 恤充分利用了当地面料生产的关税优惠待遇(tariff preference level,TPL),但其他主要使用当地面料的针织服装 TPL 利用率只有 51%(USITC,2004)。

DR-CAFTA 于 2006 年 4 月 1 日起在洪都拉斯开始生效。纺织品和服装可免税进入 US-DR-CAFTA(美国-多米尼加共和国与中美洲自由贸易协定)国家,但根据协定条款这些产品必须符合原产地规则。原产地产品是指符合原产地规则(ROO)协定的货品。原产地规则即所谓的从纱线开始的原产地规则(yarn-forward standard)是指纱线生产和所有前向操作(即面料及成衣生产)均要发生在美国或 DR-CAFTA 地区。其中也有一些例外,允许若干纤维、纱线或织物产自该区域之外(OTEXA,2011)。

所有中美洲国家目前均受益于欧盟的超普惠制(GSP+)法案。2010 年 5 月,欧盟和中美洲国家完成了合作协定谈判,其中包括全面贸易的核心内容。目前,正在对协定文本进行法律审查。然而,到目前为止,欧盟和中美洲国家之间尚未有标志性的纺织服装贸易协定。

(2) 积极的引导政策

洪都拉斯对外国投资者免除所有的出口税、地方销售税和消费税、利润税以及利润汇出税,允许无限制的资本汇出和货币兑换。其他激励措施包括:1984 年的临时进口制度(Temporary Import Regime,TIR),即,如果最终产品出口至中美洲地区,则对出口公司实行原料(面辅料)进口的免税政策;1997 年政府修订了 TIR,鼓励企业出口到中美洲其他国家且给予出口公司十年的所得税免税期;1998 年政府扩大了自由贸易区(Free-trade Zone,FTZ)的覆盖面,将优惠政策拓展至全国范围。因此服装业几乎所有企业注册于出口加工区(EPZs),其中有很多服装企业集聚于科特斯深水港附近,该港是中美洲到迈阿密最近的主要港口(USITC,2004)。

表 10-16　CBI 贸易优惠法案变迁

条款	缝纫线	纱线	面料	裁剪地	成衣	HTS 商品编码	指定条件	有效期
TSUS 807.00：若面料在美国裁剪，仅对成衣增值部分征收关税	—	—	美国	美国	CBI	—	807	1984—1988
HTS 代替 TSUS；由 807 条款为 9802 条款；如果面料在美国裁剪，只对成衣增值部分征收关税；2002 之前的 HS 编码	—	—	美国	美国	CBI	9802.00.8066	807	1988—2001
适用在美国裁剪的面料加工的成衣；2002 之后的 HS 编码	—	—	美国	美国	CBI	9802.00.8068	807	2002 至今
CEBRA 和特别准入法案（807 和 807A）								
保证准入条件（原则上免配额）；仅对附加值征收关税	—	美国	美国	美国	MEX	9802.00.9000	807A	1988
保证准入条件（原则上免配额）；仅对附加值征收关税	—	美国[a]	美国	美国	CBI	9802.00.8015	807A	1986
适用在美国裁剪的面料进行加工的成衣	—	美国	美国	美国	CBI	9802.00.8044	807A+	1984 至今
2000 年贸易发展法案：美国-加勒比国家贸易伙伴法案（CBTPA）								
适用美国产纱线和缝线进行裁剪和加工的针织成衣	美国	美国[a]	美国	美国	CBI	9820.11.09	TRQ	2000
适用美国产纱线在美国生产并裁剪的面料进行深加工的成衣	美国	美国	美国	美国/CBI	美国/CBI	9820.11.06	809	2000
适用美国产面料、纱线和缝线加工的本地面料制造的非针织内衣类 T 恤	美国	美国	美国 75%	美国	CBI	9820.11.12	TRQ	2000
由 NAFTA 认可的使用非美国产纱线和面料裁剪和加工的针织成衣	美国	美国[a]	CBI	CBI	CBI	9820.11.15	美国 75%	2000
适用美国产针织成型的针织纱线和加工的美国产纱线加工的针织成衣	美国	美国	美国	美国	CBI	9820.11.18	809	2000
适用从美国商品品类中无法获取的纱线和面料裁剪（或由	—	美国	CBI	CBI	CBI	9820.11.24	短期供应	2000
针织机织造，手工制或民俗服装	—	—	CBI	CBI	CBI	9820.11.27	短期供应	2000
特别条款：微量材料	—	—	—	—	—	9820.11.30	短期供应	2000
						19 CFR 10.223(b)	19 CFR 10.223(b)	2000

来源：洪都拉斯纺织服装部（OTEXA，2011）。

注释：CBI＝加勒比国家倡议；HTS＝美国统一关税表；TSUS＝美国关税税率表；HS＝商品名称及编码协调制度；CBERA＝加勒比国家经济振兴法案；MEX＝墨西哥；NAF-TA＝北美自由贸易协定；19 CFR10.223(b)是美国商品编码的一个税目；TRQ(Tariff Rate Quota)指（美国）税率配额；"—"指不适用。

注 a：适用于来自加拿大、以色列和墨西哥的尼龙长丝（除弹性纱外）。

中央理工研究院(IPC)是洪都拉斯的一所具有教育功能的国有机构,有面向纺织服装制造业人力资源开发的培训计划。2007 年 5 月,IPC 宣布了一项新的公私合作伙伴关系(private-public partnership)协议:与科莱恩化学品公司以及德国银行集团旗下的 DEG 公司共同创建了科莱恩(Clariant)纺织中心。还有其他一些公司也对 IPC 进行了资助,如力克(Lectra)公司赞助学校建立版型设计和人体扫描实验室;利满地(Rimoldi)公司帮助配备成衣缝制实验室的仪器设备(*Apparel Magazine*,2007)。

参考文献

[1] AHM (Asociación Hondureña de Maquiladores). 2010. "AHM Online Directory." http://www. ahm-honduras. com/directorio/Directory. aspx.

[2] Apparel Magazine. 2007. "IPC Training Center Expands in Honduras."*Apparel Magazine* 48 (11): 34.

[3] Bair, Jennifer, and Enrique Peters. 2006. "Global Commodity Chains and Endogenous Growth: Export Dynamism and Development in Mexico and Honduras." *World Development* 34 (2): 203-21.

[4] BCH (Banco Central de Honduras). 2001-2010. "Actividad Económica de la Industria de BienesparaTransformación (Maquila) y Actividades Conexas en Honduras." Annual publication. http://www. bch. hn/actividad_maquiladora. php.

[5] Brocklehurst, G. 2009. "Trends in U. S. Textile and Clothing Imports." *Textile Outlook International* 144: 122-97.

[6] Casabona, Lisa. 2009. "Trade Groups Lobby Clinton on Honduras." *Women's Wear Daily* 198 (90): 13.

[7] Cedrone, Lisa. 1994. "Honduras on the Move." (Honduran apparel industry, special report: Sourcing the Caribbean &. Latin America.) Bobbin (November): 33-37.

[8] DeCoster, Jozef. 2003. "Profile of the Maquila Apparel Industry in Honduras." *Textile Outlook International* 108: 11-45.

[9] Ellis, Kristi. 2009. "Companies Urge Obama Administration to Help Settle Upheaval in Honduras." *Women's Wear Daily* 198 (20): 13.

[10] Fibre2Fashion. 2009. "Honduras: WE WON! USA Signs Historic Agreement with Russell Athletic." November 24. http://www. fibre2fashion. com

[11] Fibre2Fashion. 2010. "Honduras: Anvil's Textile Mill Passes WRAPe Audit." April 23. http://www. fibre2fashion. com.

[12] Forstater, Maya. 2010. "Implications of the Global Financial and Economic Crisis on the Textile and Clothing Sector." International Labor Organization Sectoral Activities Programme Report, Geneva.

[13] Freeman, Ivan. 2010. "Central America: Nicaragua, Honduras See Maquila Expansions." Just-style. com, June 18, 2010.

[14] Hanesbrands. 2011. "Hanesbrands Celebrates First Graduating Class of Honduras Em-

ployees in Company's Continuing Education Program." Press Release, January 11, Winston-Salem, N. C. http://www. hanesbrands. com/hbi/docs/newsreleases/HBI% 20Honduras%20Employee%20Graduation%20 Program%20Press%20Release%2001-11-11%20FINAL. htm.

[15] Jassin-O'Rourke Group, L. 2008. "Global Apparel Manufacturing Labor Cost Analysis 2008, Textile and Apparel Manufacturers & Merchants." http://www. tammonline. com/ researchpapers. htm.

[16] *Just-style*. com. 2008. "U. S. to Impose Safeguard on Socks from Honduras." April 30.

[17] OTEXA (Office of Textiles and Apparel). 2011. Office of Textiles and Apparel, U. S. International Trade Administration. http://otexa. ita. doc. gov.

[18] Textiles Intelligence. 2008. "World Trade in T-shirts." *Global Apparel Markets* 1: 9-30.

[19] Textiles Intelligence. 2009. "Profile of Anvil Knitwear: An Environmentally Responsible Apparel Producer." *Performance Apparel Markets*, 4th Quarter: 64-74.

[20] USITC (United States International Trade Commission). 2004. *Assessment of the Competitiveness of Certain Foreign Suppliers to the U. S. Market* (Publication3671). Washington, DC: Office of Industries and Office of Economics. http://www. usitc. gov/publications/332/pub3671. pdf.

[21] WTO (World Trade Organization). 2010. International Trade Statistics 2010. Geneva, Switzerland. Available from www. wto. org/english/res_e/statis_e/its2010_e/its10 _toc_e. htm.

第十一章 印 度

11.1 导论

在过去几十年的印度经济发展中,纺织服装业具有十分重要的地位。2009年,纺织服装业大约占印度国内生产总值(GDP)的4%,占工业总产值的14%,占出口总额的14%,同时纺织服装业还是外汇净收入最高的行业。在印度,只有农业就业人口大于纺织服装业,估计约有3 500万人正式或非正式从事纺织服装业工作(Ministry of Textiles,2010)。

由于整个政策的导向,一直到20世纪90年代初,印度的纺织服装业主要面向国内市场。20世纪80年代中期,印度纺织服装业的改革标志着放松管制和自由化时代的来临以及随后开始融入全球市场(Tewari,2005)。相比其他服装出口国,印度融入全球市场的进程不是基于(配额跳过,quota-hopping)外国投资和优惠的市场准入,而是源于政府政策的改变和驱动,促使本国企业结构重组并从国内市场向出口市场扩展。

尽管融入全球市场较晚,但印度已经发展成为全球第二大纺织服装出口国。2009年,纺织和服装出口额分别为83.92亿和118.81亿美元。从历史上看,印度的纺织品出口曾占主导地位,这是因为印度拥有庞大的纺织服装原料基地,尤其是棉花。但是在过去的30年里,服装出口比重不断增长,现已超过纺织服装出口总额的一半。欧盟是主要的出口市场,2009年,占印度服装出口总额的54.2%和纺织品出口总额的29.5%;第二重要的出口市场是美国,占印度服装出口总额的 25.7％和纺织品出口总额的 24.6％。

由于印度面临着主要出口市场欧盟和美国的配额限制,《多纤维协定》(MFA)配额逐步取消有利于印度服装和纺织品的出口(Nordås,2004;USITC,2004)。据预测,在后配额时代,印度的服装和纺织品出口将出现强劲增长。但是,尽管出口绝对值在增长,而印度的表现不及其他低成本的亚洲竞争对手,其中包括孟加拉国、柬埔寨、中国和越南,并且自 2005年以来这种差距明显扩大。在全球金融危机的背景下,印度服装和纺织品出口额出现下滑,但没有其他服装出口国那么严重。因此,2008—2009年,印度服装的全球市场份额上升了 0.4％,达到 4.0％;纺织品的市场份额上升了 0.2％,达 4.9％。

除了这些全球产业动态外,产业"内部"特定要素分析对了解该产业的发展也很重要。直到 20 世纪 80 年代中期内向型政策一直是促使纺织服装业发展的重要驱动力。在收入和人口增长以及国外零售连锁企业为满足新兴的印度中产阶级需求等背景下,国内市场仍然很重要并且持续扩张。对国内市场的重视也推动了产业各项功能的进一步提升,包括产品开发、设计,甚至是品牌拓展。产业的发展还受到特定的国内政策驱动,特别是《国家纺织政策 2000》规划(National Textile Policy,2000)的出台,该政策规划包括诸如"技术升级基金(Technology Upgradation Fund)"和"综合纺织产业园(Integrated Textile Parks)"等举措。

印度纺织服装业的主要竞争优势包括:大型的原料基地,特别是棉花;拥有与原料基地相关联的纵向一体化纤维-织物-服装供应链;较强的制造、设计乃至品牌营销能力;庞大的非熟练工和熟练工劳动力市场;当地的企业家精神;相关的政府扶持政策等。印度的纺织服装业面临的主要挑战是:出口过于集中于欧盟 15 国和美国市场;过于集中于棉制品生产;由于企业规模小和庞大的非正规企业而无法取得规模经济效益;相对较低的生产效率和技术水平;小规模和非正规企业缺乏技术升级能力;出口方面臃肿的行政机构和繁琐的监管程序。

11.2 服装业的发展

印度是纺织服装出口生产的后发国家。直到 20 世界 80 年代,印度的纺织服装业仍然主要面向国内市场。在这方面,印度政府在塑造纺织服装业方面发挥了关键作用,主要通过一系列的政策,包括严格的许可证制度(企业须取得许可证后方可建厂或扩展业务)、预保留政策(特别是小规模企业的服装生产被保留)和进出口控制等。这样一来,从 20 世纪 60 年代后期到 20 世纪 80 年代中期,政府政策限制了纺织服装业的规模、地理位置选择和等级提升(Tewari,2005;Singh,2008)。特别是政府为了满足国内市场的需求,并在农村地区提供就业机会,限制了服装业运营的规模,因此,几乎整个纺织服装业可归类为小规模经济运营体。在此期间,纺织服装出口也明显带有该产业国内导向的烙印。直到 20 世纪 80 年代中期,印度服装出口仍然有限,占生产总量的份额很小。

从 1985 年开始,纺织服装出口增长强劲。服装出口由 1985 年的 9.14 亿美元增长到 1990 年的 25 亿美元,年均复合增长率为 19.3%(Tewari,2005)。纺织品出口增长同样如此,从 1985 年的约 10 亿美元增长到 1990 年的 22 亿美元。出口激增得益于印度产业政策的重大转变。这一政策放松了纺织服装业的管制,以此提高行业竞争力。政府政策变化先于 20 世纪 90 年代初印度发展战略的全面转变,并在外向型产业改革起步之前帮助重塑企业的功能。这些政策包括提高允许投资的限额,提供专项资金和优惠的信贷额度,以便于进口现代化的机械设备和提升现代化的生产技术。许可证制度逐步取消,停止预保留政策(特别是服装业),同时由于关税的降低,出口商能够越来越多地增加面辅料进口和设备投入。由此,促进了产业整合、现代化和行业资本密集度的进一步提升(Tewari 2005)。

在此背景下,从 20 世纪 90 年代至 MFA 配额取消期间,纺织服装出口得到了显著的全面增长。印度服装业的增长贯穿于 20 世纪 90 年代至 21 世纪初(尽管没有 20 世纪 80 年代后半期增长强劲),服装出口几乎翻了一番,从 1995 年的 42.33 亿美元,增加到 2004 年的 72.98 亿美元,而印度在全球市场的份额仍相对稳定,约占 2.9%(见表 11-1)。关于服装出口产品的构成方面,以机织服装为主。但针织服装出口越来越重要,从 1995 年占服装出口总额的 26% 上升到 2004 年约占 40%。纺织品出口从 1995 年的 40.31 亿美元增长至 2004 年的 76.90 亿美元。关于纺织品出口主要品类方面,纺织制成品在纺织品出口总额中所占份额快速增加,从 1995 年的 18.1% 上升到 2004 年的 27.5%(见表 11-2)。2004 年纺织品最大的出口品类是纱线,占 29.5%,其次是纺织制成品(27.5%)、机织面料(22.6%)和地毯(15.5%)。虽然出口持续增长,但印度的纺织服装出口在主要出口市场备受配额制约磨难,使得印度与中国和巴基斯坦一样,成为纺织服装出口配额受限最多的国家之一。

表 11-1　各年份印度服装出口至全球的统计数据

	1995	1998	2001	2004	2005	2006	2007	2008	2009
出口总额/亿美元	42.33	43.21	50.94	72.98	94.68	107.05	114.28	122.10	118.83
年增长率/%	—	5.0	−0.7	13.0	29.7	13.1	6.8	6.8	−2.7
占全球服装出口份额/%	2.8	2.4	2.6	2.9	3.5	3.7	3.6	3.6	4.0
机织服装与针织服装出口额/亿美元									
机织服装	31.33	28.17	31.71	43.29	57.68	62.83	63.24	67.02	66.21
针织服装	11.00	15.03	19.24	29.69	37.01	44.21	51.05	55.08	52.62
机织服装与针织服装出口额占比/%									
机织服装	74.0	65.2	62.2	59.3	60.9	58.7	55.3	54.9	55.7
针织服装	26.0	34.8	37.8	40.7	39.1	41.3	44.7	45.1	44.3

来源:联合国商品贸易统计数据库(UN Comtrade)。
注释:出口额代表印度贸易伙伴国公布的进口额;服装分类源自商品名称及编码协调制度(HS)1992,HS62 指机织服装,HS61 指针织服装;增长率指与上年相比的变化;"—"指不适用。

表 11-2　各年份印度纺织品出口至全球的统计数据

	1995	1998	2001	2004	2005	2006	2007	2008	2009
出口总额/亿美元	40.31	53.23	55.88	76.90	78.22	86.14	98.97	104.30	83.92
年增长率/%	—	−6.7	−2.5	18.0	1.7	10.1	14.9	5.4	−19.5
全球纺织品出口占比/%	2.9	3.7	3.8	4.2	4.1	4.3	4.6	4.7	4.9
纺织品细分品类的出口额/亿美元									
纱线	12.40	19.75	18.59	22.71	20.85	23.82	29.49	32.16	22.45
机织物	12.02	13.52	13.54	17.39	16.29	17.04	18.34	18.97	15.35
针织物	0.59	0.62	0.54	0.70	0.63	0.94	1.11	1.16	1.08
纺织制成品	7.29	10.33	13.30	21.13	24.08	25.97	29.34	31.08	28.20
地毯	7.14	7.83	8.12	11.90	12.75	14.53	16.65	16.32	12.98
纺织品细分品类的出口额占比/%									
纱线	30.8	37.1	33.3	29.5	26.7	27.7	29.8	30.8	26.8
机织物	29.8	25.4	24.2	22.6	20.8	19.8	18.5	18.2	18.3
针织物	1.5	1.2	1.0	0.9	0.8	1.1	1.1	1.1	1.3
纺织制成品	18.1	19.4	23.8	27.5	30.8	30.1	29.6	29.8	33.6
地毯	17.7	14.7	14.5	15.5	16.3	16.9	16.8	15.6	15.5

来源:联合国商品贸易统计数据库(UN Comtrade)。
注释:纺织品数据源自国际贸易标准分类(修订版3)编码 65 及 65 以下分组;出口额代表全球源自印度的进口额;由于国际贸易分类标准四位数分组的一些品类对印度而言并无显著意义而被省略,因此份额总和不等于 100%;"—"指不适用。

　　图 11-1 显示了印度纺织服装出口总额中不同细分品类的重要程度。从 1995 年起,机织服装一直是出口份额中占比最大的,其次是针织服装和纺织制成品。在 20 世纪 90 年代后半期,尤其是 1997 年,棉纱是第二大出口品类。然而,在 21 世纪的头十年,棉纱出口处于停滞状态。1995—2004 年,棉织物、化纤纱线及织物也是重要的出口品类,但服装和纺织制成品仍明显占据优势地位(见表 11-3 和图 11-1)。

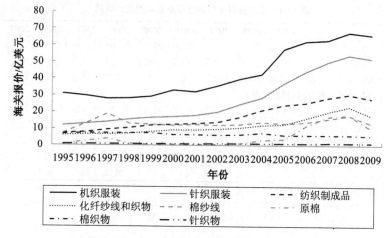

图 11-1　1995—2009 年基于 HS 分类的印度纺织服装出口额

来源:联合国商品贸易统计数据库(UN Comtrade)。

注释:数据源自商品名称及编码协调制度(HS)1992;编码 50～63;出口额代表贸易伙伴国的进口额。

　　正如预期的那样,印度受益于 MFA 的配额取消,自 2005 年以来,服装和纺织品出口不断增长。最初两年,服装出口增长尤为强劲,年均增长率为 29.7%(2005 年)和 13.1%(2006 年)(见表 11-1)。因此,印度的全球市场份额从 2004 年的 2.9%增长到 2006 年的 3.7%。但 2007 和 2008 年的增长速度有所放缓,部分原因是由于印度卢比升值和生产成本上升(Textiles Intelligence,2008)。纺织品出口在 2006 和 2007 年增长最快,年均增长率分别为 10.1%和 14.9%(见表 11-2)。2004—2008 年,印度纺织品出口的全球市场份额从 4.2%上升至 4.7%。尽管在后配额时代印度的服装和纺织品出口呈现增长,但总的评价是,印度还可以做得更好,尤其是如果参考一些在 MFA 配额取消前的分析和预测方案,这些方案认为印度是除中国之外最大的赢家(Thoburn,2009)。

　　在配额取消后的头两年,强劲的增长势头反映在印度的两个主要服装出口市场:欧盟 15 国和美国。欧盟 15 国的服装出口总额从 1995 年的 15.88 亿美元增长到 2004 年的 24.34 亿美元,并在后配额时代持续增长(见表 11-4)。印度面向欧盟的服装出口 2005 和 2006 年分别增长了 31.5%和 17.3%,2006 年占欧盟进口全球服装市场份额的 3.8%。MFA 的配额取消也推动了印度对美国市场的服装出口,市场份额从 2004 年的 3.4%增长至 2006 年的 4.4%(见表 11-5)。但自 2007 年以来,以金额计算,印度在美国市场的出口额下降。2007 年,这一下降趋势是由印度卢比兑美元汇率升值造成的。2006 年 12 月至 2007 年 12 月,印度卢比兑换美

元的汇率上升了 13%,然而与此同时,孟加拉国塔卡却贬值了 1.3%
(Textiles Intelligence,2008)。虽然针织服装持续增长,但印度出口到美
国的机织服装金额却在 2005 年激增之后出现连续下降。

表 11-3 各年份基于 HS 分类的印度纺织服装出口统计数据

HS 编码	类别	海关报价/亿美元					市场份额/%				
		1998	2000	2005	2008	2009	1998	2000	2005	2008	2009
50~63	合计	83.01	109.77	177.94	249.51	214.20					
62	机织服装	31.33	33.50	57.68	67.02	66.19	37.7	30.5	32.4	26.9	30.9
61	针织服装	11.00	17.80	37.01	55.08	52.62	13.3	16.2	20.8	22.1	24.6
63	纺织制成品	7.24	12.81	24.18	31.34	28.42	8.7	11.7	13.6	12.6	13.3
54~55	化纤纱线和织物	5.91	9.27	13.10	22.56	16.41	7.1	8.4	7.4	9.0	7.7
5204~07	棉纱	8.06	13.17	12.35	18.22	12.96	9.7	12.0	6.9	7.3	6.1
5201~03	原棉	0.51	0.69	3.34	18.80	7.97	0.6	0.6	1.9	7.5	3.7
5208~12	棉织物	6.58	6.66	6.32	6.63	5.60	7.9	6.1	3.6	2.7	2.6
60	针织物	0.59	0.53	0.64	1.16	1.08	0.7	0.5	0.4	0.5	0.5
合计		**7 123**	**9 444**	**15 462**	**22 081**	**19 124**	**85.8**	**86.0**	**86.9**	**88.5**	**89.3**

来源:联合国商品贸易统计数据库(UN Comtrade)。
注释:数据源自商品名称及编码协调制度(HS)1992;编码 50~63;出口额代表印度贸易伙伴国的进口额。

表 11-4 各年份欧盟 15 国进口印度服装的统计数据

	1995	1998	2001	2004	2005	2006	2007	2008	2009
进口总额/亿欧元	15.88	15.75	21.62	24.34	32.01	37.55	37.74	38.26	40.27
进口质量/万吨	10.8	11.0	17.3	17.3	20.8	22.1	23.4	24.2	24.9
占欧盟 15 国服装进口份额/%	3.2	2.4	2.7	2.9	3.5	3.8	3.7	3.7	4.1
年增长率/%									
金额	—	2.1	7.8	5.1	31.5	17.3	0.5	1.4	5.2
质量	—	1.9	38.8	−1.6	20.4	6.1	5.9	3.2	2.9
机织服装与针织服装进口额/亿欧元									
机织服装	11.35	9.40	11.70	12.25	17.10	19.90	19.06	19.64	21.53
针织服装	4.53	6.34	9.92	12.09	14.91	17.65	18.68	18.62	18.73
机织服装与针织服装进口额占比/%									
机织服装	71.5	59.7	54.1	50.3	53.4	53.0	50.5	51.3	53.5
针织	28.5	40.3	45.9	49.7	46.6	47.0	49.5	48.7	46.5
机织服装与针织服装质量/万吨									
机织服装	6.5	5.4	7.3	6.7	8.2	8.8	9.0	9.6	10.4
针织服装	4.3	5.6	10.0	10.7	12.7	13.2	14.1	14.5	14.5

来源:欧盟统计局(Eurostat)。
注释:服装数据源自商品名称及编码协调制度(HS),编码 61~62;增长率指与上年相比的变化;"—"指不适用。

表 11-5　各年份美国进口印度服装的统计数据

	1996	1998	2001	2004	2005	2006	2007	2008	2009
进口总额/亿美元	12.50	15.60	17.81	22.77	30.58	32.42	32.23	31.22	28.86
年增长率/%	—	11.4	−3.8	10.7	34.3	6.0	−0.6	−3.1	−7.6
占美国服装进口份额/%	3.3	3.1	3.0	3.4	4.3	4.4	4.3	4.3	4.5
机织服装与针织服装进口额/亿美元									
机织服装	9.38	11.11	12.76	15.98	21.21	20.80	19.04	17.91	16.49
针织服装	3.12	4.49	5.06	6.80	9.37	11.63	13.19	13.31	12.37
机织服装与针织服装进口占比/%									
机织服装	75.1	71.2	71.6	70.2	69.4	64.1	59.1	57.4	57.1
针织服装	24.9	28.8	28.4	29.8	30.6	35.9	40.9	42.6	42.9

来源:美国国际贸易委员会(USITC)。

注释:服装进口数据源自商品名称及编码协调制度(HS),编码61~62;海关完税价;增长率指与上年相比的变化;"—"指不适用。

与大多数服装出口国一样,印度的服装和纺织品出口受到全球金融危机背景下的需求衰退影响而呈现负面效应。2009 年,印度服装出口总额下降了 2.7%(见表 11-1)。尽管这是以金额计算的绝对损失,然而,印度却扩大了在全球市场的份额,从 2008 年的 3.6%上升到 2009 年的 4.0%。尽管在这种困难的经济环境下,出口到欧盟 15 国的金额却从 2008 年的 38.26 亿欧元增长到 2009 年的 40.27 亿欧元,但面向美国市场的出口额却下降了 7.6%。纺织品出口从 2008 年的 104.30 亿美元下降至 2009 年的 83.92 亿美元,相当于下降了 19.5%(见表 11-2)。这种下降可以归因于全球需求萎缩,但也可归因于原棉出口下降,并且这种状况与政府政策有关,印度政府的政策是为了确保为国内纺织品和服装生产提供价格合理的棉花原料(见下文)。然而,正如印度服装全球市场份额增加一样,印度实际上在全球纺织品市场的份额也增加了,从 2008 年的 4.7%增长到 2009 年的 4.9%。

出口受阻不仅仅是由于全球金融危机导致传统出口市场机遇的减少,还要归咎于原料成本的增加,特别是原棉价格自 2007 年中期以来大幅上升(*Just-style*,2008)。由于依赖棉花作为纺织和服装生产的主要原料,棉花价格上升对印度的纺织和服装企业产生了负面影响。为了确保纺织品和服装出口商有足够可用的棉花原料,政府出台了多项措施:降低原棉 14.5%的进口关税以促进原料进口;降低原棉出口商的出口退税税率,并采取额外的行政措施控制原棉出口(*Just-style*,2008)。2010 年,印度政府甚至出台了原棉出口禁令,后来又覆盖至棉纱,由此,印度的服装出口商获得了较其他主要竞争对手相对的价格优势(*Just-style*,2010a)。

进入21世纪的头十年及后配额时代,印度纺织服装业的发展由国内特定的政策所驱动,尤其是《国家纺织政策2000》规划(National Textile Policy 2000)促进了整个行业的发展。这一政策最重要的举措是:1999年设立"技术升级基金(Technology Upgradation Fund)",目的是促进产业技术现代化;2000年推出"棉花技术使命(Technology Mission on Cotton)",目的是为了提高棉花产品的质量和生产效率;"综合纺织产业园(Integrated Textile Parks)"于2005年宣布,为国内及国际制造商提供最先进的基础设施;逐步降低进口关税并支持化纤和化纤纱线生产;支持产品开发、设计和品牌推广能力的提升等(见下文;Singh,2008)。

尽管2009年出口出现下滑,但印度的纺织服装出口前景看起来仍然乐观。尤其是政府和业界在培育产品开发、设计和品牌推广能力的努力已经开始得到回报。伴随着收入的增加和越来越多印度中产阶级的出现,国内市场显得十分重要。2003至2007年期间,印度服装消费支出以年均约7%的速度增长,2007年国内服装消费支出是服装出口总额的2.5倍(Textiles Intelligence,2008)[1]。2008年,国内市场的价值估计为3 067亿卢比,而2003年只有798亿卢比(Euromonitor,2009)。在此背景下,有能力的企业已大力开发国内市场品牌,并正在通过收购美国和欧盟品牌进入印度传统出口市场(Singh,2008)。国内市场也不仅仅只有本土企业,还包括国外零售商和品牌营销商,如DKNY、GANT、Arrow及Marks & Spencer等。鉴于印度的市场前景,越来越多国外零售商希望进入印度市场,但到现在为止,唯一可行的办法是通过合资企业以及一些其他方式(如品牌授权经营或特许经营,licensing or franchising),因为印度国内零售行业尚未完全开放(Italia,2009)。这些国外零售商已经实现由进口货品转变为从当地供应商采购货品提供给国内市场的巨大角色转变。更普遍的是,由于国内的质量意识日益增强,国内和出口市场之间的界限正在相互渗透(Tewari,2008)。

11.3 服装业的结构

(1) 企业类型

印度是少数几个具有重要原料基地和纵向一体化制造功能的国家(如中国、巴基斯坦和土耳其)之一。一批具有全球竞争力的服装出口商已经出现,不管是对国内市场或国际市场,这些企业具备纵向一体化管理

---

[1]男士外套占据了大部分的国内服装市场,占总零售额的45%。造成男士外套占如此大份额的原因之一是印度品牌女装的匮乏。印度妇女的服装仍然以传统服装为主,如纱丽服装,时至今日尚未出现一个有影响力的品牌(Euromonitor,2009)。

能力,包括产品开发、设计、生产和品牌建设(Singh,2008)。在制造功能方面,印度服装企业具有提供各种品类的能力和高度的柔性化。中小规模企业能承接时尚度高、小批量定制生产以及款式多变的订单。较大规模企业可承接大容量和多批次连续生产。较小和较大企业都已经具备一定的产品开发、设计、甚至品牌推广能力,这些功能也是全球买家越来越期望的(Tewari,2009)。

印度整个纺织服装业可分为两类领域:一类是企业数量相对少但正规的领域,特征是企业较为发达且规模较大,往往具有较高的资本密集度和更好的工作条件;另一类是庞大的非正规领域,这一领域的企业雇用员工数少于 10 名。非正规领域的重要性和这两类领域不同的生产效率主要体现在非正规领域的高就业率(90%)和正规领域的高出产率(69%)(Hirway,2008)。这种高度分散的结构主要归因于直到 20 世纪 80 年代中期才改变的政府政策(过去的政策有利于小规模企业经营),并且在一定程度上还归因于正规领域企业繁琐的规章制度。根据联合国发展计划署(United Nations Development Programme,UNDP)的报告,2005 年,服装业大约有 80%的企业雇用员工少于 10 名,14%为中等规模企业(10~49 名员工),6%为较大规模企业(雇用员工超过 49 名)(UNDP,2006;引用 Hirway,2008)。然而,在国内放松管制、推行自由化、MFA 配额取消后国际竞争的不断加剧以及全球买家需求日益增长的背景下,印度纺织服装业已经逐步整合和发展(Tewari,2005;Singh,2008)。

尽管结构分散,但服装业在一定程度呈现出地理方面的产业集聚,特别在蒂鲁巴(Tirupur)、卢迪亚纳(Ludhiana)、班加罗尔(Bangalore)、新德里/诺伊达/古尔冈(Delhi/Noida/Gurgaon)、孟买(Mumbai)、加尔各答(Kolkata)、斋浦尔(Jaipur)、印多尔(Indore)等周边地区。其中,蒂鲁巴、卢迪亚纳、加尔各答是主要的针织服装集聚中心,班加罗尔、新德里/诺伊达/古尔冈、孟买、斋浦尔和印多尔是主要的机织服装集聚中心(Ministry of Textiles,2006)。表 11-6 所示为区域性产品特色的概况。

表 11-6　印度纺织服装业主要区域和产品特色

地理位置	产品特色
蒂鲁巴及周边城市	棉针织物出口
孟买和肖拉普尔	动力织机机织物出口
卢迪亚纳和坎普尔	毛针织产品出口
加尔各答	棉制服装及袜类
班加罗尔	转向多品种生产的领先制造商

来源:Italia,2009。

在行业生产分工方面,2006年,印度有:6 500家轧棉企业,几乎都是小型企业;1 161家小型纺纱厂和1 566家大型纺纱厂;350万家手织机织造作坊和40万家动力织机织造企业;2 300家大部分为分散型的整理加工企业;77 000家以小规模为主的服装企业(见表11-7)。纺纱企业几乎全是正规企业[1];织物织造企业几乎全是非正规企业,并且综合型工厂(纺纱、织造等)占该类企业的份额低于5%;非正规动力织机织造企业的份额大于50%[2];超过60%的服装企业仅从事缝纫加工。2005年,服装企业拥有超过50台机器(缝纫机等)的仅占所有服装制造企业数的6%,80%的企业少于20台机器(Verma,2005)。

尽管企业分散程度很高,但印度纺织服装业仍然有大型企业。表11-8列出了2010年印度纺织服装业排名前15的企业。

表11-7　2006年印度纺织服装业企业数量及规模

行业	企业数量	规模
轧棉	6 500家(2001年)	几乎都是小型企业
纺纱	小型企业1 161家	3 900万枚纺锭
	大型企业1 566家	62.1万头转杯纺
织造	手织机350万家	390万台手织机
	动力织机40万家	210万台动力织机
		正规企业有10万台织机
整理加工	2 300家	大多数分散作业,只有200家左右是纵向一体化企业
服装	77 000家	大部分是小型企业

来源:国际粮食政策研究所(IFPRI),2008。

外国投资者在印度纺织服装业参与度仍然不高,早期这种情况与政府的内向型政策有关,当时政府政策向国内市场的产业倾斜并限制外国直接投资(FDI)。20世纪90年代初,随着政府整个政策的转变,对FDI的政策导向也随之改变。在纺织服装业方面,2001年最后一个针对外商投资的主要限制规定被取消,允许外资100%控股,并废除了有关品牌授权(licensing)经营的额外规定(USITC,2004)。在《国家纺织政策2000》规

---

[1]"虽然《纺织政策1985年》规划促进了纺纱业相当程度的现代化,拥有80%的开工率和20%全球棉纱出口份额,但棉纺行业仍然存在着产能过剩和落后的纺锭设备问题。《纺织政策2000》规划将继续致力于进行现代化改造和技术升级,使之达到国际水平"(Government of India,2000)。

[2]"尽管织造占全球市场份额的58%,并拥有350万台手织机和180万台动力织机,但技术仍然落后。《纺织政策2000》规划将支持这一行业的现代化,这对印度纺织行业的生存及出口推动至关重要。通过对分散的行业进行生产设施集群化,将促进企业规模经济化和采用合适的技术。同时努力恢复正规企业在制造行业的主导地位,以满足国际市场高附加值、大批量产品的需求"(Government of India,2000)。

划的背景下,尽管政府有努力吸引 FDI 的政策,但外国直接投资额度并没有真正好转。依据印度工商部的统计,1991 至 2009 年期间,纺织服装业累计外国直接投资金额为 11.1 亿美元,约占印度外国直接投资总额的 0.77%(见表 11-9)。然而纺织服装业的外国直接投资金额自 2001 年起有所增加,2003 和 2007 年略有下降,但纺织服装的外国直接投资份额从来没有超过印度外国直接投资总额的 2%。2001 至 2006 年间,外国直接投资仅占纺织服装业投资总额的 2%多一点(Ministry of Textiles,2009)。总之,印度纺织服装出口将继续由内资企业主导和驱动。

表 11-8　印度纺织服装企业 15 强

排行	公司	2010 年营业额/亿卢比
1	孟买 Aditya Birla Nuvo 有限公司[a]	1 576.9
2	孟买 JBF Industries 有限公司[a]	496.5
3	孟买 Century Textiles & Industries 有限公司	454.5
4	孟买 Alok Industries 有限公司	431.9
5	孟买 S Kumars Nationwide 有限公司	386.1
6	卢迪亚纳 Vardhman Textiles 有限公司	339.9
7	艾哈迈达巴德 Arvind 有限公司	330.0
8	孟买 Raymond 有限公司	258.5
9	新德里/国家首都地区(NCR)SRF 有限公司	257.9
10	新德里/国家首都地区(NCR)Indo Rama Synthetics(印度)有限公司	255.8
11	苏拉特 Garden Silk Mills 有限公司	252.1
12	瓦皮 Welspun India 有限公司	206.4
13	新德里/国家首都地区(NCR)House of Pearl Fashions 有限公司	187.8
14	卢迪亚纳 Abhishek Industries 有限公司	183.5
15	孟买 Rayon Fashions 有限公司	182.1

来源:印度经济时报(The Economic Times)2010 年 500 强名单,http://economictimes.indiatimes.com/et500list.cms.
注释:以 2010 年的营业额排序;1 美元≈46 卢比(2010 年);注 a 表示从事多元化经营。

　　由于印度纺织服装业在国内经济中的重要作用,该行业得到政府大力支持。特别是成立于 1999 年的技术升级基金计划(Technology Upgradation Fund Scheme,TUFS),是产业技术现代化的重要资金来源。根据印度纺织部统计,1999—2008 年,在 TUFS 名义下的累计投资总额约为 6.9828 亿卢比(按当期的平均汇率 1 卢比≈0.022 美元折算为 1 529 万美元),纺纱及复合材料厂获得的投资额占投资总额的 54%以上,而服装占相对较小的投资份额,仅为 7.7%(见表 11-10)。

表 11-9　各年份印度纺织服装业的外国直接投资(FDI)

年份	FDI 总额/亿美元	T&A FDI 总额/亿美元	T&A FDI 占比/%
1991—2000	188.9	2.44	1.29
2001	37.3	0.04	0.11
2002	37.9	0.46	1.21
2003	25.3	0.18	0.71
2004	37.5	0.39	1.04
2005	43.6	0.79	1.81
2006	111.2	1.18	1.06
2007	191.6	1.00	0.52
2008	330.3	2.00	0.61
2009	271.0	2.00	0.74
1991—2009 年总额	**1 448.3**	**11.10**	**0.77**

来源:印度工商部工业政策与促进司(Department of Industrial Policy and Promotion, Ministry of Commerce and Industry, Government of India);纺织部(Ministry of Textiles)网站:http://texmin. nic. in/fdi/fdi_home. htm。

注释:"T&A"指纺织品与服装(Textiles and Apparel)。

表 11-10　1999—2008 年 TUFS 名义下的累计投资情况

行业	占总投资的比例/%
纺纱厂	33.9
复合材料厂	20.6
织造	7.8
纤维、纱线、面料、成衣及纺织制成品的整理	8.9
纺织制成品	1.0
产业用纺织品	1.5
服装	7.7
其他	18.6

来源:纺织部(Ministry of Textiles),2009。

注释:"TUFS"指技术升级基金计划(Technology Upgradation Fund Scheme)。

　　纺织业通过采用新技术及安装先进的生产设备从而实现现代化的趋势也可以从印度增加全球采购设备得到印证(见下文)。

(2) 终端市场

　　印度纺织服装产品的最大市场是国内市场。2007 年,印度纺织和服装产量的三分之二在国内销售,只有三分之一出口(Tewari,2008)。印度服装出口的终端市场集中度高。2009 年,79.9%的服装出口到欧盟 15 国和美国,其中 54.2%出口到欧盟 15 国,25.7%出口到美国(见表 11-11)。加拿大、日本、阿拉伯联合酋长国是其他重要的终端市场,所占比例分别为 3.0%、2.5%和 1.6%。欧盟 15 国是最重要的出口市场,出口份额从 2000 年的 39.3%提高到 2009 年的 54.2%。与此同时,在美国市场的份额从 38.9%下降至 25.7%。加拿大、日本、阿拉伯联合酋长国的份额也出现下降,而全球其他地区服装出口的份额从 10.3％增长到 12.9％(见图 11-2)。印度纺织品出口的终端市场则呈现多元化。2009 年,印度纺织品出口的主要市场也是欧盟 15 国(29.5％)和美国(24.6％),合计共占纺织品出口总额的 54.1％(见表 11-12)。巴西、中国、斯里兰卡、土耳其和阿拉伯联合酋长国也是重要的出口市场。然而传统的亚洲出口市场,特别是中国香港和韩国的市场份额开始下降,而巴西、土耳其、斯里兰卡等国家的需求自 2005 年以来有所增加(见图 11-3)。

表 11-11　各年份印度服装出口终端市场排名前五的统计数据

国家/地区/ 经济体	海关报价/亿美元					市场份额/%				
	1995	2000	2005	2008	2009	1995	2000	2005	2008	2009
全球	42.33	51.31	94.68	122.10	118.83					
欧盟 15 国	21.85	20.19	45.31	64.83	64.43	51.6	39.3	47.9	53.1	54.2
美国	12.74	19.98	32.84	33.16	30.54	30.1	38.9	34.7	27.2	25.7
阿拉伯联合酋长国	n.a.	1.80	2.29	3.61	3.58	n.a.	3.5	2.4	3.0	3.0
加拿大	1.40	2.38	3.26	3.11	3.00	3.3	4.6	3.4	2.6	2.5
日本	1.52	1.36	n.a.	1.82	1.93	3.6	2.6	n.a.	1.5	1.6
沙特阿拉伯	n.a.	n.a.	1.56	n.a.	n.a.	n.a.	n.a.	17	n.a.	n.a.
瑞士	1.04	n.a.	n.a.	n.a.	n.a.	2.5	n.a.	n.a.	n.a.	n.a.
排名前五的出口额 与份额	38.55	45.70	85.26	106.55	103.48	91.1	89.1	90.1	87.3	87.1
南亚区域合作联盟	0.01	0.05	0.19	0.11	0.28	0.0	0.1	0.2	0.1	0.2

来源:联合国商品统计数据库(UN Comtrad)。
注释:服装数据源自商品名称及编码协调制度(HS)1992,编码 61～62;出口额代表贸易伙伴国的进口额;"n.a."指数据不适合入表(表示该国家/地区/经济体在指定年份不在前五名之列);在南亚区域合作联盟(SAARC)地区,若干国家在指定年份无适用数据。

　　如表 11-11 和表 11-12 所示,虽然区域内(南亚)的服装贸易量一直很少,但区域内纺织品贸易日益重要。2005 年,南亚地区服装出口总额中只有不到 0.5％出口到其他南亚国家。相比之下,该地区约有 6.3％的纺织品出口到其他南亚国家(Tewari,2009)。对于印度来说,2009 年服装出口总额中只有 0.2％出口到南亚区域合作联盟(SAARC)地区,相比之下 2000 年为 0.1％。尼泊尔是印度最重要的区域服装出口市场,其次是孟加拉国和斯里兰卡。纺织品出口方面,2009 年印度纺织品出口总额的 3.9％出口到 SAARC 区域,而 2000 年只有 2.6％,斯里兰卡是印度最主要的市场。

表 11-12 各年份印度纺织品出口终端市场排名前十的统计数据

国家/地区/经济体	海关报价/亿美元					市场份额/%				
	1995	2000	2005	2008	2009	1995	2000	2005	2008	2009
全球	40.31	57.32	78.22	104.30	83.92					
欧盟 15 国	18.13	18.65	24.68	31.20	24.76	45.0	32.5	31.6	29.9	29.5
美国	6.55	12.10	20.36	24.08	20.65	16.3	21.1	26.0	23.1	24.6
土耳其	1.03	1.36	2.92	5.46	3.83	2.6	2.4	3.7	5.2	4.6
阿拉伯联合酋长国	n.a.	2.16	2.77	3.66	2.92	n.a.	3.8	3.5	3.5	3.5
中国	n.a.	1.95	1.42	2.21	2.75	n.a.	3.4	1.8	2.1	3.3
巴西	n.a.	n.a.	n.a.	3.99	2.72	n.a.	n.a.	n.a.	3.8	3.2
斯里兰卡	n.a.	n.a.	1.34	2.40	2.56	n.a.	n.a.	1.7	2.3	3.1
韩国	1.26	2.68	2.45	2.35	2.20	3.1	4.7	3.1	2.3	2.6
加拿大	n.a.	1.16	1.69	1.79	1.51	n.a.	2.0	2.2	1.7	1.8
中国香港	1.15	2.29	1.27	n.a.	1.50	2.9	4.0	1.6	n.a.	1.8
埃及	n.a.	n.a.	n.a.	2.66	n.a.	n.a.	n.a.	n.a.	2.6	n.a.
日本	1.85	1.74	1.57	n.a.	n.a.	4.6	3.0	2.0	n.a.	n.a.
毛里求斯	1.01	1.14	n.a.	n.a.	n.a.	2.5	2.0	n.a.	n.a.	n.a.
孟加拉国	1.45	n.a.	n.a.	n.a.	n.a.	3.6	n.a.	n.a.	n.a.	n.a.
澳大利亚	0.83	n.a.	n.a.	n.a.	n.a.	2.0	n.a.	n.a.	n.a.	n.a.
新加坡	0.80	n.a.	n.a.	n.a.	n.a.	2.0	n.a.	n.a.	n.a.	n.a.
排名前十的出口额与份额	34.06	45.24	60.48	79.80	65.41	84.5	78.9	77.3	76.5	77.9
SAARC	1.49	1.50	2.71	2.67	3.27	3.7	2.6	3.5	2.6	3.9

来源:联合国商品统计数据库(UN Comtrade)。
注释:依据国际贸易标准(SITC)修订版 3 分类;出口额代表其他国家和地区源自印度的进口额;"n.a."指数据不适合入表(表示该国家/地区/经济体在指定年份不在前十名之列);SAARC 指南亚区域合作联盟(South Asian Association for Regional Cooperation)。

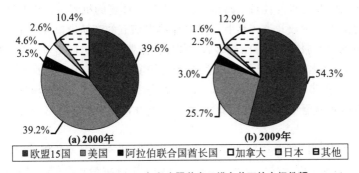

图 11-2 2000 和 2009 年印度服装出口排名前五的市场份额

来源:联合国商品统计数据库(UN Comtrade)。
注释:服装数据源自商品名称及编码协调制度(HS)1992,编码 61~62;出口代表贸易伙伴国的进口。

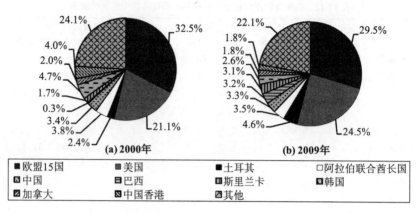

图 11-3　2000 和 2009 年印度纺织品出口排名前十的市场份额

来源:联合国商品统计数据库(UN Comtrade)。

注释:依据国际贸易标准(SITC)修订版 3 第 65 章分类;出口代表贸易伙伴国的进口。

(3) 出口产品

历史上,印度一直被称为纺织品出口国,但自 20 世纪 80 年代中期以来,服装出口重要性开始显现。从那时起,以金额计算,服装和纺织品出口额基本相等。2009 年,机织和针织服装出口额占纺织服装出口总额一半以上(55.5%),其次是纺织制成品(13.3%)、化纤纱线及织物(7.7%)以及棉纱(6.1%)(见表 11-3)。在服装出口方面,机织服装出口额占服装出口总额的 55.7%,针织服装出口额占 44.3%。传统意义上,机织服装在印度的服装出口产品中具有重要地位,如 1995 年份额为 74%。虽然以金额计算,这两个服装大类在 21 世纪的头十年间都呈现增长,但针织产品出口的相对重要性日益凸显(见表 11-1)。印度的机织和针织服装出口主要集中在少数几类产品上。2009 年排名前五的产品出口额占印度向美国市场出口服装总额的 41.2%,占印度向欧盟 15 国市场出口服装总额的 44.4%;排名前十的产品出口额,分别占印度出口到美国市场的 64.0%和欧盟 15 国市场的 60.2%(见表 11-13 和表 11-14)。自 2000 年以来,出口到美国和欧盟 15 国的产品集中度有所上升,但仍然低于大多数竞争国家。

关于出口到美国和欧盟 15 国的主要服装产品品类重叠方面,2009 年,排名前十的产品中有八类相同。这两个市场中最重要的产品是衬衫、T 恤、运动衫、连衣裙和裤子。针织产品占印度出口到美国市场排名前十中的四项,占欧盟 15 国排名前十中的五项(表 11-13 和表 11-14)。在欧盟 15 国市场,衬衫和 T 恤尤为重要,2009 年占印度出口到欧盟 15 国市场服装总额的 36.7％,并且是最重要的两个服装出口品类。无论在欧盟 15 国市场还是在美国市场,棉制品都占主导地位,这也反映了印度以棉为基础的国内纺织业具有竞争优势。尽管国内非棉织物的生产能力有所增加且非棉类原料进口关税有所降低,但 2009 年以棉为主的产品仍占服装出口总额的约 78％(AEPC,2009)。

表 11-13　各年份欧盟 15 国从印度进口服装品类排名前十的统计数据

HS 编码	产品	海关报价/亿美元					市场份额/%				
		1996	2000	2005	2008	2009	1996	2000	2005	2008	2009
总额		15.40	20.05	32.01	38.26	40.27					
610910	棉制针织 T 恤	1.46	1.86	5.26	6.52	6.16	9.5	9.3	16.4	17.0	15.3
620630	棉制机织女衬衫	1.16	0.88	2.55	4.00	4.73	7.5	4.4	8.0	10.5	11.7
620442	棉制机织连衣裙	0.46	n.a.	n.a.	2.19	2.73	3.0	n.a.	n.a.	5.7	6.8
620520	棉制机织男衬衫	2.55	1.66	2.11	2.59	2.59	16.5	8.3	6.6	6.8	6.4
611020	棉制针织套衫	0.65	1.08	1.63	1.76	1.70	4.2	5.4	5.1	4.6	4.2
620342	棉制机织男裤装	n.a.	n.a.	0.83	1.58	1.48	n.a.	n.a.	2.6	4.1	3.7
611120	棉制针织婴儿服装	n.a.	0.52	0.91	1.27	1.32	n.a.	2.6	2.8	3.3	3.3
610510	棉制针织男衬衫	0.41	n.a.	n.a.	1.34	1.31	2.6	n.a.	n.a.	3.5	3.3
610831	棉制针织女睡衣裤	0.67	1.24	1.10	1.24	1.30	4.4	6.2	3.5	3.2	3.2
620462	棉制机织女裤装	n.a.	0.63	0.94	n.a.	0.94	n.a.	3.1	2.9	n.a.	2.3
620452	棉制机织女裙	n.a.	n.a.	2.46	1.03	n.a.	n.a.	n.a.	7.7	2.7	n.a.
620640	化纤机织女衬衫	0.78	0.63	0.92	n.a.	n.a.	5.1	3.1	2.9	n.a.	n.a.
620444	人造纤维女连衣裙	1.11	0.50	n.a.	n.a.	n.a.	7.2	2.5	n.a.	n.a.	n.a.
621420	毛制围巾及类似品	n.a.	0.49	n.a.	n.a.	n.a.	n.a.	2.4	n.a.	n.a.	n.a.
620459	丝及其他材料制裙装	0.35	n.a.	n.a.	n.a.	n.a.	2.3	n.a.	n.a.	n.a.	n.a.
排名前十的进口额与份额		9.60	9.50	18.70	23.52	24.24	62.4	47.4	58.4	61.5	60.2

来源:欧盟统计局(Eurostat)。

注释:"n.a."指数据不适合入表(表示该品类在指定年份不在前十名之列);服装进口数据源自商品名称及编码协调制度(HS),HS61 指针织服装,HS62 指机织服装。

表 11-15 所示为印度主要的纺织品出口种类。

关于服装出口单价方面,印度比出口到欧盟 15 国和美国市场的主要竞争国家单价高。这与印度加工复杂和高附加值出口产品有关,尤其与孟加拉国和巴基斯坦等国家相比,印度这方面更胜一筹。然而,较高的单价也可以解释为到岸成本较高,尤其是涉及到相对较高的动力和能源成本、运输和物流成本、税收(如增值税和消费税)以及劳动力成本。服装平均单价在两个主要出口市场的表现不尽相同(见表 11-16)。

2004 至 2009 年期间,出口到欧盟 15 国的机织和针织服装单价普遍上升,特别是在 2006 年之前,但之后略有下降。相反,出口到美国的服装出口单价自 2000 年以来呈下降态势,尤其是 2001 年中国加入世界贸易组织(WTO)后出现了较大降幅。这种持续的单价下降主要是由于日趋重要的针织服装单价经历了大幅下降。相反,以金额计算,机织服装出口虽然减少了,但平均单价从 2005 至 2008 年是上升的,但在 2009 年却又回到了 2004 年的水平。

表 11-14　各年份美国从印度进口服装品类排名前十的统计数据

HS 编码	产品	海关报价/亿美元					市场份额/%				
		1996	2000	2005	2008	2009	1996	2000	2005	2008	2009
总额		**12.50**	**18.52**	**30.58**	**31.22**	**28.86**					
611020	棉制针织套衫	0.94	1.71	2.71	3.45	3.32	7.5	9.2	8.9	11.0	11.5
620630	棉制机织女衬衫	2.15	2.86	3.36	2.61	2.61	17.2	15.5	11.0	8.4	9.1
620462	棉制机织女裤装	n.a.	0.43	1.33	2.52	2.19	n.a.	2.3	4.3	8.1	7.6
610510	棉制针织男衬衫	1.22	1.43	2.15	2.45	2.00	9.8	7.7	7.0	7.9	6.9
620520	棉制机织男衬衫	1.64	1.88	2.88	2.13	1.75	13.1	10.2	9.4	6.8	6.1
610910	棉制针织男 T 恤	0.31	n.a.	0.99	1.98	1.64	2.5	n.a.	3.2	6.3	5.7
620442	棉制机织连衣裙	0.31	n.a.	n.a.	1.31	1.53	2.4	n.a.	n.a.	4.2	5.3
620342	棉制机织男裤装	n.a.	n.a.	1.32	2.17	1.49	n.a.	n.a.	4.3	7.0	5.2
620452	棉制机织女裙	n.a.	n.a.	0.44	2.81	0.78	0.97	n.a.	2.4	9.2	2.5	3.4
610711	棉制针织男内裤	n.a.	n.a.	0.70	1.24	0.96	n.a.	n.a.	2.3	4.0	3.3
620640	化纤机织女衬衫	0.45	0.67	0.78	n.a.	n.a.	3.6	3.6	2.5	n.a.	n.a.
621142	棉制机织女套装	0.52	0.71	n.a.	n.a.	n.a.	4.2	3.9	n.a.	n.a.	n.a.
620459	丝及其他材料制裙装	0.43	0.48	n.a.	n.a.	n.a.	3.5	2.6	n.a.	n.a.	n.a.
620444	人造纤维女连衣裙	0.68	0.65	n.a.	n.a.	n.a.	5.4	3.5	n.a.	n.a.	n.a.
排名前十的进口额与份额		**8.65**	**11.27**	**19.02**	**20.65**	**18.47**	**69.2**	**60.9**	**62.2**	**66.1**	**64.0**

来源:美国国际贸易委员会(USITC)。

注释:美国海关完税价;服装进口数据源自商品名称及编码协调制度(HS),HS61 指针织服装,HS62 指机织服装;"n.a."指数据不适合入表(表示该品类在指定年份不在前十名之列)。

表 11-15　各年份印度纺织品出口品类排名前三的统计数据

品类及 SITC 编码	海关报价/亿美元					市场份额/%				
	1995	2000	2005	2008	2009	1995	2000	2005	2008	2009
纺织品出口总额:65	40.31	57.32	78.22	104.30	83.92					
纱线:651	12.40	19.94	20.85	32.16	22.45	30.8	34.8	26.7	30.8	26.8
地毯:659	7.14	8.01	12.75	16.32	12.98	17.7	14.0	16.3	15.6	15.5
家纺:658.4	4.46	6.39	13.74	18.68	17.59	11.1	11.2	17.6	17.9	21.0
排名前三的出口额与份额	**23.99**	**34.35**	**47.34**	**67.16**	**53.03**	**59.5**	**59.9**	**60.5**	**64.4**	**63.2**

来源:联合国商品贸易统计数据库(UN Comtrade)。

注释:按国际贸易标准(SITC)修订版 3 编码 65、651、659 和 658.4 分类;出口额代表贸易伙伴国的进口额。

表 11-16　印度出口至欧盟 15 国和美国的服装单价

年份	欧盟 15 国单价(欧元/千克)			美国单价(美元/打)		
	针织	机织	总体均价	针织	机织	总体均价
1995	10.6	17.3	14.7	—	—	—
1996	10.5	16.1	13.6	52.9	67.4	63.1
1997	11.2	17.2	14.3	63.8	68.7	67.3
1998	11.4	17.4	14.3	64.7	66.9	66.6
1999	11.5	17.2	14.1	57.0	66.2	63.3
2000	12.8	19.9	16.1	65.9	72.9	71.0
2001	9.9	16.0	12.5	62.8	69.4	67.5
2002	11.4	17.7	14.3	48.8	60.2	56.5
2003	10.5	16.6	13.2	43.7	65.3	57.5
2004	11.3	18.4	14.1	40.1	67.4	56.2
2005	11.8	20.9	15.4	34.4	68.0	52.6
2006	13.4	22.2	17.0	33.3	72.2	51.1
2007	13.2	20.5	16.1	33.1	72.7	49.0
2008	12.8	20.4	15.8	29.5	72.7	45.0
2009	12.9	20.8	16.2	26.8	67.1	41.2

来源:美国国际贸易委员会(USITC)。
注释:"—"指暂无数据。

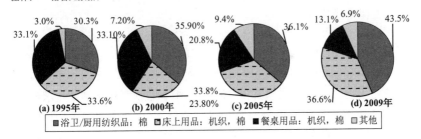

图 11-4　各年份印度家纺出口产品排名前四的市场份额

来源:联合国商品贸易统计数据库(UN Comtrade)。
注释:SITC 国际贸易标准分类修订版 3,编码 65842、65845 和 65847;出口代表全球源自印度的进口。

　　排名前三的纺织出口产品是纺织制成品、纱线和地毯,合计占 2009 年印度纺织品出口总额的 75.8%。2009 年,纺织制成品占了最大的市场份额,在这一类别中,最大的种类是家用纺织品(包括床上用品、浴卫/厨用纺织品)。家用纺织品的重要性在过去 15 年中显着增加。1995 年,家用纺织品仅占纺织品出口总额的 11.1%,但到 2009 年上升至 21.0%。图 11-4 所示为家用纺织品排名前四的比较。浴卫/厨用纺织品市场份额显著增加,而棉制机织餐桌用品呈减少趋势。

(4) 后向关联(与纺织业的链接)

　　印度拥有重要的原料基地,并且是全球少数几个具有纵向一体化产业链的国家之一。完整的产业链涵盖着纤维-织物-服装各个阶段的生产，这是印度与其他多数服装出口国相比所拥有的优势。印度《国家纺织政策2000》规划指出，该行业是一个"因自力更生而具有特殊地位的行业，从原料生产到成品交付，每一个阶段的加工都创造了显著的附加值，对国家经济发展贡献巨大"(Government of India,2000)。因此，印度的后向关联从服装业到纺织业乃至纤维行业都很发达。印度国内原料和纺织业的全球地位十分重要，仅次于中国。印度是世界第二大棉花生产国（占全球市场份额的23%）、最大的黄麻生产国（63%）、第五大合成纤维及纱线生产国（6.5%）以及第九大羊毛生产国（2%）(IFPRI,2008)。印度后向关联的优势表现在服装出口业很少依赖原料进口，21世纪初仅占2%(Tewari,2005)。目前，印度生产的90%服装（包括内销和外销）采用国产面料(Tewari,2008)。然而最近几年，进口原料的比重开始增加，主要是由于辅料和面料的进口量增加，特别是以化纤为基本成分的面料。如表11-17所示，纺织品进口的上升主要源自从中国进口的增加，2009年从中国进口的纺织品占了纺织品进口总额的近三分之二（2000年为15%）。相比之下，传统的纺织品进口来源，包括欧盟15国、中国香港、印尼和韩国等的重要性呈下降趋势。

印度正规领域的纺织业通过采用新技术和安装先进的生产设备等方式呈现出现代化发展趋势。这种趋势可以从机织面料、针织面料、纺纱生产等设备的进口量和所占全球份额的增加得到印证(Brocklehurst,2009)。2009年，印度的单面和双面纬编圆机（仅次于中国和毛里求斯，见表11-18和表11-19）以及无梭织机的采购量（仅次于中国和孟加拉国，见表11-20）均排在全球第三位。关于纺纱行业，2009年印度是全球第二大短纤维纺锭的买家（仅次于中国，见表11-21）。2009年，印度提高了短纤维纺锭的装机容量，达36 943机台数，位于中国之后，排名全球第二，占全球短纤维纺锭装机容量的16.8%（见表11-22）。政府正在努力解决棉花产业相关的质量问题，特别是"技术使命(Technology Mission)"项目的设立，促进了印度棉花的质量提高，解决由于储存不合理、设备陈旧以及生产方法不当所造成的棉花质量问题(USITC,2004)。政府还试图进一步提高本国化纤及纺织品的生产能力，以满足不断增长的市场需求。在这方面，"技术使命"特别兼顾了不断增长的产业用纺织品市场。然而，印度的纤维和纺织品生产仍然以棉制品为主。

表 11-17　各年份印度纺织品进口排名前五的国家和地区统计数据

国家/地区/经济体	海关报价/亿美元					市场份额/%				
	1995	2000	2005	2008	2009	1995	2000	2005	2008	2009
全球	**3.59**	**7.86**	**22.87**	**28.73**	**29.06**					
中国	0.26	1.18	12.10	18.07	18.48	7.3	15.0	52.9	62.9	63.6
欧盟 15 国	0.69	1.09	2.04	2.38	1.88	19.1	13.9	8.9	8.3	6.5
尼泊尔	n. a.	n. a.	n. a.	n. a.	1.57	n. a.	n. a.	n. a.	n. a.	5.4
韩国	0.75	1.39	1.23	1.17	1.17	21.0	17.7	5.4	4.1	4.0
泰国	n. a.	n. a.	n. a.	1.05	0.92	n. a.	n. a.	n. a.	3.6	3.2
中国香港	0.49	0.84	1.41	1.03	n. a.	13.7	10.7	6.2	3.6	n. a.
印度尼西亚	0.28	0.78	1.12	n. a.	n. a.	7.7	9.9	4.9	n. a.	n. a.
排名前五的进口额与份额	**2.47**	**5.29**	**17.90**	**23.70**	**24.01**	**68.7**	**67.2**	**78.3**	**82.5**	**82.6**

来源:联合国商品贸易统计数据库(UN Comtrade)。
注释:按国际贸易标准(SITC)修订版 3 分类;进口额代表印度贸易伙伴国家及地区的出口额;"n. a."指数据不适合入表(表示该国家/地区/经济体在指定年份不在前五名之列)。

表 11-18　印度针织业:单面纬编圆机的采购量

国家/地区/经济体	采购量/台			全球市场份额/%			全球排名		
	2000—2009	2008	2009	2000—2009	2008	2009	2000—2009	2008	2009
全球	**113 251**	**12 705**	**13 144**	**100.0**	**100.0**	**100.0**	n. a.	n. a.	n. a.
中国	62 274	8 031	8 437	55.0	63.2	64.2	1	1	1
毛里求斯	1 346	21	1 042	1.2	0.2	7.9	12	34	2
印度	5 601	519	587	4.9	4.1	4.5	3	3	3
孟加拉	5 094	802	580	4.5	6.3	4.4	4	2	4
印度尼西亚	2 990	408	420	2.6	3.2	3.2	6	6	5
越南	1 427	52	207	1.3	0.4	1.6	11	20	8
墨西哥	800	52	37	0.7	0.4	0.3	18	20	19
巴基斯坦	1 044	4	15	0.9	0.0	0.1	15	46	28
摩洛哥	—	44	12	—	0.3	0.1	—	24	32
洪都拉斯	863			0.8			17		

来源:Brocklehurst 和 Anson,2010c。
注释:柬埔寨和斯里兰卡的数据暂无;"n. a."指数据不适合入表;"—"指暂无数据。

表 11-19　印度针织业:双面纬编圆机的采购量

国家/地区/经济体	采购量/台			全球市场份额/%			全球排名		
	2000—2009	2008	2009	2000—2009	2008	2009	2000—2009	2008	2009
全球	85 706	8 447	12 292	100.0	100.0	100.0	n. a.	n. a.	n. a.
中国	58 342	6 373	9 149	68.1	75.4	74.4	1	1	1
毛里求斯	1 457	13	1 271	1.7	0.2	10.3	5	29	2
印度	3 241	333	454	3.8	3.9	3.7	2	2	3
孟加拉	2 287	264	264	2.7	3.1	2.1	4	3	4
印度尼西亚	1 030	124	148	1.2	1.5	1.2	10	5	5
越南	496	65	60	0.6	0.8	0.5	15	10	11
墨西哥	422	19	18	0.5	0.2	0.1	19	24	22
巴基斯坦	—	32	11		0.4	0.1	—	20	26
摩洛哥	384	—	—	0.4	—	—	20	—	—
洪都拉斯	234	n. a	n. a	0.3	n. a	n. a	28	n. a.	n. a.

来源:Brocklehurst 和 Anson,2010c。
注释:柬埔寨和斯里兰卡的数据暂无;"n. a."指数据不适合入表;"—"指暂无数据。

表 11-20　印度及其他国家无梭织机的采购量

国家/地区/经济体	采购量/台					全球市场份额/%			全球排名			
	2000—2009	2006	2007	2008	2009	2000—2009	2006	2009	2006	2007	2008	2009
全球	579 176	66 633	68 213	44 754	43 417	100	100	100	n. a.	n. a.	n. a.	n. a.
中国	377 728	42 152	46 236	28 597	25 600	65.2	63.3	59.0	1	1	1	1
孟加拉	26 871	3 854	4 219	3 068	8 411	4.6	5.8	19.4	2	3	2	2
印度	26 091	5 662	3 994	3 302	3 464	4.5	8.5	8.0	3	2	3	3
越南	6 717	1 357	826	508	748	1.2	2.0	1.7	10	6	9	10	5
巴基斯坦	11 956	2 424	1 100	767	383	2.1	3.6	0.9	6	5	7	6	6
摩洛哥	1 018	173	154	33	28	0.2	0.3	0.1	26	20	20	40	27
墨西哥	1 871	228	95	29	19	0.3	0.3	0.1	22	17	31	43	31

来源:Brocklehurst 和 Anson,2008;Brocklehurst 和 Anson,2010。
注释:柬埔寨、洪都拉斯和斯里兰卡的数据暂无;"n. a."指数据不适合入表。

表 11-21　印度及其他国家短纤维纺锭的采购量

国家/地区/经济体	采购量/台			全球市场份额/%			全球排名		
	2000—2009	2008	2009	2000—2009	2008	2009	2000—2009	2008	2009
全球	80 210	8 640.3	7 204.4	100.0	100.0	100.0	n. a.	n. a.	n. a.
中国	41 585	3 687.3	5 036.6	51.8	42.7	69.9	1	1	1
印度	16 085	2 527.7	1 327.2	20.1	29.3	19.0	2	2	2
越南	1 993	579.3	111.1	2.5	6.7	1.5	6	4	3
孟加拉	3 613	642.1	107.5	4.5	7.4	1.5	4	3	4
缅甸	199	19.3	88.6	0.2	0.2	1.2	17	17	5
墨西哥	451	26 9	27.6	0.5	0.3	0.4	12	15	13
巴基斯坦	5 549	238.0	16.5	6.9	2.8	0.2	3	6	16
柬埔寨	79			0.1	—		27		
摩洛哥	67	—	—	0.1	—	—	32	—	—

来源:Brocklehurst 和 Anson,2010a。
注释:洪都拉斯和斯里兰卡的数据暂无;"n. a."指数据不适合入表;"—"指暂无数据。

表 11-22　2009 年印度及其他国家短纤维纺锭的装机容量

国家/地区/经济体	装机数/台	全球市场份额/%	全球排名
全球	219 529	100.0	n. a.
中国	104 228	47.5	1
印度	36 943	16.8	2
巴基斯坦	11 366	5.2	3
印尼	7 950	3.6	4
孟加拉	7 276	3.3	5
土耳其	6 550	3.0	6
墨西哥	3 540	1.6	9
越南	1 940	0.9	11
摩洛哥	450	0.2	32

来源:Brocklehurst 和 Anson,2010a。
注释:柬埔寨、洪都拉斯和斯里兰卡的数据暂无;"n. a."指数据不适合入表。

(5) 就业

在印度,纺织服装业是第二重要的就业岗位来源(排在农业后),估计有 3 500 万名从业者。如果考虑到约有 5 500 万个来自上游棉花和黄麻农业就业岗位的话,这一意义更加重大(Ministry of Textiles,2006)。印度《国家纺织政策 2000》规划指出："无论是在农业、工业、有组织的或松散的领域以及城市和农村地区,服装业均具有创造就业机会的巨大潜力,妇女和弱势群体尤其如此"(Government of India,2000)。

　　图 11-5 显示了 1974 至 2008 年期间,雇用十名及以上员工的正规纺织服装企业的就业发展状况。由图可知,20 世纪 80 年代中期以来,服装就业稳步增长,而纺织业就业人数持续下降至 21 世纪初。自 21 世纪头十年的中期起,纺织服装就业人数大量增加,到 2008 年,总就业人数超过200 万人。2008 年,纺织业占纺织服装总就业人数的三分之二。这些数据与 2001 和 2006 年印度纺织部发布的数据不尽相同,因为该国纺织部数据还包括低于十人的企业以及非正规就业企业人数,因而会显示出更高的就业水准。如表 11-23 所示,与 2001 年相比,2006 年纺织业就业人数下降,主要原因是手织机织造业就业人数的减少。同时,服装就业人数从 2001 年的约 350 万人增长到 2006 年的 560 万人,占纺织服装就业总人数的 16.8%(见图 11-6)。

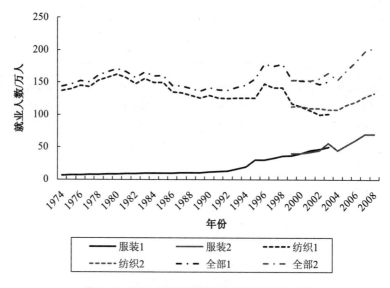

图 11-5　1974—2008 年印度纺织服装业的就业人数

来源:1974 至 2003 年的数据源自亚洲统计研究所就业数据的光盘,引自 Tewari(2006);1999—2008 年的数据源自亚洲统计研究所(ASI)2009 年 10 月发布的数据。

注释:亚洲统计研究所(ASI)的数据只包括雇用十名及以上员工数的企业,不包括非正规就业。

　　如前所述,纺织服装业可分为两个领域,其中一个领域是总就业人数相对较少的正规企业群,特点是现代化程度较高,往往单个企业的规模较大且具有较高资本密集度,甚至拥有更好的工作条件;另一个领域是就业人数庞大的非正规企业群,员工人数约占总就业人数的90%(Hirway,2008)。纺织服装业历来是女性就业的主要途径之一。多数女性从事的职业有:手织机织造、养蚕、手工艺品以及近年来的动力织造和服装业(Ministry of Textiles,2006)。

表 11-23 2001 和 2006 年印度纺织服装业的就业情况

分布	2001 年		2006 年	
	就业人数/万人	占比/%	就业人数/万人	占比/%
棉、化纤、纺纱及纺织工厂(包括小型纺纱厂和特种织物织造厂)	107	3.1	94	2.8
化纤和长丝制造业(包括变形纱行业)	11	0.3	16	0.5
分散型动力织造业	415	12.1	486	14.7
手织机织造业	12	34.9	650	19.6
针织业	30	0.9	43	1.3
整理业	24	0.7	29	0.9
毛纺业	20	3.5	150	4.5
服装业(包括机织和针织)	354	10.3	557	16.8
蚕丝业	557	16.2	595	17.9
手工艺品(作坊业)	584	17.0	657	19.8
黄麻业	40	1.2	40	1.2
合计	3 442	100.0	3 317	100.0

来源:Hirway,2008;印度纺织部(Ministry of Textiles),2006。

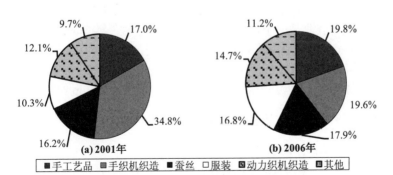

图 11-6 2001 和 2006 年印度纺织服装业的就业情况

来源:Hirway,2008;印度纺织部(Ministry of Textiles),2006。

然而,大多数女性就业于非正规领域。如表 11-24 所示,在非正规领域,女性在纺织服装业所占比例均高于男性(Hirway,2008)。据官方数据显示,女性在整个服装业(正规和非正规领域)的就业人数占比为38％,大大高于女性在制造业的平均就业比例,1999—2005 年期间,这一比例介于15％～17％(ILO LaborStat,2010)。

表 11-24　2000 年印度纺织服装业不同领域的就业数据

	正规领域	非正规领域
纺织业就业 /%		
男性	15.98	84.02
女性	2.60	97.40
总体占比	11.29	88.71
服装业就业 /%		
男性	7.26	92.74
女性	6.64	93.36
总体占比	7.09	92.91
纺织和服装业就业 /%		
男性	13.61	86.39
女性	3.43	96.57
总体占比/%	10.24	89.76

来源:1999—2000 年度全国抽样调查组织(National Sample Survey Organization, NSSO)数据,参见 Hirway(2008)。

　　关于工资和工作条件方面,服装正规和非正规企业之间存在差异。正规企业的工人普遍享受相对良好的工作条件,包括体面的工资和支付社会保障金,并且普遍有工会组织。与此相反,多数在非正规企业工作的工人只能拿到较低的工资,并且在很大程度上享受不到社会保障福利待遇(Hirway,2008)。由于大多数女性在非正规领域就业,因性别不同造成明显的工资差异贯穿于纺织服装的所有细分领域(见表 11-25)。童工在印度纺织服装业是一个反复出现的问题,经常被一些非政府组织(nongovernmental organizations,NGOs)披露,最近的一次则被美国劳工部(U. S. Department of Labor)所关注(*Just-style*,2010c)。2008 年,印度的平均劳动成本为每小时 0.51 美元左右(Jassin-O'Rourke Group 2008)。

11.4　贸易法规与积极的引导政策

(1) 优惠的市场准入

　　直到 2006 年通过欧盟的普惠制(GSP)方案,印度才享有纺织服装出口至欧盟的优惠市场准入。虽然从 2006 年 1 月起,纺织品失去了优惠地位,但服装出口则继续享受比最惠国待遇(MFN)税率低 20％的优惠。21世纪的最初五年,印度声称巴基斯坦在欧盟的 GSP 体制下获得了特别关税优惠,并通过 WTO 诉讼案成功挑战不合理的 GSP 体系。基于同一立场,

表 11-25　印度纺织服装业的平均日工资

细分领域	1974—1979			1985—1992			2002—2005		
	男性工资/卢比	女性工资/卢比	男女比值	男性工资/卢比	女性工资/卢比	男女比值	男性工资/卢比	女性工资/卢比	男女比值
棉纺	14.58	11.63	1.25	42.78	29.74	1.41	78.12	73.24	1.07
毛纺	13.76	8.22	1.67	35.83	35.96	1.00	69.31	59.24	1.17
丝织	10.42	7.10	1.47	30.63	25.15	1.22	63.98	39.56	1.62
合纤纺织	—	—	—	44.63	42.28	1.06	62.38	40.86	1.53
黄麻纺织	14.66	15.59	0.94	42.44	42.00	1.01	89.73	85.99	1.04
服装	11.27	7.12	1.58	34.01	18.61	1.83	60.60	37.83	1.60
变异系数	0.17	0.37	0.46	0.16	0.25	0.64	0.17	0.37	0.46

来源:印度劳动局职业工资调查(Occupational Wage Survey Labor Bureau Government of India);参见Hirway,2008。
注释:"—"指暂无数据。

印度与其他国家一起对欧盟施加压力,迫使其放弃 2010 年夏季因巴基斯坦遭受洪水灾害而给予该国特别优惠待遇的方案(*Just-style*,2010d)。目前,印度正在与欧盟进行自由贸易协定(free trade agreement,FTA)谈判,该协定将促进商品和服务的贸易自由化,包括取消对纺织品和服装的出口关税。根据印度服装出口促进委员会(Indian Apparel Export Promotion Council,AEPC)报道,该协定将促进印度向欧盟增加服装出口额 30亿美元,并创造 250 万个新就业岗位(*Just-style*,2010e)。美国市场方面,印度没有享受到任何关税优惠待遇,因为几乎所有的纺织服装产品都被排除在美国 GSP 方案之外。日本一直不是印度重要的纺织品和服装出口市场。然而,这种情况可能会改变,因为在长达六年多的谈判之后,印度与日本于 2011 年 2 月签署了自由贸易协定。依据全面经济伙伴关系协定(Comprehensive Economic Partnership Agreement,CEPA),印度和日本在未来十年内将取消两国之间 94% 的关税,服装业 11% 左右的关税将立即取消(*Just-style*,2011a)。

印度除了努力提高北方重要市场的市场准入待遇外,还通过一系列双边与区域协定,日益重视进入新的南方市场,特别是亚洲地区。表 11-26 罗列了印度的双边和区域贸易协定。

在区域层面,南亚自由贸易协定(SAFTA)是进一步促进南亚国家之间区域一体化的重要协定。该协定于 2004 年由当时的南亚区域合作联盟成员国签署,包括孟加拉国、不丹、印度、马尔代夫、尼泊尔、巴基斯坦和斯里兰卡。签署国同意至 2016 年年底之前,逐步取消几乎所有货物贸易(服务除外)关税(CARIS,2008)。

表 11-26　印度双边与区域贸易协定

国家(组织)	协定类型	状态
东亚和东南亚		
中国	JSG	2005 年完成
	JTF 目标是达成贸易协定	洽谈中
印尼	JSG	2009 年完成
	目标是达成 CECA	洽谈中
日本	CEPA	2011 年签署
马来西亚	CECA	2011 年签署
新加坡	CECA	2005 年签署
韩国	CEPA	2009 年签署
泰国	框架协定	2003 年签署
	目标是达成 CECA	洽谈中
南亚		
阿富汗	PTA	2003 年签署
孟加拉国	贸易协定	2006 年签署
不丹	FTA(替代 1995 年的协定)	2006 年签署
马尔代夫	贸易协定	1981 年签署
尼泊尔	FTA(替代 1991 年的协定)	2009 年签署
斯里兰卡	FTA	1998 年签署
	CEPA	洽谈中
其他国家		
澳大利亚	JSG	2008 年完成
	目标是达成 FTA	洽谈中
智利	PTA	2006 年签署
芬兰	经济合作协定(替代 1974 的协定)	2010 年签署
毛里求斯	JSG	2004 年达成
	CEPA	洽谈中
蒙古	贸易协定	1996 年签署
新西兰	JSG 是为了达成 CECA/FTA	洽谈中
区域协定		
APTA	PTA	1975 年签署(2005 年修订)
ASEAN	FTA	2009 年签署
GCC	框架协定	2004 年签署
	目标是达成 FIA	
MERCOSUR	PTA	2004 年签署
SACU	PTA	洽谈中
SAFTA	FTA	2004 年签署

来源:作者(Cornelia Staritz,Stacey Frederick);印度工商部(Ministry of Commerce and Industries)网站,http://india. gov. in/sectors/commerce/ministry_commerce. php;Weerakoon,2010。

注释:"APTA"—亚太贸易协定(Asia-Pacific Trade Agreement);"ASEAN"—东南亚国家联盟(Association of South East Asian Nations,东盟);"GCC"—海湾合作委员会(Gulf Cooperation Council);"MERCOSUR"—南方共同市场(Common Southern Market 或 Mercado Común del Sur);"SACU"—南部非洲关税同盟(Southern Africa Customs Union);"SAFTA"—南亚自由贸易协定(South Asian Free Trade Agreement);"CECA"—全面经济合作协定(Comprehensive Economic Cooperation Agreement);"CEPA"—全面经济伙伴关系协定(Comprehensive Economic Partnership Agreement);"FTA"—自由贸易协定(Free Trade Agreement);"PTA"—优惠贸易协定(Preferential Trade Agreement);"JSG"—联合研究小组(Joint Study Group);"JTF"—联合工作小组(Joint Task Force)。

　　然而到目前为止,很少看到有实施 SAFTA 的实质性进展迹象。尤其是长期存在于印度和巴基斯坦之间的政治纠结,阻碍了区域一体化能够带来的潜在收益。相反,SAFTA 成员国之间签署了一系列双边协定,其中大部分与印度有关,而南亚区域合作联盟内的贸易集中流向印度,这一特定事实并不令人感到惊讶。

　　作为印度东向政策(India's Look East policy)的一部分,印度开始与东南亚国家联盟(东盟)进行贸易自由化谈判,目的是促进亚洲地区间的广泛联系。2009 年 8 月,印度与东盟签署自由贸易协定(FAT),并于 2010 年 1 月生效,十个东盟成员国包括文莱、缅甸、柬埔寨、印度尼西亚、老挝人民民主共和国、马来西亚、菲律宾、新加坡、泰国和越南。在该协定框架下,包括纺织品和服装在内的一系列产品关税将逐步取消,这一过程将持续六年时间。该自由贸易协定期望通过在亚洲地区开辟新市场,促进各国出口多样化,并提高当地服装制造商的有效投入(*Just-style*,2009)。

(2) 积极的引导政策

　　从国家层面来看,不同程度的制度与政策对印度纺织服装业的发展至关重要。国家政策的主要实施机构包括政府、各部委、负责纺织服装业的政府部门(尤其是印度纺织部)以及行业协会。

　　行业协会包括:

　　服装与手织机织造出口商协会(Apparel and Handloom Exporters Association)

　　服装出口促进委员会(Apparel Export Promotion Council, AEPC, 1978 成立)

　　服装出口商与制造商协会(Apparel Exporters and Manufacturers Association)

　　印度服装制造商协会(Clothing Manufacturers Association of India, CMAI)

　　印度服装出口商联合会(Confederation of Indian Apparel Exporters, CIAE)

　　印度纺织行业联合会(Confederation of Indian Textile Industry, CITI)

　　棉纺出口促进委员会(Cotton Textiles Export Promotion Council, TEXPROCIL)

　　国际服装展览协会(International Garment Fair Association)

针织技术使命(Knitwear Technology Mission,KTM)

合纤与人造纤维纺织促进委员会(Synthetic and Rayon Textiles Promotion Council,SRTEPC)

纺织行业协会(Textile Association)

从区域层面来看,印度是成立于 2007 年的亚洲服装联盟(Asian Apparel Federation,AAF)七个创始成员国之一,该联盟的宗旨是促进亚洲服装业发展。

20 世纪 80 年代中期政策的变化,标志着印度开始纺织服装业结构调整和现代化建设,而 20 世纪 90 年代初,在解除管制和自由化政策背景下,进一步深化了这一改革步伐(Tewari,2005)。这一政策变化始于纺织服装业,并制定于印度《国家纺织政策 1985》(National Textile Policy 1985)规划中,且对行业发展有着巨大影响。此后,印度政府出台了多项措施以促进纺织服装业发展。印度《国家纺织政策 2000》规划(National Textile Policy 2000)是一项关键性政策措施,出台背景是:"不断变化的全球环境带来新的挑战与机遇,尤其是至 2004 年底,为了全球纺织和服装市场一体化,正启动逐步取消进口数量(配额)限制、降低关税税率的进程。在这一环境下,需要出谋划策创造机遇和内生性优势"(Government of India,2000)。印度《国家纺织政策 2000》规划的目标是维持该国纺织服装业在全球制造业的地位以及促进纺织服装的出口。

为实现这些目标,政府确定了以下重点扶持项目(Government of India,2000):

a. 技术升级;

b. 提高生产效率;

c. 提高质量意识;

d. 加强原料基地建设;

e. 产品多样化;

f. 增加出口和创新营销策略;

g. 融资筹划;

h. 最大限度增加就业机会;

i. 复合型人力资源开发。

纺织服装业重要政府项目如下(Singh,2008;Tewari 和 Singh forthcoming):

① 技术升级基金(Technology Upgradation Fund)

1999 年,印度政府出台技术升级基金计划(TUFS),以促进技术现代化和纺织服装业转型升级。该计划提供信贷利率补贴,即为纺织设备技术升级补贴 5% 的贷款利息。由此,政府帮助纺织企业确保他们不会因为印度盛行的高利率而负担过重。TUFS 最初是一个五年计划,但后来延长到 2007 年 3 月并再次延长至 2012 年 3 月。而 TUFS 框架的再次修订为具有高成长潜力的行业提供了更高级别的援助,如服装、产业用纺织品和后整理工艺。

② 综合纺织产业园(Integrated Textile Parks)

2005 年,政府出台综合纺织产业园计划(Scheme for Integrated Textile Parks,SITP),目的是整合集群(产业园)中各个企业资源,并为本国和国外制造商提供最先进的基础设施。综合纺织产业园计划是在合并两个早期计划的基础上推出的,他们分别是始于 2002 年的出口服装产业园计划(Apparel Parks for Exports Scheme,APES)和纺织中心基础设施发展计划(Textile Center Infrastructure Development Scheme,TCIDS)。尽管已经设立了 19 个 TCIDS 项目和 12 个 APES 项目,但进展缓慢(Tewari 和 Singh forthcoming)。在综合纺织产业园框架下,最初计划建立 40 个遍布全国的纺织产业园,但实际发展速度落后于官方的时间表(Just-style,2010b)。2010 年底,印度政府宣称 40 个产业园中的 25 个已开始部分生产。三个已完成的项目是:安得拉邦(Andhra Pradesh)的 Brandix & Pochampally 手织机造产业园有限公司(Brandix & Pochampally Handloom Park Ltd)、古吉拉特邦(Gujarat)的古吉拉特邦生态纺织产业园(Gujarat Eco Textile Park)以及泰米尔纳德邦(Tamil Nadu)的 Palladam 高科技织造产业园(Palladam Hi-Tech Weaving Park)(Tewari 和 Singh forthcoming)。然而到目前为止,25 个产业园合计仅创造了 1.5 万个就业岗位,而印度纺织部部长 Dayanidhi Maran 2009 年声称,该计划将创造 80 万个新增就业岗位(Just-style,2010b)。

③ 棉花技术使命(Technology Mission on Cotton)

2000 年 2 月,政府出台棉花技术使命计划,以解决棉花业存在的问题,目的是提升生产效率、提高质量和减少污染等。该"使命计划"包括四个"子使命计划",实施年限五年。之后,"子使命计划 I"和"子使命计划 II"延长至 2007 年 3 月,"子使命计划 III"和"子使命计划 IV"延长至 2009 年 3 月。"子使命计划 I"主要是棉花研发;"子使命计划 II"是向棉农传播技术;"子使命计划 III"是开拓棉纱市场;"子使命计划 IV"是建设现代化轧棉企业(Tewari 和 Singh forthcoming)。这些努力获得了积极回报,自 2005 年中期开始,印度棉花产量大幅增加,且污染减少。

④ 非棉纤维与纱线技术使命(Technology Mission on Noncotton Fibers and Yarns)

鉴于全球及国内非棉纤维与纱线需求上升,政府积极推动国内非棉纤维与纱线生产,并奉行逐步降低化纤及化纤纱线进口关税的政策。由此,印度的服装及面料制造商能以更具竞争力的价格购进非棉纤维和纱线。最近,印度政府宣布,将在一个为期五年的项目上投资 20 亿卢比(约合 4 380 万美元)以提高该国产业用纺织品的科技水平,包括成立四个新型的特种材料高级研究中心(*Just-style*,2011b)。

⑤ 产品开发与设计能力(Product Development and Design Capabilities)

长期以来,印度纺织服装业一直受到各类公营和私营机构的支持,特别是内向型时期创建的研究和培训机构。这些机构通过庞大的各地网络支持各种标准推广,包括环境和社会标准,并致力于提高工人与管理人员的技能水平。目前培训基础设施包括:工程学院、印度技术学院(Indian Institutes of Technology,IITs)和理工院校以及服务机构,如服装培训与开发中心(Apparel Training and Development Centers,ATDCs)、动力织机服务中心(Powerloom Service Centers,PSCs)、织造服务中心(Weaving Service Centers,WSCs)、产业培训机构(Industrial Training Institutes,ITIs)、纺织研究协会(Textile Research Associations,TRAs)等(Tewari 和 Singh forthcoming)。政府和业界正共同努力,增强企业的设计创新能力,如早在 1984 年,印度与纽约时装技术学院(Fashion Institute of Technology in New York)合作成立了国家时装技术学院(National Institute of Fashion Technology,NIFT)。NIFT 连同国家设计学院(National Institute of Design,NID),培养了大量时装设计师和管理人员,他们在印度和南亚服装业发挥着越来越重要的作用(Tewari,2008)。

⑥ 综合技能开发(Integrated Skill Development)

综合技能开发计划于 2010 年 9 月推出,涵盖所有纺织服装领域,包括纺织服装、手工艺品、手织机织造、黄麻、蚕丝、产业用纺织品等行业。该计划涵盖了基本技能培训、技能升级、高新科技培训、师资培训、现代技术定向培训、再培训、管理技能、企业家能力开发等。全国一共有 58 个服装培训与开发中心(Apparel Training and Development Centers,ATDCs),他们在样板制作与裁剪技术、生产监管以及质量控制技术等领域为服装业提供训练有素的人力资源,服装培训与开发中心可以认为是实现综合技能开发计划的有效方式之一(Tewari 和 Singh forthcoming)。

⑦ 产业集群(Mega Clusters)

2008—2009 年度,政府决定通过建立六大开发中心,以产业集群的方式扩大基础设施及生产,包括:瓦拉纳西(Varanasi)和锡布萨格尔(Sibsagar)的手织机织造产业集群;皮瓦恩迪(Bhiwandi)和伊罗德(Erode)的动力织机织造产业集群;纳萨普(Narsapur)和莫拉达巴德(Moradabad)的手工艺品产业集群。另有五个规模更大的产业集群于 2009 至 2010 年推出:两个位于斯利那加(Srinagar)和默札珀-巴多哈(Mirzapur-Badohi)的手工艺品产业集群,两个位于弗鲁德那加(Virudhnagar)和穆希达巴德(Murshidabad)的手织机织造产业集群以及一个位于皮尔瓦拉(Bhilwara)的动力织机织造产业集群。设立产业集群计划的目的是通过提供原料支持、设计投入、技术升级、基础设施建设、市场营销拓展和福利补贴等方式帮助织造工人和技艺工匠。这一计划的实施时间将持续五年以上(Tewari 和 Singh forthcoming)。

参考文献

[1] AEPC (Apparel Export Promotion Council). 2009. Presentation on Export Trends, Haryana, India. http://www. aepcindia. com.

[2] Anson, Robin, and Guillaume Brocklehurst. 2008. Part 2 of "World Markets for Textile Machinery: Fabric Manufacture." *Textile Outlook International* 137: 98-138.

[3] Brocklehurst, Guillaume. 2009. "Trends in U. S. Textile and Clothing Imports." *Textile Outlook International* 144: 122-97.

[4] Brocklehurst, Guillaume and Robin Anson. 2010a. Part 1 of "World Markets for Textile Machinery: Yarn Manufacture." *Textile Outlook International* 145: 80-117.

[5] Brocklehurst, Guillaume and Robin Anson. 2010b. Part 2 of "World Markets for Textile Machinery: Woven Fabric Manufacture." *Textile Outlook International* 146: 89-106.

[6] Brocklehurst, Guillaume and Robin Anson. 2010c. Part 3 of "World Markets for Textile Machinery: Knitted Fabric Manufacture." *Textile Outlook International* 147: 120-54.

[7] CARIS (Centre for the Analysis of Regional Integration at Sussex). 2008. "The Impact of Trade Policies on Pakistan's Preferential Access to the European Union." Report for the European Council Centre for the Analysis of Regional Integration at Sussex, Department of Economics, University of Sussex.

[8] Euromonitor. 2009. "Clothing—India: Country Sector Briefing." Report, London Euromonitor International, London.

[9] Government of India. 2000. "National Textile Policy." New Delhi.

[10] Hirway, Indira. 2008. "Trade and Gender Inequalities in Labour Market: Case of Textile and Garment Industry in India." Paper prepared for the International Seminar on Moving towards Gender Sensitization of Trade Policy, organized by the United Nations

Conference on Trade and Development (UNCTAD), New Delhi, February 25-27.

[11] IFPRI (International Food Policy Research Institute). 2008. "Cotton-Textile-Apparel Sectors of India: Situations and Challenges Faced." Discussion Paper 00801, IFPRI, Washington, DC.

[12] ILO (International Labour Organization). 2010. ILO LaborStat: http://laborsta. ilo. org.

[13] Italia. 2009. "The Textile Industry and Related Sector Report 2009." Italian Trade Commission. http://www. ice. gov. it.

[14] Jassin-O'Rourke Group, L. 2008. "Global Apparel Manufacturing Labor Cost Analysis 2008, Textile and Apparel Manufacturers & Merchants." http://www. tammonline. com/researchpapers. htm.

[15] *Just-style*. 2008. "Government Ends Raw Cotton Import Duty." July 11.

[16] *Just-style*. 2009. "Textiles to Benefit from ASEAN Trade Deal." August 19.

[17] *Just-style*. 2010a. "Indian Cotton Controls Mask Higher Input Costs." May 4.

[18] *Just-style*. 2010b. "Indian Cotton Curb Sparks New Wave of Protectionism." December 9.

[19] *Just-style*. 2010c. "US Labour "Blacklisting" a Wake-up Call to India?" July 22.

[20] *Just-style*. 2010d. "Pakistan Tariff Waiver Gains Initial Support." December 15.

[21] *Just-style*. 2010e. "Apparel Exporters Renew Calls for EU Trade Pact." July 13.

[22] *Just-style*. 2011a. "Apparel Exporters to Benefit from Japan Trade Pact." February 21.

[23] *Just-style*. 2011b. "Launches Five-Year Technical Textiles Plan." January 21.

[24] Ministry of Textiles. 2006. "Report of the Working Group on the Textiles and Jute Industry for the Eleventh Five-Year-Plan." December. http://planningcommis-sion. gov. in.

[25] Ministry of Textiles. 2009. "Assessing the Prospects for India's Textile and Clothing Sector." July. http://www. texmin. nic. in.

[26] Ministry of Textiles. 2010. Annual Report 2009/10. New Delhi. http://www. texmin. nic. in.

[27] Nordås, H. K. 2004. "The Global Textile and Clothing Industry post the Agreement on Textiles and Clothing." Discussion Paper 5, World Trade Organization, Geneva.

[28] Singh, J. N. 2008. "Indian Textile and Clothing Sector Poised for a Leap." In *Unveiling Protectionism: Regional Responses to Remaining Barriers in the Textiles and Clothing Trade*, 157-70. Bangkok: United Nations Economic and Social Commission for Asia and the Pacific.

[29] Tewari, Menu. 2005. "Post-MFA Adjustments in India's Textile and Apparel. Industry: Emerging Issues and Trends." Working Paper, Indian Council for Research on International Economic Relations, New Delhi.

[30] Tewari, Menu. 2006. Study for the Ministry of Textiles, Indian Council for Research on International Economic Relations, New Delhi.

[31] Tewari, Menu. 2008. "Varieties of Global Integration: Navigating Institutional Legacies and Global Networks in India's Garment Industry." *Competition & Change* 12 (1): 49-67.

[32] Tewari, Menu. 2009. "The Textiles and Clothing Industry." In *Study on Intraregional Trade and Investment in South Asia*, ed. African Development Bank, 40-69. Tunis-Belvedère, Tunisia: African Development Bank.

[33] Tewari, Menu, and Manjeeta Singh. Forthcoming. Textile Ministry Study, Indian Council for Research on International Economic Relations, New Delhi.

[34] Textiles Intelligence. 2008. *Textile Outlook International*, No. 135.

[35] Thoburn, John. 2009. "The Impact of World Recession on the Textile and Garment Industries of Asia." Working Paper 17/2009, Research and Statistics Branch, United Nations Industrial Development Organization, Vienna.

[36] USITC (United States International Trade Commission). 2004. "Textiles and Apparel: Assessment of the Competitiveness of Certain Foreign Suppliers to the U. S. Market." U. S. International Trade Commission Publication 3671, Washington, DC.

[37] Verma, Samar. 2005. "Impact of the MFA Expiry on India." In *South Asia after the Quota System: Impact of the MFA Phase-out*, ed. Saman Kelegama. Colombo: Institute of Policy Studies.

[38] Weerakoon, Dushni. 2010. "SAFTA: Current Status and Prospects." In *Promoting Economic Cooperation in South Asia: Beyond SAFTA*, ed. Sadiq Ahmed, SamanKelegama, and Ejaz Ghani, 71-88. Washington, DC: World Bank.

第十二章 墨西哥

12.1 导论

墨西哥出口导向型服装业从 20 世纪 60 年代中期开始发展,驱动因素源自"807"生产分包协定("807" Production-sharing Agreement)以及沿美国和墨西哥边界设立的出口加工保税区计划(Maquiladora Program),由此,墨西哥产品获得美国市场的优惠准入。1994 年,北美自由贸易协定(NAFTA)的达成进一步拓宽了这一优惠的市场准入范围,该协定规定只要纱线、面料、服装缝制的生产阶段在墨西哥、加拿大和美国三者中的任意一国进行,则墨西哥向加拿大和美国的服装出口将享受免配额和免关税待遇。同时,这一举措也带来了对墨西哥纺织业的初期投资,而大部分资金来自美国公司。

NAFTA 的出台处于《多纤维协定》(MFA)配额逐步取消的初期,相比其他受制于配额的国家,这一协定为墨西哥出口商提供了适时的优惠条件。1994—2000 年,受益于 NAFTA 的实施,墨西哥的服装出口得到了快速发展。然而好景不长,自 2001 年起服装出口出现逐步下滑。导致出口下降的因素是:中国加入世界贸易组织(WTO)、美国阶段性经济衰退以及 2000 年美国-加勒比国家贸易伙伴法案(CBTPA)的出台使加勒比地区国家开始享有更多的美国市场准入待遇。

后配额时代,墨西哥一直持续着出口额、就业和工厂的衰退趋势。

2005—2009 年,出口额的下降幅度逐年增加,并在 2009 年达到最大降幅(-15.3%)。后配额时代出口下降的主要原因是 2005 年配额体系的结束,还有部分原因是多米尼加共和国-中美洲自由贸易协定(DR-CAFTA)的实施。近期,即 2008—2009 年出现的出口下降主因是针对中国的特保措施(特定产品过渡性保障机制)于 2008 年底结束、次贷危机引发经济衰退以及墨西哥 H1N1 流感病毒爆发等。

由于墨西哥服装业具有临近美国的地理位置和美国市场优惠准入两大竞争优势,因此该国出口几乎全部依赖美国市场。遗憾的是,出口商未能将他们的地理优势转化为持久的竞争优势。失败的主要原因是墨西哥出口的服装仅限于成衣(缝制)加工而不具备更高附加值的全包生产能力,由此造成墨西哥出口商缺乏大刀阔斧转型升级改革的动力以及缺少美国之外的出口市场。尽管在出口额和市场份额上出现下滑,但墨西哥在一些产品(如男士蓝色牛仔裤)方面仍具有优势。同时,与美国市场龙头企业的紧密合作与联系,也巩固了墨西哥作为对美主要出口国的地位。

12.2 服装业的发展

墨西哥的出口导向型服装生产始于 1965 年的边境工业化计划(Border Industrialization Program),该计划成为吸引外资、拉动出口和缓解墨-美边境高失业率的手段,而这种高失业率的原因是 1964 年美国-墨西哥短期合同工计划(U.S. Bracero Program)的终止(Rice,1998)。边境工业化计划允许墨西哥工厂的最终出口产品,在一定时间段内给予进口原材料与设备免关税。在此期间,墨西哥出口还得益于美国特别关税政策,如"807"条款,即美国公司在进口服装时,只要出口国使用的面料(裁片)裁剪地在美国,仅需支付增值部分的关税。这些计划促进了服装从业人员和工厂数量的增加并扩大了对美国的出口量。同时,"807"条款也鼓励美国服装制造商在墨西哥建立服装成衣加工厂。

墨西哥出口业始于 20 世纪 60 年代,受益于若干因素,20 世纪 80 年代快速发展:出口加工保税工厂政策拓展至边境地区之外的企业;墨西哥比索对美元大幅贬值;1988 年,墨西哥服装出口商品基本上获得免配额进入美国市场的待遇(只要这些出口产品的裁片来自美国)。之后不久(1990 年),墨西哥政府颁布了一项新政策——用于再出口产品加工的临时进口计划(PITEX),该政策为主要生产内销服装产品的工厂提供类似出口加工保税区计划的进口许可权。虽然这两项计划均准许企业从事内销,但 PITEX 计划允许的内销份额更高。享受 PITEX 政策的企业仍需保持一定比例或数量的出口,但企业主不需要执行出口加工保税区计划中的雇用条款(Rice,1998)。

20世纪90年代是墨西哥服装出口的显著增长期,尤其是1994年NAFTA通过后,只要服装出口产品从纱线开始的纺织(面料)加工在美国、加拿大或墨西哥境内完成,便可享受免配额和免关税进入美国市场的待遇。NAFTA促进了位于服装价值链上游的投资,主要是棉织物及纺纱行业。得益于免配额进入美国市场,墨西哥出口商并没有直接受到MFA配额逐步取消的影响。由于最为敏感的美国进口配额制度按规定至2004年底分阶段逐步取消,因此,相比其他对美服装出口国,作为NAFTA服装价值链成员国的墨西哥赢得了长达十年时间的优势。

20世纪90年代,墨西哥服装出口发展迅猛,在2000年达到峰值89.24亿美元(见表12-1)。来自墨西哥贸易伙伴国的数据显示,该国出口额从1995年的28.71亿美元增长到2001年的83.72亿美元。尽管数据显示2001年出口额较上一年下滑,但墨西哥占全球服装出口份额从1995年的1.9%增加到2001年的4.3%。从20世纪90年代到21世纪初的头十年,墨西哥机织服装的出口份额持续大于针织服装。两者占比在1995至2009年期间略有变化,即机织和针织出口比例分别在58.2%~64.7%和42.1%~35.3%之间波动。

表 12-1　各年份墨西哥服装出口至全球的统计数据

	1995	1998	2001	2004	2005	2006	2007	2008	2009
出口总额/亿美元	28.71	69.28	83.72	72.85	66.83	59.52	51.29	46.34	39.23
年增长率/%	55.3	27.0	−6.2	−2.6	−8.3	−10.9	−13.8	−9.6	−15.3
占全球服装出口份额/%	1.9	3.9	4.3	2.9	2.5	2.1	1.6	1.4	1.3
机织服装与针织服装出口额/亿美元									
机织服装	18.57	40.08	48.71	43.82	41.12	35.42	31.17	28.34	24.76
针织服装	10.14	29.20	35.00	29.03	25.70	24.10	20.12	17.99	14.48
机织服装与针织服装的出口额占比/%									
机织服装	64.7	57.9	58.2	60.1	61.5	59.5	60.8	61.2	63.1
针织服装	35.3	42.1	41.8	39.9	38.5	40.5	39.2	38.8	36.9

来源:联合国商品贸易统计数据库(UN Comtrade)。

注释:出口额代表贸易伙伴国的进口额;服装分类源自商品名称及编码协调制度(HS)1992,HS62指机织服装,HS61指针织服装;增长率指与上年相比的变化。

　　尽管过去的十年里,墨西哥对美国服装出口的集中度正在缓慢下降,但美国终端市场仍然占据该国服装出口绝对主导地位。1995年墨西哥服装出口额中,美国份额占97.7%,2005年则降至94.0%。加拿大和欧盟15国市场是其余仅有的超过1%份额的国家和地区。墨西哥至美国市场的服装出口额从 1996 年的 37.43 亿美元增长至 2000 年的峰值 86.16 亿美元(见图 12-1)。从 1998 到 2002 年,墨西哥是美国市场服装进口的最大来源国(见表 12-2),1999 年达到了 14.8% 的市场份额。

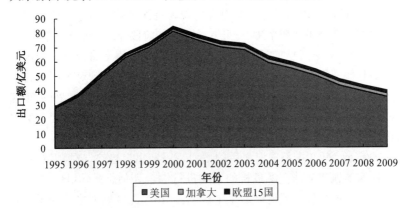

图 12-1 面向加拿大、欧盟 15 国和美国的墨西哥服装出口额

来源:联合国商品贸易统计数据库(UN Comtrade)。

注释:出口额代表贸易伙伴国的进口额;服装分类源自商品名称及编码协调制度(HS)1992,HS62 指机织服装,HS61 指针织服装。

表 12-2 各年份美国进口墨西哥服装的统计数据

	1996	1998	2001	2004	2005	2006	2007	2008	2009
进口总额/亿美元	37.43	67.02	80.28	68.45	62.30	54.48	46.30	41.29	34.82
年增长率/%	—	27.8	−6.9	−3.6	−9.0	−12.6	−15.0	−10.8	−15.7
占美国服装进口份额/%	9.9	13.5	13.7	10.2	8.8	7.4	6.1	5.6	5.4
机织服装与针织服装进口额/亿美元									
机织服装	22.81	38.84	46.72	41.37	38.42	32.37	28.14	25.33	22.08
针织服装	14.62	28.19	33.56	27.08	23.89	22.11	18.16	15.96	12.74
机织服装与针织服装进口额占比/%									
机织服装	60.9	57.9	58.2	60.4	61.7	59.4	60.8	61.4	63.4
针织服装	39.1	42.1	41.8	39.6	38.3	40.6	39.2	38.6	36.6

来源:美国国际贸易委员会(USITC)。

注释:服装数据源自商品名称及编码协调制度(HS)1992,编码 61 和 62;海关完税价;增长率指与上年相比的变化;"—"指不适用。

自 2001 年起,墨西哥服装出口份额开始下降,这在很大程度上可归因于中国及其他低成本亚洲国家(包括越南和孟加拉国)对他们主要出口对象——美国市场的激烈争夺。自 2001 年中国加入 WTO 以来,根据纺织品与服装协定(ATC),一系列的配额逐步取消,使中国产品更加容易进入美国市场("Trade and Trade Policy",2009)。21 世纪初,墨西哥服装出口下降的其他原因是:美国经济的阶段性衰退及 2000 年美国-加勒比国家贸易伙伴法案(U. S. -Caribbean Basin Trade Partnership Act)的签署使加勒比地区国家获得了更优惠的美国市场准入待遇。

MFA 的配额取消对墨西哥而言呈现为负面影响。由于墨西哥出口到美国的大部分服装产品属于 MFA 体系第四阶段(时间为 2005 年 1 月 1 日,即全球配额取消)的产品,所以直至 2004 年底,墨西哥都不必与配额受限的其他国家竞争。此外,依据 2005 至 2008 年美国针对中国的特保措施,大部分墨西哥服装出口产品受益于美国市场。因此,2004 年底 MFA 配额取消以及 2008 年底针对中国的特保措施结束对墨西哥服装出口业造成重创。

2005 年 MFA 配额取消之后的墨西哥服装出口趋势,应根据针对中国的特保措施和全球金融危机的影响进行综合评估。此外,H1N1 疫情的爆发也对墨西哥服装出口产生了影响。MFA 配额取消之后的墨西哥服装出口不景气一直持续到了 2009 年。自 2005 年起,墨西哥的服装全球出口额持续下滑,从 2004 年的 72.85 亿美元萎缩到 2009 年的 39.23 亿美元。但对澳大利亚、欧盟 15 国和日本的服装出口额从 2005 年起略有增加,但这些国家对墨西哥来说依然属于边缘市场,占服装出口总额的比例不足 5%。2000—2009 年,墨西哥占美国服装进口市场的份额出现大幅下降,从 2000 年的 14.6% 跌至 2009 年的 5.4%。评估报告显示,2008 至 2009 年,有 3.6~8.0 万名工人失业,主要是全球金融危机造成的后果(MSN,2009;Forstater,2010)。

受益于美国优惠的市场准入待遇和墨西哥出口导向型产业及投资政策,墨西哥的服装出口显著增长,并使该国成为近 20 年间美国服装进口的主要来源国,但这些政策后期也限制了墨西哥价值链的转型升级。优惠的市场准入协定对于像墨西哥这样的区域供应国来说非常重要,它提供了进入美国市场的切入点,但基于这一协定的生产分包模式也遭受诟病。批评者称:尽管这一协定带来了迫切需要的就业机会,促进了外汇流入,但却使发展中国家局限于低附加值加工而阻碍了产业升级,而该协定与本土(品牌)制造商以及供应商之间联系甚少,并且该协定的重心和动机是确保低劳动力成本(Bair 和 Peters,2006)。在 MFA 配额逐步取消的十年间,墨西哥服装业并未充分利用较其他对美服装出口国具有的优势。自由贸易协定保护墨西哥服装业并使其稳定发展了六年,然而当其他国家不再受配额限制时,这一协定未能提供长期发展的激励措施以保持墨西哥的竞争优势。

后配额时代,国际服装买家期望与数量更少、规模更大并且更有能力的供应商合作,这些供应商基于他们的全球战略位置,拥有能协调供应链的网络。但墨西哥不是全球网络的一部分,并与区域供应链的战略网络联系也不紧密。美国企业在中美洲和加勒比海地区建立了许多生产企业,试图通过这种方式保留纺织工厂,并在服装制造业领域占有一席之地,然而低成本的竞争使这些网络的竞争力逐渐减弱(Anson,2010)。许多在墨西哥设立成衣厂的美国品牌制造商逐渐将业务转移至非制造业务模式的采购,并将目光投向更有能力的亚洲供应商(Frederick 和 Gereffi,2011)。

12.3 服装业的结构

(1) 企业类型

2009 年,墨西哥拥有 11 500 家与纺织服装相关的企业,其中服装企业 9 380 家,纺织企业 2 120 家(见图 12-2);纺织服装业企业数量占所有墨西哥制造企业总数的 9.5%;在服装企业中,有 73.5% 为微型企业(员工数量在 1~10 人之间),仅有 2.3% 为大型企业(超过 250 名员工)。1999 年的比例与 2009 年的非常接近,80% 的微型企业和 1.9% 的大型企业(CNIV,2009)。自 2001 年起,企业数量开始下降,2001 年为 17 002 家纺织服装企业,2009 年则减少至 11 500 家。其中大多数为服装企业,2001 年占比为 82.2%,而 2009 年为 81.6%(INEGI,2001;CNIV,2009)。

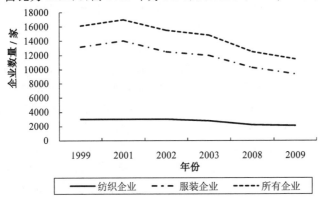

图 12-2 墨西哥纺织服装业企业数量

来源:(墨西哥)国家统计局(Instituto Nacional de Estadística y Geografía,INEGI),1999—2007;国家银行商业报告(Banco Nacional de Comercio Exterior,BANCOMEXT);全国服装商会(Cámara Nacional de la Industriadel Vestido,CNIV),2008—2009。

　　墨西哥的服装出口业是区域生产分包模式的一个组成部分,得益于一系列关税优惠条款和协定,包括 807/9802 条款以及之后的 NAFTA。基于这些条款和协定,在商业活动中,美国品牌制造商和纺织企业创立并管理着生产网络,希望通过将服装供应链中劳动密集程度高的部分转移到周边劳务费用低的国家,以此保留美国国内纺织制造业。依据 807/9802 条款(法案),墨西哥企业最初仅从事供应链中的成衣加工。在墨西哥,从事国外来料成衣加工的劳动密集型企业被称为出口保税加工工厂(Maquilas)。

　　墨西哥大部分成衣工厂以传统的出口保税加工形式运营,主要进行裁剪、缝制和后整理(CMT)加工业务,只有少数工厂从事原设备制造(OEM,又称代工生产)/全包加工的生产网络业务①。墨西哥服装业的研究表明,若干墨西哥工厂与美国买家之间存在全包加工的生产网络形式,这些美国买家包括诸如 J. C. Penney 和 Gap 这样的零售商(Bair 和 Gereffi,2003)。纵观墨西哥纺织服装业,全包加工能力的发展及行业竞争力往往参差不齐。墨西哥确实存在有限的全包加工能力,即由特定的地域性集群而形成有限的产品品类,如男士蓝色牛仔裤。以典型的托雷翁(Torreon)地区为例,该地区具有相对完整的服装制造网络,连接着当地的纺织服装企业和美国买家(Bair 和 Gereffi,2001)。托雷翁地区已形成牛仔裤的全包加工能力,但鲜有证据表明在墨西哥的其他地区还有这种全包加工生产模式。

　　墨西哥纺织服装企业主要由内资控股。就国外股权而言,美国是墨西哥纺织服装业的最大投资国,在 2001—2009 年期间,美国占墨西哥所有纺织服装外国投资额的 51％～87％(见表 12-3)。

　　2009 年,卢森堡、日本和西班牙分别以 1 800 万美元(22％)、900 万美元(12％)和 300 万美元(4％)的投资额位居该年度纺织服装引资的第二、三、四位。2001—2009 年期间,曾有大量来自欧盟 15 国的投资,包括德国、荷兰和英国,但近几年撤资现象严重。韩国和中国台湾也有一定量的投资,主要是在 2005 年 MFA 配额取消之前。

　　服装出口额下降以及服装企业数量减少与墨西哥当初投资设立的服装企业类型有一定关联。服装产品可以分为两大主要类型:通过各种百货零售网点进行销售的全国性品牌(national brand)和通过唯一或众多批发零售商进行专卖的自有品牌。墨西哥的裤装产业拥有全国性品牌,所

---

　　①许多例子证明缺乏可靠的信贷是造成工厂向原设备制造(OEM)/全包加工功能升级受限的原因之一,因为只有拥有足够的资金才能购买原材料(面辅料)。

表 12-3　各年份基于不同来源国和地区的墨西哥纺织服装外国投资金额

国家/地区/经济体	海关报价/亿美元								市场份额/%							
	2001	2003	2004	2005	2006	2007	2008	2009	2001	2003	2004	2005	2006	2007	2008	2009
投资总额	2.22	2.25	2.26	2.52	3.27	0.45	1.22	0.76	n.a.	n.a.	n.a.	n.a.	n.a.	n.a.	n.a.	n.a.
撤资	−0.03	−0.03	−0.48	0	−0.01	−0.93	−0.74	−0.02	n.a.	n.a.	n.a.	n.a.	n.a.	n.a.	n.a.	n.a.
新投资	2.25	2.28	2.74	2.53	3.27	1.38	1.97	0.78	n.a.	n.a.	n.a.	n.a.	n.a.	n.a.	n.a.	n.a.
美国	1.34	1.83	2.29	1.44	1.68	1.20	1.51	0.43	59	80	84	57	51	87	77	55
卢森堡	0	0	0	0	0	0	0	0	0	0	0	0	0	0	0	22
日本	0	0	0	1	1	0	6	9	0	0	0	0	0	0	3	12
西班牙	0.23	−0.01	0.01	0.09	0.03	0.08	0.18	0.03	10	−1	0	3	1	6	9	4
德国	0.01	0	0.01	0.01	1.14	−0.57	0.03	0.03	0	0	0	0	35	−41	1	3
中国台湾	0.09	0.09	0.06	0.06	0.05	0.06	−0.08	0.02	4	4	2	2	1	5	−4	3
韩国	0.12	0	0.01	0.01	0	0	0	0	5	0	0	0	0	0	0	0
英国	0.08	0.01	0.08	0.03	0.31	−0.22	0.12	0	3	0	3	0	0	−16	6	0
荷属安地列斯群岛	0.12	0.31	−0.41	0.86	0	0	−0.63	0	5	13	−15	34	0	0	−32	0

来源:(墨西哥)国家统计局(Instituto Nacional de Estadística y Geografía, INEGI),2001—2003,2007,2004—2009,2010。

注释:"n. a."指数据不适合入表。

有者为美国品牌制造商,如 VF 集团(Wrangler 和 Lee 品牌)和 Levi's 集团(Levi's 和 Dockers 品牌),并在墨西哥建有外资成衣加工厂。由于美国消费者的偏好变化以及美国零售业向迎合特定消费群体的专卖店形式转变,造成美国消费市场的全国性品牌销售规模近十年来显著衰退。然而,男士裤装是为数不多的美国品牌制造商依然拥有的全国性品牌品类之一,保持着庞大的消费群,这也是近年来在其他种类出口几乎都出现下滑的情况下,墨西哥在这一领域仍然占有出口领先地位的部分原因(Frederick 和 Gereffi,2011)。对墨西哥的进一步研究表明,在过去的十年里,Levi's 集团已关闭了所有的本土制造工厂,并向品牌营销商模式转变;VF 集团则正逐渐将生产转移到像孟加拉国这样的亚洲国家,这些国家可以以较低成本生产出同样质量的服装。大部分美国自有品牌已开始在亚洲成立采购网络而不是与区域供应商合作,因为这些自有品牌与美国的纺织或服装制造商之前并没有合作关系。

(2) 终端市场

尽管过去十年里墨西哥对美国服装出口集中度逐渐降低,但该国的服装出口终端市场主体仍是美国。1995 年,墨西哥 97.7% 的服装出口到美国,2005 年这一数值降至 94%,2009 年降至 89.4%(见表 12-4 和图 12-3)。加拿大和欧盟 15 国是仅有的占墨西哥服装出口份额超过 1% 的两个市场。随着 NAFTA 的签署,墨西哥服装出口到加拿大的份额从 2000 年的 1.5% 提高到 2005 年的 4.2% 以及 2009 年的 6.1%。2000 年,墨西哥和欧盟签订了自由贸易协定,促进了 2000 年之后墨西哥对欧盟的出口(Frederick 和 Gereffi,2011)。然而,尽管欧盟 15 国自 20 世纪 90 年代后期开始成为墨西哥的第三大出口市场,但墨西哥服装仅占欧盟 15 国进口额不到 1%。1995 年,墨西哥前五大服装出口市场占服装出口总额的 99.6%,这一数据在 2009 年小幅下降到 98.4%。墨西哥拥有国内服装消费市场,但并未形成本土品牌的强势国内市场。国内市场中一个主要问题是大量的走私和仿造品牌服装。2005 年的一项研究表明,在墨西哥销售的所有服装中有 58% 是以走私形式进入该国,其中大部分来自中国(BMI,2009)。

(3) 出口产品

墨西哥对美国的主要出口产品如表 12-5 所示。出口产品的种类集中度高,2009 年排名前十的出口产品占所有出口服装总额的 73.3%。服装出口主要集中在前三类,占 2009 年墨西哥对美国服装出口总额的 50% 以上。这些产品主要包括棉制男士/女士机织裤装和棉制针织 T 恤。2009 年排名前十的产品中除了两个品类之外,其余八类产品在 2005 到

表 12-4　各年份墨西哥服装出口终端市场排名前五的统计数据

国家/地区/经济体	海关报价/亿美元						市场份额/%					
	1992	1995	2000	2005	2008	2009	1992	1995	2000	2005	2008	2009
全球	11.38	28.71	89.24	66.83	46.34	39.23						
美国	11.07	28.05	86.95	62.82	41.64	35.08	97.3	97.7	97.4	94.0	89.9	89.4
加拿大	0.11	0.25	1.35	2.80	2.82	2.38	1.0	0.9	1.5	4.2	6.1	6.1
欧洲15国	0.16	0.19	0.27	0.57	0.99	0.92	1.4	0.7	0.3	0.9	2.1	2.3
日本	0.02	0.07	0.27	0.20	0.16	0.15	0.2	0.2	0.3	0.3	0.3	0.4
澳大利亚	0.01	n.a.	n.a.	n.a.	n.a.	0.09	0.0	n.a.	n.a.	n.a.	n.a.	0.2
韩国	n.a.	n.a.	n.a.	0.06	0.15	n.a.	n.a.	n.a.	0.1	0.1	0.3	n.a.
哥斯达黎加	n.a.	0.04	0.06	n.a.	n.a.	n.a.	n.a.	0.2	n.a.	n.a.	n.a.	n.a.
排名前五的出口额与份额	11.37	28.60	88.90	66.46	45.76	38.62	100.0	99.6	99.6	99.4	98.7	98.4

来源：联合国商品贸易统计数据库（UN Comtrade）。

注释：服装数据源自商品名称及编码协调制度（HS）1992，编码 61 和 62；出口额代表贸易伙伴国的进口额；"n.a."指数据不适合入表（表明该国在指定年份不在前五名之列）。

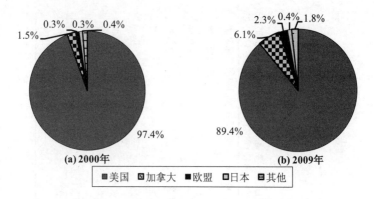

图 12-3　2000 和 2009 年墨西哥服装出口排名前四的市场份额

来源:联合国商品贸易统计数据库(UN Comtrade)。

注释:服装数据源自商品名称及编码协调制度(HS)1992,编码 61 和 62;出口代表贸易伙伴国的进口。

表 12-5　各年份美国从墨西哥进口服装品类排名前十的统计数据

HS 编码	产品	海关报价/亿美元					市场份额/%				
		1996	2000	2005	2008	2009	1996	2000	2005	2008	2009
总额		37.43	86.18	62.30	41.29	34.82					
620342	棉制机织男裤装	7.45	16.57	14.31	11.77	10.67	19.9	19.2	23.0	28.5	30.6
610910	棉制针织 T 恤	3.71	9.63	5.70	4.91	4.03	9.9	11.2	9.2	11.9	11.6
620462	棉制机织女裤装	4.51	14.62	10.13	4.35	3.61	12.1	17.0	16.3	10.5	10.4
611030	化纤针织套头衫	2.16	4.19	2.81	2.25	1.39	5.8	4.9	4.5	5.4	4.0
620343	合纤制机织男裤装	0.79	2.56	2.31	1.51	1.24	2.1	3.0	3.7	3.7	3.6
610990	丝毛化纤针织 T 恤	1.24	1.56	1.30	0.69	1.04	3.3	1.8	2.1	1.7	3.0
611020	棉制针织套头衫	1.12	3.94	3.32	1.70	0.98	3.0	4.6	5.3	4.1	2.8
611592a	棉制袜类及 NESOI	n.a.	n.a.	n.a.	0.93	0.93	n.a.	n.a.	n.a.	2.3	2.7
621010	非织造布服装	1.88	2.33	1.50	1.09	0.90	5.0	2.7	2.4	2.6	2.6
620311	毛制西服男士套装	n.a.	n.a.	n.a.	n.a.	0.73	n.a.	n.a.	n.a.	n.a.	2.1
611241	合纤制女式泳装	n.a.	n.a.	1.42	0.86	n.a.	n.a.	n.a.	2.3	2.1	n.a.
621143	化纤制女式套装及 NESOI	n.a.	n.a.	1.14	n.a.	n.a.	n.a.	n.a.	1.8	n.a.	n.a.
621210	文胸	1.76	2.62	n.a.	n.a.	n.a.	4.7	3.0	n.a.	n.a.	n.a.
620463	合纤制机织女式裤装	n.a.	1.40	n.a.	n.a.	n.a.	n.a.	1.6	n.a.	n.a.	n.a.
610463	合纤制针织女式裤装	0.96	n.a.	n.a.	n.a.	n.a.	2.6	n.a.	n.a.	n.a.	n.a.
排名前十的进口额与份额		25.57	59.42	43.95	30.06	25.52	68.3	68.9	70.5	72.8	73.3

来源:美国国际贸易委员会(USITC)。

注释:美国海关完税价;商品名称及编码协调制度(HS)1992,HS62 指机织服装,HS61 指针织服装;"NESOI"指其他未列明(not elsewhere specified or indicated)材料的品类;"n.a."指数据不适合入表(表示该品类在指定年份不在前十名之列);注 a. 表示 2007 年 HS 编码 611592 改为 611595。

2009 年期间出口额都出现下滑。出口额上升的两类产品是棉制袜类和毛制男士西服套装。1996 和 2009 年出口排名前十的产品中有八类是相同的,说明墨西哥对美国出口产品的品类变化很小。墨西哥出口至美国市场大部分产品的主要竞争对手是中国和其他低成本的亚洲国家,包括孟加拉国和越南。

a. 裤装

总体而言,棉制机织裤装是墨西哥的主要出口产品,2009 年占美国进口墨西哥服装总额的 41%。裤装可进一步分为男士/男童(Men and Boys,M&B)和女士/女童品类(Women and Girls,W&G)。尽管墨西哥在美国的市场份额一直不断下降,但直至 2009 年底,棉制男士/男童机织裤装是为数不多的墨西哥可以保持领先于中国的品类之一。2006 年中国在女士/女童裤装的市场份额上取代了墨西哥的领先地位。这一市场上的其他竞争对手为孟加拉国、越南以及某种程度上的埃及,这些国家的美国市场份额正在逐渐增加(USITC,2010)。

在裤装市场方面,墨西哥与美国品牌制造商之间的关系有利有弊。一方面,裤装是美国主要的进口品类,墨西哥可以与美国著名品牌建立长期合作关系。另一方面,墨西哥被限制于生产男士基本款中低价牛仔裤,而不是生产具有更大市场并且附加值更高的女士牛仔裤。2008 年,美国牛仔服装市场女裤占 50%,男裤占 27%,儿童裤装占 23%(Newberry,2009)。此外,大部分牛仔裤品牌同时拥有女士、男士和儿童品类,因此国际买家更倾向于向有能力供应这三种产品的国家采购牛仔服装。

裤装是制服(工装或职业装[①])的一部分,墨西哥在裤装市场表现更胜一筹,这是因为墨西哥裤装业具有较短的交货时间以及小批量订单生产能力而受到国际买家青睐。由于在地理位置上更靠近美国,墨西哥和中美洲自由贸易协定(CAFTA)区域内的制造商能够快速周转和补充商品,使这些制造商在生产校服、公共安全制服和军服方面占有优势地位(US-ITC,2004;BMI,2009)。与男士牛仔裤类似的是,这些产品在功能上相对标准化,由此也抑制了企业拓展设计、款式或品牌化能力的意愿。

b. T恤

棉制针织 T 恤是墨西哥向美国出口的第二大类产品,也是美国的贸易优惠政策导致区域供应商之间竞争而非合作的一个例子。1995—2005 年,墨西哥这一种类产品的主要竞争对手是其他加勒比国家。在此期间,

---

[①]职业装的购买者包括政府、航空公司及主要联赛的运动队等。

出口的领导地位在多米尼加、萨尔瓦多、危地马拉、海地、洪都拉斯以及近年来出现的尼加拉瓜和秘鲁等国家之间转换。然而 2005 年配额废除之后,中国和越南进入这一市场并迅速成为竞争者。就在区域供应商忙于互相争夺市场份额的同时,亚洲竞争者悄然进入该领域并逐渐将这些区域供应商排挤出去。区域供应商更多关注的是互相之间如何抢占市场份额,而不是各自国家的功能提升(Frederick 和 Gereffi,2011)。

c. 针织套头衫

由棉和化纤制成的针织套头衫是墨西哥出口美国的第三大类产品,2009 年占服装出口总额的 6.8%。2005 年之前,墨西哥在棉和化纤产品方面占有的美国市场份额均领先于中国。其他的主要竞争国家包括印度尼西亚和越南,这两个国家在 2000 至 2009 年间也果断将重心转移到美国市场。

出口到欧盟 15 国的主要也是棉制机织裤装、T 恤和毛制机织西服套装与西上装(见表 12-6)。墨西哥出口到欧盟 15 国和美国的服装单价见表 12-7。尽管出口到欧盟 15 国的毛制西服套装与西上装数量和金额并不多,但单价高,2000—2009 年,这两个种类的服装价格增长到近 50 欧元/千克。加拿大是墨西哥服装出口的第三大国,2006 年出口额达到峰值,但此后开始下滑。在产品品类方面,针织服装及在商品名称及编码协调制度第 56 章分类下的非织造布和毛毡制品等,也是墨西哥出口到加拿大的主要产品(World Textile and Apparel Trade,2009)。

美国进口墨西哥的针织和机织服装单价在 1995—2004 和 2005—2009 年间普遍上升(见表 12-7)。这说明尽管墨西哥出口至美国的服装总额和总数都在下降,但单位产品收益是增加的。对于一个需要通过该行业增加就业机会的国家来说,这未必是个好兆头,但另一方面也许能说明墨西哥企业一直在改善自身经营绩效。

(4) 后向关联(与纺织业的链接)

墨西哥的纺织品进口额从 1995 年的 12.04 亿美元增长到 2009 年的 40.60 亿美元。到目前为止,尽管份额下滑,美国仍是墨西哥纺织品进口的最大来源国。1995 年美国占墨西哥纺织品进口额的 79%,这个比例在 2009 年下降至 63%。中国开始取代美国的部分市场份额。1995 年,中国尚不是墨西哥纺织品进口前五名的供应商,但到 2009 年中国这一份额占 18.3%(见表 12-8)。1995—2009 年期间,墨西哥的纺织品进口高度集中于排名前五的国家,这些国家的市场份额仅从 1995 年的 95.4% 小幅下降至 2009 年的 91.7%。

表 12-6 各年份欧盟 15 国从墨西哥进口服装品类排名前十的统计数据

HS 编码	产品	海关报价/亿美元				市场份额/%			
		2000	2005	2008	2009	2000	2005	2008	2009
总额		**0.30**	**0.38**	**0.59**	**0.59**				
610910	棉制针织 T 恤	0.04	0.07	0.08	0.09	14.6	18.9	13.5	14.7
620311	毛制机织西服男士套装	0.03	n. a.	0.06	0.08	10.4	n. a.	9.9	14.3
620462	棉制机织女裤装	0.01	0.03	0.04	0.07	4.4	8.9	6.7	11.2
620342	棉制机织男裤装	0.04	0.03	0.06	0.07	14.3	7.0	9.9	11.1
610990	丝毛化纤针织 T 恤	n. a.	0.01	0.02	0.04	n. a.	3.4	3.9	6.7
620331	毛制机织男士上装	n. a.	n. a.	n. a.	0.02	n. a.	n. a.	n. a.	3.9
611030	化纤针织套头衫	n. a.	0.04	0.03	0.02	n. a.	10.5	4.4	3.8
611610	塑料或橡胶浸渍手套	n. a.	0.02	0.04	0.02	n. a.	5.6	7.1	3.4
620329	机织男士休闲套装	n. a.	n. a.	n. a.	0.02	n. a.	n. a.	n. a.	3.3
611241	合纤制女式泳装	0.02	0.02	n. a.	0.02	7.1	6.3	n. a.	2.7
620441	毛制连衣裙	n. a.	n. a.	0.05	n. a.	n. a.	n. a.	8.1	n. a.
611693	合纤制针织手套	n. a.	0.02	0.02	n. a.	n. a.	6.1	3.6	n. a.
620431	毛制机织女式上装	n. a.	n. a.	0.01	n. a.	n. a.	n. a.	2.1	n. a.
610463	合纤制针织女式裤装	n. a.	0.01	n. a.	n. a.	n. a.	3.0	n. a.	n. a.
611020	棉制针织套头衫	n. a.	0.01	n. a.	n. a.	n. a.	3.0	n. a.	n. a.
621210	文胸	0.01	n. a.	n. a.	n. a.	5.0	n. a.	n. a.	n. a.
610822	化纤针织女式三角及短衬裤	0.01	n. a.	n. a.	n. a.	4.4	n. a.	n. a.	n. a.
620463	合纤制机织女式裤装	0.01	n. a.	n. a.	n. a.	3.6	n. a.	n. a.	n. a.
620349	丝及人纤制机织男式裤装	0.01	n. a.	n. a.	n. a.	2.2	n. a.	n. a.	n. a.
620193	化纤制机织男式上装	0.01	n. a.	n. a.	n. a.	2.1	n. a.	n. a.	n. a.
排名前十的进口额与份额		**0.20**	**0.27**	**0.41**	**0.44**	**68.0**	**72.8**	**69.1**	**75.0**

来源:欧盟统计局(Eurostat)。

注释:数据源自商品名称及编码协调制度(HS)1992,HS62 指机织服装,HS61 指针织服装;"n. a."指数据不适合入表(表示该品类在指定年份不在前十名之列)。

表 12-7 墨西哥出口到欧盟 15 国和美国的服装单价

年份	欧盟 15 国单价(美元/千克)			美国单价(美元/打)		
	针织	机织	总体均价	针织	机织	总体均价
1995	17.1	9.5	11.9	—	—	—
1996	18.6	16.5	17.4	29.0	50.0	39.2
1997	19.3	23.6	21.6	30.2	56.0	41.8
1998	18.8	24.1	21.8	30.5	60.4	43.1
1999	26.3	31.0	28.7	29.0	60.7	41.8
2000	24.2	32.5	28.5	29.5	62.9	43.6
2001	20.7	36.3	27.2	31.1	63.9	44.8
2002	17.8	23.3	20.4	30.7	64.1	44.8
2003	15.8	17.2	16.4	29.9	65.7	44.3
2004	16.8	15.5	16.3	29.2	68.5	45.2
2005	17.4	20.8	18.4	28.9	71.1	46.2
2006	17.5	46.4	25.1	29.8	73.5	46.6
2007	19.0	45.2	27.1	31.2	75.2	49.0
2008	24.4	45.5	33.0	30.7	78.8	49.9
2009	25.3	42.0	33.2	30.4	78.2	50.4

来源:欧盟统计局(Eurostat),以每千克计量;美国国际贸易委员会(U. S. International Trade Commission,USITC),以每打计量(表中统计仅限数量以打为第一计量单位的商品)。

注释:"—"指暂无数据。

根据生产分包计划①，墨西哥的纺织品原料（面辅料）进口必须来自美国。即墨西哥必须使用由美国企业剪裁的裁片，仅仅履行成衣加工（缝制）阶段的作业。在此计划模式下，美国企业从墨西哥再进口成衣时，虽然包含着先前由美国提供的预裁剪裁片的价格，但美国企业只需支付在墨西哥产生的低额度附加值（即劳动附加值）关税。1998 年，优惠政策扩展到包括"保证准入级别"（guaranteed access levels）条款，这一优惠政策几乎等同于免配额准入美国市场。尽管这是一项优势，但这样的规则并没有激励当地面辅料及关联产业的发展。然而随着 NAFTA 的实施，这种情况发生了改变。依据 NAFTA 的原产地规则（ROO），出口至美国市场的服装产品可使用当地企业提供的面辅料。结果 1994 年 NAFTA 实施之后，包括一些美国纺织企业在内的外国投资者，开始对开发墨西哥的原材料（面辅料）基地感兴趣，通过提高当地生产面料的质量与数量，推动墨西哥的服装出口。从那时起，美国企业开始投资纺纱厂（Parkdale Mills 公司），与此同时，其他投资者有的开设新的纺织厂（Guilford Mills 公司）或通过合资方式获取现有产能（Cone Mills 公司和 Galey & Lord 公司）（Bair 和 Peters，2006）。虽然牛仔布是为数不多的在墨西哥具有出口品质并且大量生产的面料，但这也与国外企业的投资有关，例如美国的 Cone Mills 公司是位于墨西哥 Parras 市 Laguna 镇的牛仔布厂的股东之一。

表 12-8　各年份墨西哥纺织品进口排名前五的国家和地区统计数据

国家/地区/经济体	海关报价/亿美元					市场份额/%				
	1995	2000	2005	2008	2009	1995	2000	2005	2008	2009
全球	12.04	46.05	48.49	49.21	40.60					
美国	9.51	38.07	36.88	30.76	25.58	79.0	82.7	76.1	62.5	63.0
中国	n.a.	1.12	3.53	8.35	7.44	n.a.	2.4	7.3	17.0	18.3
欧盟 15 国	0.63	1.81	3.11	3.88	2.75	5.2	3.9	6.4	7.9	6.8
韩国	1.02	2.75	1.02	1.15	0.87	8.5	6.0	2.1	2.3	2.1
巴西	n.a.	n.a.	0.45	0.86	0.58	n.a.	n.a.	0.9	1.7	1.4
中国香港	n.a.	28	n.a.	n.a.	n.a.	n.a.	0.6	n.a.	n.a.	n.a.
日本	0.17	n.a.	n.a.	n.a.	n.a.	1.4	n.a.	n.a.	n.a.	n.a.
加拿大	0.17	n.a.	n.a.	n.a.	n.a.	1.4	n.a.	n.a.	n.a.	n.a.
排名前五名的进口额与份额	11.49	44.04	44.99	44.99	37.23	95.4	95.6	92.8	91.4	91.7

来源：联合国商品贸易统计数据库（UN Comtrade）。

注释：源自国际贸易标准分类修订版 3 编码 65；进口额代表墨西哥贸易伙伴国家及地区的出口额；"n.a."指数据不适合入表（表示该国家/地区/经济体在指定年份不在前五名之列）。

———————————

①洪都拉斯采用同样的生产分包计划。

作为区域供应商,墨西哥在美国原棉-纺织-服装价值链上的竞争力处于不利地位。这是因为墨西哥出口到美国排名前十的服装产品主要原料为棉花(占 2009 年总出口额的 58%),而美国生产商受益于较低廉的原棉价格,这得益于美国政府为棉农提供的大量补贴。然而,美国也遭受了这一战略制度的诟病,即这一战略只能使美国生产商免于短期竞争,但并不能形成长期的竞争能力,结果导致美国丧失了棉花出口的竞争优势(Frederick 和 Gereffi 2011)。近年来,几家在后 NAFTA 时代对墨西哥进行投资的纺织巨头,包括 Burlington Industries、Guilford Mills、Galey & Lord、Cone Mills Corporation 和 Dan River 等公司依据美国《破产法》第十一章申请了破产保护(Bair 和 Peters,2006)。

因此,在 NAFTA 实施 15 年后,由于缺乏能够满足世界层级需求的面料开发基地和全包式的生产能力,导致墨西哥仅仅依靠成衣出口越来越多地面临着亚洲尤其是中国同行的竞争压力(Bair 和 Peters,2006)。墨西哥缺乏高质量纺织产品的另一个原因是对纺织设备投资相对迟缓。墨西哥单面和双面针织纬编圆机的采购量分别占全球排名第 18 和 19 位,全自动电脑横机的采购量全球排名第 32 位,无梭织机的采购量全球排名第 22 位,短纤维纺锭的采购量全球排名第 12 位(Anson 和 Brocklehurst,2010a、2010b;Brocklehurst 和 Anson,2010)。然而值得关注的是,美国区域供应商由墨西哥、中美洲及加勒比地区国家构成,其中墨西哥是最重要的面料生产国和唯一重要的棉纱来源国。

(5) 就业

自 1999 年以来,纺织服装业就业人数开始逐步下滑,其中 2000—2003 年间下降最为显著。1999 年,纺织服装业共有 829 390 名从业人员,其中服装业占 78%,纺织业占 22%。2009 年就业总数下降至 396 534 人,其中服装业占 74%,纺织业占 26%(见图 12-4 和表 12-9)。相比亚洲竞争国,墨西哥面临着较高的人工成本(2.54 美元/小时)和较低的生产效率等问题。墨西哥服装企业的管理能力也比较弱(USITC,2004;Jassin-O'Rourke Group,2008)。

出口保税加工团结网络(Maquila Solidarity Network,MSN)的数据表明,2009 年纺织、服装、皮革等行业产生的直接工作岗位约 30 万个,分别约占全国就业岗位的 2% 和制造业就业岗位的 8%。在所有制造业中,纺织服装业是女性雇员最多的行业,约占所有制造业女性工作岗位的 70%(MSN,2009)。然而在 1998 至 2008 年的十余年间,服装业的女性员工比例从 64.2% 下降至 59%。纺织原料制造业(纱线、面料织造、后整理等行

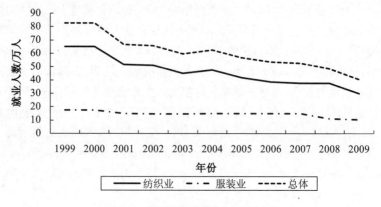

图 12-4 墨西哥纺织服装业的就业人数

来源:(墨西哥)国家统计局(Instituto Nacional de Estadística y Geografía, INEGI),1999—2007;(墨西哥)全国服装商会(Cámara Nacional de la Industriadel Vestido,CNIV),2008—2009。

业)也显示出相似的趋势,女性员工比例从 32.1% 降至 27%(见表 12-10)。但同期,纺织制成品行业(地毯、毛毯、家用纺织品等)的女性员工就业比例从 46.7% 上升到 60.4%。纺织制成品行业规模较小,2008 年的就业人数不到纺织服装就业总数的 17%(INEGI,2009、2010)。

表 12-9 墨西哥纺织服装业就业人数统计数据

年份	就业人数/人		
	纺织	服装	合计
1999	179 858	649 532	829 390
2000	181 846	640 000	821 846
2001	150 001	529 000	679 001
2002	146 000	514 000	660 000
2003	132 457	454 663	587 120
2004	144 262	482 396	626 658
2005	149 821	409 910	559 731
2006	147 471	378 682	526 153
2007	138 506	351 479	489 985
2008	113 748	343 533	457 281
2009	104 618	291 916	396 534

来源:(墨西哥)国家统计局(Instituto Nacional de Estadística y Geografía, INEGI),1999—2007;(墨西哥)全国服装商会(Cámara Nacional de la Industriadel Vestido,CNIV),2008—2009。

表 12-10　墨西哥纺织服装细分行业的男女就业比例

行业/年份	各细分行业总就业人数占比/%	
	男性	女性
纺织原料制造业		
1998	67.9	32.1
2003	71.2	28.8
2008	73.0	27.0
纺织制成品制造业(非服装类)		
1998	53.3	46.7
2003	45.4	54.6
2008	39.6	60.4
服装制造业		
1998	35.8	64.2
2003	39.8	60.2
2008	41.0	59.0

来源:(墨西哥)国家统计局(Instituto Nacional de Estadística y Geografía, INEGI),2009—2010。

12.4　贸易法规与积极的引导政策

(1) 优惠的市场准入

基于优惠市场准入的美国贸易法规促进了墨西哥服装出口业的初期发展,同时也促成了北美区域内缝制分包生产网络的形成。依据这种形式进口的产品归属 807/9802 关税分类,业界也称这种形式的生产为"807/9802 生产"。即允许美国企业依据生产分包制度,出口服装裁片至低劳务报酬的国家进行缝制加工,然后再进口成衣。807/9802 关税条款规定美国企业出口在美国裁剪好的裁片到其他国家,再进口成衣时仅需支付海外增值部分的关税(Bair 和 Peters,2006)。

1986 年,美国扩充了生产分包条款内容,并在之前美国关税税率表(TSUS)807 条款的框架下,建立了"特别准入计划"(即 807A 条款),这实质上为加勒比地区国家提供了几乎无限制(无配额)的市场准入待遇,条件是"面料、裁剪在美国形成",成衣加工在加勒比国家倡议(CBI)区域内完成。807A 条款商品进口的优惠配额是在著名的"保证准入级别(GALs)"条件下实施的,而且不受常规配额制度的限制(USITC,2004)。1988 年这些优惠政策拓展至墨西哥,也就是所谓的特别制度(特别准入计划)。

1994 年 NAFTA 开始在加拿大、墨西哥和美国三个缔约国之间启动,条件是满足规定的原产地规则(ROO)要求。NAFTA建立了新的原产地规则,规定若在北美进行成衣加工的纱线与面料只要在任何NAFTA缔约国生产(通常称为从纱线开始的原产地规则),则该产品可享受NAF-TA框架的优惠免配额和免税待遇。因此,墨西哥的服装出口不仅可以免税进入NAFTA国家,并且面料和纱线的出口也可同样免关税。虽然807/9802关税条款仍然存在,但NAFTA提供了更好的优惠政策,并且几乎完全取而代之。

除了美国,墨西哥还享有其他国家的优惠准入。2000年,墨西哥与欧盟签署了双边自由贸易协定——欧盟-墨西哥自由贸易协定(EU-Mexico Free Trade Agreement),只要遵守原产地规则,墨西哥出口商品可免关税进入欧盟市场。在这项贸易协定之前,墨西哥享有基于普惠制(GSP)规定的欧盟市场关税优惠资格。目前,墨西哥也同样享有白俄罗斯、保加利亚、日本、新西兰、俄罗斯和土耳其的普惠制优惠待遇。

(2) 积极的引导政策

墨西哥政府颁布了两项重要政策,以刺激出口导向型生产并吸引国外投资,这两项政策对墨西哥服装业的发展和结构调整产生了深远影响。

第一项政策是于1965年颁布的边境工业化计划(Border Industriali-zation Program),目的是吸引外资、增加出口和缓解美-墨边境的高失业率,这种失业率是由于1964年(美国国会准许墨西哥临时工入境的)短期合同工计划(U. S. Bracero Program)终止所造成的(Rice,1998)。边境工业化计划仿效了在许多亚洲经济体已存在的出口加工区(EPZs)模式①。墨西哥政府这一政策的目标是通过吸引国外企业,将偏远的墨西哥北部边境改造成有活力的经济增长区,从而减少失业率。这些企业的主要业务活动是成衣加工,该计划下设立的工厂被称为出口保税加工工厂(Ma-quiladoras或Maquilas)。最初的出口保税加工工厂仅允许建立在边境区域,但这个限制在之后的十年间逐渐被突破,并且在1983年,出口保税加工产业正式从边境工业化计划中剥离出来,同时墨西哥所有的出口保税加工工厂都由新成立的出口保税加工区计划(Maquiladora Program)所管辖。在这一计划下,如果最终产品出口,那么企业(外资或内资)可以"临时进口"(免税的)原材料和辅料(如包装、使用标识等)、工具与设备、机械、替换零件、实验设备和包装容器等(Rice,1998)。建立这项计划的目

---

① 例如:中国香港、马来西亚、新加坡、菲律宾和中国台湾。

的是促进出口,但出口保税加工工厂也可以进行一些有限额的国内销售①。针对出口保税加工工厂还有一些非正式的要求,如需聘用和培训具有一定水平的工人,并且遵守现有的财政规则和劳工社会责任(Rice,1998)。这项计划与807/9802美国关税优惠政策的结合,使墨西哥成为美国面料出口与服装进口最主要的贸易伙伴。

第二项政策是1990年用于再出口产品加工的临时进口计划(PITEX)。该政策的颁布主要是为了在出口保税加工区计划下,为国内生产商进口提供便利条件。PITEX主要面向那些希望能将业务从国内市场扩展到出口制造的全国性生产商,而出口保税加工区计划主要针对的是单纯出口企业。

两项计划都需要商业与产业发展部的授权进行管理,财政与公共信贷部则通过监管该计划的执行情况起支撑作用。两项计划都允许那些直接或间接出口产品的内资或外资公司,免关税进口再出口产品制造过程中需要的各种物资,因而这些物资被认为是"临时进口"的。两项计划中的进口优惠政策是相似的,但对出口方面的要求不尽相同。PITEX规定:若需进口原材料、零部件、包装材料、容器以及其他生产过程中所需的消耗品时,要求企业境外销售额超过50万美元或出口占总销售额的10%以上;如果要进口机械、设备和仪器,则企业的境外销售额需占总销售额的30%以上;此外,在PITEX条件下,利用进口物资生产的产品在国内销售被限制在出口总额的30%以下(Rice,1998)。

自1995年MFA配额开始逐步取消后,墨西哥政府出台了若干项政策性计划,对纺织服装业的发展提供了有限的支持(USITC,2004)。2001年,墨西哥政府出台了《国家发展规划》(NDP),直至2006年的五年时间内有效。这项规划确认了12个对国家竞争力至关重要,并具有战略意义的优先发展产业,包括纤维、纺织和服装业,因为这些行业可以创造大量就业岗位并且能够吸引向制造业投资(USITC,2004)。2006年11月,墨西哥政府颁布新的法令规范出口保税加工产业的运营,旨在通过精简规程促进产业效率的提高。PITEX与出口保税加工区计划合并形成制造业、出口保税加工与服务(IMMEX)计划,由此巩固了这些计划形成的优惠政策,并促进了与政府部门的互动("Trade and Trade Policy",2009)。政府也承诺严查和减少走私、假冒以及非法进口的纺织品和服装,这些产

---

①1997年,允许出口保税加工工厂的国内销售额为上一年度出口销售额的70%以下,之后每年递增5%,直至2001年取消限制。

品主要来自中国("Trade and Trade Policy",2009)①。

作为中国加入 WTO 的条件之一,允许进口国申请征收进口反倾销关税。为了保护本国产业,墨西哥对从中国进口的大范围纺织服装产品征收了高额的反倾销关税。服装征收税率为 533%,化纤纱线及织物为 501%,基于 HS 分类编码第 63 章的纺织制成品为 379%,棉和其他植物纤维及织物为 331%,但这些关税的征收并不符合 WTO 标准。2008 年 10 月 15 日,在与中国达成双边协定之后,墨西哥解除了这些关税。取而代之的是"过渡关税"政策,涵盖了从中国进口的一系列纺织品、服装及其他产品。虽然原税率已降低但仍然很高,如某些纱线与面料的税率为 110%,某些服装与纺织制成品的税率为 140%。这些关税将以每年 10% 的速度递减,直至 2011 年 12 月 12 日完全取消("Trade and Trade Policy",2009;"World Textile and Apparel Trade",2009)。除中国外,墨西哥也制定了历史上最高的最惠国(MFN)待遇关税税率。2008 年 12 月,墨西哥降低了大部分纺织服装进口的最惠国待遇关税税率。服装和若干纺织制成品的关税从 35% 降至 30%,并计划在 2010—2013 年进一步降低关税("Trade and Trade Policy",2009)。

参考文献

[1] Anson, Robin. 2010. "Li & Fung Will Source Less Apparel from China and More from Bangladesh and Other Asian Countries." *Textile Outlook International* 144: 4-8.

[2] Anson, Robin, and Guillaume Brocklehurst. 2010a. Part 2 of "World Markets for Textile Machinery: Woven Fabric Manufacture." *Textile Outlook International* 146: 89-106.

[3] Anson, Robin, and Guillaume Brocklehurst. 2010b. Part 3 of "World Markets for Textile Machinery: Knitted Fabric Manufacture." *Textile Outlook International* 147: 120-54.

[4] Bair, Jennifer, and Gary Gereffi. 2001. "Local Clusters in Global Chains: The Causes and Consequences of Export Dynamism in Torreon's Blue Jeans Industry." *World Development* 29 (11): 1885-1903.

[5] Bair, Jennifer, and Gary Gereffi. 2003. "Upgrading, Uneven Development and Jobs in the North American Apparel Industry." *Global Networks* 3 (2): 143-70.

[6] Bair, Jennifer, and Enrique Peters. 2006. "Global Commodity Chains and Endogenous Growth: Export Dynamism and Development in Mexico and Honduras." *World Devel-*

---

① 据估算,在墨西哥销售的服装产品中有五分之三属于非法所得(偷窃、走私或假冒),这些产品的总价值达 130 亿美元左右。非法服装一般在街市销售,估计销售额约占服装销售总额的 26.9%(CNIV, 2009)。

opment 34 (2): 203-21.

[7] Brocklehurst, Guillaume, and Robin Anson. 2010. Part 1 of "World Markets for Textile Machinery: Yarn Manufacture. " *Textile Outlook International* 145: 80-117.

[8] BMI (Business Monitor International). 2009. "Mexico Textiles and Clothing Report: Q4 2009. " BMI, London.

[9] CNIV (Cámara Nacional de la Industriadel Vestido). 2008-10. " Información Estadística. " CNIV, Cuauhtemoc. http://www. cniv. org. mx/estadistica. php.

[10] Forstater, Maya. 2010. "Sectoral Coverage of the Global Economic Crisis: Implications of the Global Financial and Economic Crisis on the Textile and Clothing Sector. " Report, International Labour Organization, Geneva.

[11] Frederick, Stacey, and Gary Gereffi. 2011. "Upgrading and Restructuring in the Global Apparel Value Chain: Why China and Asia Are Outperforming Mexico and Central America. " *International Journal of Technological Learning* , *Innovation and Development* 2011 4 (/2/3): 67-95.

[12] INEGI (Instituto Nacional de Estadística y Geografía). 1984-2010. "La Industria Textil y del Vestido en México. " Instituto Nacional de Estadística y Geografía. http:// www. inegi. org. mx.

[13] Jassin-O'Rourke Group, L. 2008. "Global Apparel Manufacturing Labor Cost Analysis 2008. " Textile and Apparel Manufacturers and Merchants. http:// tammonline. com/files/Global ApparelLaborCostSummary2008. pdf.

[14] MSN (Maquila Solidarity Network). 2009. "How Will the Global Financial Crisis Affect the Garment Industry and Garment Workers?" Maquila Solidarity Network. Toronto, Ontario. http://en. maquilasolidarity. org/sites/maquilasolidarity. org/files/ 2009-02-25%20MSN-FinancialCrisis-Feb09-ENG. pdf.

[15] Newberry, M. 2009. "Global Market Review of the Denim and Jeanswear Industries— Forecasts to 2016. " *Just-style* Management Briefing, Aroq Limited, Bromsgove, U. K.

[16] Rice, Justin. 1998. "PITEX and Maquiladora Import Programs: A Working Guide and Comparative Evaluation. " Texas *International Law Journal* 33 (2): 365-80.

[17] "Trade and Trade Policy: The World's Leading Clothing Exporters. " 2009. *Global Apparel Markets* 5: 39-69.

[18] USITC (U. S. International Trade Commission). 2004. *Assessment of the Competitiveness of Certain Foreign Suppliers to the U. S. Market* (*Publication* 3671). Washington, DC: Office of Industries and Office of Economics. www. usitc. gov/publications/332/pub3671. pdf.

[19] USITC (U. S. International Trade Commission). 2010. "USITC Interactive Trade and Tariff Database" (Dataweb). USITC. http://dataweb. ustic. gov.

[20] World Textile and Apparel Trade and Production: USA, Argentina, Brazil, Colombia and Mexico. " 2009. *Textile Outlook International* 142: 12-43.

第十三章　摩洛哥

13.1　导论

摩洛哥服装出口很大程度上依赖于欧盟 15 国市场,是一个典型的依靠短交货期和区域贸易协定向邻近主要市场出口的国家。在全球或区域性范围内向欧盟 15 国出口方面,摩洛哥服装业在中东与北非四个国家(突尼斯、摩洛哥、埃及、约旦)中排名第二,仅次于突尼斯,排在埃及与约旦之前。

摩洛哥以出口为导向的服装业,初期发展源自宽松的国内政策环境。在 20 世纪 80 年代前半期,形成了比较成熟的出口导向模式。在这一背景下,外发加工贸易(OPT)协定成为面向欧盟 15 国市场出口增长的关键推动力。20 世纪 70 年代后期,欧盟正式推出贸易政策工具,这项政策规定:对组装(缝制加工)的服装产品,只要原材料(如纱线和织物)来自欧盟,就能享受优惠的市场准入条件(降低关税或增加配额)。2000 年,外发加工贸易的优惠市场准入纳入欧盟与地中海国家联系国协议,并改变为免税准入和双重型原产地规则(ROO)。由于当时在外发加工贸易协定框架下,摩洛哥与欧盟纺织品供应商之间保持着长期的采供关系,上述改变没有促进该国建立重要的后向关联(与纺织业链接)产业。但是,《多纤维协定》(MFA)配额逐步取消后,摩洛哥纺织业受政府特殊优惠政策的鼓励,投资开始增加,尤其在牛仔布领域,外国直接投资(FDI)明显上升。

欧盟的贸易政策,对摩洛哥服装业而言是一把双刃剑。一方面,在生产分包协定下,摩洛哥得到了源源不断的订单,早期,这些订单主要来自欧洲品牌制造商,而后期订单来自零售商;另一方面,因为局限于深度的劳动分工而导致摩洛哥供应商主要扮演着成衣组装加工或 CMT(裁剪、缝纫和后整理)角色,所以这种政策限制了摩洛哥产业功能升级和服装出口企业后向关联的发展潜力。

MFA 配额逐步取消后,摩洛哥的服装出口预期并不乐观。然而尽管2005 年摩洛哥服装出口下降,但之后的三年出口却有所增加。与区域性竞争对手突尼斯相比,摩洛哥在应对 MFA 配额逐步取消方面,积极引导政策的制定比较迟缓。该国在积极引导政策制定上的主要成果是 2002年的框架协定,即支持结构重组与产业升级;2005 年底出台的"紧急计划"。后配额时代,摩洛哥服装出口的持续增长得益于快时尚零售商的快速发展,尤其是西班牙(如 Inditex 集团的 Zara 品牌;Mango 品牌)从摩洛哥大幅增加采购。但 2009 年,全球金融危机严重打击了摩洛哥的服装出口,出口额下降了 19.4%。

13.2 服装业的发展

摩洛哥以出口为导向的服装业,初期发展源于宽松的国内政策。20世纪 80 年代前半期,形成了比较成熟的出口导向模式。从那时起,服装业成为摩洛哥以出口为主导的工业增长先锋。20 世纪 80 年代初到 20 世纪 90 年代初,服装出口大幅增长。整个 20 世纪 90 年代,出口仍持续增长,但增速减慢,原因是中欧和东欧地区前社会主义国家的服装出口越来越多,对摩洛哥以及其他中东和北非服装供应国的欧盟市场份额造成了冲击。然而在 20 世纪 90 年代,摩洛哥服装业的出口和就业继续扩大。此外,摩洛哥的地理位置、相对低廉的劳动力成本、以出口为导向的政策以及与欧盟的优惠贸易协定,促进了该国服装业日益融入以欧盟为基础的服装品牌制造商和零售商的供应链网络(Stengg,2001)。

摩洛哥服装业最初的推动力源自欧盟的 OPT 协定,这一协定始于 20世纪 70 年代后半期(Pellegrin,2001)。这种跨国生产合作协定允许欧盟国家的企业临时出口加工原料至某个外发加工贸易伙伴国,经加工后再以优惠条件进口制成品。对服装业而言,依据 OPT 协定,这些优惠条件或者是降低关税税率(关税 OPT),或者是扩大进口配额(经济 OPT)。OPT 税则对 OPT 协定成员国再出口至欧盟的产品暂缓征收进口税,条件是产品原料(如纱线和织物)是之前由欧盟国家临时出口到 OPT 协定成员国进行加工,制成半成品或成品后再进口到之前出口原料的欧盟国家。而经济 OPT 将额外配额授予用欧盟产原材料生产后再出口到欧盟的产品。因此,根据 OPT 协定,欧盟国家的企业可以发送原料(面辅料)到某个 OPT 协定成员国(如摩洛哥)进行成衣加工,并作为制成品再进口时,无需面对涉及到的所谓"直接"从第三方国家进口服装到欧盟的限制。在 OPT 协定框架下,MFA 的配额得以扩大,如果纺织品原料来自西欧国家,再进口时的关税只需支付在国外增值的部分。因此,欧洲买家,特别是品牌制造商,往往将劳动密集型加工,如裁剪、缝制、包装转移到 OPT 协定成员国,而把设计、原料(面辅料)采购、市场营销以及纺织品原料(面辅料)生产等保留在欧盟。

由于摩洛哥与欧盟在 1996 年签订了欧盟与地中海国家联系国协议,并于 2000 年生效,所以 OPT 协定被取消和替代。根据这一协议,如果满足原产地规则要求,摩洛哥的服装出口将享受免关税准入。欧盟的原产地规则要求"双重型",即除了服装生产(如裁剪和缝制)外,面料或纱线生产也必须来自受益国家或欧盟,才能获得优惠的市场准入资格。摩洛哥的纺织能力有限,在当地经济体系中很难实现原产地双重型要求,因此在 2000 年以后,大多数纺织原材料还是继续从欧盟采购。在 OPT 框架下建立的采购关系与新的欧盟和地中海国家联系国协议没有显著改变,而摩洛哥的服装出口继续扩大,且主要原料采购仍然源自欧盟(USAID,2004;World Bank,2006)。

与 20 世纪 80 年代出口导向型的第一阶段相比,摩洛哥的服装出口虽然增长缓慢,但仍在整个 20 世纪 90 年代和 21 世纪初处于上升阶段。服装出口从 1995 年的 2 250 万美元上升到 2004 年的 3 476 万美元(见表 13-1)。然而,出口增长按金额计算,摩洛哥的全球市场份额略有下降,同一时期从 1.5% 降到 1.4%。摩洛哥的服装出口中,尽管机织服装所占份额略有减少,从 1995 年的 75.3% 下降到 2004 年的 71.0%,但依然占主导地位。

在终端市场方面,摩洛哥的服装出口高度集中于欧盟 15 国市场,2004 年占服装出口总额的近 93%。21 世纪初,摩洛哥出口欧盟 15 国的服装达到峰值,2001 年占欧盟 15 国服装进口总额的 3.2%,但这一份额在 2004 年下降至 2.8%(见表 13-2)。表 13-3 所示为中东和北非四个服装生产国占欧盟 15 国服装总进口的份额。突尼斯是中东和北非国家向欧盟 15 国出口服装的第一大国,但其份额从 2000 年的 3.7% 下降至 2005 年的 2.9%;摩洛哥是第二大出口国,2000 年份额为 3.3%,而 2005 年下降至 2.8%;埃及以及份额较小的约旦也是重要的服装出口国,但两国的服装产品主要出口到美国市场(详见后文叙述)。

表 13-1 各年份摩洛哥服装出口至全球的统计数据

	1995	1998	2001	2004	2005	2006	2007	2008	2009
出口总额/亿美元	22.50	25.63	26.54	34.76	33.26	35.88	42.32	44.63	35.99
年增长率/%	22.6	9.4	8.6	8.1	−4.3	7.9	17.9	5.4	−19.4
占全球服装出口份额/%	1.5	1.4	1.4	1.4	1.2	1.2	1.3	1.3	1.2
机织服装与针织服装出口额/亿美元									
机织服装	16.95	18.61	18.71	24.67	24.04	25.65	29.84	32.12	25.86
针织服装	5.55	7.02	7.83	10.09	9.22	10.24	12.49	12.51	10.12
机织服装与针织服装出口额占比/%									
机织服装	75.3	72.6	70.5	71.0	72.3	71.5	70.5	72.0	71.9
针织服装	24.7	27.4	29.5	29.0	27.7	28.5	29.5	28.0	28.1

来源:联合国商品贸易统计数据库(UN Comtrade)。
注释:出口数据源自伙伴国的进口数据;服装数据源自商品名称及编码协调制度(HS)1992,HS62 指机织服装,HS61 指针织服装;增长率指与上年相比的变化。

表 13-2 各年份欧盟 15 国进口摩洛哥服装的统计数据

	1995	1998	2001	2004	2005	2006	2007	2008	2009
进口总额/亿欧元	16.31	20.38	26.24	24.17	22.62	23.70	25.44	23.86	19.91
进口质量/万吨	9.5	11.8	14.5	13.4	12.4	12.2	12.2	10.8	9.1
占欧盟 15 国服装进口份额/%	3.2	3.1	3.2	2.8	2.5	2.4	2.5	2.3	2.0
年增长率/%									
金额		8.4	11.4	−2.0	−6.4	4.8	7.3	−6.2	−16.6
质量		10.7	6.2	−3.2	−8.0	−1.1	0.1	−11.4	−15.7
机织服装与针织服装进口额/亿欧元									
机织服装	12.32	14.86	18.56	17.42	16.47	17.23	18.11	17.22	14.44
针织服装	4.00	5.52	7.68	6.75	6.15	6.47	7.33	6.64	5.47
机织服装与针织服装进口额占比/%									
机织服装	75.5	72.9	70.7	72.1	72.8	72.7	71.2	72.2	72.5
针织服装	24.5	27.1	29.3	27.9	27.2	27.3	28.8	27.5	27.5
机织服装与针织服装质量/万吨									
机织服装	6.8	8.0	9.3	8.5	7.7	7.7	7.7	6.8	5.6
针织服装	2.7	3.9	5.1	4.9	4.6	4.6	4.5	4.0	3.5

来源:欧盟统计局。
注释:服装数据源自商品名称及编码协调制度(HS),HS62 指机织服装,HS61 指针织服装;年增长率指与上年相比的变化。

表 13-3　各年份欧盟 15 国从中东和北非地区进口服装的统计数据

国家/地区/经济体	海关报价/亿美元					市场份额/%				
	1995	2000	2005	2008	2009	1995	2000	2005	2008	2009
全球	652.39	695.56	1 107.11	1 484.87	1 332.15					
突尼斯	23.73	25.73	32.64	41.35	34.28	3.6	3.7	2.9	2.8	2.6
摩洛哥	21.83	23.00	30.85	39.52	31.27	3.3	3.3	2.8	2.7	2.3
埃及	1.85	2.69	4.38	7.69	6.47	0.3	0.4	0.4	0.5	0.5
约旦	0.14	0.17	0.10	0.15	0.11	0.0	0.0	0.0	0.0	0.0

来源:联合国商品贸易统计数据库(UN Comtrade)。
注释:服装数据源自商品名称及编码协调制度(HS),HS62 指机织服装,HS61 指针织服装。

业界普遍预测,在后配额时代,摩洛哥作为区域供应国家,前景不被看好(Nordås,2004)。事实上,在 2005 年的头几个月,摩洛哥的服装出口量曾大幅下降,并且如果欧盟从中国的进口量没有受到针对中国特保措施的影响而减少,将有可能持续下降(ILO,2005)。总体上,2005 年摩洛哥服装出口下降了 4.3%,但随后三年又有所增加,增长率分别为 7.9%、17.9% 和 5.4%。随着 2008 年针对中国的服装特保措施结束,以及接踵而来的全球金融危机,严重打击了摩洛哥的服装出口业,以致 2009 年出口下降了 19.4%(Textiles Intelligence,2009)。在全球市场份额方面,尽管摩洛哥在 MFA 配额取消后挽回了一些损失,但 2009 年出口订单的大幅下滑,意味着全球市场份额又回到 2005 年 1.2% 的水平。据估计,在就业方面,2009 年第一季度超过一万名工人失业(Business Monitor,2009)。

相比区域竞争对手突尼斯,在 MFA 配额逐步取消过程中,摩洛哥制定积极政策比较迟缓,并且这些政策的推动者最初来自产业团体,尤其是摩洛哥纺织服装行业协会(Moroccan Textile & Clothing Industries Association,AMITH)(Cammett,2007)。主要成果是 2002 年政府和 AMITH 达成的框架协定,创建了产业重组基金和产业升级基金,用以支持企业结构调整和转型升级以及提供有关社会保障和电力成本的国家补贴(Cammett,2007;WTO,2009)。2005 年的头几个月,产业危机推动了政府的决策行动,如针对工业部门,特别是服装业推出的产业发展战略"紧急计划",目的是巩固摩洛哥在国际市场上的竞争地位。此外,服装界通过游说,在 2005 年中期成功获得更加宽松的原产地规则,使得摩洛哥采购土耳其的面料,加工成服装出口到欧盟时,面料和制成品享有临时性减税或免税待遇。不久,这些短期减免税待遇,即简化的"泛欧洲-地中海原产地规则"(CEDITH)①获得永久性通过。按照同样的路径,通过签订双边自由贸易协定(FTAs),加强贸易自由化,摩洛哥与土耳其及美国成功改善了市场准入条件和原料(面辅料)采购的原产地规则。

后配额时代,摩洛哥服装出口的持续发展可归因于快时尚零售商日益重要的作用。特别是西班牙(如 Inditex 集团的 Zara 品牌;Mango 品牌),在后配额时代从摩洛哥采购的服装数量显著增加。这些零售商的作用越来越大,不仅保持和增加了摩洛哥服装的出口水平,而且也促进了出口产品种类的多样化。摩洛哥服装出口单价的提高,是因为这些全球买家要求更高的质量和产品时尚性(详见后文叙述)。因此,摩洛哥在后配额时代出口到主要终端市场——欧盟 15 国的特征是量跌价升(见表13-2)。

13.3　中东和北非地区四国概述

中东和北非四国(突尼斯、摩洛哥、埃及、约旦)在服装终端市场和融入服装全球价值链等方面不尽相同。摩洛哥和突尼斯的生产主要集中在服装方面,并且紧密融入了以欧盟为基础的生产网络,超过 90％的服装出口到欧盟 15 国。美国市场对约旦来说至关重要,93％的服装产品出口到美国。埃及服务于两大主要市场,40％的服装出口到美国,30％的服装出口到欧盟 15 国,并且该国在原棉产业基础上,形成了较完整的纵向一体化服装产业(World Bank,2006;USAID,2008)。以下简要论述中东和北非四国的服装业概况。

摩洛哥:服装业以本土企业为主,但在 21 世纪头十年的中期,外资企业增加,特别是来自欧盟 15 国的投资。摩洛哥的服装业主要由中小企业(SMEs)和少数较大规模的企业构成。2008 年,大约有 880 家注册登记厂商,雇用了近 15 万名工人。企业集中在三个地区(卡萨布兰卡、拉巴特、丹吉尔),除了部分企业进行了转型升级外,大部分企业仍然是以面向欧盟 15 国终端市场的 CMT 供应商为主。在后配额时代,摩洛哥对欧盟市场的出口依赖程度略有下降。

突尼斯:服装业同样专注于欧盟 15 国市场,2009 年约 86％的服装产品出口到法国、德国、意大利和英国。纺织和服装业约有 2 100 家企业,2008 年雇用员工超过 20 万人。2009 年 3 月,出口导向型服装企业约有1 300家(Textiles Intelligence,2009)。外资参股的比例一直在上升,特别

①CEDITH 源自法文 Cercle Euro-Méditerranéen des Dirigeants du Textile et de l'Habillement(泛欧洲-地中海地区纺织服装国家协定),来源:http://www.cedith.com/spip.php?page=archives。

是比利时、法国、德国及意大利同突尼斯的企业存在股权关系。最大的投资者是意大利的贝纳通公司(Benetton),自 20 世纪 90 年代初开始投资突尼斯境内企业,2007 年直接或间接提供了约一万个就业机会。突尼斯在后配额时代的出口表现优于摩洛哥(Think Tunisia,2009)。2008 和 2009 年出口到欧盟的突尼斯服装近 47% 是机织套装。若干突尼斯制造商利用国内配套的织造设备,用源自意大利高品质的纱线生产服装面料。全球买家主要有:Adidas、Calvin Klein、Lacoste、La Redoute、Etam、Kookai、Laura Ashley、Next、Prada、Puma 以及 Quicksilver 等(Textiles Intelligence,2009)。

约旦:服装出口业的发展得益于美国的优惠市场准入和配额跳过(quota-hopping)投资者的驱动。特别是合格工业区(Qualifying Industrial Zone,QIZ)计划授予的免关税准入(始于 1998 年)以及与美国签订的自由贸易协定(2000 年实施),是约旦开发美国市场出口平台的关键诱因。由此,约旦服装出口到美国的数量持续上升,直到 2005 年才开始下降。约旦服装企业中占主导地位的是外资企业,外来务工人员发挥着重要作用。2004 年,亚洲投资者(除了印度)占 40%,印度占 22%,而美国投资者在该领域的投资额占 3%。同年,总共有 776 家服装企业正式登记注册。据业内人士估计,大约有 70% 的企业是 FOB 供应商;其余主要是 CMT 供应商(USAID,2008)。

埃及:拥有纵向一体化的纺织服装业,涉及范围从种植棉花、纺纱、织造直到服装和纺织制成品的生产。这一行业主要由埃及本土企业构成,但海外投资一直在上升,特别是土耳其和印度已在埃及建立纺织企业。国外投资者兴趣的提升是由于 QIZ 计划,该计划针对美国市场授予的优惠市场准入。虽然 QIZ 并没有导致类似约旦的出口热潮,但是埃及在美国市场份额的增加与 QIZ 计划密切相关。埃及的纺织和服装企业大部分集中在大开罗地区和亚历山大出口加工区或工业区。大型纵向一体化的企业扮演着重要角色,占据 100% 的纺纱业、70% 的织造业和 30% 的服装业(USAID,2008)。

13.4 服装业的结构

(1) 企业类型

从历史来看,摩洛哥的纺织服装业中心位于古都——菲斯,法西家族控制着这一行业(Rossi,2010)。然而,随着 20 世纪 80 年代出口导向的变化,菲斯的重要性开始下降(Cammett,2007)。如今,围绕菲斯周边经营的企业主要面向国内市场,而且把重点放在传统服装产品上。相反,以出口为导向的企业则集中在卡萨布兰卡、丹吉尔和拉巴特,这些城市的企业拥有现代化的设备、完善的基础设施和港口(USAID,2008)。丹吉尔拥有自由贸易区(Free Trade Zone,FTZ)地位、新的港口和有利的地理位置,正迅速成长为外包加工的理想城市,这些条件尤其适合西班牙企业。

据官方数据显示,2008 年有 880 家注册服装企业落户摩洛哥,拥有 149 477 名正式员工(Rossi,2010)。2002 年,约有 1 200 家服装企业进行了服装产业的合并调整(USITC,2004;World Bank,2006)。但总体而言,该行业的特点仍然是国有企业(SOEs)拥有主要股份(WTO,2009)。据最新调查数据(2000 年左右)显示,大约 43% 的企业雇用员工少于 50 名,31% 的企业雇用员工在 50~199 名之间,余下 26% 的企业雇用员工超过 200 名(Benabderrazik,2009)。大多数服装企业由摩洛哥本国投资,但从 21 世纪初开始,由于政府通过一系列激励政策鼓励 FDI,这一行业的外商投资有所增加(USAID,2008)。国内外新的大投资项目,受益于国家推出的奖励措施,就业机会得以增长。2006 年,19 个项目平均创造了 182 个工作岗位,而到了 2007 年,17 个项目平均创造了 469 个工作岗位(GoM,2008)。

摩洛哥的服装出口企业以 CMT 为主(Rossi,2010)。根据行业信息报道,大多数企业经营的生产模式称为"合作加工"(co-traitance),这是介于 CMT 和 FOB 中间的一种方式。在这种模式下,供应商有责任提出面料方面的建议或加入若干设计要素,但采购商仍然负责面辅料采购并承担相关的财务风险。2007 年,传统的 CMT 模式份额约占 27%,而"合作加工"模式占 54%(USAID,2008)。2010 年,类似 CMT 的"合作加工"模式份额估计占成交总额的 50%~70%(GoM,2011)。因此,虽然单纯的 CMT 份额在过去几年有所下降,但类似 CMT 的生产方式仍然占据着行业主体。为响应摩洛哥和土耳其之间的自由贸易协定(于 2006 年 1 月生效),土耳其企业已将一些加工业务从土耳其国内转移到摩洛哥。基本的生产模式是土耳其国内维持全包生产能力,而将 CMT 生产业务转移到摩洛哥,且享有进入欧盟市场的免税待遇(Tokatli 和 Kizilgün,2009)。摩洛哥的供应商通常非常依赖于他们的客户群,一些服装供应商会把他们 80% 以上的出口额提供给单一的全球买家(GoM,2011)。摩洛哥供应商的全球重要买家是:Inditex 集团的 Zara、Mango、玛莎、迪卡侬、Fruit of the Loom、Gap、VF 集团等(Tokatli 和 Kizilgün,2009;Rossi,2010)。

进入 21 世纪,摩洛哥纺织服装业的投资出现下降(见图 13-1)。20 世纪 90 年代后期该行业的总投资达到峰值,进入 21 世纪后开始下跌,且一直在同一水平徘徊。相比其他一些工业领域,纺织服装业投资比重下降较快,投资份额从 1998 年占工业投资的 25％下降到 2007 年的 9％。

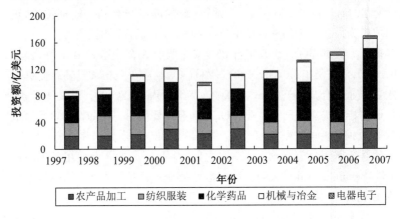

图 13-1　摩洛哥主要工业部门的投资额

来源:不同年份的摩洛哥统计数据(Maroc en Chiffres);Haut-Commissariat au Plan(高级委员会计划)。

(2) 终端市场

摩洛哥服装出口历来面向欧盟 15 国市场,但是在过去的 15 年里,这种依存度有所下降。1995 年,97％的服装出口到欧盟 15 国,但 2009 年该份额下降至 86.9％(见表 13-4)。出口到美国市场的份额在 2000 年达到峰值,占服装出口总额的 4.1％,之后至 2005 年一直呈下降态势。随着 2006 年美国-摩洛哥自由贸易协定的签订生效,出口再次增长,但增速缓慢,2009 年出口美国的服装仅占摩洛哥服装出口份额的 1.7％。此外,摩洛哥针对墨西哥以及大欧洲经济圈的重要市场波兰和俄罗斯联邦,服装出口的重要性逐渐显现(见图 13-2)。

由图 13-3 和图 13-4 可知,在摩洛哥服装出口目的地的欧盟 15 国中,出口主要集中于其中几个国家。自 2000 年以来,法国、西班牙以及较小程度上的英国吸收了该国大部分的服装出口。

法国一直是摩洛哥传统的出口市场,2000 年约占摩洛哥服装出口总额的 40％,但到 2009 年这一份额下降至约 30％。相比之下,在后配额时代,西班牙则是一个成长型的摩洛哥出口市场,持续的出口增长令人瞩目。2000 年,西班牙市场只占摩洛哥服装出口总额的 10％,但到 2009 年这一份额超过 30％。出口到英国的增长发生在 2001—2005 年,但在后配额时代有所下降。摩洛哥出口到德国市场的服装,至 2005 年,经历了一段略微下降的时期,之后一直处于相对稳定但份额较低的水平。从 2000 年开始,意大利尽管份额较低,但作为摩洛哥服装出口目的地的重要性日渐显露。

表 13-4　各年份摩洛哥服装出口终端市场排名前五的统计数据

国家/地区/经济体	海关报价/亿美元					市场份额/%				
	1995	2000	2005	2008	2009	1995	2000	2005	2008	2009
全球	22.50	24.44	33.26	44.63	35.99					
欧盟 15 国	21.83	23.00	30.85	39.52	31.27	97.0	94.1	92.8	88.6	86.9
美国	0.44	1.00	0.59	0.96	0.61	2.0	4.1	1.8	2.2	1.7
墨西哥	n. a.	n. a.	0.24	0.61	0.53	n. a.	n. a.	0.7	1.4	1.5
俄罗斯联邦	n. a.	n. a.	n. a.	0.50	0.48	n. a.	n. a.	n. a.	1.1	1.3
波兰	n. a.	n. a.	0.17	n. a.	0.42	n. a.	n. a.	0.5	n. a.	1.2
土耳其	n. a.	n. a.	0.26	0.43	n. a.	n. a.	n. a.	0.8	1.0	n. a.
阿联酋	n. a.	n. a.	n. a.	n. a.	n. a.	n. a.	n. a.	n. a.	n. a.	n. a.
挪威	n. a.	0.04	n. a.	n. a.	n. a.	n. a.	0.2	n. a.	n. a.	n. a.
捷克	0.03	0.04	n. a.	n. a.	n. a.	0.1	0.2	n. a.	n. a.	n. a.
日本	n. a.	0.03	n. a.	n. a.	n. a.	n. a.	0.1	n. a.	n. a.	n. a.
沙特阿拉伯	0.04	n. a.	n. a.	n. a.	n. a.	0.2	n. a.	n. a.	n. a.	n. a.
加拿大	0.03	n. a.	n. a.	n. a.	n. a.	0.1	n. a.	n. a.	n. a.	n. a.
排名前五的出口额与份额	22.38	24.11	32.10	42.02	33.29	99.5	98.7	96.5	94.2	92.5

来源:联合国商品贸易统计数据库(UN Comtrade)。

注释:服装数据源自商品名称及编码协调制度(HS),HS62 指机织服装,HS61 指针织服装;出口额代表摩洛哥贸易伙伴国的进口额;"n. a."指数据不适合入表(表示该国家/地区/经济体在指定年份不在前五名之列)。

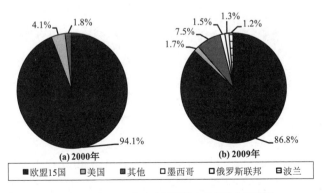

图 13-2　2000 和 2009 年摩洛哥服装出口终端市场份额

来源:联合国商品贸易统计数据库(UN Comtrade)。

注释:服装数据源自商品名称及编码协调制度(HS),HS62 指机织服装,HS61 指针织服装。

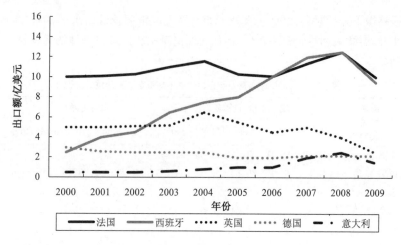

图 13-3　摩洛哥服装出口终端市场排名前五的国家

来源:联合国商品贸易统计数据库(UN Comtrade)。

注释:服装数据源自商品名称及编码协调制度(HS)1992,HS62 指机织服装,HS61 指针织服装。

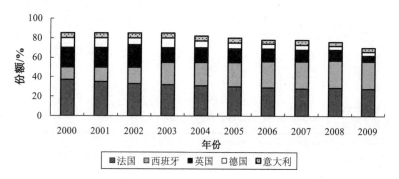

图 13-4　摩洛哥服装出口终端市场排名前五的份额

来源:联合国商品贸易统计数据库(UN Comtrade)。

注释:服装数据源自商品名称及编码协调制度(HS)1992,HS62 指机织服装,HS61 指针织服装。

快时尚服装全球买家日益凸显的重要性是摩洛哥服装出口发展的关键驱动因素,尤其是西班牙 Zara(隶属 Inditex 集团)和 Mango 品牌(Rossi,2010)。其他重要的全球买家包括法国大型零售商迪卡侬和英国的玛莎百货等。

(3) 出口产品

服装出口主要集中在机织产品,自 20 世纪 90 年代中期开始约占摩洛哥服装出口总额的四分之三(见表 13-5)。2009 年,该国主要出口产品为棉制粗斜纹裤(牛仔裤)、衬衫以及 T 恤,合计占出口总额的 30% 以上。虽然摩洛哥的出口仍然以棉制产品为主,但是非棉制产品的出口份额有所增加,而且摩洛哥正逐渐成为欧盟重要的化纤服装产品供应商(Textiles Intelligence,2009)。2009 年,排名前十的产品占出口总额 49.8%,与竞争国相比这一比例仍比较低。自 2000 年起,摩洛哥产品的集中度开始下降,当时排名前十的服装产品占服装出口总额 56%(见表 13-5)。

表 13-5　各年份欧盟从摩洛哥进口服装品类排名前十的统计数据

HS 编码	产品	海关报价/亿美元					市场份额/%				
		1996	2000	2005	2008	2009	1996	2000	2005	2008	2009
总额		16.72	23.56	22.62	23.86	19.91					
620462	棉制机织女裤	0.67	1.42	2.61	2.35	2.16	4.0	6.0	11.6	9.8	10.8
620342	棉制机织男裤	2.57	3.20	2.62	2.43	1.90	15.4	13.6	11.6	10.2	9.5
610910	棉制针织 T 恤	0.59	1.68	1.62	1.31	1.05	3.5	7.1	7.2	5.5	5.3
620630	棉制女式衬衫	n.a.	n.a.	n.a.	1.09	1.01	n.a.	n.a.	n.a.	4.6	5.1
611030	化纤针织运动衫	0.99	1.41	1.02	0.94	0.91	5.9	6.0	4.5	3.9	4.6
620442	棉制女式连衣裙	n.a.	n.a.	n.a.	0.66	0.67	n.a.	n.a.	n.a.	2.8	3.4
621210	文胸	0.34	0.59	0.71	0.82	0.63	2.0	2.5	3.2	3.4	3.2
610990	毛制 T 恤	n.a.	n.a.	0.54	0.75	0.55	n.a.	0.0	2.4	3.1	2.8
620463	合纤机织女裤	0.59	1.63	1.04	0.72	0.53	3.5	6.9	4.6	3.0	2.6
620443	合纤制女式连衣裙	n.a.	n.a.	n.a.	n.a.	0.52	n.a.	n.a.	n.a.	n.a.	2.6
620520	棉制机织男衬衫	0.88	0.80	0.67	0.69	n.a.	5.3	3.4	3.0	2.9	n.a.
620452	棉制女式裙	n.a.	0.77	n.a.	n.a.		n.a.	3.4	n.a.	n.a.	
620343	合纤机织男裤	0.51	0.76	0.58	n.a.		3.0	3.2	2.6	n.a.	
620640	化纤女式衬衫	0.79	1.11	n.a.			4.7	4.7	n.a.		
620469	女式长裤	n.a.	0.60	n.a.			n.a.	2.6	n.a.		
611120	棉制婴儿袜	0.33	n.a.	n.a.			2.0	n.a.	n.a.		
排名前十的进口额与份额		8.26	13.20	12.19	11.75	9.92	49.4	56.0	53.9	49.3	49.8

来源:欧盟统计局(Eurostat)。

注释:服装数据源自商品名称及编码协调制度(HS)1992,HS62 指机织服装,HS61 指针织服装;"n.a."指数据不适合入表(表明该品类在指定年份不在前十名之列)。

后配额时代,摩洛哥出口到欧盟 15 国的机织和针织服装平均单价均有所上涨(见表 13-6)。这种上涨可解释为快时尚买手重要度的不断上升,他们采购高品质且时尚的产品(出价高),但单价上涨也与成本上升有关。

2006 年,对数量和单价发展趋势的一份早期评估表明,摩洛哥单价的上涨,可部分弥补出口数量的下降,尤其是在快时尚这一领域(World Bank,2006)。更普遍的现象是摩洛哥、突尼斯和土耳其这些区域性供应国,出口品类大都集中于欧盟 15 国市场上高附加值的服装产品。2009年,在欧盟排名前十位的供应国中,摩洛哥的平均单价是第二高的,仅次于突尼斯,而高于土耳其。然而,2009 年在与中国供应商的竞争中,这三个国家失去了部分欧盟高端服装产品的订单,因为中国正在积极赢得欧洲零售商的订单,如男士机织西服的订单(Textiles Intelligence,2009)。

表 13-6　欧盟 15 国从摩洛哥进口服装的单价

欧盟 15 国的服装单价(欧元/千克)							
年份	针织	机织	均价	年份	针织	机织	均价
1995	14.70	18.20	17.20	2003	14.30	19.70	17.80
1996	15.20	18.70	17.60	2004	13.70	20.50	18.00
1997	15.00	18.70	17.60	2005	13.20	21.30	18.30
1998	14.30	18.60	17.20	2006	14.20	22.50	19.40
1999	13.70	12.60	12.90	2007	16.20	23.50	20.80
2000	13.70	19.30	17.30	2008	16.50	25.30	22.00
2001	14.90	19.90	18.10	2009	15.40	25.90	21.80
2002	18.00	20.50	19.70				

来源:欧盟统计局(Eurostat)。

(4) 后向关联(与纺织业的链接)

依据 OPT 协定,摩洛哥的纺织品进口主要源自欧盟 15 国。然而欧盟 15 国占摩洛哥纺织品进口的份额由 1995 年的 93% 下降至 2009 年的71.4%,而同期中国的份额从 1995 年仅有的 1% 上升到 2009 年的 16%(见表 13-7)。

表 13-7　各年份摩洛哥纺织品进口排名前五的国家和地区统计数据

国家/地区/经济体	海关报价/亿美元					市场份额/%				
	1996	2000	2005	2008	2009	1996	2000	2005	2008	2009
全球	11.96	12.93	18.11	24.28	20.06					
欧盟	11.17	11.77	14.78	18.28	14.32	93.3	91.0	81.6	75.3	71.4
中国	0.13	0.41	1.65	2.91	3.21	1.1	3.2	9.1	12.0	16.0
土耳其	n.a.	0.10	0.60	1.27	1.19	n.a.	0.8	3.3	n.a.	5.9
印度	n.a.	n.a.	0.40	0.67	0.56	n.a.	n.a.	2.2	2.8	2.8
韩国	0.13	0.14	0.11	n.a.	0.11	1.1	1.1	0.6	n.a.	0.5
叙利亚	n.a.	n.a.	n.a.	0.17	n.a.	n.a.	n.a.	n.a.	0.7	n.a.
中国香港	0.11	0.12	n.a.	n.a.	n.a.	0.9	0.9	n.a.	n.a.	n.a.
美国	0.15	n.a.	n.a.	n.a.	n.a.	1.2	n.a.	n.a.	n.a.	n.a.
排名前五的进口额与份额	11.68	12.54	17.54	23.30	19.39	97.6	97.0	96.8	90.7	96.7

来源:联合国商品贸易统计数据库(UN Comtrade)。
注释:国际贸易标准分类修订版 3,编码 65;进口额代表摩洛哥贸易伙伴国家及地区向的出口额;"n.a."指数据不适入表(表明该国家/地区/经济体在指定年份不在前五名之列)。

在后配额时代,印度和土耳其成为摩洛哥纺织品进口的新来源国,2009 年市场份额分别为 2.8% 和 5.9%。2004 年起,土耳其的角色越来越重要,这与摩洛哥、土耳其签订的双边自由贸易协定(FTA)以及累积原产地规则的"泛欧洲-地中海区域协定"的实施是分不开的,尤其后者有利于地中海沿岸国家的区域整合。传统的、规模较小的纺织品供应商,如中国香港、韩国和美国,从 20 世纪 90 年代中期开始份额显著下降。

　　与欧盟签订的生产分包协定对摩洛哥的服装出口业发挥着重要作用,所以欧盟 15 国在摩洛哥纺织品进口中占据主导地位也就不足为奇了。然而,在欧盟 15 国内部,各国有着不同的份额与表现(见图 13-5)。21 世纪初,西班牙增加了面向摩洛哥的纺织品出口,而法国和英国作为摩洛哥纺织品进口来源国的重要性均有所下降。西班牙和意大利的市场份额分别从 2000 年的 15.2% 和 6.4% 提升到 2009 年的 20.7% 和 14.8%。相比之下,法国和英国的份额分别从 2000 年的 33.8% 和 20.1% 减少至 2009 年的 14.9% 和 1.9%。其他进口来源的欧盟国家在进口额方面保持相对稳定,如比利时、德国和葡萄牙。

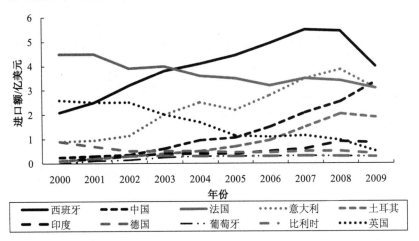

图 13-5　摩洛哥纺织供应国家和地区排名前十的进口额

来源:联合国商品贸易统计数据库(UN Comtrade)。
注释:国际贸易标准分类修订版3,编码 65;2009 年的排名源自摩洛哥的纺织品进口额报告。

　　关于后向关联,摩洛哥在纺织业上的投资有限。在转变为出口导向型之前,摩洛哥在纺织业方面曾拥有一定产能,如纺纱、织布和印染加工。然而,这些产能对依据 OPT 协定运作的欧盟买家来说没有多大吸引力,这些买家要寻找的是地理位置更近、成本低廉的 CMT 供应商。由此,这种特定的、依赖于欧洲采购商进口加工材料的 OPT 协定得以盛行,而 20 世纪 80 年代摩洛哥拥有的纺织产能并没有得到进一步发展。在这种情况下,纺织就业人数的持续下降十分明显(见图 13-6)。然而,MFA 时代,纺织业的投资有了持续增长,特别是来自意大利和西班牙公司的境外投资,主要从事纺纱、织布,尤其是牛仔布产品(World Bank,2006)。21 世纪初,这些投资得到了由政府和行业协会成立的产业升级专业机构的支持。因此,一些纵向一体化的外资项目为该国带来了新的产能,并明确定位于出口加工(见表13-8)。与此相反,大多数仍然存在的传统纺织厂则是国有企业,产品主要面向国内市场。

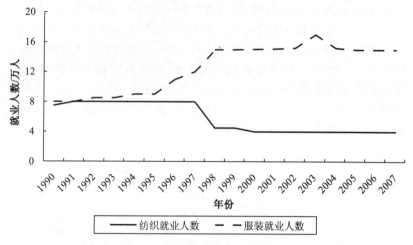

图 13-6　摩洛哥纺织服装业的就业人数

来源:摘自 Bensaid 和 Ibourk(2009),参见 Rossi(2010)。

表 13-8　2005—2007 年摩洛哥纺织服装业主要的外资项目(FDI)

公司	投资额/亿迪拉姆	就业人数(预期)	签署日期
Legler(意大利)	7.826	800	2005 年 5 月
Settavex(西班牙)	6.340	70	2005 年 8 月
Fruit of the Loom(美国)	14.770	1 150	2006 年 2 月
Polyfil	0.931	100	2007 年 2 月
Martelli(意大利)	2.574	250	2007 年 8 月
Martelli(意大利)	0.785	250	2007 年 8 月

来源:GoM(摩洛哥政府)2007。
注释:迪拉姆(DH)是摩洛哥货币,100 元人民币约为 140 迪拉姆;Polyfil 原文无投资国—译者注。

　　值得一提的是,一些大型纺织项目主要由国际经营集团在摩洛哥推行实施。第一个项目涉及到的是意大利莱格勒(Legler)集团与摩洛哥合作伙伴 Atlantic Confection 公司一起投资牛仔布的纺纱和织造项目,分别拥有每年 9 000 吨纱和 2 400 万米布的生产能力。该项目总投资 8 529 万美元,于 2006 年 9 月开始运营,是中东和北非地区最大的综合性纺织企业(USAID,2007)。西班牙的 Tavex 公司是全球领先的牛仔布公司之一,作为早期投资商,该公司扩大了在摩洛哥的投资(Tokatli 和 Kizilgün,2009)。位于塞塔特(Settat,摩洛哥中部城市)的 Settavex 子公司,总投资

7 300 万美元,拥有 4 700 万米布的年生产能力,同时还宣称拥有一套新的染整设备和可容纳 300 万米面料的仓库(MEED,2005)。除了前述两个与牛仔布相关的投资外,美国 Fruit of the Loom 公司在希拉特(靠近拉巴特)地区投资建造了纺纱、织造和印染等企业,用于 T 恤、针织衫,运动装生产,预计 2008—2009 年有 1.7 亿美元的产品出口到美国市场。Fruit of the Loom 公司还计划投资 1.592 亿美元用于扩大位于 Bouknadel 地区的加工企业。这些投资项目受益于政府的激励措施,包括国有土地的使用以及哈桑二世基金的融资服务,一部分产品根据美国-摩洛哥自由贸易协定(FTA)出口到美国。

(5) 就业

纺织服装业是摩洛哥最大的就业来源,正规经济体至少提供了 20 万个就业机会,而众多非正规企业也有至少同样的雇用人数(ILO,2006;Rossi,2010)。在整个 20 世纪 90 年代至 2005 年,摩洛哥服装业的正规就业持续增长,特别是 20 世纪 90 年代后期增长较快。服装业就业人数在 2003 年达到顶峰,注册员工有 168 480 名,此后就业人数开始下降,2007年降至 153 010 名(见图 13-6)。服装业对就业贡献大,2000—2008 年间,平均占所有产业就业总人数的 44.0%(GoM,2011),而在 2003—2007 年间,平均占制造业就业总人数的 31.2%(Rossi,2010)。劳动人口的特征是女性员工数量占据高比例,2007 年女员工占所有服装工人数的 83.6%(Rossi,2010)。就区域重要性而言,卡萨布兰卡和丹吉尔雇用着大部分工人,并且后者作为新崛起的出口基地深受重视(Rossi,2010)。在纺织部门,就业率下降主要出现在 20 世纪 90 年代,特别是在 20 世纪 90 年代后半期。进入 21 世纪,纺织就业人数保持在相当低的水平,约四万人,占整个纺织服装业就业人数的五分之一。

2008 年,摩洛哥的平均劳动成本约为每小时 2.24 美元。与这一地区的主要竞争对手相比,低于土耳其(2.44 美元),但高于突尼斯(1.68 美元)、约旦(1.01 美元)和埃及(0.83 美元)(Jassin-O'Rourke Group,2008)。定性研究报告指出,摩洛哥反复出现低水平工资的问题,如偶尔低于最低工资标准和各种不稳定的雇用方式。特别是规模较小的企业,约占 70% 的就业人数,工作条件似乎存在不少问题(ILO,2006)。在性别歧视方面,女性似乎面临更多障碍,包括工资歧视、获得在职培训机会较少、工作时间长以及工作条件较差。在这一问题上,非正规企业的女工处境可能更令人堪忧(例如,家庭作坊工人占 90%)(ILO,2006)。虽然在行业的正规企业中,几乎不存在童工问题,但是在非正规经营的企业中存在着雇用童工的现象(ILO,2006)。摩洛哥往往因为工会权利,包括对结社自由和集体谈判权的不被重视而受到批评。在法律领域,摩洛哥尚未批准国际劳工组织(ILO)公约第87条关于结社自由和组织权利的保护(ITUC,2009)。加入工会的人数估计3%左右,且男性在现有的一些工会中占主导地位,所以工会并不能代表行业的广大女性员工(Rossi,2010)。

13.5　贸易法规与积极的引导政策

(1) 优惠的市场准入

摩洛哥受益于欧盟优惠的市场准入已有30余年。最初,OPT协定为出口到欧洲国家的CMT增长提供了有利条件。20世纪90年代,这些协定被广泛的区域性战略,即欧洲-地中海伙伴关系协定所取代,由此导致诸多双边关系和区域优惠贸易协定的产生。

OPT协定的起源要追溯到20世纪70年代,最初的目的是帮助欧盟制造商应对日益激烈的国际竞争(Pellegrin,2001)。OPT协定推动了新生产体系的形成,即允许欧盟成员国生产制造商将劳动密集型的生产外包到劳动力成本较低的临近国家,以确保生产过程中资本密集程度高的部分保留在欧盟。通常这一目标的实现需要运用复杂的关税税目表和原产地规则,用以保护资本密集程度高的行业(如纺织业)以及降低劳动密集型产业(如服装业)的关税(Begg、Pickles和Smith,2003)。根据OPT协定,业界出现了新的劳务分工,即劳动力成本低廉的国家如摩洛哥,负责劳动密集型的生产加工,而资本密集程度高或附加值高的生产则保留在一些欧盟核心国家。以摩洛哥的服装业为例,主要由来自法国的公司提供半成品(如缝纫线和面料),由摩洛哥的供应商进行缝制加工,并在优惠条件(如降低关税或扩大进口配额)下,由摩洛哥再次出口(复出口)半成品或最终产品到法国。由此不仅引起了摩洛哥从欧盟15国,特别是从法国、意大利、西班牙和英国进口纺织品的增加,也导致了出口服装至相同国家群组的增加。

自1995年发布"巴塞罗那宣言"以来,欧盟和地中海国家的贸易关系受到欧洲-地中海伙伴关系协定管辖,这些国家包括欧盟成员国以及地中海的阿尔及利亚、埃及、约旦、黎巴嫩、摩洛哥、巴勒斯坦民族权力机构、叙利亚、突尼斯和土耳其。这种伙伴关系旨在促进欧盟成员国和南地中海国家的政治、经济及社会的联系。既定的经济目标是建立一个深层次的欧洲-地中海自由贸易区,目的是在欧盟和南地中海国家(北-南)之间以及南地中海国家之间(南-南)推行更广泛的贸易自由化。

在此背景下,1996年摩洛哥与欧盟签署了一项欧盟与地中海国家联系国协议,并于2000年生效,目的是推行货物贸易自由化①。为了促进区域一体化与合作,埃及、约旦、摩洛哥和突尼斯于2004年签订了一份区域性的自由贸易协定——阿加迪尔或阿拉伯地中海自由贸易协定。原计划2007年开始施行,但至今进展一直缓慢。摩洛哥同时也是大阿拉伯自由贸易区(Greater Arab Free Trade Area,GAFTA)的成员国,该协定于1998年正式生效,但仍需要填补相关内容(Martín,2010)。2004年摩洛哥与土耳其达成的一项双边自由贸易协定于2006年1月起生效,这项协定为摩洛哥近几年从土耳其进口纺织品的增长提供了有利条件。与摩洛哥相关的贸易协定概况见图13-7。

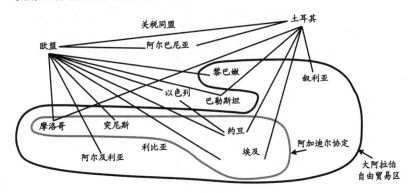

图13-7　欧盟-地中海地区的优惠贸易协定

来源:世界贸易组织(WTO),参见 Martín(2010)。

2004年,摩洛哥和美国签署了一项自由贸易协定,于2006年起生效。该协定预计将免除美国从摩洛哥进口的大多数纺织品和服装产品的关税。然而,相比美国与同一地区其他国家(如埃及和约旦)签署的同类协定,该协定的条款并不那么优惠,这在一定程度上解释了摩洛哥在美国市场上的表现不如埃及和约旦的原因(USAID,2008)。

首先,在2011年之前,除了部分产品在关税税率配额下有资格免税入境,大部分纺织服装产品的免税待遇未能享受;其次,原产地规则对于免税入境有特殊要求,即服装产品加工所需原材料,一般从纱线开始,必须从美国进口或产自摩洛哥(yarn-forward rule——从纱线开始的原产地规则,亦称三重型原产地规则)(USITC,2004)。但是,依据关税特惠配额

_____

①欧盟委员会(European Commission,EC)贸易总局与摩洛哥的双边关系,参见 http://ec. europa. eu/trade/creating-opportunities/ bilateral-relations/countries/morocco/.

（tariff preference level，TPL），摩洛哥与美国的自由贸易协定所能获得的纱线和面料的免税配额有限，而且关税特惠配额只是暂时的。关税特惠配额最初设置 3 000 万平方米的免税配额（相当于自由贸易协定生效头四年的额度），并在生效后的六年内逐渐减少。因此到 2016 年，所有原先遵照摩洛哥-美国自由贸易协定的贸易往来都必须遵守"从纱线开始的原产地规则"（yarn-forward rule）。使用撒哈拉以南非洲国家（SSA）的棉花可以促进 SSA 地区棉花产量和出口的提升，但由于存在一个特殊的不利因素，即摩洛哥未与 SSA 建立采购关系以及缺乏棉花纺织加工能力，到目前为止这一条款并没有起到实际作用（Benabderrazik，2009）。另外，由于摩洛哥的供应商所面对的美国和欧盟买家要求明显不同，特别是订单规模各异以及语言沟通不畅，这些问题已成为增加美国订单的障碍（Benabderrazik，2009）。

（2）积极的引导政策

与区域竞争对手突尼斯相比，摩洛哥的积极引导政策制定比较迟缓，最初积极引导政策的推动来自产业集团，典型代表是摩洛哥纺织服装行业协会（Moroccan Textile & Clothing Industries Association，AMITH）（Cammett，2007）。这方面的关键成果是 2002 年政府和 AMITH 达成的框架协定以及 2005 年推出的产业发展战略"紧急计划"（2008 年更新）。该框架协定创立了一项产业重组援助基金（Fonds de Soutien aux Entreprises du Secteur du Textile-Habillement，纺织服装产业援助基金，FORTEX）和一项产业升级基金（Fonds National de la Mise à Niveau，产业升级国家基金，FOMAN），以此支持结构重组与产业升级（技术、设备以及人力资源的升级）；进行税制改革；国家支付 50％的雇员社会保障成本和电力成本（Cammett，2007；WTO，2009）。在框架协定之前，推出过哈森二世基金以及一系列措施，鼓励对若干行业的投资，其中包括纺织服装业，特别是对土地成本和建筑成本的补贴分别高达 50％和 30％（AMITH，2006）。

2005 年底提出的产业发展战略"紧急计划"，旨在提高摩洛哥在国际市场上的地位。该计划的积极作用是提升政府的服务水平，如提高教育系统、交通基础设施和政府为私人企业服务的水平（World Bank，2006）。同时，该计划强调发展包括纺织服装业在内的重点行业，并呼吁创建产业集群园区，根据绩效指标"挑选赢家"和整合全球生产网络（Cammett，2007）。服装业的这些政策主要目标是摆脱 CMT 供应商的形象，转型成为 FOB 供应商，这一举措也反映在提倡增强各种不同产业的功能，如设计、销售以及面辅料采购能力等（World Bank，2006）。2008 年，出台了

《2009—2015年国家工业振兴规划》(Pacte nationale pour l'emergence industrielle),重申了原先提出的诸多计划和议题(GoM,2009)。在纺织品和服装方面,强调国内市场将与外贸出口一样作为潜在的增长源。后者应更多地集中在快时尚产品方向,进一步推动牛仔裤和运动装对欧盟15国的出口,尤其是销往意大利和北欧,并积极拓展欧盟15国的内衣和家用纺织品等方面的利基市场(GoM,2009)。在全球金融危机的背景下,政府实施了税收减免和国家资金援助政策,用以稳定相关行业(ILO,2009;Just-style,2011)。

随着社会责任意识的提高,2003年AMITH颁布了一项全行业"行为准则"(code of conduct,CoC)和一项相关的称号为"光纤公民"(Fibre Citoyenne,FC)的活动,以此满足日益增长的劳动力需求且符合全球买家要求。这种称号授予对象是供应商,需要通过社会责任审核。CoC/FC的内容众多,包含了主要的劳动权利,如禁止使用童工、强迫劳动、性别歧视以及工人有自由集会的权利,但没有明确提及集体谈判权。全世界的采购商一直对CoC很感兴趣,因为如果从行业层面来讲,它可能成为企业自身社会责任审核的替代品。2007年,西班牙Inditex集团的Zara品牌公司与摩洛哥国际纺织服装和皮革工人联合会(International Textile,Garment & Leather Worker's Federation,ITGLWF)签署了一项国际框架协定,承诺只从经过FC认证的摩洛哥供应商那里进货。这一举措提升了摩洛哥出口企业的品牌声誉,并获得全球采购商一致好评(Rossi,2010)。

参考文献

[1] AMITH (Association Marocaine des Industries du Textile et de l'Habillement). 2006. "Guide de l'Investissment." http://www. textile. ma.

[2] Begg, Robert, John Pickles, and Adrian Smith. 2003. "Cutting It: European Integration, Trade Regimes, and the Reconfiguration of Eastern and Central European Apparel Production." *Environment and Planning A* 35 (12):2191-207.

[3] Benabderrazik, Hassan. 2009. "Moroccan Textile and Apparel Exports: An Evaluation." In *Capitalizing on the Morocco-U. S. Free Trade Agreement: A Road Map to Success*, ed. Gary Hufbauer and Claire Brunel, 79-112. Washington,DC: Peterson Institute for International Economics.

[4] Business Monitor International. 2009. "Morocco Textile & Clothing Report Q4 2009." Business Monitor International, London.

[5] Cammett, Melanie. 2007. "Business-Government Relations and Industrial Change: The Politics of Upgrading in Morocco and Tunisia." *World Development* 35 (11): 1889-903.

[6] CCC. 2002. "Working Conditions in Morocco." English Summary. http://www. clean-

clothes. org/ component/content/article/7-resources/1101-working-conditions-in-moroc-co.

[7] GoM（Government of Morocco）. 2007. "Investissements directs étrangers dans le Monde et au Maroc. " Ministère des Affaires？conomiques et Générales, Rabat. http://www. ccsm. ma/photos/ IDE％20dans％20le％20Monde％20et％20au％20Maroc％2016％20oct％2007％5B1％5D. pdf.

[8] GoM（Government of Morocco）. 2008. "Bilan de la Commission des Investissements 2007. " Ministère des Affaires？conomiques et Générales, Rabat.

[9] GoM（Government of Morocco）. 2009. "Revue Interface No. 14. " Edition Special, Ministère de l'Industrie, du Commerce et des Nouvelles Technologies. http://www. mcinet. gov. ma/mciweb/BiblioGle/interface/interface 14. pdf.

[10] GoM（Government of Morocco）. 2010. "Revue Interface No. 17. " Edition Special, Ministère de l'Industrie, du Commerce et des Nouvelles Technologies. http://www. mcinet. gov. ma/mciweb/BiblioGle/interface/interface 17. pdf.

[11] GoM（Government of Morocco）. 2011. "Rapport Economique et Financier. " Ministère de l'Economie et des Finances. http://www. finances. gov. ma/.

[12] ILO（International Labour Organization）. 2005. "Promoting Fair Globalization inTextiles and Clothing in a Post-MFA Environment. " Report for discussion at the Tripartite Meeting on Promoting Fair Globalization in Textiles and Clothing in a Post-MFA Environment, Geneva.

[13] ILO（International Labour Organization）. 2006. "Country Brief Morocco. " Decent Work Pilot Programme, ILO, Geneva. http://www. ilo. org/public/english/bureau/dwpp/countries/morocco/index. htm.

[14] ILO（International Labour Organization）. 2009. "Implications of the Global Financial and Economic Crisis on the Textile and Clothing Sector. " ILO, Geneva.

[15] ITUC（International Trade Union Confederation）. 2009. "Report for the WTO General Council Review of the Trade Policies of Morocco. " ITUC, Brussels. http://www. ituc-csi. org/IMG/pdf/ WTO_report_Morocco_Final_EN. pdf.

[16] Jassin-O'Rourke Group, L. 2008. "Global Apparel Manufacturing Labor Cost Analysis 2008. " Textile and Apparel Manufacturers and Merchants. http://tammonline. com/files/Global Apparel Labor Cost Summary2008. pdf.

[17] *Just-style*. 2011. "Moroccan Industry Boosts Skills Amid Returning Demand. " March 30.

[18] Martín, Iván. 2010. "Economic Integration in the Mediterranean: Beyond the 2010 Free Trade Area. " In *Med*. 2010, *Mediterranean Yearbook*, 73-78. Barcelona: Fundación CIDOB/Institut Europeu de la Mediterrània (IEMed).

[19] *MEED* (*Middle East Economic Digest*). 2005. "New Investments Offer Hope for Textiles. " MEED, May 27.

[20] Nordås, Hildegunn K. 2004. "The Global Textile and Clothing Industry post the Agreement on Textiles and Clothing. " Discussion Paper 5, World Trade Organization,

Geneva.

[21] Pellegrin, Julie. 2001. *The Political Economy of Competitiveness in an Enlarged Europe*. Basingstoke/New York: Palgrave.

[22] Rossi, Arianna. 2010. "Economic and Social Upgrading in Global Production Networks: The Case of the Garment Industry in Morocco." Unpublished dis-sertation, University of Sussex, U. K.

[23] Stengg, Werner. 2001. "The Textile and Clothing Industry in the EU: A Survey." Enterprise Papers 2-2001, European Commission, the Enterprise Directorate General, Brussels.

[24] Textiles Intelligence. 2009. "Trade and Trade Policy: The EU Clothing Import Markets and Its Ten Largest Suppliers." *Global Apparel Markets*, 3rd quarter.

[25] *Think* Tunisia. 2009. "Textile and Clothing Industries." *Think* Tunisia. http://www. tunisianin dustry. nat. tn/thinktunisia/html/en/industrietextile. html.

[26] Tokatli, Nebahat, and ? mür Kizilgün. 2009. "Coping with the Changing Rules of the Game in the Global Textiles and Apparel Industries: Evidence from Turkey and Morocco." *Journal of Economic Geography* 10: 209-29.

[27] USAID (United States Agency for International Development). 2004. "Changing International Trade Rules for Textiles and Apparel." Egyptian Market Access, USAID, Washington, DC.

[28] USAID (United States Agency for International Development). 2007. "Morocco Is in the Race: Investment Trends 2003-2007." USAID, Washington, DC.

[29] USAID (United States Agency for International Development). 2008. "Apparel Exports to the United States: A Comparison of Morocco, Jordan, and Egypt." USAID, Washington, DC.

[30] USITC (United States International Trade Commission). 2004. "U. S. -Moroccan Free Trade Agreement: Potential Economywide and Selected Sectoral Effects." USITC, Washington, DC.

[31] World Bank. 2006. "Morocco, Tunisia, Egypt and Jordan after the End of the Multi-Fiber Agreement: Impact, Challenges and Prospects." Report 35376 MNA, World Bank, Washington, DC.

[32] WTO (World Trade Organization). 2009. "Trade Policy Review—Kingdom of Morocco." Report by the Secretariat, WTO, Geneva.

第十四章　巴基斯坦

14.1　导论

过去几十年中,纺织服装业已成为巴基斯坦经济的支柱产业。2009/2010 年巴基斯坦财政报告显示,纺织服装业约占出口总额的 54%,提供直接就业 250 万人(其中服装业为 200 万人),占制造业就业总数的 38%(PRGMEA,2010)

《2009—2014 纺织政策规划》(Textile Policy)报告指出:纺织服装业是"巴基斯坦最重要的生产部门,拥有最长的产业链:占四分之一的工业附加值,就业人口占工业劳动力的 40%,占银行贷款 40% 以上,占国内生产总值的 8%,占国家出口额的 60%,在世界纺织服装出口国中排名十二。"

与亚洲诸多集中于生产价格低廉服装的出口国不同,巴基斯坦拥有大规模的纺织品生产和原料基地,这些原料也有部分直接出口。在世界 70 个棉花种植大国中,巴基斯坦是继中国、印度和美国之后排名第四的国家,但随着国内纺织业需求的不断增长,该国已成为净进口棉花的国家。巴基斯坦集中于生产纺织制成品(如床上用品、浴卫/厨房用品等),这些纺织制成品的出口额排名仅次于中国。服装出口仅占巴基斯坦纺织服装出口总额的 30% 左右,但 20 世纪 90 年代后期,巴基斯坦服装出口开始增加。该国纺织业的就业者以男性为主,相比之下,服装业和上游的棉花种植业以女性为主,棉花种植业主要是采棉工,而服装业主要是缝制工人。

在其他一些低成本的服装出口国家中,《多纤维协定》(MFA)激励着现有纺织服装产能的进一步提高。但是与其他大多数服装出口国不同,巴基斯坦纺织服装业的增长并不依靠配额跳过(quota-hopping)的外国投资者,外国直接投资(FDI)对该行业并未起到积极的推动作用。另外,巴基斯坦通常也没有美国和欧盟这些关键终端市场的优惠准入政策。

预期巴基斯坦的纺织业将从MFA的配额逐步取消中受益,但服装业在日益激烈的竞争中将失去优势。在MFA配额取消后的头三年,巴基斯坦的纺织服装出口仍能获得较多的市场份额和更高的出口额。然而,在全球金融危机以及2008年底针对中国特保措施结束的背景下,巴基斯坦的纺织服装出口呈下降态势。

除了了解全球的行业动态外,掌握行业内部的特定因素,对了解服装业的发展非常重要。尤其是最近巴基斯坦意识到,长期以来他们致力于生产以棉为主的纺织服装产品,而忽略了有潜力的非棉制服装生产。此外,巴基斯坦的服装出口企业对美国和欧盟这两个市场严重依赖,且出口产品的品类集中度相对较高。除了这些行业动态外,还需要在近期更广泛的历史背景下,对巴基斯坦服装业的发展趋势进行评估,包括"反恐战争"和自然灾害(2005年的地震和2010年的洪水)中面临的地缘政治和环境因素。这些事件影响了巴基斯坦服装业的发展,导致仅能获得短暂性的优惠市场准入和援助资金。

巴基斯坦纺织服装业的主要竞争优势是低廉的劳动力成本、纵向一体化的生产能力(包括棉花生产)以及源自政府产业转型升级基金的扶持政策。巴基斯坦面对的主要挑战是相对较低的生产效率以及产品质量问题;设计、时尚意识、技术和管理功能方面的技能缺口;由于公司规模较小,同时产业依赖于家庭作坊业,无法实现规模经济;出口到美国以及欧盟15国的产品集中度(欧盟集中度略逊于美国)问题;相对简单的低附加值产品。政治不稳定也是制约该国服装业发展的因素,对FDI影响显著。

14.2 服装业的发展

与其他南亚服装出口大国相比,巴基斯坦服装生产和出口起步较晚。20世纪80年代,巴基斯坦主要以出口棉制纺织品为主,特别是原棉、棉纱和棉布。1979年,巴基斯坦纺织品出口总额为9.91亿美元,主要包括原棉、棉纱、棉布,服装出口总额为7 900万美元。巴基斯坦纺织业的主导地位得益于20世纪60年代的农业"绿色革命",由此促进了棉花种植业的大规模发展;另外,20 世纪 70~80 年代历届政府的持续努力也推动了纺织业的发展。纺织业产能的增长带动了服装业的发展,因为服装出口在很大程度上依赖于国内的棉纱及棉布。这一现状反映了巴基斯坦针织服装基于短绒棉和低支纱的相对强势地位。相比之下,基于化纤的服装产品生产和出口只占很小份额(Khan,2003)。

从 20 世纪 90 年代起至 MFA 配额逐步取消,这一时期巴基斯坦纺织业和服装业的特点是出口整体呈增长态势。不过这两个行业的发展并不平衡,纺织品出口依然占据主导地位,2004 年纺织品出口占纺织服装出口总额的 70% 以上。在 20 世纪 90 年代前半期,巴基斯坦的纺织品出口快速增长,但在 20 世纪 90 年代后半期至 21 世纪初处于停滞状态,不过 2003 和 2004 年出口到欧盟和美国的纺织品又呈现大幅增长(Nordås, 2005)。纺织品出口占全球的市场份额从 1995 年的 2.8% 上升到 2004 年的 3.1%(见表 14-1)。巴基斯坦服装出口增长相对稳定,从 1991 年的 5.3 亿美元增加到 2004 年的 26.65 亿美元。服装出口占国际市场的份额略有增加,从 1995 的 0.8% 增长到 2004 年的 1.1%(见表 14-2)。针织服装产品占服装出口总额的重要程度也略有增加,从 1995 年的 58.6% 增长到 2004 年的 60.6%。

表 14-1　各年份巴基斯坦纺织品出口至全球的统计数据

	1995	1998	2001	2004	2005	2006	2007	2008	2009
出口总额/亿美元	38.48	38.01	42.67	56.79	59.76	66.99	71.27	68.25	62.52
年增长率/%	21.6	-3.1	4.0	17.4	5.2	12.1	6.4	-4.2	-8.4
占全球纺织品出口份额/%	2.8	2.6	2.9	3.1	3.1	3.4	3.3	3.1	3.6
纺织品分类品类的出口额/亿美元									
纱线	15.27	11.49	13.02	13.13	14.48	17.02	17.62	13.39	14.01
机织物	14.34	14.96	13.83	19.60	19.17	19.86	20.81	20.82	17.58
针织物	0.42	0.26	0.42	0.28	0.34	0.40	0.48	0.57	0.49
纺织制成品	6.57	9.16	12.81	20.56	22.39	26.30	28.98	30.23	28.11
地毯	1.71	1.93	2.30	2.80	2.96	3.03	3.04	2.84	1.90
纺织品细分品类的出口额占比/%									
纱线	39.7	30.2	30.5	23.1	24.2	25.4	24.7	19.6	22.4
机织物	37.3	39.4	32.4	34.5	32.1	29.7	29.2	30.5	28.1
针织物	1.1	0.7	1.0	0.5	0.6	0.6	0.7	0.8	0.8
纺织制成品	17.1	24.1	30.0	36.2	37.5	39.3	40.7	44.3	45.0
地毯	4.4	5.1	5.4	4.9	5.0	4.5	4.3	4.2	3.0

来源:联合国商品贸易统计数据库(UN Comtrade)。

注释:纺织品数据源自国际贸易分类标准(修订版 3)编码 65 及 65 分组;出口额代表全球源自巴基斯坦的进口额;由于国际贸易分类标准以四位数分组的一些品类对巴基斯坦而言并无显著意义而被省略,因此份额总和不等于 100%;增长率指与上年相比的变化。

表 14-2　各年份巴基斯坦服装出口至全球的统计数据

	1995	1998	2001	2004	2005	2006	2007	2008	2009
出口总额/亿美元	12.79	14.46	18.03	26.65	26.73	30.81	33.52	35.04	32.12
年增长率/%	15.8	7.6	4.1	16.9	0.3	15.3	8.8	4.5	−8.3
占全球出口市场份额/%	0.8	0.8	0.9	1.1	1.0	1.1	1.1	1.0	1.1
机织服装与针织服装出口额/亿美元									
机织服装	5.29	6.34	7.90	10.50	11.18	12.74	14.44	15.74	14.82
针织服装	7.49	8.12	10.13	16.14	15.55	18.06	19.08	19.30	17.30
机织服装与针织服装出口额占比/%									
机织服装	41.4	43.9	43.8	39.4	41.8	41.4	43.1	44.9	46.1
针织服装	58.6	56.1	56.2	60.6	58.2	58.6	56.9	55.1	53.9

来源:联合国商品贸易统计数据库(UN Comtrade)。
注释:出口额代表贸易伙伴国的进口额;服装分类源自商品名称及编码协调制度(HS)1992,HS62 指机织服装,HS61 指针织服装;增长率指与上年相比的变化。

20世纪90年代和21世纪初,整个纺织服装业对巴基斯坦经济发展的重要程度没有改变,1990—2005年期间,纺织服装业占出口总额的60%左右。然而,各品类的重要程度却发生了变化。总体来说,巴基斯坦逐步减少未加工原棉的出口,而以棉为主的纺织服装深加工增加了国内产品的附加值,特别是扩大了纺织制成品(包括毛巾和床上用品)的出口以及针织居家服(主要是针织内衣和睡衣)等成衣服装的出口(见表 14-3 和图 14-1)。

表 14-3　各年份基于 HS 分类的巴基斯坦纺织服装出口统计数据

HS 编码	产品	海关报价/亿美元					市场份额/%				
		1995	2000	2005	2008	2009	1995	2000	2005	2008	2009
50~63	**合计**	**52.41**	**60.21**	**88.66**	**105.10**	**96.49**					
63	纺织制成品	6.57	11.68	22.67	30.67	28.58	12.5	19.4	25.6	29.2	29.6
61	针织服装	7.49	9.85	15.55	19.30	17.12	14.3	16.4	17.5	18.4	17.7
62	机织服装	5.29	7.47	11.18	15.74	14.82	10.1	12.4	12.6	15.0	15.4
5204~07	棉纱	14.05	11.75	13.79	12.65	13.46	26.8	19.5	15.6	12.0	13.9
5208~12	棉织物	9.53	8.52	12.60	13.87	12.65	18.2	14.2	14.2	13.2	13.1
54~55	化纤纱、织物	5.38	6.08	7.38	7.49	5.32	10.3	10.1	8.3	7.1	5.5
5201~03	原棉	1.45	1.74	0.44	1.27	1.51	2.8	2.9	1.6	1.2	1.6
60	针织物	0.40	0.30	0.34	0.57	0.49	0.8	0.5	0.4	0.5	0.5

来源:联合国商品贸易统计数据库(UN Comtrade)。
注释:数据源自商品名称及编码协调制度(HS)1992,编码 50~63;出口额代表贸易伙伴国的进口额。

关于巴基斯坦服装业的发展,应基于不断变化的国际贸易制度,特别是在《多纤维协定》/《纺织品与服装协议》(MFA/ATC)框架以及由美国、欧盟给予的临时性市场准入优惠政策的背景下进行评估。巴基斯坦出口

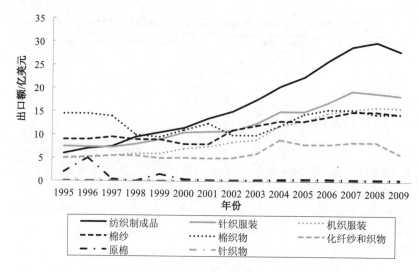

图 14-1　1995—2009 年基于 HS 分类的巴基斯坦纺织服装出口额
来源：联合国商品贸易统计数据库（UN Comtrade）。
注释：数据源自商品名称及编码协调制度（HS）1992，编码 50～63；出口额代表贸易伙伴国进口额。

产品面对的是配额受限的市场，即主要的出口产品，包括床上用品、毛巾、机织长裤的出口均受配额限制（Khan，2003）。但总体上，与中国和印度相比，欧盟和美国对巴基斯坦的配额限制较少（ILO，2005）。在国际"反恐战争"的背景下，欧盟和美国提高了巴基斯坦的市场优惠准入待遇，促进了2001—2005 年期间该国产品的出口，尤其是服装出口。例如，依据普惠制（GSP）中关于"打击毒品生产和贩买的特殊协定"，2002 年欧盟对巴基斯坦削减各种产品关税并增加出口配额后，该国对欧盟的服装出口增长了25％（EC Delegationto Pakistan，2004）。在同一背景下，美国则只是扩大了巴基斯坦的配额（没有关税减让）。

　　除了这些与贸易有关的因素外，行业发展还得益于国家的政策扶持，特别是《纺织 2005 远景规划》（Textile Vision，2005）。在千禧年到来之际，随着 MFA 配额逐步取消，巴基斯坦的政府部门和行业组织共同制定了这一远景规划。该规划重点指出了巴基斯坦纺织服装产业链的主要薄弱环节，包括出口严重依赖低价纱线和面料的局面以及缺乏训练有素的员工队伍。为此，该远景规划制定了一项应对这些挑战的政策框架（GoP，2000），包括向服装和纺织制成品领域转型、提升整个产业链的产品质量以及 MFA 配额逐步取消后行业的重新定位，这些重点战略意味着纺织加工全过程的技术升级、劳动力开发以及市场营销功能的提升（Siegmann,2006)。此外,在 21 世纪初,巴基斯坦政府降低了服装出口企业若干进口材料和机器设备的关税,特别对用于产品再出口的进口材料(面辅料)实行免税制度(USITC,2004),但这一战略的全面实施选择性地集中于纺织业(Nordås,2005;Siegmann,2006)。提高人员技能基础和非制造业开发能力可以提升高附加值产品的出口,但巴基斯坦在这方面仍有差距(ADB,2004;Siegmann,2006)。

关于 MFA 配额逐步取消对巴基斯坦服装出口的影响,业界的预期较为悲观,但预计纺织品出口将增加。然而在 MFA/ATC 配额取消后的最初三年,巴基斯坦纺织品和服装出口均呈增长态势(Siegmann,2009)。如果欧盟不征收床上用品反倾销税(13.1%),且巴基斯坦出口欧盟时的特别市场准入待遇没有因为印度向 WTO 投诉而终止的话,巴基斯坦纺织服装出口本来会有更好的增长(ILO,2005)。由于 MFA 配额逐步取消,特定的细分市场受到了不同程度的影响(见图 14-1)。值得一提的是,床上用品作为传统强势品种遭遇出口下降,而毛巾出口仍呈现缓慢而稳定的增长。另外,由于供生产出口服装品类的国产纱线和面料比例增加,导致纱线及织物的出口下滑。在后配额时代,服装出口继续增长。针织服装出口仅在 2005 年略有下降,机织服装出口直到 2008 年持续增长。

在后配额时代,巴基斯坦对美国的服装出口增加,占美国服装进口市场的份额从 2004 年的 1.7%上升到 2008 年的 2.1%(见表 14-4),但出口到美国的服装平均单价却大幅下降。出口到欧盟 15 国的机织服装单价增长,但重要的针织服装单价下降明显。根据出口额统计,2005 年巴基斯坦对欧盟 15 国的服装出口额下降了 15%,2006 年又回升了 15%(见表14-5)。对欧盟 15 国的出口单价相对稳定,与美国有类似倾向,针织服装出口单价略有下降,机织服装出口单价略有上升。根据巴基斯坦政府的调查评估,该国服装业未能有效利用配额取消后的环境,因为全球采购的其他因素(例如质量或货品快速周转)变得更为重要。相反,巴基斯坦服装业深陷于低价值、低生产率的恶性循环,企业经营的焦点仍然是低廉的劳动力成本(GoP,2008a)。

为了应对后配额时代激烈的市场竞争,巴基斯坦政府出台了多项政策措施以稳定行业发展(IFPRI,2008)。特别是 2005 年出台了为服装出口企业提供 6%的"研发"(R&D)现金补贴政策,随后几年里纺织业也得到这项补贴。这项政策旨在通过产品开发、创新、人力资源开发以及技术升级提高企业的运营能力。据统计,到 2008 年,该项计划耗资大约 300亿巴基斯坦卢比,但"促进技术升级"似乎并没有成功(GoP,2008b)。这项政策的失败与巴基斯坦国内 2007—2008 年发生的巨大变化有关,特别是与投资利率上升至 35%、融资成本显著增加、棉花价格飙升以及高通胀率等有关。业界代表认为,纺织服装业在履行出口承诺以及应对不断上升的融资利率、公用事业费用和原材料成本方面,政府的扶持政策至关重要(*Just-style*,2008)。

表 14-4　各年份美国进口巴基斯坦服装的相关数据

	1996	1998	2001	2004	2005	2006	2007	2008	2009
进口总额/亿美元	5.67	6.83	9.35	11.47	12.73	14.27	15.14	15.08	13.19
年增长率/%	—	9.5	0.6	12.1	11.0	12.1	6.0	−0.3	−12.6
占美国服装进口份额/%	1.5	1.4	1.6	1.7	1.8	1.9	2.0	2.1	2.1
机织服装与针织服装进口额/亿美元									
机织服装	1.67	2.24	3.00	2.90	3.45	3.94	4.45	4.60	3.85
针织服装	4.01	4.59	6.35	8.57	9.28	10.33	10.69	10.49	9.34
机织服装与针织服装进口额占比/%									
机织服装	29.4	32.8	32.1	25.3	27.1	27.6	29.4	30.5	29.2
针织服装	70.6	67.2	67.9	74.7	72.9	72.4	70.6	69.5	70.8

来源:美国国际贸易委员会(USITC)。
注释:服装数据源自商品名称及编码协调制度(HS)编码 61~62;海关完税价;增长率指与上年相比的变化;"—"指不适用。

表 14-5　各年份欧盟 15 国进口巴基斯坦服装的相关数据

	1995	1998	2001	2004	2005	2006	2007	2008	2009
进口总额/亿欧元	4.34	4.92	6.46	9.06	7.70	8.89	8.90	8.65	8.72
进口质量/万吨	5.8	6.0	7.5	11.5	10.2	11.7	11.6	11.5	11.4
占欧盟 15 国服装进口份额/%	0.9	0.7	0.8	1.1	0.9	0.9	0.9	0.8	0.9
年增长率/%									
金额	—	2.6	8.6	13.1	−15.0	15.4	0.2	−2.9	0.9
质量	—	1.2	10.3	12.0	−11.0	14.2	−0.8	−0.7	−1.2
机织服装与针织服装进口额/亿欧元									
机织服装	2.26	2.64	3.92	4.66	4.47	5.02	5.03	5.05	5.30
针织服装	2.08	2.28	2.53	4.40	3.23	3.87	3.87	3.60	3.43
机织服装与针织服装进口额占比/%									
机织服装	52.1	53.7	60.8	51.4	58.1	56.4	56.6	58.4	60.7
针织服装	47.9	46.3	39.2	48.6	41.9	43.6	43.4	41.6	39.3
机织服装与针织服装质量/万吨									
机织服装	2.9	3.1	4.2	5.7	5.6	6.0	6.1	6.1	6.1
针织服装	2.9	2.9	3.4	5.8	4.6	5.7	5.4	5.4	5.2

来源:欧盟统计局。
注释:服装数据源自商品名称及编码协调制度(HS)编码 61~62;增长率指与上年相比的变化;"—"指不适用。

由于受全球金融危机影响,消费需求低迷,与大多数服装出口国一样,巴基斯坦的出口也受到了负面影响。与 2008 年相比,2009 年巴基斯坦纺织品出口下降 8.4%,服装出口下降 8.3%(见表 14-1 和表 14-2)。尽管出口的绝对值下降,但巴基斯坦在国际市场上所占份额却略有增加,2009 年纺织品和服装的全球份额占比分别为 3.6% 和 1.1%。2008—2009 年,巴基斯坦纺织服装出口受阻,不仅仅是传统出口市场机会的恶化,同时也受到进口(面辅料)投入成本增加的不利影响。自 2008 年开始,全球棉花价格不断上涨,特别是中国对巴基斯坦的棉纱需求量越来越大。在这种背景下,国内棉花种植业从业者和纺纱企业宁愿将他们的产品出口,而不是销售给国内的面料和服装生产商。对依赖棉花原料供给的巴基斯坦纺织和服装企业而言,这种局面造成了负面影响。为确保纺织和服装出口企业有足够的原料投入,政府允许免税进口棉纱。按照同样的思路,2009 年巴基斯坦推出了棉纱出口配额制度,同时也出台了出口退税制度以及为特定出口产品的设备提供融资扶持等政策措施(PTJ,2010a)。

尽管 2010 年服装出口商遭遇不景气的经济环境,但巴基斯坦似乎仍是赢家。虽然 2010 年巴基斯坦有恐怖爆炸事件、灾难性的洪水和不稳定的能源,但该国纺织和服装业的出口仍在增长。2010 年 8 月巴基斯坦发生洪灾,但纺织企业和服装面料的出口供应稳定,棉花供货也未受重创(*Just-style*,2010a)。诸多因素促成了这些表现:国内种植的棉花大量供应、纺织服装纵向一体化能力提高、低成本劳动力、大量投资最先进的机械设备、货币贬值、政府的激励措施等(Sekhar,2010)。

14.3 服装业的结构

(1) 企业类型

巴基斯坦是除中国、印度和土耳其之外拥有重要原料基地和纺织服装纵向一体化制造业的少数几个国家之一。在过去十年里,虽然巴基斯坦服装业越来越重要,但纺织服装业综合体仍以纺织业为中心。在政府政策扶持下,巴基斯坦的纺织服装业已经开始实现现代化,由此该国拥有现代的纺纱、织布以及近年来兴起的整理工艺和技术。巴基斯坦拥有 1 221 家轧棉工厂,这些工厂主要分布在巴基斯坦旁遮普省(Punjab)和信德省(Sindh)的棉花种植区。巴基斯坦是亚洲第三大纺纱基地,共有 521 家纺织企业,拥有 1 130 万枚纺锭、约 20 万头转杯纺设备,约 50% 的纺锭使用时间少于七年(*Just-style*,2010b)。巴基斯坦在费萨那巴德(Faisalabad)、卡拉奇(Karachi)和拉合尔(Lahore)这样的大城市周围拥有约 36 万台小型动力织机(见表 14-6)。

表 14-6　巴基斯坦纺织服装业的企业数量及规模

部门	企业数量	规模
轧棉	1 221	5 488 台轧棉机
纺纱	521(复合型 50 家,纺纱 471 家)	112.66 亿枚纺锭,19.6 万头转杯纺
织造	150	2.79 万台无梭织机
	500	36 万台动力织机
纺织整理	750	46 亿平方米
服装(机织)	800	16 万台工业缝纫机
	5 000	45 万台家用缝纫机
毛巾织物	800	700 台无梭织机
		1 万台有梭织机
针织服装	1 200	1.8 万台普通针织机
		1 万台针织横机
		1.2 万台针织大圆机
帆布	—	2 000 台织机
		30 万台工业织布机

来源:纺织委员会(巴基斯坦政府)。
注释:规模大小一栏中的数据是估计值;"—"指暂无数据。

　　巴基斯坦家庭作坊在服装业占重要地位。据业内人士估计,巴基斯坦 70%～80% 的生产经营单位由小型家庭作坊组成。其余企业,通常由大型、综合性的针织企业构成(SMEDA,2002;参见 USITC,2004),这些大型企业呈纵向一体化组织形式,主要用原棉纱织造成针织面料并加工成针织成衣(GoP,2008a)。相反,机织服装以中小型企业为主(其中也有许多家庭作坊企业),每家企业拥有 50～300 台缝制设备(*Just-style*,2010b)。大多数服装企业位于卡拉奇(Karachi)、拉合尔(Lahore)、费萨拉巴德(Faisalabad)、木尔坦(Multan)、古杰朗瓦拉(Gujranwala)和锡亚尔科特(Sialkot)等主要城市或周边地区。据业内人士披露,巴基斯坦的针织业最具增长潜力,预计未来五年针织业将以每年 12% 的速度增长(*Just-style*,2010b)。

　　迄今为止,巴基斯坦纺织服装业的 FDI 并未发挥重要作用。这与巴基斯坦的 FDI 水平普遍较低有关,从 20 世纪中期开始,大部分外商投资集中于金融、电信服务和自然资源行业(Hamdani,2009)。然而据巴基斯坦国家银行统计,至 2007 年,纺织服装业的 FDI 不断增加,此后有所下降(见表 14-7),主要集中在纺织业,估计服装业的外商投资的作用小于 2%(Hamdani,2009)。近年来,政府采取了若干吸引外资的措施,帮助巴基斯坦实现经济现代化。虽然巴基斯坦具有完全开放和宽松的 FDI 环境,但该国的不安全性,尤其是与"反恐战争"的关联,似乎超过了经商获利的魅力①。在 FDI 方面,中国在巴基斯坦纺织服装业有特别的定向投资(*Just-style*,2010c)。

表 14-7　巴基斯坦纺织服装业外国直接投资(FDI)的统计数据

	2000 — 2001	2001 — 2002	2002 — 2003	2003 — 2004	2004 — 2005	2005 — 2006	2006 — 2007	2007 — 2008	2008 — 2009	2009 — 2010
纺织服装业投/亿美元	0.046	0.185	0.261	0.354	0.393	0.47	0.594	0.301	0.369	0.278
全部FDI/亿美元	3.224	4.847	7.98	9.494	15.239	35.21	51.396	54.098	37.199	21.508
纺织服装业占/%	1.4	3.8	3.3	3.7	2.6	1.3	1.2	0.6	1.0	1.3

来源:巴基斯坦政府投资委员会。

鉴于纺织服装业在巴基斯坦经济中的重要地位,该行业一直备受政府重视,政府为此出台了各项政策措施,旨在推动行业技术升级。在《纺织 2005 远景规划》(Textile Vision 2005)的框架以及随后的政策推动下,巴基斯坦对纺织服装业进行了大量投资(ADB,2004)。巴基斯坦纺织委员会办公室(Textile Commissioner's Office)报道,1999—2009 年的十年间,巴基斯坦对纺织服装业的累计投资总额约为 75 亿美元,其中纺纱业占总投资额的 50% 以上,而服装业的份额相对较小,仅占 7%(见表 14-8)。

表 14-8　1999—2009 年巴基斯坦纺织服装业的累计投资情况

行业	占总投资的比例/%
纺纱	50.20
织布	15.23
纺织加工(整理)	17.08
服装(针织服装与机织服装)	7.02
纺织制成品	4.71
合成纤维纺织品	5.76

来源:巴基斯坦政府纺织委员会;PRGMEA(巴基斯坦成衣服装制造商和出口商协会),

①根据 2010 年世界银行的营商环境报告(World Bank's Doing Business Report):巴基斯坦在 183 个国家和地区的排名中位列第 83 位,并在南亚地区的国家中位居榜首(巴基斯坦政府投资委员会,http://investinpakistan.pk/EaseDB.htm)。

2010。

(2) 终端市场

巴基斯坦服装出口的终端市场集中度高。2009 年,87%的服装出口到美国和欧盟 15 国,出口美国和欧盟 15 国的市场份额分别为 43.6%和43.4%(见表 14-9)。加拿大、土耳其和波兰排名其后,市场份额分别为2.3%、1.5%和 1.3%。2000 年巴基斯坦出口到美国和欧盟 15 国的份额为 92.6%,之后巴基斯坦对这两个主要终端市场的出口集中度降低。对美国的服装出口从 2000 年的 58.4%下降至 2009 年的 43.6%,而同期对欧盟 15 国的出口份额从 34.3%上升到 43.4%。

表 14-9　各年份巴基斯坦服装出口终端市场排名前五的统计数据

国家/地区/经济体	海关报价/亿美元					市场份额/%				
	1995	2000	2005	2008	2009	1995	2000	2005	2008	2009
全球	12.79	17.31	26.73	35.04	32.12					
美国	5.98	10.10	13.77	16.09	14.02	46.8	58.4	51.5	45.9	43.6
欧盟 15 国	5.88	5.93	10.88	14.63	13.93	46.0	34.3	40.7	41.8	43.4
加拿大	0.46	0.50	0.57	0.69	0.72	3.6	2.9	2.1	2.0	2.3
土耳其	n.a.	n.a.	n.a.	0.51	0.48	n.a.	n.a.	n.a.	1.5	1.5
波兰	n.a.	n.a.	n.a.	0.39	0.41	n.a.	n.a.	n.a.	1.1	1.3
阿联酋	n.a.	n.a.	0.18	n.a.	n.a.	n.a.	n.a.	0.7	n.a.	n.a.
沙特阿拉伯	0.13	0.10	0.14	n.a.	n.a.	1.0	0.6	0.5	n.a.	n.a.
澳大利亚	n.a.	n.a.	n.a.	n.a.	n.a.	n.a.	0.6	n.a.	n.a.	n.a.
挪威	0.05	n.a.	n.a.	n.a.	n.a.	0.4	n.a.	n.a.	n.a.	n.a.
排名前五的出口额与份额	12.50	16.74	25.53	32.32	29.56	97.8	96.7	95.5	92.2	92.0

来源:联合国商品贸易统计数据库(UN Comtrade)。
注释:服装数据源自商品名称及编码协调制度(HS)1992,编码 61 和 62;出口额代表贸易伙伴国的进口额;n.a. 指数据不适合入表(表示该国家/地区/经济体在指定年份不在前五名之列)。

出口到其他国家的服装份额从 4.5%增加到 10.8%(见图 14-2)。巴基斯坦纺织品的出口集中度相对较低。2009 年,巴基斯坦纺织品的主要出口市场仍然是欧盟 15 国和美国,合计占纺织品出口总额的 53.9%(见表 14-10)。此外,中国、中国香港和土耳其也是重要的出口市场。自 2005年以来,巴基斯坦出口到传统亚洲目的地中国香港和韩国的市场份额呈现下降趋势,而源自中国、土耳其的需求却在增加(见图 14-3)。

表 14-10 各年份巴基斯坦纺织品出口终端市场排名前十的统计数据

国家/ 地区/ 经济体	海关报价/亿美元					市场份额/%				
	1995	2000	2005	2008	2009	1995	2000	2005	2008	2009
全球	38.48	41.02	59.76	68.25	62.52					
欧盟 15 国	10.39	10.13	15.45	21.89	19.39	27.0	24.7	25.9	32.1	31.0
美国	4.34	9.81	17.04	16.19	14.33	11.3	23.9	28.5	23.7	22.9
中国	1.67	4.08	5.74	5.98	9.07	4.3	9.9	9.6	8.8	14.5
土耳其	1.45	0.56	2.61	3.71	3.67	3.8	1.4	4.4	5.4	5.9
中国香港	5.59	4.89	4.92	3.38	2.73	14.5	11.9	8.2	5.0	4.4
韩国	2.25	2.04	1.23	0.87	1.02	5.8	5.0	2.1	1.3	1.6
斯里兰卡	n.a.	n.a.	n.a.	1.02	0.95	n.a.	n.a.	n.a.	1.5	1.5
加拿大	0.88	1.00	1.01	0.88	0.81	2.3	2.4	1.7	1.3	1.3
南非	n.a.	n.a.	n.a.	0.85	0.68	n.a.	n.a.	n.a.	1.2	1.1
澳大利亚	0.80	0.83	n.a.	0.79	0.66	2.1	2.0	n.a.	1.2	1.1
孟加拉国	1.34	n.a.	0.87	n.a.	n.a.	3.5	n.a.	1.5	n.a.	n.a.
阿联酋	n.a.	0.86	0.86	n.a.	n.a.	n.a.	2.1	1.4	n.a.	n.a.
日本	4.72	1.52	0.75	n.a.	n.a.	12.3	3.7	1.3	n.a.	n.a.
排名前十的出 口额与份额	33.43	35.72	50.48	55.55	53.32	86.9	87.1	84.5	81.4	85.3

来源:联合国商品贸易统计数据库(UN Comtrade)。
注释:国际贸易分类标准修订版 3;出口额代表贸易伙伴国家和地区的进口额;n.a. 指数据不适合入表
(表示该国家/地区/经济体在指定年份不在前十名之列)。

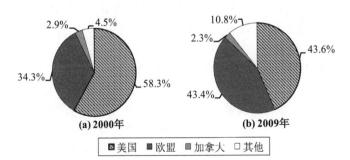

图 14-2 2000 和 2009 年巴基斯坦服装出口排名前四的市场份额

来源:联合国商品贸易统计数据库(UN Comtrade)。
注释:服装数据源自商品名称及编码协调制度(HS)1992,编码 61~62;出口代表
贸易伙伴国的进口。

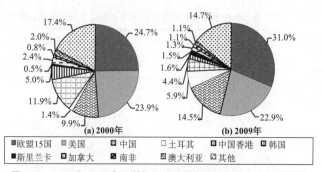

图 14-3　2000 和 2009 年巴基斯坦纺织品出口排名前十的市场份额
来源:联合国商品贸易统计数据库(UN Comtrade)。
注释:国际贸易分类标准修订版 3 第 65 章;出口代表贸易伙伴国家和地区的
进口;这些国家包括 2009 年排名前十的纺织出口目的地。

(3) 出口产品

巴基斯坦纺织服装的出口品类中,纺织制成品是主要的出口品类。
2009 年纺织制成品出口占纺织服装出口总额的 29.6%,其次是针织服装
(17.7%)、机织服装(15.4%)、棉纱(13.9%)和棉织物(13.1%)(见表
14-3)。服装出口方面,2009 年针织产品占巴基斯坦服装出口的 54%左
右。2004 年针织服装出口达到峰值(60.6%),随后一直下降。2005—
2008 年,针织服装和机织服装的出口额都在持继增长,而机织服装的出口
额增长更快(见表 14-2)。巴基斯坦机织服装和针织服装出口高度集中于
少数品类。2009 年,出口至美国排名前五的服装品类占出口美国服装总
额的 63%,排名前十的占出口美国服装总额的 83%;出口至欧盟 15 国排
名前五的服装品类占出口欧盟 15 国服装总额的 60%,排名前十的占出口
欧盟 15 国服装总额的 71.5%(见表 14-11 和表 14-12)。自 2000 年以来,
出口到美国和欧盟 15 国的产品集中度不断上升。

出口到美国和欧盟 15 国排名前十的服装产品中有八类出现重叠。
出口到这两个市场最多的产品是裤装、针织套头衫式衬衫、运动衫、T 恤、
衬衫以及袜子。出口到美国市场排名前十的产品中有七类为针织品,出
口到欧盟 15 国市场排名前十的产品中有八类为针织品。尽管出口到欧
盟 15 国市场的产品中,排名靠前的品类大多是针织服装,但数量最多的
两种品类为机织产品。在欧盟 15 国市场中,男士、女士机织裤装特别重
要,这两类产品占 2009 年出口份额的 44.9%。

出口到美国市场的产品中,按出口额计算,针织套头衫式衬衫和运动
衫的出口额最高,男士机织裤装明显高于女士机织裤装。巴基斯坦出口
到美国的产品以棉制品为主,排名前十的品类全是棉制品。在欧盟 15 国
市场,纤维种类呈多样化,排名前十的产品,有八类是棉制品。

表 14-11 各年份美国从巴基斯坦进口服装品类排名前十的统计数据

HS 编码	产品	海关报价/亿美元					市场份额/%				
		1996	2000	2005	2008	2009	1996	2000	2005	2008	2009
总额		5.67	9.29	12.73	15.08	13.19					
611020	棉制针织运动衫	0.98	2.84	3.22	2.45	2.25	17.3	30.6	25.3	16.2	17.1
620342	棉制机织男裤	0.22	0.71	1.14	2.21	1.67	3.9	7.6	8.9	14.7	12.6
610910	棉制针织 T 恤	0.25	0.35	0.76	1.70	1.52	4.3	3.7	6.0	11.3	11.5
610510	棉制针织男衬衫	2.11	1.72	1.92	2.00	1.48	37.2	18.6	15.1	13.2	11.2
611595ᵃ	棉制针织袜类	n. a.	n. a.	0.76	1.38	1.40	n. a.	n. a.	6.0	9.2	10.6
620462	棉制机织女裤	0.09	0.17	0.64	1.04	0.94	1.5	1.9	5.0	6.9	7.2
610120	棉制针织风雨衣	n. a.	n. a.	0.51	0.83	0.84	n. a.	n. a.	4.0	5.5	6.4
621142	棉制机制女运动衫	0.16	0.25	0.26	0.36	0.36	2.8	2.7	2.0	2.4	2.7
610342	棉制针织男裤	n. a.	n. a.	n. a.	n. a.	0.29	n. a.	n. a.	n. a.	n. a.	2.2
610462	棉制针织女裤	n. a.	n. a.	0.22	0.29	0.20	n. a.	n. a.	1.7	1.9	1.5
610220	棉制针织女套衫	n. a.	n. a.	0.24	0.22	n. a.	n. a.	n. a.	1.9	1.4	n. a.
620520	棉制机织男衬衫	0.27	0.34	n. a.	n. a.	n. a.	4.7	3.7	n. a.	n. a.	n. a.
620343	化纤机织男裤	n. a.	0.20	n. a.	n. a.	n. a.	n. a.	2.2	n. a.	n. a.	n. a.
620891	棉制女内衣	n. a.	0.18	n. a.	n. a.	n. a.	n. a.	1.9	n. a.	n. a.	n. a.
620192	棉制男夹克衫	n. a.	0.15	n. a.	n. a.	n. a.	n. a.	1.6	n. a.	n. a.	n. a.
610610	棉制针织女衬衫	0.17	n. a.	n. a.	n. a.	n. a.	3.0	n. a.	n. a.	n. a.	n. a.
620630	棉制机制衬衫	0.13	n. a.	n. a.	n. a.	n. a.	2.2	n. a.	n. a.	n. a.	n. a.
620442	棉制机制连衣裙	0.09	n. a.	n. a.	n. a.	n. a.	1.7	n. a.	n. a.	n. a.	n. a.
排名前十的进口额与份额		4.47	6.91	9.67	12.48	10.95	78.7	74.4	75.9	82.7	83

来源:美国国际贸易协会(USITC)。

注释:美国海关完税价;服装分类依据商品名称及编码协调制度(HS)1992,HS62 指机织服装,HS61 指针织服装;"n. a."指数据不适合入表(表示该品类在指定年份不在前十名之列);a 表示 2007 年 HS 编码 611592 改变为 611595。

表 14-12 各年份欧盟 15 国从巴基斯坦进口服装品类排名前十的统计数据

HS 编码	产品	海关报价/亿美元					市场份额/%				
		1998	2000	2005	2008	2009	1998	2000	2005	2008	2009
总额		4.92	5.95	7.70	8.65	8.72					
620342	棉制机织男裤	1.02	1.30	1.77	2.65	2.86	20.8	21.9	22.9	30.7	32.8
620462	棉制机织女裤	0.41	0.68	1.14	0.94	1.06	8.4	11.4	14.8	10.9	12.1
611020	棉制针织运动衫	0.28	0.29	0.47	0.47	0.50	5.8	4.8	6.1	5.5	5.7
610910	棉制针织 T 恤	0.28	0.40	0.64	0.48	0.46	5.7	6.8	8.3	5.5	5.3
611595ᵃ	棉制针织袜类及 NESOI	0.16	0.21	0.34	0.35	0.39	3.2	3.6	4.5	4.0	4.5
610510	棉制针织男衬衫	0.21	0.18	0.20	0.33	0.34	4.3	3.0	2.5	3.8	3.4
611610	塑胶非运动手套	n. a.	n. a.	0.18	0.27	0.22	n. a.	n. a.	2.4	3.2	2.5
610462	棉制针织女裤	0.34	0.27	0.14	n. a.	0.16	6.8	4.6	1.8	n. a.	1.9
611030	化纤针织运动衫	n. a.	n. a.	n. a.	0.16	0.16	n. a.	n. a.	n. a.	1.9	1.8
610342	棉制针织男裤	n. a.	n. a.	0.16	0.16	0.14	n. a.	n. a.	1.9	1.9	1.6
611692	棉制针织非运动手套	0.17	0.19	0.12	0.16	n. a.	3.5	3.2	1.5	1.9	n. a.
620791	内穿衬衫和浴衣	n. a.	n. a.	n. a.	0.20	n. a.	n. a.	n. a.	2.3	1.9	n. a.
610831	睡袍和睡衣	0.17	0.15	0.14	n. a.	n. a.	3.4	2.5	1.9	n. a.	n. a.
620891	内穿衬衫和浴衣	0.12	0.14	n. a.	n. a.	n. a.	2.4	2.3	n. a.	n. a.	n. a.
排名前十的进口额与份额		3.18	3.81	5.16	5.99	6.24	64.5	64.0	67.0	69.2	71.5

来源:欧盟统计局。

注释:服装进口数据源自商品名称及编码协调制度(HS),HS62 指机织服装,HS61 指针织服装;NESOI 指其他未列明材料的品类;"n. a."指数据不适合入表(表示该品类在指定年份不在前十名之列);a 表示 2007 年 HS 编码 611592 改变为 611595。

在平均单价方面,巴基斯坦以低附加值产品出口为导向,该国服装出口是全球最廉价的国家之一(PRGMEA,2010)。亚州发展银行的早期研究表明(ADB,2004),巴基斯坦服装业主要从事低附加值产品的加工。根据 PRGMEA 的统计数据,自 2004 年以来,机织服装平均单价增加,而针织服装平均单价逐年下降。如表 14-13 所示,在后配额时代,出口美国和欧盟市场的服装平均单价略有下降。

表 14-14 为巴基斯坦纺织品出口品类的份额比较。整体而言,巴基斯坦的纺织品出口从 1995 至 2008 年呈增长态势,但 2009 年出现下降。2009 年出口下降主因是棉机织物出口的减少。出口增长在很大程度上得益于家纺产品出口,较小程度上得益于棉机织物出口;棉纱出口时而下降或维持不变。近年来,巴基斯坦牛仔布出口顺畅,2009 年巴基斯坦是该面料排名前十的出口国中唯一未受经济衰退影响的国家(增幅达 54.1%)。2005—2009 年,巴基斯坦牛仔布出口年均增长 24.4%,是牛仔布十大出口国中增长率最高的国家。同期,巴基斯坦含棉 85% 或以上的牛仔布主要出口到两个市场:土耳其(33%)和孟加拉国(23%)。

表 14-13　巴基斯坦出口至欧盟 15 国和美国的服装单价

年份	欧盟 15 国单价(欧元/千克)			美国单价(美元/打)		
	针织	机织	总体均价	针织	机织	总体均价
1996	7.40	7.90	7.70	48.10	33.90	42.80
1997	7.80	8.40	8.10	50.80	37.60	45.10
1998	7.80	8.60	8.20	48.90	38.60	44.90
1999	7.50	8.10	7.80	47.40	35.80	43.00
2000	7.90	9.40	8.70	43.90	34.00	40.00
2001	7.60	9.40	8.60	48.10	29.20	39.60
2002	7.90	8.40	8.20	41.90	29.70	37.30
2003	7.30	8.20	7.80	39.70	29.60	36.60
2004	7.60	8.10	7.90	38.30	31.50	36.30
2005	7.00	8.00	7.50	35.30	33.80	34.90
2006	6.80	8.40	7.60	31.60	36.80	33.00
2007	7.10	8.20	7.70	31.50	40.80	34.00
2008	6.60	8.30	7.50	29.80	41.10	32.90
2009	6.50	8.60	7.70	28.90	39.50	31.60

来源:欧盟统计局,以千克为单位;美国国际贸易委员会(USITC),仅统计数量以打为第一计量单位的商品。

表 14-14　各年份巴基斯坦纺织品出口品类排名前三的统计数据

品类及 SITC 编码	海关报价/亿美元					市场份额/%				
	1995	2000	2005	2008	2009	1995	2000	2005	2008	2009
纺织品出口总额：65	38.48	41.02	59.76	68.25	62.52					
棉纱：651.3	14.28	11.74	13.73	12.63	13.45	37.1	28.6	23.0	18.5	21.5
棉机织物：652	9.83	8.66	12.78	13.98	12.74	25.5	21.1	21.4	20.5	20.4
家用品：658.4	5.16	8.50	17.21	24.62	23.12	13.4	20.7	28.8	36.1	37.0
排名前三的出口额与份额	29.26	28.90	43.72	51.23	49.32	76.0	70.4	73.2	75.1	78.9

来源：美国商品贸易统计数据库(UN Comtrade)。
注释：国际贸易分类标准(SITC)修订版 3，编码 65、651.3、652 和 658.4；出口额代表贸易伙伴国的进口额。

　　2009 年，巴基斯坦出口最多的纺织品是床上用品和浴卫/厨房用品（家用纺织品），1995—2009 年间，这些类别的出口显著增加。1995 年，家用纺织品仅占全部纺织品出口的 13.4%，但 2009 年的出口份额上升到 37.0%。图 14-4 所示为家用纺织品中排名前四位的份额，其中棉制机织床上用品的市场份额增长最多。

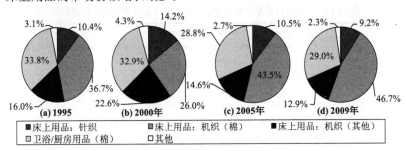

图 14-4　各年份巴基斯坦家纺产品出口排名前四的市场份额
来源：美国商品贸易统计数据库(UN Comtrade)
注释：国际贸易分类标准修订版 3，编码 65841、65842、65843 和 65847；出口代表全球源自巴基斯坦的进口。

(4) 后向关联（与纺织业的链接）

　　巴基斯坦有着重要的原料基地，连接纺织服装生产的各个阶段，是全球少数拥有这种纵向一体化产业的国家之一。巴基斯坦是世界第四大棉花生产国和第三大棉花消费国，因此巴基斯坦的后向关联（与纺织业的链接）从服装业到纺织业，直至纤维产业都得到了稳定的发展。在纺织业，通过采用新技术和安装先进生产设备，已呈现现代化的发展态势。这种态势可以从巴基斯坦为了生产机织面料、针织面料以及纱线而增加进口机器设备上得到印证(Brocklehurst，2009)。以棉为主的产品在巴基斯坦纤维、纺织的生产中占强势主导地位，同时服装业也集中于使用国产的棉制品。巴基斯坦化纤生产基础薄弱,主要通过进口化纤以满足不断增长的需求。此外,巴基斯坦棉纤维品质较低,生产过程中耗损百分比高。鉴于巴基斯坦出产的棉纤维以中短为主,为生产高附加值产品,进口棉纤维长度等级高的原料十分重要(GoP,2008a)。

近期,巴基斯坦的棉花价格出现上涨,原棉和棉纱出口有所增加,而棉纺品进口也在增加(尤其来自印度的进口)。但巴基斯坦纺织品进口远小于出口,2009 年纺织品出口额为 62.47 亿美元,进口额为 18.67 亿美元。历史上,巴基斯坦纺织品进口主要来自亚洲国家。2009 年的纺织品进口总额中,中国占 57.5%、印度占 23.1%、阿富汗占 3.5%、韩国占3.1% 及泰国占 2.4%(见表 14-15)。

虽然南亚区域合作联盟(SAARC)一体化的前景尚不明朗,但来自中国的进口纺织品显现出越来越重要的作用。原因之一在于巴基斯坦与中国友好关系不断加强,包括缔结自由贸易协定(FTA)以及中国增加了在巴基斯坦的投资。

表 14-15　各年份巴基斯坦纺织品进口排名前五的国家和地区统计数据

国家/地区/经济体	海关报价/亿美元					市场份额/%				
	1995	2000	2005	2008	2009	1995	2000	2005	2008	2009
全球	1.42	1.88	7.72	14.44	18.67					
中国	n. a.	0.21	4.26	8.54	10.73	n. a.	11.2	55.2	59.1	57.5
印度	n. a.	n. a.	n. a.	1.29	4.31	n. a.	n. a.	n. a.	8.9	23.1
阿富汗	n. a.	n. a.	n. a.	1.36	0.65	n. a.	n. a.	n. a.	9.4	3.5
韩国	0.26	0.48	0.59	0.59	0.59	18.5	25.6	7.7	4.1	3.1
泰国	n. a.	n. a.	0.51	0.37	0.45	n. a.	n. a.	6.6	2.6	2.4
欧盟 15 国	0.24	0.21	0.32	n. a.	n. a.	17.0	11.0	4.1	n. a.	n. a.
印尼	n. a.	n. a.	0.29	n. a.	n. a.	n. a.	n. a.	3.7	n. a.	n. a.
日本	0.26	0.15	n. a.	n. a.	n. a.	18.5	7.7	n. a.	n. a.	n. a.
阿联酋	n. a.	0.12	n. a.	n. a.	n. a.	n. a.	6.6	n. a.	n. a.	n. a.
新加坡	0.12	n. a.	n. a.	n. a.	n. a.	8.4	n. a.	n. a.	n. a.	n. a.
中国香港	0.10	n. a.	n. a.	n. a.	n. a.	7.1	n. a.	n. a.	n. a.	n. a.
排名前五的出口额与份额	0.99	1.17	5.97	12.15	16.73	69.5	62.0	77.3	84.2	89.6

来源:联合国商品贸易统计数据库(UN Comtrade)。
注释:根据国际贸易分类标准修订版 3 分类;进口额表示贸易伙伴国家和地区的出口额;"n. a."指数据不适合入表(表示该国家/地区/经济体在指定年份不在前五名之列)。

(5) 就业

由于非正规的家庭作坊生产在巴基斯坦纺织服装业占据重要地位,因此就业程度的评估较为困难。根据 PRGMEA 报道,2009 年纺织服装业成为巴基斯坦创造就业机会最多的行业,大约有 250 万人从事纺织服装业工作,其中 200 万人从事服装业工作(PRGMEA,2010)①。据 2005 年的早期研究报告显示,从事纺织服装业的员工在 140～230 万人 (Nordås,2005)。2000 年详尽的调查数据显示,从事纺织服装业的总就业 人数超过 130 万人,其中服装业占就业总量的 54.5%(见表 14-16)。

表 14-16 2000 年巴基斯坦纺织服装业就业数据

	就业人数	份额/%
成衣	734 805	54.5
织布	294 213	21.8
纺纱	201 152	14.9
加工和整理	61 206	4.5
针织	47 221	3.5
轧棉	10 000	0.7
总计	1 348 597	100.0

来源:Gop(巴基斯坦政府),2000。

与其他大多数纺织服装出口国不同,巴基斯坦的女性就业比例不高。 2005 年制造业普查显示,纺织业和服装业女职工就业比例分别为 2.5% 和 10.5%。但由于该项普查并未覆盖所有行业就业人数②,因此女职工 的实际就业比例可能更高。2008 年联合国发展计划署(UNDP)对巴基斯 坦服装业的女性就业状态进行了调查分析,据估计巴基斯坦从事服装业 工人中,女性占比约 20%(UNDP,2008)②。巴基斯坦劳工教育研究所最 近一项研究报告显示,从事服装业的工人中妇女约占 30%(Sandhu, 2011)。巴基斯坦女性就业比例相对较低,是由于社会文化限制了女性从 事服装业或其他行业的工作。巴基斯坦女性就业的主要问题包括:缺乏 培训机会、交通不便、以男性为主导的家庭文化、贫困以及文化限制 (Sandhu,2011)。尽管女性就业比例较低,但服装业仍是女性就业的重要 途径,虽然不一定能为女性提供正规的就业机会,但服装业是少数能为女 性提供薪资的行业之一(Siegmann,2006;FBS,2009)。自 20 世纪 90 年代 以来,在纺织和服装业工作的女性比例增加,主要与以女性员工为基础的 服装和家用纺织品出口日益增长的作用有关。Siegmann(2009 年)指出, 在后配额时代,从事服装业的女性数量增长特别多,这是增强服装业竞争 力的一种方式,同时作者还认为,鉴于巴基斯坦目前的性别和技能构成状

①制造业普查数据表明纺织服装就业水平较低。然而,普查只涵盖了较大的单位(拥有十人以上员 工的企业)。此外,在巴基斯坦的经济活动中起着重要作用的非正规企业并未包括在普查范围内。同样, 以天为单位的计时工和合同工的复杂性也影响了数据收集的准确性。
②在棉花种植业,女性就业更高,特别是采棉工作,妇女和女孩占主体,约 200 万人(Siegmann, 2009)。

况，产业升级可能会导致非技术性工作机会的减少，即在相同条件下，女性的就业机会将会减少（Siegmann，2009）。

巴基斯坦劳动力的绝对成本相对较低，并且该国拥有大量的劳动力资源。与区域竞争国家相比，2008年巴基斯坦每小时的平均劳动成本为0.37美元，仅次于孟加拉国和柬埔寨位居第三低位置（最低小时劳动成本），2010年的最低月工资提高至7000巴基斯坦卢比或82美元。与此同时，巴基斯坦纺织服装业的劳动生产效率也相对较低，主要原因在于缺乏熟练的技工和管理人员。巴基斯坦需要大量的熟练缝纫工，但由于供应有限，大多数工厂只得雇用非熟练工，然后在工厂内部对他们进行培训。表14-17给出了对技能失衡所造成损失的估计，这一失衡造成的损失约为23%～30%。关键问题在于家庭作坊业所占比例过高以及越来越多地使用合同工（Amjad，2005）。

表 14-17　巴基斯坦因技术失衡造成的损失

损失类型	比例/%
布匹断料至装运的损失	2～3
针织损失	2
印染和后整理的损失	4～7
裁剪和缝纫的损失	15～18
总损失	**23～30**

来源：巴基斯坦纺织委员会；参见2008年国际食品政策研究所资料（IFPRI，2008）。

然而，巴基斯坦在技术、时尚设计以及管理方面的技能缺口更为严重。与竞争国相比，虽然其他国家的操作技能也较差，但他们的管理能力则更胜一筹（见表14-18）。在这一背景下，巴基斯坦相继建立了培训机构和专业院校。此外，巴基斯坦还投入了34.7亿卢比的技术升级资金，用于建立一所新的时装学校、技术与品牌开发咨询、提高社会责任意识以及其他面向国际市场需求的项目（IFPRI，2008）。但这些计划的成功仍有待观察。

在后配额时代竞争加剧的背景下，巴基斯坦政府放宽了劳动法规以减少劳务成本。其中一项措施是将每天的工作时间从8小时延长到12小时（Siegmann，2006）。虽然巴基斯坦规定最低月工资为7 000卢比或82美元，但从2010年7月开始的实施却受到了抵制，大多数工厂所支付的工资低于最低工资，且加薪也往往被忽视（*Just-style*，2010b）。受国际劳工组织委托的初步研究结果表明：巴基斯坦大范围地使用短期工或临时工，特别是女工，以避免额外的雇用费用（例如产假、交通费用以及日托设施等）（ILO，2010）。虽然在过去几年里，巴基斯坦工会活动经过了一些调整,但仍因为民族、地区和语言等问题导致工作开展尚不规范。巴基斯坦工会组织活动的力度有限,同时工会也缺乏活动经费来源(Ghayur,2009)。

表 14-18　相关国家的服装人力资源评价

	巴基斯坦	印度	中国	孟加拉	斯里兰卡
产业水平					
操作技能	1～2	1～2	3	1	4
市场和车间管理	1～2	2～3	3～4	2	4
管理组织	1～2	3	4	2～3	4
教育培训					
初级	1～2	3	1～2	1	2
中级	1～2	3	1～2	1～2	3
操作员职业培训	1～2	2～3	2	1	2～3
市场和车间管理	1～2	2～3	2～3	1	3
大学	—	+	+	+	—

来源:巴基斯坦纺织委员会;参见 2008 年国际食品政策研究所资料;由国际纺织制造商联盟(International Textile Manufacturers Federation,ITMF)组织的龙头服装制造业采访及评价,1=很差、2=差、3=平均、4=好、5=很好;—为消极、十为积极。

14.4　贸易法规与积极的引导政策

(1) 优惠的市场准入

依据欧盟普惠制(GSP)方案,巴基斯坦在欧盟市场享有优惠的市场准入。除了 GSP 地位外,在 2001 年 9 月 11 日美国发生恐怖袭击的背景下,根据“打击毒品生产和贩买的特殊安排”计划方案,巴基斯坦还享有关税政策的特殊待遇(EC Delegation to Pakistan,2004)。根据这一计划方案,2002—2005 年,巴基斯坦进入欧盟市场 95% 的关税税目享有免税待遇(Siegmann,2006)。此外,2001 年巴基斯坦与欧盟签署了一项改善市场准入的协定,由此巴基斯坦出口至欧盟的纺织品和服装配额增加了 15%(Nordås,2005)。在此背景下,巴基斯坦出口增加,尤其是床上用品出口增加。但 2004 年 3 月,欧盟开始对床上用品征收 13.1% 的反倾销税,对巴基斯坦的出口产生了负面影响(Fakhar,2005)。此外,印度向世界贸易组织投诉欧盟 GSP 的部分措施获得了成功,在此压力下,2005 年巴基斯坦失去了“打击毒品生产和贩买的特殊安排”框架下的特惠待遇。此后,在 GSP 框架下,巴基斯坦享有进入欧盟市场 60% 的税目免税待遇(CARIS,2008)。欧盟承认并确定 SAARC 作为区域组织及成员国享有普惠制待遇(Saheed,2009)。允许该区域制造商在规定的附加条件下,可使用一个或多个南亚区域合作联盟成员国(南盟)生产的纺织品,这样巴基斯坦纺织品出口到邻近国家的机会可能更大。近来,针对 2010 年夏天的特大洪灾,欧盟提出暂停向巴基斯坦主要出口产品征收关税,以帮助巴基斯坦度过自然灾害。

巴基斯坦已纳入美国的 GSP 体系,但来自纺织服装业的主要出口产品却被阻挡在外,所以这一 GSP 的受益范围有限(Fakhar,2005)。2004年巴基斯坦出口到美国的所有纺织品和服装中,GSP 覆盖的纺织服装产品大约只占 1%(Hufbauer 和 Burki,2006)。美国最近提出了沿巴基斯坦-阿富汗边境建立特别经济区即"重建机遇区"(Reconstruction Opportunity Zones,ROZs)法案,用以推动制造业的投资,从而促进受益国的经济发展和社会稳定。这一法案以埃及、以色列和约旦建立的合格工业区(QIZs)为蓝本,这些工业区的货品在进入美国市场时可以享受免税的准入待遇。但这一法案被批评产品覆盖范围有限(不包括巴基斯坦的棉制长裤和短裤以及针织上衣等主要出口产品)以及地理覆盖范围有限(法案仅限于偏远部落或边境地区,该区域缺乏配套的基础设施和稳定的业务订单)(Elliott,2010;USA-ITA,2010)。

巴基斯坦最重要的区域协定是南亚自由贸易协定(SAFTA),该协定是除阿富汗之外的所有南亚区域合作联盟国成员于 2004 年签署的。签署国包括孟加拉国、不丹、印度、马尔代夫、尼泊尔、巴基斯坦和斯里兰卡,这些国家同意到 2016 年底,逐步削减除服务业外几乎所有产品的关税(CARIS,2008)。然而,到目前为止 SAFTA 的实施鲜有进展,特别是印度和巴基斯坦之间长期存在的政治纷争,阻碍了区域一体化的潜在发展和收益。在此背景下,双边协定则变得更为重要(也包括南亚自由贸易区国家之间)(Weerakoon,2010)。过去的若干年,巴基斯坦已签署了数个自由贸易协定(FTAs),其中包括与斯里兰卡(2005 年)、中国(2006 年)、马来西亚(2007 年)签订的协定(CARIS,2008)。尤其与中国的自由贸易协定可以被认为是加强中巴两国经济关系的重要举措,而过去两国合作主要集中于军事(CFR,2010)。对纺织服装业而言,随着各种巴基斯坦免税产品进入中国市场,巴基斯坦的出口市场将得到拓展和实现多元化。

(2) 积极的引导政策

在国家层面上,若干级别的制度和政策对巴基斯坦纺织服装业的发展起着至关重要的作用。最重要的国家政策推动者是政府以及诸如 PRGMEA、代表纺纱行业的团体组织等积极活动的行业协会。巴基斯坦政府拥有自己的纺织政府部门,包括下属的纺织委员会(Textile Commissioner's Organization,TCO)。表 14-19 所示为巴基斯坦纺织服装业各项政策实施进程的概述,TCO 的主要作用是确保政策的实施。然而巴基斯坦的政策制定相当复杂,政策的实施也可能会被延缓。

表 14-19 巴基斯坦纺织服装经济规划进程概述

计划	财税	融资	投资	进口	出口	人力	其他
五年计划	进口税	信用证	激励	进口设备价格	双边协定	教育	R&D
年度计划	生产	WB	税收减免	价格稳定	WTO	培训	质量控制
策略目标	所得税税收调整	ADB特别信贷	工业区基础设施	反倾销	ATC促进出口	技能开发福利	生产效率标准化
国内需求	免税	外商私营业主贷款	定位				解决冲突
出口需求	行业细分	供应商信贷风险投资	促进辅助产业发展,如机器设备、化纤、服务、包装、整理等		棉花政策市场开发		价格控制与支撑

来源:巴基斯坦纺织委员会;参见 2008 年国际食品政策研究所文献。
注释:WB=世界银行;ADB=亚洲发展银行;ATC=纺织品与服装协定;WTO=世贸组织;R&D=研发。

随着 MFA 配额的逐步取消,全面的政策框架——《纺织 2005 远景规划》——于 1999—2000 年开始启动。为了应对 MFA 配额逐步取消带来的挑战以及提升行业竞争力,巴基斯坦出台了多项措施,包括提升技术和技能、向高附加值的纺织品和服装产品转型等。但巴基斯坦政策的实施通常较为迟缓并且具有选择性,如注重于纺织设备和技术方面的投资,但在为了出口更高附加值产品而提升工人技能基础和发展非制造业这两方面的改革成效并不显著。因此,政府和业界预期的目标并未实现。

2008 年,政府提出了新的政策框架——《2009—2014 纺织政策规划》(Textile Policy 2009—2014),这项政策规划包括技术升级的引进计划,增加在纺织机械、纺织技术以及建立培训和研发设施等方面的投资。这项政策规划为外国投资者在纺织机械和棉花仓储建设方面提供十年免税期。据业内人士披露,该政策规划目标明确,即吸引中国在费萨那巴德(Faisalabad)、卡拉奇(Karachi)和拉合尔(Karachi)等纺织服装工业园区进行投资(Just-style,2010c)。此外,巴基斯坦还出台了 6% 的服装业研发现金补贴,这项补贴后来扩展至纺织业(GoP,2008b,2010)。

巴基斯坦政府还与韩国签署了谅解备忘录(Memorandum of Under-standing,MOU),在卡拉奇建立服装技术培训中心(Garment Technology Training Centre,GTTC)。根据这一谅解备忘录,韩国国际合作署(Korea International Co-operation Agency,KOICA)向巴基斯坦政府提供 150 万

美元的资金,以添置必要的设备、机械以及引进专业知识、技术指导用于新成立的 GTTC,该中心将在机织服装技术、针织服装技术、服装营销、流水线管理以及缝制操作等五个方面提供职业培训。联邦纺织部长认为:发展技能和增强生产能力是《2009—2014 年纺织政策规划》的重要内容(Abdullah,2009)。

　　巴基斯坦政府还提供了优惠的短期和长期融资,尤其当 2006—2007 年间融资利率和通货膨胀率开始显著上升时,该项优惠政策显得十分重要。

参考文献

[1] Abdullah Ahmed. 2009. "Pakistan: South Korea Invests in Garment TechnologyCentre." *Juststyle* October 15.

[2] ADB (Asian Development Bank). 2004. "Industrial Competitiveness. TheChallenge for Pakistan." ADB Institute-Pakistan Resident Mission Seminar Paper Islamabad.

[3] Amjad Rashid. 2005. "Skills and Competitiveness: Can Pakistan Break Out of the Low-Level Skills Trap?" *Pakistan Development Review* 44 (4): 387-409.

[4] Brocklehurst G. 2009. "Trends in U. S. Textile and Clothing Imports. "Textile Outlook International 144: 122-97.

[5] CARIS (Centre for the Analysis of Regional Integration at Sussex). 2008. "The Impact of Trade Policies on Pakistan's Preferential Access to the European Union." Report for the Economic Commission Centre for the Analysis of Regional Integration at Sussex Department of Economics University of Sussex U. K.

[6] CFR (Council on Foreign Relations). 2010. "China-Pakistan Relations Backgrounder." Council on Foreign Relations. http://www. cfr. org/china /china-pakistan-relations/ p10070.

[7] EC Delegation to Pakistan. 2004. "European Union-Pakistan Trade Relations." http:// www. delpak. cec. eu. int/eupaktrade/New-EU-Pak-Trade-May-04. htm.

[8] Elliott Kimberly Ann. 2010. "Stimulating Pakistani Exports and Job Creation. Special Zones Won't Help Nearly as Much as Cutting Tariffs across theBoard." Centre for Global Development Washington DC.

[9] Fakhar Huma. 2005. "The Political Economy of the EU GSP Scheme: Implicationsfor Pakistan." In *South Asian Yearbook of Trade and Development* 2005 Centrefor Trade and Development (Centad) 395-412. New Delhi: Centad.

[10] FBS (Federal Bureau of Statistics). 2009. "Compendium on Gender Statistics inPakistan 2009." Federal Bureau of Statistics Islamabad.

[11] Ghayur Sabur. 2009. "Evolution of the Industrial Relations System in Pakistan. "ILO Working Paper International labour Organization New Delhi.

[12] GoP (Government of Pakistan). 2000. "Textile Vision 2005." Government ofPakistan

Islamabad.

[13] GoP (Government of Pakistan). 2008a. "Textiles and Clothing Trade 2002-07." Research Developmentand Advisory Cell Ministry of Textiles Government of PakistanIslamabad.

[14] GoP (Government of Pakistan). 2008b. "Investment in Imported Textile Machinery." ResearchDevelopment and Advisory Cell Ministry of Textiles Government ofPakistan Islamabad.

[15] GoP (Government of Pakistan). 2010. "Economic Survey—Chapter 3: Manufacturing." Government of Pakistan Islamabad.

[16] Hamdani Khalil. 2009. "Foreign Direct Investment Prospects for Pakistan."Powerpoint presentation Pakistan Institute of Development EconomicsIslamabad.

[17] Hisam Zeenat. 2010. "Organising for Labour Rights. Women Workers in Textile/Readymade Garments Sector in Pakistan and Bangladesh." Report publishedby Pakistan Institute of Labour Education and Research and South AsiaAlliance for Poverty Eradication (SAAPE) Karachi.

[18] Hufbauer Gary Clyde and Shahid Javed Burki. 2006. "Sustaining Reform with aUS-Pakistan Free Trade Agreement." Peterson Institute for InternationalEconomics Washington DC.

[19] IFPRI (International Food Policy Research Institute). 2008. "Cotton-Textile-Apparel-Sectors of Pakistan Situations and Challenges Faced." Discussion Paper 00800IFPRI Washington DC.

[20] ILO (International Labour Organization). 2005. "Promoting Fair Globalization in Textiles and Clothing in a Post-MFA Environment." Report for discussionat the Tripartite Meeting on Promoting Fair Globalization in Textiles and Clothing in a Post-MFA Environment ILO Geneva.

[21] ILO (International Labour Organization). 2010. "Women Continue to Face Discrimination in the World of Work."Press Release ILO Islamabad Office December 6. http://www. ilo. org/islamabad/info/public/pr/lang—en/ WCMS_150228/index. htm. Accessed February21 2011.

[22] *Just-style*. 2008. "Pakistan: Extends R&D Subsidy for Apparel Exports." August 8.

[23] *Just-style*. 2010a. "Uncertainty the Latest Threat to Pakistan Makers." September 7.

[24] *Just-style*. 2010b. "Pakistan Snapshot: Apparel Trade Overview." August 20.

[25] *Just-style*. 2010c. "Construction to Begin at Karachi Garment City." July 14.

[26] Khan Zubair. 2003. "Impact of Post-ATC Environment on Pakistan's TextileTrade." United Nations Development Programme (UNDP) Asia PacificRegional Initiative on Trade Economic Governance and Human Development(Asia Trade Initiative) New York.

[27] Nordås Hildegunn. K. 2005. "Labour Implications of the Textiles and ClothingQuota Phase-out." Working Paper 224 January International LabourOrganization Geneva.

[28] PRGMEA (Pakistan Readymade Garment Manufacturer and ExporterAssociation).

2010. "Pakistan's Garment Sector. An Overview." PowerPoint presentation Pakistan Readymade Garment Manufacturer and ExporterAssociation. http://www. prgmea. org.

[29] *PTJ* (*Pakistan Textile Journal*). 2010a. "Pak-China Economic and Trade Relations." September.

[30] *PTJ* (*Pakistan Textile Journal*). 2010b. "Pakistan: The Third Largest Spinner Country in Asia." February.

[31] Saheed Hassen. 2009. "Prospects for the Textile and Garment Industry inPakistan." *Textile Outlook International* 142: 55-102.

[32] Sandhu Kamran Yousef. 2011. "Challenges to Pakistan's Value Added Industry." Presentation made at the Third International Conference on Textile and Clothing Institute of Textile and Industrial Science Lahore.

[33] Sekhar Uday. 2010. "Denim Fabric: Global Trade and Leading Players." *Textile Outlook International* 146: 32-55.

[34] Siegmann Karin Astrid. 2006. "Pakistan's Textile Sector and the EU." *South Asian Journal* 13 (September).

[35] Siegmann Karin Astrid. 2009. "The Trade and Gender Interface: A Perspective from Pakistan."Sustainable Development Policy Institute Islamabad.

[36] SMEDA (Small and Medium Development Authority). 2002. "Apparel SectorBrief." Small and Medium Development Authority Government of PakistanLahore.

[37] UNDP (United Nations Development Programme). 2008. "Current Status and Prospects of Female mployment in the Apparel Industry Pakistan." Baselinestudy submitted to the Gen-Prom Pakistan, United Nations Development Programme, New York.

[38] USA-ITA (U. S. Association of Importers of Textiles and Apparel). 2010. White Paper on the Need for Meaningful Pakistan-Afghan ROZs." http://www. usaita. com/pdf/82_20100113120548. pdf.

[39] USITC (U. S. International Trade Commission). 2004. "Textiles and Apparel: Assessment of the Competitiveness of Certain Foreign Supplier to the U. S. Market." Publication 3671 USITC Washington DC.

[40] Weerakoon Dushni. 2010. "SAFTA—Current Status and Prospects." In *Promoting Economic Cooperation in South Asia : Beyond SAFTA* ed. Sadiq Ahmed SamanKelegama and Ejaz Ghani 71-88. Washington DC: World Bank.

[41] World Bank. 2010. Doing Business 2010: *Reforming through Difficult Times*. Washington DC: World Bank.

第十五章　斯里兰卡

15.1　导论

过去的30年中，出口导向型服装业一直是斯里兰卡出口和正规就业增长的主要渠道。服装业贡献率约为该国整个出口总额的40％，直接雇用员工28万人，雇用人数约占工业劳动力的14％和制造业劳动力的20.8％，超过120万人依赖于服装业。

20世纪70年代后期，《多纤维协定》(MFA)、自由贸易、投资政策以及政府的支持对斯里兰卡服装出口发展起着十分重要的作用。这一产业的起步由外国直接投资(FDI)驱动，当时，出于MFA的配额跳过(quota hopping)以及斯里兰卡的自由贸易和投资体制优越等因素，中国香港和其他东亚的制造商开始在斯里兰卡投资并采购货品。接着，国内企业家出于市场配额有保障、投资门槛低以及得益于外国投资者带来的基本技术及专业技能转移等因素，也开始创设服装企业。

尽管MFA配额取消后，斯里兰卡服装出口的预期前景黯淡，但这一产业2004年之后的出口额仍有所增加。然而受2008年全球金融危机和针对中国特保措施结束的影响，斯里兰卡服装出口在2009年出现下滑。

在MFA配额逐步取消的背景下，斯里兰卡服装业进行了多方位卓有成效的产业升级，包括生产工艺流程、产品结构、功能绩效以及一定程度上的供应链升级。该国服装业的竞争优势：服装业起步早，经验丰富；有一批具有远见的国内企业家;拥有高水平的技能熟练工;除了裁剪、缝纫和后整理(CMT)外,还具备更广泛的制造能力;增加了产品开发、设计和市场营销的前向关联;专注于高附加值的出口产品(尤其是内衣);与国际买家形成了良好的战略合作关系。以《服装协会联合论坛》(Joint Apparel Association Forum,JAAF)和《五年战略规划》形式形成的协同制度环境,一直在实现产业升级的进程中起着重要作用。斯里兰卡服装业面临的主要挑战:相对较高以及持续上升的劳动力成本、劳动力短缺、交货周期长、有限的后向关联以及过于依赖美国和欧盟 15 国的终端市场。

15.2   服装业的发展

1977 年之前,斯里兰卡的一些内资企业为国内市场生产大众服装,而纺织业作为国家控股的进口替代产业,为国内服装企业提供面辅料(Kelegama 和 Wijayasiri,2004;Kelegama,2009)。1977 年,斯里兰卡是南亚第一个实行对外经济开放的国家。受 MFA 配额跳过、自由贸易以及投资政策的吸引,东亚的服装出口商,特别是源自中国香港的投资商,将服装生产转移至斯里兰卡。东亚制造商占了斯里兰卡外国投资额的大部分。除此之外,由于欧洲国家的生产成本不断上涨,同时也受到自由贸易和投资政策的吸引,欧洲投资商也进入了这一投资领域(Kelegama 和 Wijayasiri,2004)。政府的政策扶持对服装出口行业的发展至关重要。斯里兰卡政府十分支持服装业的发展,尤其是通过投资促进委员会(BOI)①,为投资者提供了诸多优惠政策,如面辅料和设备资产的免税进口、离岸融资(off-shore financing)功能、赋税优惠期(tax holidays)和其他税收的减免待遇、投资商汇回利润自由化以及政府机构的"一站式服务"。这些扶持政策不仅吸引了外商投资,还有助于国内服装企业的发展。出于市场配额有保障、投资门槛低以及得益于外国投资者带来的基本技术及专业技能转移等有利因素,越来越多的国内企业家开始创办服装企业。

从 20 世纪 70 年代末到 2004 年,斯里兰卡服装出口显著增长。源自斯里兰卡贸易伙伴的进口数据显示,斯里兰卡服装出口额从 1995 年的 16.8 亿美元增加到 2004 年的 29.73 亿美元(见表 15-1)。20 世纪 80～90 年代,斯里兰卡服装出口额增长率每年呈两位数增长。然而,在 20 世纪 90 年代末,服装出口增长放缓,2001 和 2002 年出口甚至有所下降。这种下降与发达国家需求减少有关,但更重要的是受 2001 年 7 月发生在科伦

---

①在服装出口起步阶段,投资促进委员会(BOI)的名称是大科伦坡经济委员会(Greater Colombo Economic Commission,GCEC),1992 年更名为现在的 BOI。

坡国际机场炸弹袭击事件的影响,这次袭击引发了战争风险保险费用的征收(Kelegama 和 Wijayasiri,2004)。订单减少以及保险费的不断增加严重打击了这一行业,使得一些中小型企业(SMEs)在 21 世纪初纷纷倒闭。斯里兰卡在全球服装出口中所占的份额从 1995 年的 1.1% 增加到 2001 年的 1.2%,并且 2004 年仍稳定地保持在 1.2%。整体的出口数据未能表达斯里兰卡服装出口的结构变化。1995 年,机织服装占服装总出口额的 72%,此后机织服装的出口份额持续下降,2004 年降至 61%。在出口终端市场方面,2001—2004 年,斯里兰卡面向欧盟 15 国终端市场的出口服装略微增加;然而美国依然是最重要的出口目的地,2004 年占斯里兰卡服装总出口额的 55%(见图 15-1)。

表 15-1　各年份斯里兰卡服装出口至全球的统计数据

	1995	1998	2001	2004	2005	2006	2007	2008	2009
出口总额/亿美元	16.80	21.72	24.42	29.73	30.82	33.64	35.95	38.09	35.32
年增长率/%	—	6.3	−3.0	15.6	3.7	9.1	6.9	6.0	−7.3
占全球服装出口份额/%	1.1	1.2	1.2	1.2	1.1	1.2	1.1	1.1	1.2
机织服装与针织服装出口额/亿美元									
机织服装	12.13	14.91	15.87	18.26	17.82	17.96	18.13	18.93	17.61
针织服装	4.67	6.80	8.55	11.47	13.00	15.67	17.82	19.16	17.71
机织服装与针织服装出口额占比/%									
机织服装	72.2	68.7	65.0	61.4	57.8	53.4	50.4	49.7	49.8
针织服装	27.8	31.3	35.0	38.6	42.2	46.6	49.6	50.3	50.2

来源:联合国商品贸易统计数据库(UN Comtrade)。
注释:出口额代表贸易伙伴国公布的进口额;服装分类源自商品名称及编码协调制度(HS)1992,HS62 指机织服装,HS61 指针织服装;"—"指不适用。

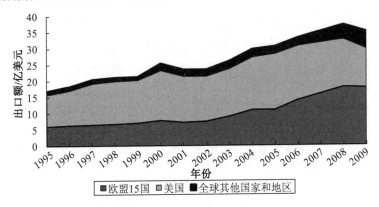

图 15-1　面向欧盟 15 国和美国的斯里兰卡服装出口额

来源:联合国商品贸易统计数据库(UN Comtrade)。
注释:出口额代表贸易伙伴国公布的进口额。

服装企业的数量从 1990 年的 142 家增长到 2001 年最高峰时的 1 000 家以上(见表 15-2)。之后企业的数量开始减少,2003 年降至约 830 家。

就业人数从 1990 年的约 10 万人增加到 2003 年的约 34 万人。2004 年,斯里兰卡服装就业人数占据该国整个制造业就业的三分之一以上,服装出口额占该国出口总额超过 50%,占工业出口总额的三分之二以上。

表 15-2　各年份斯里兰卡服装业就业人数和工厂数量

年份	就业/人	工厂数量/家	年份	就业/人	工厂数量/家
1990	102 000	142	2003	340 367	830
1995	250 000	678	2005	273 600	733
1998	227 000	891	2007	290 000	—
1999	280 000	891	2008	270 000	350
2001	338 704	1 061	2009	280 000	300

来源:Kelegama,2005a、2005b、2006、2009;Tait,2008;*Just-style*,2009;Saheed,2010。
注释:1990—1998 年涵盖纺织服装业就业人数;"—"指暂无数据。

业界预期随着 MFA 的配额取消,斯里兰卡服装出口前景黯淡。据预计,2005 年斯里兰卡服装出口将减少一半,40% 的企业将会倒闭(Kelegama,2006、2009)。然而尽管 2005 年上半年出口形势严峻,但是 2005 年斯里兰卡全年服装出口同比增长 3.7%。2004—2008 年,服装出口占斯里兰卡出口总额的 40% 以上,并且服装出口全球占比稳定,约为 1.1%~1.2%(见表 15-1)。2004 年之后,随着 MFA 配额取消,虽然出口增长稳定,但服装出口结构却发生了很大变化。在终端市场方面,2004—2008 年,相对美国而言,出口至欧盟 15 国终端市场的重要性持续上升(见表 15-3 和表 15-4)。2004 年,美国是斯里兰卡服装出口最重要的市场,占出口总额的 55%,而欧盟市场占 39%(其他市场占 6%)。2008 年,欧盟市场占斯里兰卡服装出口额的近 50%,而美国市场占 41%,其他市场占 9%。欧盟市场重要性上升源于欧盟在 2005 年授予斯里兰卡超普惠制(GSP+)待遇。另一个转向欧盟市场的原因是欧盟买家在采购策略方面,往往要求供应商能提供更多的服务和更广泛地参与采购和设计过程,更愿意为高品质产品支付高价格,同时十分注重采供双方的互动关系(Gibbon,2003)。这些需求与斯里兰卡服装业相吻合,尤其适合经过生产工艺流程和生产技术功能升级的大企业。出口产品方面,在后配额时代,斯里兰卡服装出口增长源自针织产品。

表 15-3 各年份美国进口斯里兰卡服装的相关数据

	1996	1998	2001	2004	2005	2006	2007	2008	2009
进口总额/亿美元	10.02	13.00	14.86	15.53	16.53	16.87	15.84	14.90	12.20
年增长率/%	—	8.5	2.0	8.5	6.4	2.0	−6.1	−5.9	−18.1
占美国服装进口份额/%	2.6	2.6	2.5	2.3	2.3	2.3	2.1	2.0	1.9
机织服装与针织服装进口额/亿美元									
机织服装	7.69	9.92	10.70	11.02	10.63	9.74	8.78	8.16	6.92
针织服装	2.33	3.08	4.16	4.51	5.90	7.13	7.06	6.74	5.29
机织与针织服装进口额占比/%									
机织服装	76.8	76.3	72.0	70.9	64.3	57.8	55.4	54.8	56.7
针织服装	23.2	23.7	28.0	29.1	35.7	42.2	44.6	45.2	43.3

来源:美国国际贸易委员会(USITC)。

注释:服装分类数据源自商品名称及编码协调制度(HS),HS62 指机织服装,HS61 指针织服装;海关完税价;增长率指与上年相比的变化;"—"指不适用。

全球金融危机始于 2008 年,2009 年进一步加剧,相关影响可与 2008 年底的针对中国特保措施结束一起进行评估。2008 年,斯里兰卡服装出口增长了 6.0%,但 2009 年却下降了 7.3%。下降的主要原因是对美国服装出口的减少,2009 年,斯里兰卡对美服装出口下降了 18.1%(2007 和 2008 年分别下降约 6%),而对欧盟 15 国的出口增长了 2.7%(见表 15-3 和表 15-4)。2010 年 5 月,由于持续萎靡的出口形势,《服装协会联合论坛》(JAAF)将未来五年(至 2015 年)的出口目标消减了 10 亿美元(从 50 亿美元调整至 40 亿美元)。JAAF 的数据显示,2010 年前三个月,服装出口收入与 2009 年同期相比减少了约 15%。

表 15-4 各年份欧盟 15 国进口斯里兰卡服装的相关数据

	1995	1998	2001	2004	2005	2006	2007	2008	2009
进口总额/亿欧元	4.24	5.83	7.63	8.06	7.95	9.68	10.34	11.13	11.43
进口质量/万吨	2.9	3.4	3.9	5.9	5.1	5.9	6.4	7.0	6.7
占欧盟 15 服装进口份额/%	0.8	0.9	0.9	0.9	0.9	1.0	1.0	1.1	1.2
年增长率/%									
金额	—	9.0	−8.2	16.6	−1.4	21.7	6.9	7.7	2.7
质量	—	4.1	−5.6	19.7	−12.2	15.1	8.7	8.5	−4.0
机织服装与针织服装进口额/亿欧元									
机织服装	2.60	3.10	3.83	3.87	3.82	4.62	4.65	5.00	5.11
针织服装	1.64	2.73	3.80	4.19	4.12	5.06	5.69	6.13	6.32
机织服装与针织服装进口额占比/%									
机织服装	61.4	53.2	50.2	48.0	48.1	47.7	45.0	44.9	44.7
针织服装	38.6	46.8	49.8	52.0	51.9	52.3	55.0	55.1	55.3
机织服装与针织服装质量/万吨									
机织服装	1.5	1.6	1.8	2.6	2.3	2.6	2.8	3.1	3.1
针织服装	1.4	1.8	2.1	3.2	2.8	3.3	3.7	3.9	3.6

来源:欧盟统计局。

注释:服装分类数据源自商品名称及编码协调制度(HS)1992,HS62 指机织服装,HS61 指针织服装;增长率指与上年相比的变化;"—"指不适用。

鉴于这一趋势,业内人士预计,2010 年斯里兰卡的出口收入将会低于 2009 年(*Just-style*,2010a)。斯里兰卡面临着另一个紧迫挑战,即 GSP+优惠方案要求服装出口国达到可持续发展和良好治理的标准,但由于斯里兰卡在实施联合国三个人权公约方面存在明显缺陷,所以欧盟在 2010 年 8 月暂停授予斯里兰卡 GSP+优惠方案。欧盟服装进口的平均关税为 12.5%,但斯里兰卡仍享有普惠制方案下减少 20% 关税的优惠待遇。因此,斯里兰卡由于不能享受 GSP+优惠待遇而会增加 9.6% 的关税税率。在斯里兰卡出口到欧盟总额 18 亿美元的服装中,约 75% 符合 GSP+优惠方案要求,占斯里兰卡服装出口总额的三分之一左右。因此,暂停 GSP+,出口成本将增加 10%,数值约为 1 亿美元。这种税率会对那些曾经受到 GSP+优惠方案所激励而保持低端生产的企业产生不利影响。然而,截至 2010 年 11 月,像斯里兰卡的 MAS 和 Brandix 公司这样的大型出口制造商并没有因为税率的上升而出现订单减少。但某些情况下,对于一些价格敏感度很高的产品,企业也会将部分生产转移至孟加拉国(*Just-style*,2010d)。

后配额时代,斯里兰卡服装业结构发生了显著变化,小企业数量减少并且有与大型企业合并的趋势。企业总数从 2003 年的约 830 家降至 2005 年的 733 家。2003—2005 年期间,小企业的数量减少了一半,从 282 家降至 140 家(UNDP,2006;Kelegama,2009)。这种结构上的变化近几年有加快的趋势,2008 年出口企业的数量降至 350 家但产能仍然保持稳定。员工数量从 2003 年的 34 万余人减少至 2005 年的约 27.36 万人,下降了近 20%。大多数的就业人数变动发生在中小型企业,2003 年 34 万就业总人数中有 13 万人受雇于中小型企业(UNDP,2006)。规模较小的企业尤其依赖于 MFA 的配额,因此(后配额时代)一些中小型企业或者倒闭,或者被大企业收购或兼并;有的中小企业开始成为大企业的分包商(联营加工)。大型企业通常为 MFA 配额取消做了充分准备。尤其像 MAS 公司①(斯里兰卡最大的服装制造企业)和 Brandix 公司②(斯里兰卡第二大的服装制造企业)这样的大型企业,通过投资新技术和新设备、开发更广泛的经营功能并与买家建立直接联系,以应对后配额时代的挑战。

---

　　①MAS 公司的服装事业部成立于 1987 年。销售额达 7 亿美元,拥有员工 4.4 万人,在斯里兰卡拥有 20 家工厂,在印度设有三家工厂。内衣事业部销售额约 4.5 亿美元,为诸如 Victoria's Secret、GAP、马莎百货和耐克(四家最大的国际买家)等国际买家生产产品。运动服事业部为诸如阿迪达斯、安·泰勒、哥伦比亚、耐克、速比涛、锐步以及诸多泳装品牌国际买家生产产品。

　　②Brandix 公司成立于 20 世纪 70 年代。销售额达 3.7 亿美元,员工 2.5 万人,在斯里兰卡和印度共有 25 家工厂。Brandix 公司为 Gap、Limited、马莎百货及 Victoria's Secret 等品牌的国际买家生产机织、针织以及内衣等服装产品。

在 MFA 配额取消后第一年,斯里兰卡服装出口呈现回升得益于诸多因素:

a. 从 2005 年起到 2008 年底,美国和欧盟针对从中国进口的服装实施了配额保护措施(特保措施),由此缓和了 MFA 配额取消后对斯里兰卡的不利影响。斯里兰卡出口至欧盟近三分之一、美国近五分之一的服装品类受惠于上述特保措施(Wijayasiri 和 Dissanayake,2008)。

b. 这种积极回升不仅得益于针对中国的特保措施,其他原因也很重要,特别是欧盟 2005 年 7 月给予的 GSP+,使斯里兰卡享有免税进入欧盟市场的待遇。

c. 在 20 世纪 80~90 年代,斯里兰卡的服装业在生产工艺流程、产品以及生产能力等方面进行了重大的转型升级,一些大型企业尤其如此。

d. 积极扶持政策的行业决策者们,于 2002 年聚集在一起推出了五年战略规划,目的是帮助斯里兰卡服装业应对 MFA 配额的取消。

e. 在 MFA 配额逐步取消的十年中,斯里兰卡对配额的依赖性逐渐降低,尤其是 2001 年 3 月,获得了免配额进入欧盟市场待遇。21 世纪初,斯里兰卡的服装出口仅有 55%受限于配额(Kelegama,2009)。

然而,最近几年斯里兰卡服装业的发展前景黯淡。这一行业可划分为两类,一类是实力雄厚的大型企业,在服装出口产业中占主导地位;另一类是小型且实力一般的企业。最大的三家集团公司——MAS 公司(年销售额 7 亿美元)、Brandix 公司(年销售额 3.7 亿美元)及 Hirdaramani 公司(年销售额 2.5 亿美元)[①],在服装出口产业中占据相当大的比重。他们与国际买家保持直接联系,不断提升自己的生产功能,在后配额时期发展稳健。

15.3 服装业的结构

(1) 企业类型

外国直接投资对斯里兰卡服装业的建立起到了关键作用,其中外商独资或合资的形式,在斯里兰卡的大型服装制造商中尤为常见。尤其是合资给斯里兰卡带来了至关重要的科技、专业技术与技能知识。但是,这一产业很快转由内资企业占主导。早在 20 世纪 90 年代初期,斯里兰卡内资企业就主导了服装业。1999 年,80%~85%的工厂为内资拥有(Wijayasiri 和 Dissanayake,2008)。根据投资促进委员会(BOI)的数据,21 世

---

①Eam Maliban 是第四大公司。

纪初,外国直接投资约占服装业(累计)投资总额的50%,主要形式是独资或是合资。如今,外国直接投资在服装业发挥的作用有限,但近期对纺织业影响增大。

除了行业结构的一些重大变化外,斯里兰卡的服装业还进行了具有重大意义的产业功能升级。在 MFA 配额逐步取消的背景下,《五年战略规划》的一个核心目标是将服装业从基于合同的生产商转变为拥有配套服务体系的供应商。如今,斯里兰卡服装业的一个重要部分是提供配套的全包生产服务,包括面辅料采购和至少对产品研发与设计过程的理解或参与。这些成果由大型服装制造商驱动实现,如 Brandix 公司和 MAS 公司在 20 世纪 90 年代初开始注重提升生产能力并努力提供更广泛的功能服务。这些公司建立了自己的设计中心,使得内部设计工作者与品牌所有者的设计团队紧密合作,以便诠释他们的设计、提出市场建议,有时甚至提供创新思路。MAS 公司甚至在英国、美国、中国香港建立了设计工作室,以便为其主要客户 Victoria's Secret、GAP 和 Speedo 提供设计解决方案。Brandix 公司虽未在国外开设设计中心,但是在纽约和伦敦设有营销办事处,以加强与国际买家的联系(Wijayasiri 和 Dissanayake,2008)。

一些大型服装生产商也在建立自己的品牌,如 2007 年 MAS 公司以 Amante 为品牌名称开发了一系列的内衣。这是一个意义深远的革新,因为之前的斯里兰卡服装业从来没有属于自己的品牌。Amante 品牌首先进入了班加罗尔(Bangalore)、钦奈(Chennai)和海得拉巴(Hyderabad)市场,但是 MAS 公司的目标是将该品牌扩张到整个印度和南亚的其他地区以及具有市场发展潜力的中东地区。Amante 品牌的目标顾客群是中高层消费者,并与一些国际品牌展开竞争,如加拿大的娜圣莎(La Senza)内衣品牌(Wijayasiri 和 Dissanayake,2008)。Brandix 公司也推出了自己的品牌。大型生产商还在海外设立工厂。这样的投资有利于斯里兰卡企业的转型升级,并使其在管理、组织区域、国际生产及采购网络中担当中间桥梁的角色。斯里兰卡的服装生产商已经在约旦、肯尼亚、马达加斯加、马尔代夫、毛里求斯开设了工厂,最近将要扩展至孟加拉国、印度和南亚的其他国家,如 Brandix 公司和 MAS 公司在印度建立了纺织服装产业园区①。这两家生产商都已经在其他国家建立了工厂,但他们在印度的投资

---

①Brandix 公司位于普拉得什邦的印度服装城占地 1 000 余英亩,2006 年在邦政府的支持下成立,预计年销售额为 120 亿美元,雇员超过 6 万人。它的目标是成为印度最大的纵向一体化纺织服装企业,涵盖整个供应链,从纤维到纺纱、针织、机织、剪裁和辅料准备、缝纫和后整理、物流和仓储服务等。同年,MAS 公司签署了一份谅解备忘录(MOU),投资 2 亿元美元在安德拉邦建立了一个占地 750 英亩的产业园区(Wijayasiri 和 Dissanayake,2008)。

规模比以往都大,这些投资主要源于配额可用性的驱动。

斯里兰卡服装业的技术水平参差不齐,这是由于大型制造商比较注重在最新技术和员工开发上的投入,而中小企业往往采用含金量相对较低的技术(JAAF,2002)。《服装协会联合论坛》(JAAF)在五年战略规划的背景下,于2004年出台了一项生产力提升计划(Productivity Improvement Program,PIP),旨在减少浪费,实施精益生产以及提高工厂的生产效率。斯里兰卡的大型制造商已经在生产流程中实施精益制造方法,以减少浪费、缩短交货期、降低生产成本,如MAS公司基于丰田模式开展了一项名为MAS操作系统(MAS Operating System,MOS)的精益生产活动。大型生产商也对供应链进行了投资,如企业资源计划(ERP)系统,因为供应链高效管理在服装业变得越来越重要(Wijaysiri 和 Dissanayake,2008)。

最近,由于人们越来越多地关注产业对环境的影响以及受到国际买家遵守环境友好标准的压力,斯里兰卡三大生产商开始投资引进环保型设备。绿色工厂的生产理念是通过产品和工艺流程设计,最大限度地减少浪费和污染。MAS、Brandix 和 Hirdaramani 等公司投资建设的绿色工厂,能最大限度地减少对环境的负面影响,尤其是减少能源和水资源的消耗[①]。

(2)终端市场

斯里兰卡的服装出口在终端市场和国际买家方面集中度都很高。2009年,欧盟15国和美国两者占斯里兰卡服装出口的87%,其中,欧盟15国占51%,美国占36%(见表15-5)。

在欧盟15国中,出口集中于英国(约占斯里兰卡出口至欧盟15国服装总量的三分之二)、意大利、德国和法国。其他仅有的几个重要出口市场是土耳其(1.8%)、加拿大(1.5%)以及阿联酋(1.3%)。然而,如今面向美国和欧盟15国的总体出口集中度有所减少。斯里兰卡服装出口市场存在着集中化和多样化并行的倾向。欧盟15国现在是斯里兰卡最大的服装出口市场,出口份额从2000年的33%增加到2009年的51%。这一增长与欧盟给予的优惠市场准入有关,特别是2005年7月给予的GSP+待遇。然而在2000至2009年期间,斯里兰卡对美国的服装出口份额却

①联合国工业发展组织(UNIDO)将Brandix公司的"绿色服装工厂"作为一个可持续生产模式的典范,推荐给世界各地的制造商。1.2万平方米的Brandix生态中心是集团的主要生产场地,为玛莎百货生产服装产品。同时,由美国绿色建筑委员会(USGBC)创立的绿色建筑评估体系(LEED)——绿色建筑评级系统,将这些建筑评估为白金等级。通过这一项目和其他投资,Brandix公司预计到2010年12月为止,可减少17%的碳排放量,并且未来两年内可达到减少30%碳排放量的目标(Just-style,2010b)。

从 62% 下降至 36%，对世界其他国家的服装出口则从 2000 年的 5.2% 上升到 2009 年的 12.6%（见图 15-2）。JAAF 已经针对法国、德国和印度实施了市场开发计划，由此逐步实现出口市场多元化。最近，JAAF 呼吁与巴西、日本、中国和俄罗斯联邦开展贸易谈判，同时要求政府扩大现有针对印度的贸易优惠，由此减少斯里兰卡服装出口对欧盟 15 国和美国市场的依赖。在区域贸易方面，服装成衣出口贸易呈边缘化状态，不到 1% 的服装出口到其他的南亚国家。2009 年，斯里兰卡只有 0.2% 的服装出口到了同一地区的其他国家，其中大部分出口到印度。

表 15-5　各年份斯里兰卡服装出口终端市场排名前五的统计数据

国家/地区/经济体	海关报价/亿美元					市场份额/%				
	1995	2000	2005	2008	2009	1995	2000	2005	2008	2009
全球	16.80	25.18	30.82	38.09	35.32					
欧盟 15 国	6.19	8.34	11.59	18.59	18.14	36.9	33.1	37.6	48.8	51.4
美国	9.77	15.54	17.49	15.69	12.72	58.2	61.7	56.8	41.2	36.0
土耳其	n.a.	n.a.	n.a.	0.59	0.62	n.a.	n.a.	n.a.	1.5	1.8
加拿大	0.31	0.44	0.46	0.54	0.51	1.9	1.8	1.5	1.4	1.5
阿联酋	n.a.	n.a.	n.a.	n.a.	0.47	n.a.	n.a.	n.a.	n.a.	1.3
俄罗斯联邦	n.a.	n.a.	n.a.	0.30	n.a.	n.a.	n.a.	n.a.	0.8	n.a.
日本	0.17	0.15	0.16	n.a.	n.a.	1.0	0.6	0.5	n.a.	n.a.
墨西哥	n.a.	n.a.	0.18	n.a.	n.a.	n.a.	n.a.	0.6	n.a.	n.a.
中国香港	n.a.	0.11	n.a.	n.a.	n.a.	n.a.	0.4	n.a.	n.a.	n.a.
韩国	0.10	n.a.	n.a.	n.a.	n.a.	0.6	n.a.	n.a.	n.a.	n.a.
排名前五的数据	16.55	24.58	29.88	35.71	32.47	98.5	97.6	96.9	93.7	91.9

来源：联合国商品贸易统计数据库（UN Comrade）。
注释：服装数据源自商品名称及编码协调制度（HS）1992，HS62 指机织服装，HS61 指针织服装；出口额代表贸易伙伴国的进口额；"n.a."指数据不适合入表（表示该国家/地区/经济体在指定年份不在前五名之列）。

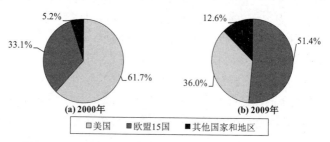

图 15-2　2000 和 2009 年斯里兰卡服装出口的主要终端市场份额
来源：联合国商品贸易统计数据库（UN Comtrade）。
注释：服装数据源自商品名称及编码协调制度（HS）1992，HS62 指机织服装，HS61 指针织服装；出口代表贸易伙伴国的进口。

(3) 出口产品

20 世纪 90 年代至 21 世纪初,斯里兰卡针织服装出口增长显著。如今,针织和机织产品占斯里兰卡服装出口的份额相等。斯里兰卡针织和机织服装出口的产品集中度高,但这一集中度低于大多数亚洲竞争国家。2009 年,排名前五的服装品类出口额占斯里兰卡对欧盟 15 国服装出口总额的 41％以及美国市场的 48％。排名前十的服装品类出口额分别占斯里兰卡对欧盟 15 国服装出口总额的 57.4％以及对美服装出口总额的 65.6％(见表 15-6 和表 15-7)。自 2000 年以来,产品出口集中度有所提高,斯里兰卡出口到欧盟 15 国和美国市场排名前十的服装产品中有六类产品相同,并且出口到欧美两个终端市场的产品以棉制服装为主导。出口到欧盟 15 国排名前十的服装产品中有六类是棉制品,而美国排名前十的有七类是棉制品。针织品占欧盟 15 国(七类)和美国(六类)市场出口排名前十位的主体。

表 15-6　各年份美国从斯里兰卡进口服装品类排名前十的统计数据

HS 编码	产品	海关报价/亿美元					市场份额/%				
		1996	2000	2005	2008	2009	1996	2000	2005	2008	2009
总额		**10.02**	**14.57**	**16.53**	**14.90**	**12.20**					
620462	棉制机织女裤	0.60	0.93	1.87	2.31	1.78	6.0	6.4	11.3	15.5	14.6
620342	棉制机织男裤	0.59	0.85	0.86	1.31	1.19	5.9	5.8	5.2	8.8	9.8
621210	文胸	0.32	0.71	1.10	1.02	1.12	3.2	4.8	6.7	6.9	9.2
611020	棉制针织衫	0.57	0.99	1.23	1.26	0.91	5.7	6.8	7.4	8.5	7.4
610821	棉制女内裤	n.a.	n.a.	0.80	1.06	0.87	n.a.	n.a.	4.8	7.1	7.1
620520	棉制机织男衬衫	0.68	0.94	1.20	0.76	0.66	6.8	6.5	7.3	5.1	5.4
610462	棉制针织女裤	n.a.	n.a.	n.a.	0.48	0.45	n.a.	n.a.	n.a.	3.2	3.7
610822	化纤女内裤	n.a.	n.a.	n.a.	0.40	0.37	n.a.	n.a.	n.a.	2.7	3.0
610510	棉制针织男衬衫	0.47	0.48	0.61	0.58	0.34	4.7	3.3	3.7	3.9	2.8
611241	针织合纤女泳衣	n.a.	n.a.	n.a.	n.a.	0.33	n.a.	n.a.	n.a.	n.a.	2.7
611610	橡胶手套	n.a.	n.a.	n.a.	0.41	n.a.	n.a.	n.a.	n.a.	2.8	n.a.
620630	棉制女衬衫	0.52	0.88	0.74	n.a.	n.a.	5.2	6.0	4.5	n.a.	n.a.
620452	棉制女裙	n.a.	n.a.	0.46	n.a.	n.a.	n.a.	n.a.	2.8	n.a.	n.a.
620193	化纤男夹克	0.62	84	0.45	n.a.	n.a.	6.2	5.8	2.7	n.a.	n.a.
611030	化纤针织衫	n.a.	0.56	n.a.	n.a.	n.a.	n.a.	3.8	n.a.	n.a.	n.a.
620293	化纤女夹克	n.a.	0.45	n.a.	n.a.	n.a.	n.a.	3.1	n.a.	n.a.	n.a.
620444	合纤连衣裙	0.33	n.a.	n.a.	n.a.	n.a.	3.3	n.a.	n.a.	n.a.	n.a.
621142	棉制 NESOI 服装	0.33	n.a.	n.a.	n.a.	n.a.	3.3	n.a.	n.a.	n.a.	n.a.
排名前十的份额							**50.3**	**52.4**	**56.4**	**64.4**	**65.6**

来源:美国国际贸易委员会(USITC)。

注释:服装进口数据源自商品名称及编码协调制度(HS)1992,HS62 指机织服装,HS61 指针织服装;NESOI 指其他未列明(not elsewhere specified or indicated)材料的品类;"n.a."指数据不适合入表(表示该品类在指定年份不在前十名之列)。

表 15-7　各年份欧盟 15 国从斯里兰卡进口服装品类排名前十的统计数据

HS 编码	产品	海关报价/亿美元					市场份额/%				
		1996	2000	2005	2008	2009	1996	2000	2005	2008	2009
总额		**4.60**	**8.31**	**7.95**	**11.13**	**11.43**					
610910	棉制针织 T 恤	0.17	0.44	0.81	1.40	1.51	3.8	5.3	10.1	12.6	13.2
621210	文胸	n.a	n.a	0.54	1.13	1.25	n.a	n.a	6.8	10.1	10.9
620342	棉制机织男裤	0.24	0.51	0.52	0.69	0.74	5.3	6.2	6.5	6.2	6.5
620462	棉质机织女裤	n.a	0.32	0.66	0.81	0.69	n.a	3.8	8.2	7.2	6.1
610821	机织棉制女内裤	n.a	0.22	0.21	0.46	0.48	n.a	2.6	2.7	4.2	4.2
610822	化纤女内裤	n.a	n.a	n.a	0.47	0.46	n.a	n.a	n.a	4.2	4.0
610711	棉制针织男内裤	n.a	n.a	n.a	0.42	0.43	n.a	n.a	n.a	3.8	3.7
611020	棉制针织衫	0.14	0.37	0.38	0.44	0.40	3.0	4.5	4.8	4.0	3.5
611610	橡胶手套	n.a	0.25	0.39	0.42	0.31	n.a	3.0	4.8	3.7	2.7
610990	针织 T 恤	0.14	n.a	n.a	n.a	0.30	3.0	n.a	n.a	n.a	2.7
620463	合纤女裤	n.a	n.a	0.21	0.28	n.a	n.a	n.a	2.7	2.5	n.a
611030	化纤针织衫	0.26	0.90	0.36	n.a	n.a	5.7	10.8	4.5	n.a	n.a
620343	合纤男裤	n.a	n.a	0.23	n.a	n.a	n.a	n.a	2.9	n.a	n.a
620640	化纤女衬衫	0.48	0.43	n.a	n.a	n.a	10.4	5.2	n.a	n.a	n.a
620520	棉制机织男衬衫	0.24	0.28	n.a	n.a	n.a	5.3	3.3	n.a	n.a	n.a
610510	棉制针织男衬衫	0.13	0.21	n.a	n.a	n.a	2.8	2.6	n.a	n.a	n.a
620444	合纤连衣裙	0.16	n.a	n.a	n.a	n.a	3.6	n.a	n.a	n.a	n.a
620193	化纤男夹克	0.13	n.a	n.a	n.a	n.a	2.8	n.a	n.a	n.a	n.a
排名前十的份额							**45.7**	**47.3**	**54.0**	**58.6**	**57.4**

来源:欧盟统计局。

注释:服装进口数据源自商品名称及编码协调制度(HS)1992,HS62 指机织服装,HS61 指针织服装;"n. a."指数据不适合入表(表示该品类在指定年份不在前十名之列)。

　　然而,2009 年,男士、女士棉制长裤是斯里兰卡出口到美国排名前两位的服装品类,占斯里兰卡出口到美国服装份额的 31%。这两种品类在欧盟 15 国市场同样重要,2009 年他们分别排名第三和第四位,占斯里兰卡出口至该地区服装份额的 27%。斯里兰卡服装出口的一大特点是女士内衣份额高,包括内衣、文胸和泳衣。2009 年,这些品类几乎占斯里兰卡出口到欧盟 15 国和美国市场服装总量的四分之一,尤其是文胸(制作过程相对复杂)的出口在欧美两个市场中都很重要。文胸出口量在斯里兰卡出口到欧盟 15 国的品类中位列第二,而在出口到美国的品类中位列第三,占该国面向欧盟 15 国和美国服装出口总额的 10%。

　　除了产业内部结构的重大变革,斯里兰卡服装业的另一个重要改变是转型生产高附加值产品。这种转型基于大型生产商有意识地努力将产品升级到中高档附加值的领域或者是利基市场产品,主要针对女士内衣和小批量的运动服装。斯里兰卡早在 20 世纪 80 年代末开始努力尝试产品升级。这一时期,一些企业例如 MAS 公司和 Brandix 公司以中档服装市场为目标,与国际买家建立了密切合作关系并开始生产更加精良的产品。与国际买家的合作伙伴关系以及采购代理商和技术专家在产品升级中扮演着重要的角色。如美国 MAST 服装公司(隶属于美国 Limited 集团,Victoria's Secret 品牌也隶属于该集团)作为一家大型国际采购企业,从 1979 年起开始在斯里兰卡进行服装采购。该公司通过投资与当地企业开办合资企业,1986 年与 Brandix 公司设立最早的合资工厂。20 世纪 80 年代末至 20 世纪 90 年代初期,由 MAS 公司、MAST 公司和黛安芬集团设立的合资企业促进了斯里兰卡女士内衣事业的起步与发展。

单价分析表明:斯里兰卡出口服装普遍比其他亚洲国家单价高。由斯里兰卡和印度出口到欧盟的服装单价与亚洲其他竞争国相比是最高的,这些国家包括孟加拉国、柬埔寨、中国、巴基斯坦和越南(Tewari,2008)。2004—2007 年,斯里兰卡出口到美国的服装每打平均单价从64.50 美元降至 52.20 美元,三年间同比下降了 19%。针织产品的平均单价下降了 26%,但是机织产品平均单价却上升了 4%。同一时期,出口至欧盟 15 国的服装平均单价从 13.80 欧元/千克上升到 16.10 欧元/千克,同比上涨近 17%。针织产品的平均单价上升了 19%,机织产品上升了 15%(见表 15-8)。

表 15-8　斯里兰卡出口至欧盟 15 国和美国的服装单价

年份	欧盟 15 国单价(欧元/千克)			美国单价(美元/打)		
	针织	机织	总体均价	针织	机织	总体均价
1995	11.6	17.3	14.6	—	—	—
1996	12.4	17.7	15.2	53.0	75.8	69.5
1997	14.0	19.1	16.6	58.6	80.6	74.6
1998	15.3	19.7	17.3	64.5	81.6	77.2
1999	16.3	18.2	17.2	59.0	76.3	71.5
2000	18.3	21.9	19.9	58.4	75.6	70.6
2001	17.9	21.1	19.4	55.5	75.0	68.8
2002	16.3	17.7	16.9	54.3	69.7	64.8
2003	13.3	15.1	14.1	52.0	71.6	65.0
2004	13.1	14.6	13.8	50.1	72.7	64.5
2005	14.6	16.5	15.5	39.4	70.4	55.4
2006	15.5	17.4	16.4	35.6	74.2	51.4
2007	15.5	16.8	16.1	36.9	75.8	52.2
2008	15.7	16.2	15.9	34.1	79.4	50.5
2009	17.4	16.7	17.1	32.4	83.3	50.5

来源:欧盟统计局,以千克为单位;美国国际贸易委员会(USITC),仅统计以打为第一计量单位的商品;有关单价的更新表格及文字与 2011 年 4 月 15 日公布的表格相匹配。

注释:"—"指暂无数据。

2007—2009 年,出口到美国的服装每打平均单价从 52.20 美元下降至 50.50 美元,两年间下降 3%。其中针织产品的平均单价下降 12%,而机织产品却上升了近 10%。同一时期,斯里兰卡出口到欧盟 15 国的服装平均单价从 16.10 欧元/千克上升到 17.10 欧元/千克,同比上升了 6%。其中针织产品的平均单价上升了 12%,而机织产品单价下降了 1%。

(4) 后向关联(与纺织业的链接)

尽管斯里兰卡服装业不断发展,政府也努力支持国内纺织业,但斯里兰卡的纱线、织物和辅料配件供应商仍然相当少。平均而言,斯里兰卡服装业的面辅料超过 65% 源自进口。21 世纪初,估计有 80%～90% 的织物和 70%～80% 的辅料配件是进口的(Kelegama 和 Wijayasiri,2004)。2005 年,服装出口产品中进口纱线和织物的比例是 60%,纱线和织物的进口占了斯里兰卡进口总额的四分之一(Tewari,2008)。然而这种状态从那时起得到了一定程度的改善,采购国内辅料配件和针织面料的比例有所增加。根据 JAAF 的数据,2003 至 2008 年期间,服装出口增加 38%,纱线进口增加 63%,织物进口仅增加 3.3%,同时非织造布的进口减少了 18%。因此国内的辅料配件生产,尤其是针织面料的生产获得重大进展。采购国内辅料配件的比例增长显著,估计 40%～50% 的针织面料源自国内企业,但几乎所有的机织面料仍然依靠进口。斯里兰卡没有纺纱工厂,但是有四家使用进口纱线的针织面料制造工厂,还有两家仅对进口坯布进行染色和后整理加工的机织工厂[1]。斯里兰卡还有若干家生产缝纫线、拉链、纽扣、使用标识等辅料配件的供应商以及提供刺绣、印花和水洗等特殊加工服务的企业。

2009 年斯里兰卡纺织品最大进口国是中国,占纺织品进口总额的 31.6%。其他国家和地区依次为:印度(20.1%)、中国香港(11.9%),欧盟 15 国(10.9%)以及巴基斯坦(7.4%)(见表 15-9)[2]。斯里兰卡的主要出口市场欧盟也是该国重要的纺织品供应国,如法国、德国、意大利和英国,尤其是意大利。这表明由上述国家从斯里兰卡进口的内衣、泳装和正装中,出口制造商使用的大部分面料主要由这些欧盟采购商所提供(Tewari,2008)。尽管大部分面辅料仍源自东亚地区,但斯里兰卡国产面辅料采购显著增加,主要得益于短交货期、供应链的有效控制以及欧盟普惠制(GSP)方案的原产地区域累积规则。2009 年,斯里兰卡的区域纺织

---

①斯里兰卡有一家机织面料织造工厂,但仅为国内市场生产机织面料。
②中国台湾也是一个重要的纺织品供应商,但中国台湾的进口数据并没有在联合国商品贸易统计数据库(UN Comtrade)中列出。

品进口占纺织品进口总额的 27.5%,绝大部分来自印度(20.1%)和巴基斯坦(7.4%)。2004—2009 年,斯里兰卡从南亚区域进口的纺织品增加了81%,其中,印度进口增加了 105%,巴基斯坦进口增加了 45%。

表 15-9　各年份斯里兰卡纺织品进口排名前五的国家和地区统计数据

国家/地区/经济体	海关报价/亿美元					市场份额/%				
	1995	2000	2005	2008	2009	1995	2000	2005	2008	2009
全球	**9.30**	**10.75**	**14.04**	**16.40**	**14.17**					
中国	0.53	1.33	3.74	5.02	4.48	5.7	12.3	26.7	30.6	31.6
印度	0.65	1.04	1.73	2.86	2.84	7.0	9.7	12.3	17.4	20.1
中国香港	2.75	2.70	2.91	2.33	1.69	27.7	25.1	20.7	14.2	11.9
欧盟 15 国	0.93	0.93	1.47	1.91	1.55	10.0	8.6	10.5	11.7	10.9
巴基斯坦	n.a.	n.a.	0.99	1.24	1.05	n.a.	n.a.	7.0	7.6	7.4
韩国	2.10	2.32	n.a.	n.a.	n.a.	22.6	21.6	n.a.	n.a.	n.a.
排名前五的进口额与份额	**6.79**	**8.32**	**10.84**	**13.36**	**11.61**	**73.0**	**77.4**	**77.3**	**81.5**	**81.9**
SAARC 的进口额与份额	**0.97**	**1.32**	**2.77**	**4.10**	**3.89**	**10.4**	**12.3**	**19.7**	**25.0**	**27.5**

来源:联合国商品贸易统计数据库(UN Comtrade)。
注释:按国际贸易标准分类修订版 3 编码 65 分类;进口额代表斯里兰卡贸易伙伴国家和地区的出口额;SAARC 指南亚区域合作联盟;"n.a."指数据不适入表(表示该国家/地区/经济体在指定年份不在前五名之列)。

(5) 就业

斯里兰卡服装就业人数从 1990 年的 102 000 人上升到 2004 年的 340 367 人。2004 年后,就业人数有所下降。2005 年降至 273 600 人,但 2009 年就业人数又回升到 28 万人(见图 15-3)。

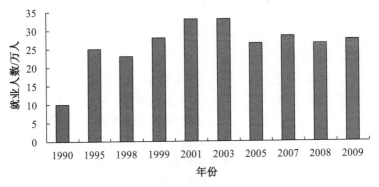

图 15-3　1990—2009 年斯里兰卡服装业就业人数

来源:Kelegama,2005a,2005b,2006,2009;Tait,2008;*Just-style*,2009;Saheed,2010。
注释:1990—1998 年数据反映的是纺织服装业的就业人数。

关于就业性别分布,从整体来看,20 世纪 80～90 年代超过 90% 的服装工人是女性。然而 20 世纪 90 年代和 21 世纪初,服装女性就业者的比重开始下降,到 21 世纪头十年的后半期下降至 80% 以下。2009 年,斯里兰卡服装就业人数约占工业就业总人数的 14.0%,占制造业就业总人数的 20.8%(Central Bank of Sri Lanka,2009)。

相比其他多数亚洲国家,斯里兰卡的劳动者受过更好的教育和技术培训。这可归因于斯里兰卡具有良好的直至大学程度的免费义务教育体系、特殊(专科)教育以及涵盖纺织服装业不同层次的培训设施,其中也包括技能和设计方面的大学学位课程。因此,斯里兰卡拥有大量既懂技术又有设计能力的工人,这些技能和能力使得斯里兰卡企业能为国际买家提供更多服务。斯里兰卡工人的高技能可从他们作为外籍人士受聘并胜任南亚区域服装企业的监督或管理工作得到印证。

关于人力资源方面,斯里兰卡服装业面临着劳务成本较高的难题,然而更为严峻的挑战是他们还面临着劳动力短缺。2008 年,斯里兰卡平均劳务成本为 0.43 美元/小时(包括社会福利费用),这一水准相当于孟加拉国的两倍,也高于柬埔寨、巴基斯坦和越南,但低于中国和印度。劳工短缺与斯里兰卡服装业在国内的负面形象有关,因为该国服装业通常被认为是工资低、工作环境恶劣、声誉差的行业,服装女工往往被污蔑为鱼龙混杂和"不良女孩"。在斯里兰卡服装业的所有技能部门中,估计约有 15 万个职位空缺(Wijayasiri 和 Dissanayake,2008)。然而另有 15 万左右的服装工人,大多是技能工,在孟加拉国、肯尼亚、马尔代夫、毛里求斯及中东等国家就业,因为他们发现国外有更高的工资待遇、更好的经济环境及成长机遇(Kelegama 和 Wijayasiri,2004)。除了低工资之外,缺乏劳动合同、工作时间长、工作强度大,尤其是缺少结社及集体谈判权利(因为许多公司都不愿意承认工会)等问题已成为服装业中的突出问题,小企业(但不唯一)中这种现象尤其明显。

为了改善服装业的工作条件,提升国内外形象,JAAF 以后配额时代斯里兰卡《五年战略规划》为指导方针,开展了"无罪服装"(Garments without Guilt)国际形象塑造活动。这项于 2006 年推出的活动源于对采购商的调查,该调查显示,道德规范能使斯里兰卡区别于其他竞争国家。此项活动由公营和私营企业通力合作并通过包装材料及企业通信媒介等进行传播,如公司信笺是其中的一种方法。此外,JAAF 计划创建一个网站,以此增加与采购商及消费者的沟通。斯里兰卡服装业还运营着一项包括稽核在内的认证计划。JAAF 指出,超过 75% 的企业参与该项形象塑造活动和稽核计划。然而通过认证的企业数量在过去几年中已明显下降,2010 年,仅 39 家公司通过该项目的认证(Goger,2010)。作为亚洲唯

——个签署了近 40 项国际劳工组织公约的国家,斯里兰卡在塑造自己为合格供应商的良好口碑效应时具有一定的优势。2008 年,业界开展了名为"骄傲"(Abhimani)的国内形象塑造活动。这项活动旨在改变服装工人的负面形象,因为这种负面形象使得参与服装生产的女工数量减少,从而导致劳动力短缺。一些大型制造商也开展了基于企业社会责任(Corporate Social Responsibility,CSR)的活动,以解决劳动力短缺和社会责任问题。多数大型制造商提供了诸如班车、免费工作餐、医疗福利等待遇,同时还有像住房公积金、医疗保险、教育基金以及由于工厂位于乡镇偏远地区的津贴等社会福利。然而,从更好的交易价格、更多的订单或更多国际买家的角度来看,经理和企业家并不认为他们按照政府提出的"无罪服装"(以及生态工厂)活动所付出的努力会有成效。让企业家感到沮丧的是国际采购商并没有对他们的付出给予回报(Goger,2010)。

15.4 贸易法规与积极的引导政策

(1) 优惠的市场准入

自 2001 年以来,根据不同的 GSP 方案,斯里兰卡在欧盟享有优惠的市场准入。2001 年 3 月,欧盟给予斯里兰卡免配额的市场准入优惠,但仍需支付关税。2004 年 2 月,欧盟因斯里兰卡遵守国际劳工标准而给予 20％的关税减让优惠,作为之前的 GSP 总协定[1]给予的 20％关税优惠的补充。2005 年 7 月,斯里兰卡成为针对欠发达国家给予 GSP＋政策的第一个南亚国家,即允许斯里兰卡免税进入欧盟市场。这些优惠的市场准入为斯里兰卡对欧盟出口的强劲增长做出了贡献,使得欧盟成为斯里兰卡服装产品出口的最大终端市场。不过,若要享有欧盟优惠的市场准入,就必须满足双重型原产地规则(ROO),但并非所有的服装出口都能满足这一条件,特别是机织服装的出口往往无法享受这一优惠待遇。2004 年,斯里兰卡的 GSP＋免税利用率仅为 28.0％(其中 37.8％为针织服装,15.6％为机织服装)。由于欧盟允许按照南亚区域合作(SAARC)中的原产地区域累积规则享受免税待遇,因此斯里兰卡可依据 GSP 原产地区域积累规则,通过增加南亚区域的面辅料采购,最大程度地利用该项免税待遇。然而,如今斯里兰卡面临着优惠市场准入的紧迫挑战,起因是该国在实施联合国人权公约方面存在明显不足,由此,2010 年 8 月欧盟暂停了对斯里兰卡的 GSP＋优惠政策。

---

[1]摩尔多瓦共和国是其他国家中唯一在劳工标准上获得 GSP 优惠的国家。

区域层面上,南亚拥有诸多处于不同实施阶段的区域合作组织和贸易协定①,其中最重要的是 SAARC。尽管有这些区域一体化的努力,但纺织服装业的区域贸易和投资的潜力仍未充分利用。虽然印度将纺织服装进口产品列入消极清单,这个清单包括那些没有资格享受关税优惠的商品,他们要受关税配额(Tariff Rate Quotas,TRQs)的限制,但是斯里兰卡自 2003 年以来,基于印度-斯里兰卡双边自由贸易协定(ILBFTA),依然获得了印度市场的免税准入待遇。因此,根据这些关税配额,斯里兰卡每年可零关税向印度出口 300 万件服装,并且没有入境口岸或织物的限制。另外,还有 500 万件利用源自印度的面料制成的服装,可以根据产品品类零关税或关税优惠差额 75% 后进入印度市场(*Just-style*,2010c)。但是,斯里兰卡出口商未能利用这方面的全部配额。2009 年,这种配额的利用率只有一半,原因是存在着包括高额从量税在内的非关税壁垒。

(2) 积极的引导政策

斯里兰卡政府和行业协会十分积极支持服装业发展,而活动的推广主要是行业协会。在 MFA 配额逐步取消的背景下,斯里兰卡在主要服装出口国中表现突出,通过采取不同层面的政策举措,以确保后配额时代该国在全球服装业的地位。为了应对 MFA 配额取消和全球服装业竞争加剧所面临的挑战,2002 年,斯里兰卡行业组织与政府部门联手制定了一项《五年战略规划》。这一战略规划的一个重要部分是由政府和五个行业协会共同建立的 JAAF 组织。这五个行业协会分别是斯里兰卡服装出口商协会(Sri Lanka Apparel Exporters Association,SLAEA)、全国服装出口商会、斯里兰卡服装出口商会、自由贸易区制造商协会和斯里兰卡服装采购办事处协会。JAAF 的成立,促使不同行业协会凝聚在同一个屋檐下,共同应对 MFA 配额逐步取消后全行业面临的危机和挑战。JAAF 是一种组织方法上的创新,从根本上改变了企业之间的交流方式,并成为提高行业效益和以合作方式应对挑战的有效工具(Wijayasiri 和 Dissanayake,2008)。

在 JAAF 统筹下,明确了行业优势和弱势,并制定了一项全面的五年战略规划,为后配额时代的增长奠定了基础(JAAF,2006)。为了落实《五年战略规划》中的政策举措,JAAF 设立了九个委员会和一个秘书处。秘书处的作用是支持九个委员会工作并监督相关政策的落实。这些委员会

---

①这些协议包括:南亚区域合作联盟(SAARC);南亚优惠贸易协定(SAPTA);由孟加拉国、不丹、印度、缅甸、尼泊尔、斯里兰卡、泰国等签订的孟加拉湾多部门技术经济合作计划(BIMSTEC);2004 年后的南亚自由贸易区(SAFTA)。

（由业界领军企业主导）注重于纺织后向关联一体化、人力资源、技术进步、贸易、中小企业、金融、物流、基础设施、市场营销以及形象建设（OECD，2008；JAAF，2002；Kelegama，2005a、2005b、2009）等核心领域。该战略有五个主要目标：

① 整个服装业的销售额从 2001 年的 23 亿美元提高到 2007 年的 45 亿美元，即 2003—2007 年年增长率为 12.0%（低于 1989—2000 年 18.5% 的年均增长率）；

② 企业从合同型制造商转型成为能提供综合一体化服务的全包供应商，这种企业具备面辅料采购、产品开发、设计等功能，能满足采购商要求供应商提供的各种服务；

③ 专注于高附加值服装而不是廉价服装以及向能获得溢价的细分市场渗透；

④ 在四大主要产品领域如运动服、休闲服、童装和内衣，建立具有国际声誉的优秀制造商形象；

⑤ 巩固和加强行业管理。

斯里兰卡通过三个层面的举措以实现上述战略规划的目标（Fonseka 2005）。a. 宏观层面上，核心内容是减少公用事业费用、劳动力市场改革、发展港口和海关电子数据交换（EDI）设备、改善基础设施以及加强针对斯里兰卡主要市场如比利时、印度、英国和美国等游说集团的公关活动。b. 行业层面上，战略规划致力于实现品牌营销和推广、研发、市场信息收集与分析、市场多元化拓展、发展与纺织业的后向关联、技能升级、提高纺织服装厂房设计水平、提升产品开发能力、提高生产效率以及缩短交货期等。c. 企业层面上，核心问题是降低制造成本，实现技术和人力资源的升级以及形成强大的战略联盟。多数大型企业按以上路径采取积极措施，以应对 MFA 配额的逐步取消。主要措施是构建集团公司、建立海外工厂、引进新技术、与国际买家建立直接合作关系以及加强专业产品线的投入（Arai，2006）。然而，对于中小企业来说，推行与实施这样的战略难度较大。

《五年战略规划》的重点是将整个服装业从合同型制造商转型为全包型供应商。除了增强生产制造能力外，还需要具备面辅料采购、供应链管理、产品开发和设计以及客户关系管理等功能。功能升级的关键步骤如下：

a. 鼓励纺织业后向关联一体化；

b. 提高人力资源和技术水平；

c. 修改劳动法律法规；

d. 提升斯里兰卡作为高劳工标准供应商的形象；

e. 满足中小企业的需求；

f. 加强与重点国家的双边和多边联系；

g. 游说政府改善基础设施；

h. 筹集资金实施改革。

在后配额时代的环境下，斯里兰卡的人力资源开发受到特别重视(Kelegama,2009)。JAAF 的人力资源开发委员会通过建立功能性技术人力资源库，而不仅仅是采用单纯的技术改革方式，以此提高工人的生产力水平。为了能够通过《五年战略规划》达到提高生产效率的目的，斯里兰卡政府为服装业实施项目拨款一亿斯里兰卡卢比。

人力资源开发委员会力图通过以下六项举措达到提高效率的目标：

a. 增强市场营销能力；

b. 培养设计能力；

c. 改善企业内部的生产效率；

d. 技术技能开发；

e. 提升基本技能水平；

f. 鼓励对纺织服装教育的投入。

在已有培训设施基础上，实施了技术培训领域五大举措(Kelegama, 2009)[1]：

① 为了提高行业设计能力和水平，JAAF 在斯里兰卡政府的支持下，启动了《时装设计与开发计划》。该计划是一个为期四年的学位课程，由莫勒图瓦大学纺织服装技术学院和伦敦时装学院（London College of Fashion,LCF）合办。纺织服装技术学院在联合国教科文组织的支持下，于 1976 年设立于莫勒图瓦大学，并分别与英国利兹大学纺织学科和曼彻斯特大学服装学科合作办学。该学院提供下列纺织服装学位：四年制纺织服装理学士学位，自 1993 年开始，纺织或服装制造专业均可获得该学位；纺织研究、服装研究以及纺织服装管理在职文学硕士学位；2002 年开始与伦敦时装学院（LCF）合作办学，开设了具有四年制学士学位的时

---

[1]除了这些正式的培训项目外，还有诸多非政府组织(NGOs)主要针对女性就业的小规模培训项目。这些非政府组织包括美国国际劳工团结中心（American Center for International Labor Solidarity, ACILS）、印度社区警察组织(Community and Police,CAP)以及意大利鲍思高。此外，政府投资的职业训练局开发有三至六个月的课程。像 Brandix 和 MAS 这样的大公司拥有自己的培训机构，Brandix 服装技术学院(简称 BCCT,成立于 1998 年，与皇家墨尔本理工大学合作,2005 年之前名为凤凰服装培训学院)和 MAS 管理与技术学院(MAS Institute of Management and Technology, MIMT)。

装设计及产品开发专业。自 1991 年以来,该计划项目还为纺织服装业在职员工提供了多种培训课程,包括生产计划、质量管理、样板制作和商品策划等。

② 为了加强服装业的营销能力,JAAF 与英国特许营销协会(Chartered Institute of Marketing,CIM-UK)合作启动了一项针对特定行业的专业营销资格证书计划。由此,该行业已有约 100 名从业者获得了服装营销师专业资格证书。该证书由 JAAF 下设的分委员会与 CIM-UK 合作一同颁发,以加强本地制造商与国际买家之间的联系,并为当地企业家提供更好的营销机遇。该项目于 2002 月 7 月成立,直至今日,仍是世界上唯一一个颁发此类研究生文凭的课程项目(Wijayasiri 和 Dissanayake,2008)。

③ 2004 年,为提高生产效率,JAAF 在斯里兰卡政府支持下,启动了生产力改进计划(PIP)[①]。该计划的目的是提供更有效的精益生产组织,从而提高企业的生产效率、降低成本、提升质量以及准时交货(Wijayasiri 和 Dissanayake,2008)。PIP 选择 200 家服装企业作为试点单位,目的是至 2007 年将试点企业的生产效率提高 30%。

④ 为了增强服装业技术能力,2004 年 JAAF 与美国北卡罗来纳州州立大学(North Carolina State University,NCSU)纺织学院签订了一项协议。该协议通过与制衣业培训所(Clothing Industry Training Institute,CITI)及纺织培训与服务中心(Textile Training and Service Centre,TTSC)合作教学,颁发北卡州立大学的附属文凭。TTSC 和 CITI 成立于 1984 年,隶属斯里兰卡工业发展部(Ministry of Industrial Development)管辖,并得到联合国发展计划署(UNDP)和联合国工业开发组织(UNIDO)的技术援助,之后日本国际协力事业团(Japanese International Cooperation Agency)也实施了援助。这两个机构后来归并于斯里兰卡的纺织服装协会,并与美国北卡罗来纳州州立大学建立联盟。该联盟专注于技术能力水平提高、供应链开发、企业管理和工业工程改进,目的是将培训提升至世界级水准。斯里兰卡纺织服装协会还组织了若干项活动:服装业供应商展会(Apparel Industry Suppliers Exhibition,AISEX)(每年两次),由机器设备供应商展示新技术,以帮助斯里兰卡服装技术升级;面辅

---

①之前的 2002 年,在美国劳工部和瑞士政府经济事务秘书处的资助下,国际劳工组织启动了工厂改进计划(Factory Improvement Program,FIP)。这是一项旨在帮助企业提高竞争力、改善劳动条件以及增强管理者与工人之间沟通和协作的培训计划。由斯里兰卡雇主联合会(Employers' Federation of Ceylon,EFC)与国际劳工组织以及《服装协会联合论坛》(JAAF)作为合作伙伴共同组织实施这一计划(Wijayasiri 和 Dissanayake 2008)。

料采购展会(Fabric and Accessory Sourcing Exhibition,FASE),由面辅料供应商展示全球最新技术开发的面料和纺织品,以增加当地纺织品制造商对全球趋势的了解与认识;出版专业杂志(*Apparel Update*);举办南亚服装峰会(Apparel South Asia)。

　　⑤ 在 MFA 配额逐步取消的背景下,通过捐赠者的帮助,建立了若干基层技能培训计划项目。例如,由美国国际开发署(USAID)在斯里兰卡的 31 个职业培训中心(该国总共有 189 个职业培训中心)中创建了四种示范训练模式,为纺织服装业提供培训课程。四种示范训练模式的目标是提升基础设施、设备及人力资源的水平;提供多科目教育以及学业结束后的就业保障计划;为农村青年提供有价值的技能和知识培训。

　　作为《五年战略规划》的一部分,用以改善服装业国内外形象的两项措施已经开展,分别是名为"无罪服装"(Garments without Guilt)的国际形象塑造活动以及名为"骄傲"(Abhimani)的国内形象塑造活动(参见前文)。

参考文献

[1] Arai, Etsuyo. 2006. "Readymade Garment Workers in Sri Lanka: Strategy to Survive in Competition." In *Employment in Readymade Garment Industry in Post-MFA Era: The Case of India, Bangladesh and Sri Lanka*, ed. Mayumi Murayama, 31-52. Chiba: Institute of Developing Economies. http://www. ide. go. jp/English/Publish/Jrp/pdf/jrp_140_02. pdf.

[2] Central Bank of Sri Lanka. 2009. "Chapter 4: Prices, Wages, Employment, and Productivity." *Central Bank of Sri Lanka Annual Report*, 79-94. Colombo: Central Bank of Sri Lanka.

[3] Fonseka, Tilak. 2005. "Survival Strategies for Sri Lanka's Garment Industry—post 2004." International conference on "After the Quota System: The Impact of the MFA Phase-Out on Growth and Employment in Asia," Colombo, April 26-27.

[4] Gibbon, Peter. 2003. "The African Growth and Opportunity Act and the Global Commodity Chain for Clothing." *World Development* 31 (11): 1809-27.

[5] Goger, Annelies. 2010. "Going beyond Monitoring: Ethical Regulation in the Sri Lankan Garment Industry." Unpublished working draft, Department of Geography, University of North Carolina at Chapel Hill.

[6] JAAF (Joint Apparel Association Forum). 2002. "Sri Lanka Apparel Industry 5-Year Strategy." Joint Apparel Association Forum, Colombo.

[7] JAAF (Joint Apparel Association Forum). 2006. "Strategy for the Apparel Industry of Sri Lanka (March Update)." Unpublished mimeograph, JAAF, Colombo.

[8] *Just-style*. 2009. "Sri Lanka: Apparel Firms in Bullish Mood over GSP+." December 4.

[9] *Just-style*. 2010a. "Sri Lanka: Cuts Five-Year Export Targets by US＄1bn. " May 26.

[10] *Just-style*. 2010b. "Sri Lanka: Brandix 'Green' Apparel Plant Hailed as Global Model. " June 16.

[11] *Just-style*. 2010c. "Sri Lanka: Apparel Industry Calls for New Trade Deals. " July 20.

[12] *Just-style*. 2010d. "Sri Lankan Suppliers Shrug Off GSP+ Impact. " November 19.

[13] Kelegama, Saman. 2005a. "Ready-Made Garment Industry in Sri Lanka: Preparing to Face the Global Challenges. " *Asia-Pacific Trade and Investment Review* 1 (1):51-67.

[14] Kelegama, Saman. 2005b. "Impact of the MFA Expiry on Sri Lanka. " In *South Asia after the Quota System: Impact of the MFA Phase-out*, ed. Saman Kelegama. Colombo: Institute of Policy Studies of Sri Lanka in association with Friedrich Ebert Stiftung.

[15] Kelegama, Saman. 2006. *Development under Stress: Sri Lankan Economy in Transition*. Sage Publications India, New Delhi.

[16] Kelegama, Saman. 2009. "Ready-Made Garment Exports from Sri Lanka. " *Journal of Contemporary Asia* 39 (4): 579-96.

[17] Kelegama, Saman, and Janaka Wijayasiri. 2004. "Overview of the Garment Industry in Sri Lanka. " In *Ready-Made Garment Industry in Sri Lanka: Facing the Global Challenge*, ed. Saman Kelegama. Colombo: Institute of Policy Studies.

[18] OECD (Organisation for Economic Co-operation and Development). 2008. "Trade and Innovation Project. Case Study 3: The Ending of the Multi-Fibre Agreement and Innovation in Sri Lankan Textile and Clothing Industry. " Trade Policy Working Paper 75, OECD, Paris.

[19] Saheed, Hassen. 2010. "Prospects for the Textile and Clothing Industry in Sri Lanka. " *Textile Outlook International* 147: 79-119.

[20] Tait, Niki. 2008. "Textiles and Clothing in Sri Lanka: Profiles of Five Companies. " *Textile Outlook International* 133: 59-81.

[21] Tewari, Meenu. 2008. "Deepening Intraregional Trade and Investment in South Asia—The Case of the Textile and Clothing Industry. " Working Paper 213, India Council for Research on International Economic Relations, New Delhi.

[22] USITC (United States International Trade Commission). 2004. *Textile and Apparel: Assessment of the Competitiveness of Certain Foreign Suppliers to the U. S. Market*, vol. 1. Washington, DC: USITC.

[23] UNDP (United Nations Development Programme). 2006. *Sewing Thoughts: How to Realise Human Development Gains in the Post-Quota World*, by Ratnakar Adhikari and Yumiko Yamamoto. Tracking report, UNDP, Colombo.

[24] Wijayasiri, Janaka. 2007. "Utilization of Preferential Trade Arrangements: Sri Lanka's Experience with the EU and the U. S. GSP Schemes. " Working Paper 2907, Asia-Pacific Research and Training Network on Trade (ARTNeT), an initiative of the United Nations Economic and Social Commission for Asia and the Pacific (UNESCAP) and the International Development Research Centre (IDRC), Canada.

[25] Wijayasiri, Janaka, and Jagath Dissanayake. 2008. "Case Study 3: The Ending of the Multi-fiber Agreement and Innovation in Sri Lankan Textile and Clothing Industry, Trade and Innovation Project. " Trade Policy Working Paper 75, Organisation for Economic Co-operation and Development (OECD), Paris.

第十六章 越 南

16.1 导论

越南进入国际市场和服装出口起步较晚。1986 年开始实行的"doi moi"(越南语,即"改革"的意思)改革,标志着出口导向型增长时代的开启,而服装业在其中扮演着重要角色。2005—2009 年,服装是越南最主要的出口产品。2009 年服装出口占越南出口总额的 17%。在越南,服装业拥有最多的从业人员,为超过 200 万人提供就业岗位。

过去一段时期,由于受越南战争、美国禁运(持续至 1994 年)、经互会(CMEA)解散、自身的社会主义制度及非世界贸易组织(WTO)成员国身份(直至 2007 年加入 WTO)等各项因素影响,越南在欧盟的主要市场受到市场准入限制,在美国这一限制更严厉。越南服装出口最初主要针对日本和欧盟市场,然而自 2002 年以来,对美国出口的增加推动了服装出口的增长。

过去,作为一个非 WTO 成员国,越南并未直接受到 MFA 配额逐步取消的影响,因为越南不是纺织品和服装协定(ATC)的缔约国。2005 年初,欧盟废除了针对越南的配额,而直到 2007 年越南加入 WTO 后,美国才取消了对该国的配额限制。后配额时代,越南的出口仍在增长,即使在全球金融危机的背景下,仍能快速恢复出口额上升的势头。

后配额时代,越南的积极发展得益于 2007 年加入 WTO 后,市场准入条件的改善与成本竞争力。但越南的服装业也经历了相关的生产流程、功能和后向关联的产业结构重组和升级转型。越南政府启动了一项全面发展战略,使该行业有能力应对后配额时代的环境变化。越南服装业的主要竞争优势是低劳务成本和后向关联以及多样化发展的新出口市场和国内市场;主要的挑战是技能缺口,特别是技术、时尚设计、管理技能等方面,生产集中于相对简单的低附加值产品。

16.2　服装业的发展

19 世纪后期,法国在越南北部的红河三角洲建立了南定省纺织联合工厂,由此奠定了越南纺织服装业的基础。然而在第一、第二次印度支那战争,即抗法战争(1946—1954 年)和抗美战争(1961—1973 年)结束后,在加入 CMEA 的背景下,越南的纺织服装业才开始大规模发展。20 世纪80 年代,该行业的发展是基于越南与苏联、东欧国家之间的合作项目。在此背景下,越南的作用是加工服装产品和一些绣花类纺织品,出口到苏联和东欧国家。所有设备与资金投入均由国外合作伙伴提供,越南企业则收取产品的加工(裁剪、缝纫和后整理,CMT)费。然而这些合作项目仅仅维持到 20 世纪 80 年代末,随着经互会的解散,对越南服装业的发展产生了负面影响(Huy 等,2001)。虽然 20 世纪 80 年代越南的服装生产和出口日益增多,但当时受社会主义计划经济影响,规模不大,而服装业出口导向型发展的开端始于 20 世纪 90 年代初期。

20 世纪 70 年代后期和 80 年代,越南国内经济呈现低迷状态,为改变这种状态,1986 年起开始了一系列改革,并在 1989 年苏联解体后经济呈现上升势头。改革旨在使越南转变成为国家指导的"社会主义市场经济",包括国内经济逐渐自由化、私营企业得到发展以及转向以市场为导向的外贸体系。伴随着引进外资政策的实施,开始了出口导向增长的新时代。但国有企业在经济和产业发展战略中仍然发挥着重要作用。这一改革进程持续了整个 20 世纪 90 年代,由此越南逐步融入全球经济,出口不断增加,并促进了与世界其他国家的经贸关系逐步正常化。

在越南的出口导向型发展战略中,服装业发挥着关键作用。其他劳动密集型制造业,如鞋类和电子产品类,在 20 世纪 90 年代也成为重要的出口行业,但服装仍然是最大的制造业,2002 年占出口总额的 16.5％。对这一出口增长起重要作用的是国有企业,同时也受到外商投资增加的影响,并以来自亚洲国家和地区的外商投资为主。针对国有企业的改革持续了整个 20 世纪 90 年代,其间许多纵向一体化的纺织服装国有企利用优惠的融资渠道,更新了现代化设备。除了国有企业,外国投资者,尤其是来自日本、韩国、中国台湾等国家和地区的投资者,受低劳务成本的吸引而在 20 世纪 90 年代纷纷投资越南服装业。由此,在纺织业,外资公司在总产量中所占份额从 1995 年的 17%增加到 1999 年的 30%,而在服装业,则从 18%增长到 25%(Huy 等,2001)。

就终端市场而言,20 世纪 90 年代越南主要的终端市场不同于其他发展中国家。由于一些特殊国情,如越南战争、美国禁运(持续至 1994 年)、曾经的经互会、社会主义国家制度和非 WTO 成员国身份(直至 2007 年)等,越南在欧盟 15 国的主要市场、尤其是美国市场受到市场准入限制。经互会解散后,越南首选日本市场,该市场主导了 20 世纪 90 年代的服装出口。在这种背景下,越南与来自日本、韩国、中国台湾的投资者形成的制造业三边关系成为出口增长的重要动力。但 2000 年后,与欧盟 15 国和美国的主要市场相比,日本市场的发展已趋平缓。

1992 年起,越南对欧盟的服装出口量开始增加,主要原因是 1992 年双方签署了双边协定并于 1993 年 1 月起生效。这一协定使越南出口到欧盟的服装获得优惠的市场准入,被普遍视为越南服装业发展的曙光(Huy 等,2001;Nadvi 等,2004b)。根据协定,越南对欧盟市场享有 151 个类别的出口权,其中 46 个类别不受配额限制(Huy 等,2001)。1995 年,双方签订了一项更广泛的合作协议,其中欧盟赋予越南最惠国(MFN)地位。近年来,越南也享受着欧盟的普惠制(GSP)待遇。因此,越南对欧盟的出口产品平均只须缴纳 9.6%的关税,虽然这比 12.0%的最惠国关税待遇更胜一筹,但欧盟针对如孟加拉国和柬埔寨等最不发达国家(LDCs)的市场准入是免关税的。

2000 年前,越南并未进入巨大的美国市场,尽管美国市场对许多其他后工业化国家扮演着重要角色。1994 年美国废除了对越南的贸易限制,但之后的一段时间,两国间的贸易关系仍处于低水平(Martin,2010)。1996 年,针对美国的服装出口仅占越南服装出口总额的 2%,而同期欧盟占 43%,日本占 42%(Hill,1998)。然而随着 2001 年双边贸易协定的签署,美国给予越南正常贸易关系待遇即最惠国地位。对于服装出口,该协定将平均关税税率从 60.0%下调到最惠国的平均水平 11.5%,而与欧盟优惠贸易协定不同的是,该协定并没有预设配额。但 2002 年当越南对美国的出口额出现显著增长后,美国业界游说政府采取配额制,为此,双方签署了一项针对部分服装产品的双边配额协定,规定自 2003 年 5 月起美国从越南进口的服装中有 38 个类别受配额限制。

从 20 世纪 90 年代初开始,越南的服装出口大幅增加。来自越南贸易伙伴国的数据显示,越南服装出口额从 1995 年的 8.31 亿美元增加到 2004 年的 44.08 亿美元(见表 16-1)。越南占全球服装出口市场的份额从 1995 年的 0.5%增加到 2004 年的 1.8%。1995—2004 年期间,机织类服装的出口额高于针织类服装,但机织类服装的占比呈下降态势,从 1995 年的 77.2%下降至 2004 年的 64.6%。

20 世纪 90 年代,日本和欧盟 15 国是越南仅有的两大终端市场。2002 年前,越南几乎没有针对美国的服装出口。2000 年后,针对日本市场的服装出口份额开始下降,而针对美国市场的服装出口份额则在上升。2004 年越南对美国的服装出口约 30 亿美元,占出口总额的 60.7%(见图 16-1)。

表 16-1 各年份越南服装出口至全球的统计数据

	1995	1998	2001	2004	2005	2006	2007	2008	2009
出口总额/亿美元	8.31	12.63	15.22	44.08	47.37	59.31	76.94	95.41	93.95
年增长率/%	—	−0.8	−4.6	11.9	7.5	25.2	29.7	24.0	−1.5
占全球服装出口比例/%	0.5	0.7	0.8	1.8	1.8	2.1	2.4	2.8	3.2
机织服装与针织服装出口额/亿美元									
机织服装	6.41	9.96	12.32	28.48	30.68	37.38	45.32	53.58	50.51
针织服装	1.90	2.67	2.90	15.59	16.69	21.93	31.62	41.83	43.44
机织服装与针织服装占总出口的份额/%									
机织服装	77.2	78.9	80.9	64.6	64.8	63.0	58.9	56.2	53.8
针织服装	22.8	21.1	19.1	35.4	35.2	37.0	41.1	43.8	46.2

来源:联合国商品贸易统计数据库(UN Comtrade)。
注释:"—"指不适用;出口额代表贸易伙伴国的进口额;服装分类源自商品名称及编码协调制度(HS)1992,HS62 指机织服装,HS61 指针织服装;增长率指与上年相比的变化。

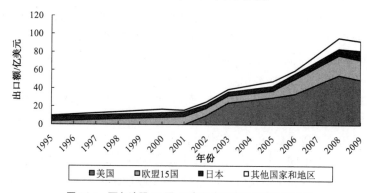

图 16-1 面向欧盟 15 国、日本和美国的越南服装出口额

来源:联合国商品贸易统计数据库(UN Comtrade)。
注释:出口额代表贸易伙伴国公布的进口额。

　　MFA 配额逐步取消对越南产生了多方面影响。作为一个非WTO 成员国,越南并不是 ATC 的成员,因此该国未能从 2004 年底废除配额制度中受益。然而越南当时已与欧盟达成一项双边市场准入协定,规定至 2005 年 3 月,取消对越南服装出口的数量限制,使得越南在加入 WTO 之前的两年已经享有 WTO 成员国待遇。相比之下,美国双边纺织服装出口预留配额协定直到 2007 年 1 月越南加入WTO 后才被中止。但 2004 年后,越南还是受到了全球服装业竞争加剧和产能过剩的影响。

　　由于出口至美国配额的增加,越南在后配额时代表现十分惊人。来自越南贸易伙伴国的数据显示,2005 年越南服装出口总额达到 47.37 亿美元,比 2004 年增长了 7.5%。2004—2005 年,越南在全球服装出口总额中所占比例稳定保持在 1.8%,2006 年增加至 2.1%,2007 年上升至2.4%(见表 16-1)。除日本市场外,这种持续增长在越南几个主要的终端市场普遍发生。至 2006 年底前,越南对美国的服装出口由于受到配额的限制,增长较缓慢。尽管如此,越南占美国服装进口的份额仍从 2004 年的 3.7% 提高到 2006 年的 4.3%,而在 2007 年配额消除后,越南对美国的服装出口增长了 35.9%,占美国服装进口额的 5.7%。越南对欧盟 15 国的服装出口 2005 年增长了 9.0%,2006 年增长了 47.7%(见表 16-2 和表16-3)。

表 16-2　各年份美国进口越南服装的相关数据

	1995	1998	2001	2004	2005	2006	2007	2008	2009
进口总额/亿美元	0.24	0.28	0.48	25.06	26.65	31.58	42.93	51.51	50.08
年增长率/%	—	9.6	1.2	7.1	6.4	18.5	35.9	20.0	−2.8
占美国服装进口份额/%	0.1	0.1	0.1	3.7	3.8	4.3	5.7	7.0	7.8
机织服装与针织服装进口额/亿美元									
机织服装	0.20	0.21	0.26	14.22	15.41	17.70	21.38	23.41	21.18
针织服装	0.04	0.07	0.21	10.84	11.24	13.88	21.55	28.10	28.90
机织服装与针织服装占进口额占比/%									
机织服装	84.8	75.2	55.3	56.7	57.8	56.0	49.8	45.4	42.3
针织服装	15.2	24.8	44.7	43.3	42.2	44.0	50.2	54.6	57.7

来源:美国国际贸易委员会(USITC)。
注释:服装进口数据源自商品名称及编码协调制度(HS)编码 61 和 62;增长率指与上年相比的变化;"—"指不适用。

表 16-3　各年份欧盟 15 国进口越南服装的相关数据

	1995	1998	2001	2004	2005	2006	2007	2008	2009
进口总额/亿欧元	2.71	5.17	7.38	6.10	6.64	9.81	10.72	12.01	11.63
进口质量/万吨	1.5	2.6	4.0	4.3	5.0	7.1	9.2	9.6	7.9
占欧盟 15 国服装进口份额/%	0.5	0.8	0.9	0.7	0.7	1.0	1.0	1.2	1.2
年增长率/%									
金额	—	7.0	0.9	24.5	9.0	47.7	9.2	12.0	−3.1
质量	—	10.1	12.8	17.1	15.2	42.1	29.9	4.5	−17.6
机织服装与针织服装进口额/亿欧元									
机织服装	2.40	4.44	6.21	4.78	5.04	7.01	7.78	8.60	8.46
针织服装	0.31	0.72	1.17	1.32	1.61	2.80	2.94	3.41	3.17
机织服装与针织服装进口额占比/%									
机织服装	88.5	86.0	84.1	78.4	75.8	71.5	72.6	71.6	72.7
针织服装	11.5	14.0	15.9	21.6	24.2	28.5	27.4	28.4	27.3
机织服装与针织服装质量/万吨									
机织服装	1.3	2.1	2.9	3.0	3.3	4.7	5.9	6.0	5.2
针织服装	0.2	0.5	1.1	1.4	1.7	2.4	3.3	3.6	2.7

来源:欧盟统计局。

注释:服装进口数据源自商品名称及编码协调制度(HS)编码 61 和 62;增长率指与上年相比的变化;"—"指不适用。

　　全球金融危机的影响自 2008 年开始显现并在 2009 年加剧,影响程度的评估必须考虑到 2008 年底结束的针对中国的特保措施(特定产品过渡性保障机制)。其间,越南服装业的表现好于多数竞争对手,但孟加拉国和中国除外。越南占全球服装出口份额从 2007 年的 2.4% 提升至 2008 年的 2.8%,然后又提高到 2009 年的 3.2%(见表 16-1)。2009 年,尽管越南服装出口到主要的终端市场——美国和欧盟 15 国——分别下降了 2.8% 和 3.1%,但与其他竞争国家相比,这种降幅相对较小。2008 至 2009 年,越南占美国服装进口的份额从 7.0% 提升到 7.8%,同期,越南占欧盟 15 国服装进口总额保持在 1.2%。当 2009 年越南对美国和欧盟 15 国的服装出口金额下降时,对日本的出口却出现增长,主要得益于越南-日本经济伙伴关系协定(EPA)给予越南的免税待遇。同时随着国民收入的增加,越南国内市场的销售额也在不断提升。最典型的例子是 Vinatex

公司①(越南最大的国有企业),2009 年的国内销售额上涨了 26%。国内零售渠道的扩张促进了服装销售的增长。据统计,近年来,越南在 22 个城市新设了 55 家大卖场和 22 家时尚商店(EC,2010)。但 2007 年的数据显示,本土生产商供应的商品仅占越南国内市场销售额的 30%,而从中国进口的产品则占据了 60% 的市场份额(Saheed,2007)。

尽管服装出口相对抗跌或者部分供应商转向为国内市场供货,但金融危机仍然对越南服装业产生了巨大冲击。服装企业接到的订单数量减少,订单价格也比之前降低 10%~15%。在一年半的时间里,有 2~3 万名工人被裁员,一些生产商关闭了部分工厂(AFTEX,2010)。尤其是规模较小且经济实力较弱的企业通常会在金融危机期间受冲击而倒闭。所以后配额时代越南服装企业平均规模普遍扩大。

越南服装业在后配额时代的积极发展得益于 2007 年加入 WTO 以及由此获得优惠的市场准入待遇和美国市场配额的取消。此外,相对低廉的劳动力成本也是越南成本竞争力的重要推手。但越南服装业富有成果的改革也十分令人瞩目,如生产流程、产业功能和后向关联等的产业结构重组与转型升级。由越南政府启动的服装业全面发展战略,也提升了后配额时代该国服装业的竞争力并促进了产业转型升级。

16.3 服装业的结构

(1) 企业类型

越南统计局的数据显示,2000—2008 年,越南服装企业数量从 579 家增加到 3 174 家,纺织企业数量从 408 家增加到 1 577 家(见表 16-4)。据"更好的工作——越南"(Better Work Vietnam,www. betterwork. org/vietnam)的数据显示,2009 年越南有 3 719 家纺织服装企业,其中:超过62% 的企业位于越南南部和湄公河三角洲地区(包括胡志明市和周边省份);有 30% 左右的企业位于越南北部,大多数分布在越南第二大城市河内的周围;余下的 8% 企业则坐落于越南中部。越南纺织服装协会的数据显示,2009 年越南有 3 176 家纺织服装企业,其中:服装企业 2 424 家、纺

①Vinatex 公司成立于 1995 年,是一家国有控股企业,如今旗下共有 90 家子公司,包括 52 家股份公司和 38 家合资公司。其中有 66 家制造型企业,其余则为研究机构、教育培训设施、商业办事处、备件供应商以及分销商。Vinatex 公司涉及服装业(占总产值 40%)和纺织业(占总产值 60%),2009 年生产了100 000 吨棉纱和混纺纱线、3 000 吨腈纶和毛腈纱、1 500 吨缝纫和绣花线、2.5 亿平方米的机织、针织面料、1.5 亿条毛巾、8 000 万件机织服装、5 000 万件针织服装(Adams,2010)。2007 年 6 月,越南政府批准Vinatex 公司私有化方案,最初预计在 2008 年完成(Saheed,2007)。但根据越南竞争力报告,只有规模较小的国有企业被私有化,而大多数较大的国有企业仍被合并为国有企业集团,并受到中央政府的直接管控(CIEM,2010)。

纱企业 145 家、机织面料织造企业 401 家、针织面料织造企业 105 家和染整厂 94 家(见表 16-5)。

表 16-4　各年份越南纺织服装业企业数量

	2000	2001	2002	2003	2004	2005	2006	2007	2008
纺织	408	491	626	708	843	1 046	1 250	1 367	1 577
服装	579	763	996	1 211	1 567	1 745	1 958	2 352	3 174
总数	987	1 254	1 622	1 919	2 410	2 791	3 208	3 719	4 751

来源:越南统计局,http://www.gso.gov.vn。

表 16-5　2009 年越南纺织服装业产能

	企业数量	设备数量	年产量
纱线	145	3 789 000 纱锭	350 000 吨
机织面料	401	21 800 台	10 亿平方米
针织面料	105	3 800 台	200 000 吨
非织造面料	7	n. a.	5 000 吨
染整	94	1 109 台	7 亿平方米
服装	2 424	918 700 台	24 亿件

来源:越南纺织服装协会(VITAS)。
注释:"n. a."指数据不适合入表。

越南有三种类型所有制结构的企业——国有企业、民营企业和外资企业。就全国服装产量而言,国有企业所占份额从 2000 年的 32.0% 下降至 2009 年的 8.8%,而同期外资企业的份额则从 25% 增加到 47.0%。在纺织业,外资企业的份额也在增加,但不如服装业份额高。2009 年,外资企业占据纺织产量的 37%,而在 2000 年时仅为 26%,国有企业的份额从 2000 年的 51% 下降至 2009 年的 24%(Huy 等,2001),见表 16-6。

就企业数量而言,3 719 家纺织服装企业中,国有企业大约占 2.0%,公私合营企业占 76.0%,外商独资企业占 18.5%,其他法人企业约占 4.0%(Better Work Vietnam,2011)。尽管国有企业的数量减少了,但他们仍具有核心影响力,如最大的服装国企 Vinatex 公司在 2009 年越南服装出口总额中占据 20%。

国有企业往往规模较大,一家企业通常有几千名工人。与民营企业相比,国有企业因国资背景而拥有多种优势,包括在配额分配以及投融资等方面较为有利(Huy 等,2001;Nadvi 等,2004b)。本土私营企业通常规模中等,由私人企业家自主经营。第三类企业是外商投资企业,这类企业自 20 世纪 90 年代后期开始逐渐增多。投资者大多来自东亚,包括韩国、中国台湾,还有一小部分来自日本。初期他们与越南当地的国有企业合资,后来逐步建立外商全资控股子公司,这些子公司基本只从事出口加工业务(Huy 等,2001;Schaumburg-Müller,2009)。

表16-6 各年份越南各种所有制纺织服装企业产量的占比(%)

	2005	2006	2007	2008	2009
纺织业					
国有企业	39.0	34.0	28.0	25.0	24.0
民营企业	16.0	20.0	27.0	28.0	26.0
家庭作坊	13.0	12.0	12.0	11.0	12.0
合资企业	1.0	1.0	1.0	1.0	1.0
外商独资	31.0	33.0	32.0	35.0	37.0
服装业					
国有企业	25.0	20.6	13.4	10.3	8.8
民营企业	21.9	25.5	30.0	31.1	29.8
家庭作坊	15.7	14.6	14.5	13.5	14.2
合资企业	0.4	0.3	0.2	0.3	0.2
外商独资	37.0	39.0	41.9	44.8	47.0

来源:越南统计局,http://www.gso.gov.vn.

经过23次访谈得出的结论(Goto,2007)表明,从销售总额来看,越南服装供应商的总销售金额中,平均有67%为来料来样加工(CMT)订单,33%为来样加工或全包加工(FOB[①])订单。然而,由于FOB订单价格中还包括原材料价格,CMT订单的价格则相对较低,因此,以货品数量统计的数据更能说明问题。为此,Goto的研究用数量数据换算得到的结果:95%为CMT订单,5%为FOB订单(Goto,2007)。三类服装企业从不同方面满足全球价值链(Global Value Chain,GVC)需求。越南国内民营企业基本只做CMT订单,而规模较大的国有企业主要承担FOB订单,因而对价值链起着更积极的作用。国有企业通常通过自身拥有的纵向一体化生产结构自行进行原材料采购,在生产需求方面对国际买家的依赖较少(Nadvi等,2004a)。国有企业可以承接较大的订单,生产的产品范围也相对广泛,并能更好地达到全球市场上国际买家提出的社会责任标准,尤其在劳动者权益方面。他们的目标是为国际市场生产更多高附加值产品,同时也努力尝试开发自主品牌(Schaumburg-Müller,2009)。而对于外商独资子公司来说,经营目标是努力迎合总部的要求。对他们而言,产业功能升级的空间有限,因为更高附加价值的功能仍由海外总部掌控。中央经济管理研究院(Central Institute for Economic Management,CIEM)一项

①在调查中就如何解读"FOB"存在很大差异。FOB1(全包加工,越南占94%),FOB2(占6%)与通常的OEM(原设备制造)相似。而对于FOB3,即供应商自己开发设计,并将主要功能从单纯供应商转为自身价值链的协调者,往往被称为ODM(原设计制造),这种供应商在越南服装业几乎不存在。

关于平阳省、同奈省、海阳省、兴安省、头顿省等外商独资服装企业的调研显示,这些公司都从事相对简单的加工业务,而设计、物流和零售等关键业务环节依然在海外完成(CIEM,2010)。因此,尽管越南国企进行着FOB订单的生产,也有一些关于转型成为原设备制造(OEM)和原品牌制造(OBM)的企业,但越南服装业仍然以CMT加工为主。

大量越南本土企业为国内市场生产自有品牌的产品。此外,一些大型国有企业在越南的主要城市有自己的零售网点,销售的产品往往是外贸余货(Goto,2007)。但从Vinatex公司的战略和其他一些内资企业经营形式来看,他们对国内市场的重视程度正不断上升。Foci、Ninomaxx、PT2000、Wow等品牌以中档市场作为推广对象。越南公司也为国内市场提供若干高档优质品牌,如Vee Sendy、Viettien和TT-up等。为农村人口提供低价的女装和童装将成为未来的潜在市场(GTIA,2010)。

总体来讲,20世纪90年代至21世纪头十年,越南纺织服装业通过加大投资力度,生产效率有了显著提升(AFTEX,2010)。但这些生产效率的提升不均匀地作用于不同所有制类型的企业。外商独资企业通常采用更为现代化的生产流程与设备。一些国有企业,特别是Vinatex公司,大规模投资于现代化设备和生产流程。自2005年以来,Vinatex公司在自身的现代化改革中已投入了八、九亿美元,包括:改造及更新陈旧设施,使得公司目前的生产效率和质量水平已达到区域和国际标准;建立一系列新的包含纺纱、机织面料织造、针织面料织造、后整理等一体化的工厂;建立国内合纤工厂;完成国有纺织服装企业的股份制改造(AFTEX,2010)。

(2) 终端市场

越南服装出口的终端市场主要集中在欧盟15国、日本和美国,2009年这三个市场共占据越南服装出口总额的87.5%(见表16-7)。然而终端市场的结构已发生明显变化,尤其是对美国出口已成为越南服装的出口主体。2009年,美国市场占据越南服装出口总额的55.6%,而在2000年,越南对美国的服装出口量甚少,仅占越南服装出口总额的3.3%(见图16-2)。

相比之下,欧盟15国和日本占越南服装出口的份额则分别从2000年的47.0%和36.4%下降至2009年的21.2%和10.7%。另外两个相对不那么重要的终端市场是加拿大和韩国,2009年分别占越南服装出口总额的2.5%和2.3%。由于与日本和韩国分别签署了双边贸易协定,越南对这两个国家的服装出口自2008年以来有所增加。同时,越南服装企业也越来越重视国内市场和一些如中东等国家或地区的非传统市场

（Thoburn，2009）。越南对东南亚国家联盟（东盟）国家的服装出口非常有限，并且还有下降，2009年这类出口仅占越南服装出口总额的0.4%，相比2000年的2.3%有明显下降。

表 16-7 各年份越南服装出口终端市场排名前五的统计数据

国家/地区/经济体	海关报价/亿美元					市场份额/%				
	1995	2000	2005	2008	2009	1995	2000	2005	2008	2009
全球	8.31	15.95	47.37	95.41	93.95					
美国	0.18	0.53	28.32	54.17	52.25	2.2	3.3	59.8	56.8	55.6
欧盟15国	3.61	7.49	9.47	21.90	19.89	43.4	47.0	20.0	22.9	21.2
日本	3.66	5.80	5.87	8.36	10.07	44.1	36.4	12.4	8.8	10.7
加拿大	n.a.	0.23	0.87	2.15	2.39	n.a.	1.5	1.8	2.3	2.5
韩国	0.22	0.35	0.41	n.a.	2.16	2.6	2.2	0.9	n.a.	2.3
俄罗斯	n.a.	n.a.	n.a.	1.32	n.a.	n.a.	n.a.	n.a.	1.4	n.a.
新加坡	0.11	n.a.	n.a.	n.a.	n.a.	1.3	n.a.	n.a.	n.a.	n.a.
排名前五的出口额与份额	7.78	14.40	44.94	87.89	86.75	93.5	90.3	94.9	92.1	92.3

来源：联合国商品贸易统计数据库（UN Comtrade）。
注释：服装数据源自商品名称及编码协调制度（HS）1992，编码61～62；出口额代表贸易伙伴国的进口额；"n.a."指数据不适合入表（表示该国家/地区/经济体在指定年份不在前五名之列）。

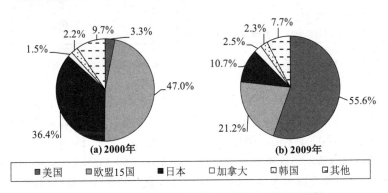

图 16-2 2000 与 2009 年越南服装出口排名前五的市场份额

来源：联合国商品贸易统计数据库（UN Comtrade）。
注释：服装数据源自商品名称及编码协调制度（HS）1992，编码61～62；出口代表贸易伙伴国的进口。

（3）出口产品

2009年越南的出口服装中，机织服装和针织服装总量基本相等，分别占53.8%和46.2%。2000年以前，越南服装出口以机织为主，占据服装出口总额的75%～80%。越南的针织、机织服装出口主要集中在少数产品品类，但相比一些竞争国家，如孟加拉国和柬埔寨，越南产品集中程度仍相对较低。2009年，越南对美国的服装出口中，总额前五名的品类占对美出口总额的 39.5%,而对欧盟 15 国的出口中,这个比例为 32.2%;若观察总额前十名的品类,美国和欧盟 15 国这一比例则分别为 53.8% 和 50.6%(见表 16-8 和表 16-9)。

表 16-8 各年份美国从越南进口服装品类排名前十的统计数据

HS 编码	产品	海关报价/亿美元				市场份额/%			
		2003	2005	2008	2009	2003	2005	2008	2009
总额		23.40	26.65	51.51	50.08				
611020	棉制针织运动衫	4.30	3.63	8.38	8.37	18.4	13.6	16.3	16.7
620462	棉制机织女裤	2.96	2.76	4.71	4.16	12.7	10.3	9.1	8.3
611030	化纤针织运动衫	0.74	0.73	2.46	2.93	3.2	2.7	4.8	5.8
620342	棉制机织男裤	2.37	1.36	2.54	2.46	10.1	5.1	4.9	4.9
610910	棉制针织 T 恤	n.a.	n.a.	1.98	1.93	n.a.	n.a.	3.8	3.8
610462	棉制针织女裤	0.78	n.a.	1.49	1.75	3.3	n.a.	2.9	3.5
610610	棉制针织女衬衫	0.74	0.81	1.72	1.43	3.2	3.1	3.3	2.8
620520	棉制机织男衬衫	0.62	1.10	n.a.	1.36	2.6	4.1	n.a.	2.7
620463	合纤机织女裤	n.a.	n.a.	1.51	1.35	n.a.	n.a.	2.9	2.7
610510	棉制针织男衬衫	0.98	1.01	1.39	1.21	4.2	3.8	2.7	2.4
620193	化纤男夹克衫	1.28	1.67	1.64	n.a.	5.5	6.3	3.2	n.a.
620293	化纤女夹克衫	0.73	0.97	n.a.	n.a.	3.1	3.6	n.a.	n.a.
620343	化纤机织男裤	n.a.	0.61	n.a.	n.a.	n.a.	2.3	n.a.	n.a.
排名前十的进口额与份额		15.50	14.64	27.82	26.93	66.2	54.9	54.0	53.8

来源:美国国际贸易委员会(USITC)。

注释:服装进口数据源自商品名称及编码协调制度(HS),HS62 指机织服装,HS61 指针织服装;"n.a."指数据不适合入表(表示该品类在指定年份不在前十名之列)。

然而在 21 世纪头十年,越南对欧盟 15 国和美国的服装出口产品集中度有所降低。越南对美国和欧盟两个终端市场的主要出口品类有着高度相似,排名前十的品类中,有六个品类相同。另外,这两个市场的针织和机织服装所占比重并不一样。2009 年,越南出口到美国市场的前十名中,针织品类占六席,而欧盟 15 国市场,前十名中有八类是机织产品。对美国和欧盟 15 国这两个市场而言,最重要的产品是裤子、运动衫、T 恤和衬衫。夹克在欧盟 15 国市场占有较大比重,而 T 恤则在美国市场拥有更重要的份额。越南出口到美国排名前十的产品中,有八类的主要成分是棉制产品,只有一类化纤和一类合纤产品;而在欧盟 15 国市场,纤维成分则更加多样化:排名前十的产品中,有四类棉制产品、两类合纤、三类化纤和一类涂层产品。

表 16-9 各年份欧盟 15 国从越南进口服装品类排名前十的统计数据

HS 编码	产品	海关报价/亿美元					市场份额/%				
		1998	2000	2005	2008	2009	1998	2000	2005	2008	2009
总额		5.17	7.32	6.64	12.01	11.63					
620520	棉制机织男衬衫	0.59	0.72	0.66	0.86	0.93	11.4	9.8	10.0	7.1	8.0
620193	化纤男夹克衫	1.14	1.87	0.65	0.74	0.89	22.1	25.5	9.8	6.2	7.6
620463	合纤机织女裤	n.a.	n.a.	0.32	0.77	0.73	n.a.	n.a.	4.8	6.4	6.3
620293	化纤女夹克衫	0.88	0.97	0.52	0.66	0.62	17.1	13.3	7.8	5.5	5.3
620343	合纤机织男裤	0.08	0.18	0.29	0.62	0.59	1.6	2.5	4.3	5.2	5.0
611030	化纤针织运动衫	0.13	0.17	0.30	0.64	0.52	2.6	2.4	4.5	5.4	4.5
620462	棉制机织女裤	n.a.	n.a.	n.a.	0.47	0.42	n.a.	n.a.	n.a.	3.9	3.6
620342	棉制机织男裤	0.17	0.19	0.32	0.57	0.41	3.3	2.6	4.8	4.7	3.5
621040	涂层机织外套	n.a.	n.a.	n.a.	n.a.	0.39	n.a.	n.a.	n.a.	n.a.	3.3
611020	棉制针织运动衫	n.a.	n.a.	0.19	0.47	0.38	n.a.	n.a.	2.8	3.9	3.3
610910	棉制针织 T 恤	n.a.	n.a.	n.a.	0.43	n.a.	n.a.	n.a.	n.a.	3.6	n.a.
621210	文胸	n.a.	0.17	0.26	n.a.	n.a.	n.a.	2.4	3.9	n.a.	n.a.
620213	化纤女大衣	0.14	0.17	0.19	n.a.	n.a.	2.8	2.5	2.9	n.a.	n.a.
620192	棉制男夹克衫	0.19	0.19	n.a.	n.a.	n.a.	3.7	2.6	n.a.	n.a.	n.a.
620113	化纤男大衣	0.16	0.16	n.a.	n.a.	n.a.	3.1	2.1	n.a.	n.a.	n.a.
621143	化纤女外套	0.09	n.a.	n.a.	n.a.	n.a.	1.7	2.3	n.a.	n.a.	n.a.
排名前十的进口额与份额		3.58	4.78	3.70	6.23	5.88	69.3	65.4	55.5	52.0	50.6

来源:欧盟统计局。

注释:服装进口数据源自商品名称及编码协调制度(HS),HS62 指机织服装,HS61 指针织服装;"n.a."指数据不适合入表(表示该品类在指定年份不在前十名之列)。

表 16-10 越南出口到欧盟 15 国与美国的服装单价

年份	欧盟 15 国单价(欧元/千克)			美国单价(美元/打)		
	针织	机织	总体均价	针织	机织	总体均价
1995	12.80	18.50	17.60	—	—	—
1996	13.80	19.20	18.10	32.60	34.10	33.70
1997	15.60	21.40	20.30	26.00	37.80	34.00
1998	13.60	21.30	19.70	25.80	34.40	31.30
1999	13.40	20.10	18.70	30.20	33.10	32.00
2000	14.10	22.70	20.80	23.40	29.90	26.90
2001	10.60	21.70	18.60	24.00	30.20	26.80
2002	12.10	19.00	17.30	38.90	61.30	47.60
2003	6.70	16.70	13.30	39.50	61.20	48.60
2004	9.70	16.20	14.20	44.50	73.20	56.90
2005	9.70	16.20	13.40	45.90	73.00	58.10
2006	11.7	15.00	13.90	44.70	72.00	56.40
2007	8.90	13.30	11.70	44.40	69.00	53.70
2008	9.50	14.30	12.50	41.80	69.90	50.90
2009	11.80	16.20	14.70	36.70	66.50	45.00

来源:欧盟统计局,单位为千克;美国国际贸易委员会(USITC)仅统计数量以打为第一计量单位的商品。

注释:"—"指暂无数据。

　　越南出口到美国和欧盟15国的服装单价在后配额时代总体下跌或维持不变。美国市场平均每打服装的出口价格从2004年的56.90美元下降至2009年的45.00美元。在欧盟15国市场,2004—2009年越南出口服装的平均单价相对稳定,2004年每千克均价为14.20欧元,2009年为14.70欧元(见表16-10)。

(4) 后向关联(与纺织业的链接)

　　越南自1986年发动改革以来,已成功地对部分国有企业进行了现代化改造。纺织业在这一背景下,通过改革提高了生产效率,从而在显著减少劳动力的同时取得了纺织品产量的增长。另一项主要成果是国有企业实施了纵向一体化整合,即从纺纱、机织和针织直至成衣加工的生产集成。相比之下,数量不断增加的内资民营企业和众多外商独资企业未能进行纵向一体化的整合,而是专注于成衣加工(Nadvi等,2004a)。纺织业的外商投资也在增加,例如韩国和中国台湾企业家投资于棉布或合纤面料企业。一些内资民营企业也开始投资纺织业,主要是纺纱企业,终端市场面向日本、韩国、马来西亚和土耳其。

表16-11　越南纺织服装产品的年产量

产品	2005	2006	2007	2008	2009
纺织纤维/吨	**259 245**	**268 582**	**384 924**	**392 915**	**396 845**
国有企业	101 515	124 408	94 670	87 955	84 437
非国有企业	67 653	88 276	153 909	158 686	163 208
外商独资企业	90 078	55 898	136 345	146 274	149 200
针织毛纱/吨	**2 983**	**2 421**	**4 828**	**6 011**	**6 766**
国有企业	351	134	809	1,045	1,568
非国有企业	2 186	1 236	3 108	3 046	2 894
外商独资企业	446	1 051	911	1 920	2 304
各种面料/亿平方米	**5.608**	**5.703**	**7.004**	**10.764**	**10.872**
国有企业	1.768	2.007	1.542	1.268	1.293
非国有企业	1.849	1.836	3.198	4.041	4.069
外商独资企业	1.991	1.860	2.264	5.455	5.510
成衣/亿件	**10.108**	**11.555**	**19.361**	**20.450**	**22.900**
国有企业	2.189	1.449	1.212	0.723	0.686
非国有企业	4.823	4.263	9.519	9.593	10.558
外商独资企业	3.096	5.843	8.630	10.134	11.656

来源:越南统计局2010。

　　尽管越南纺织业主要集中于国有企业,越南服装出口的繁荣却在很大程度上依赖于进口纺织品(Hill,2000;Huy等,2001;GTIA,2010)。根据《2010年越南竞争力》的政府报告,2009年服装业原材料(面辅料)的70%～80%来自进口(CIEM,2010)。但Vinatex公司表示,采用国产原料生产的服装占该公司总出口服装的比例自2000年以来已稳步增长,并在2009年达到38%(GTIA,2010)。Vinatex公司提供的数据显示,越南国内纺织行业棉纤维年产量1万吨、化纤5万吨、短纤维及纱线26万吨、针织面料1.5万吨、机织面料6.8亿米。"更好的工作——越南"称越南纺织业的年总产能为51万吨原料加工产品(轧棉、纺纱)、30万吨针织服装、6.8亿米机织面料。表16-11是越南统计年鉴(General Statistics Office Vietnam,2010)有关主要纺织服装产品产量的统计数据。

越南纺织业的发展趋势是企业通过采用新技术和安装先进生产设备实现现代化。2009年,越南购买无梭织机的采购量位列全球第五。近年来越南购买针织面料生产设备的数量也在显著增加。2009年,越南的手动横机和半自动横机的采购总量位列世界第五,单面纬编圆机的采购总量位列世界第八,双面纬编圆机的采购总量位列世界第十一位。至于纺纱产业,2009年越南成为全球第三大短纤维纺锭买家(仅次于中国和印度)。国际纺织制造商联合会(International Textile Manufactures Federation,ITMF)估计,1997—2006年,越南企业投资安装了新型纺锭840 132枚、转杯纺设备19 784台、无梭织机6 012台。

越南的原棉产量相当有限,预计2010年产量3 000～4 000吨,仅能满足国内纺织业原棉需求总量的1%～2%。越南政府已经发起一项旨在未来十年提高全国棉花种植量的项目(Adams,2010)。越南纺织业缺少合纤纱线和缝纫线的生产设施,为此,2010年积极开展在海防市武亭工业园区(Dinh Vu industrial zone)投资聚酯纤维加工厂,增加聚酯纤维产量。2008年,在政府政策扶持下,企业投资建造了多家原料及辅料加工工厂,以减少对进口的依赖。行业的发展目标是至2010年实现棉花、人造纤维和纱线等年产量49万吨,2015年达75万吨,2020年达110万吨,由此满足各时期国内50%、60%和70%的需求(AFTEX,2010)。

2009年,越南45.3%的纺织品进口来自中国大陆,23.3%来自韩国,10.1%来自中国香港,8.8%来自日本,3.4%来自泰国(见表16-12)。所有进口纺织品中仅有7.0%来自东盟,这一比例与2000年的15.5%相比有明显减少。东盟国家中,越南的纺织品进口主要来自泰国(3.4%)、印度尼西亚(1.6%)、马来西亚(1.6%)和新加坡(0.5%)。

表 16-12　各年份越南纺织品进口排名前五名的国家和地区统计数据

国家/地区/经济体	海关报价/亿美元					市场份额/%				
	1995	2000	2005	2008	2009	1995	2000	2005	2008	2009
全球	**7.35**	**10.60**	**25.43**	**47.55**	**49.13**					
中国	0.53	1.05	7.65	20.06	22.25	7.3	9.9	30.1	42.2	45.3
韩国	3.38	4.07	7.36	11.68	11.45	46.0	38.4	28.9	24.6	23.3
中国香港	0.66	0.69	3.33	5.09	4.95	9.0	6.6	13.1	10.7	10.1
日本	0.98	2.22	3.11	4.18	4.31	13.4	21.0	12.2	8.8	8.8
泰国	n.a.	n.a.	n.a.	n.a.	1.67	n.a.	n.a.	n.a.	n.a.	3.4
欧盟 15 国	n.a.	n.a.	0.90	1.57	n.a.	n.a.	n.a.	3.6	3.3	n.a.
马来西亚	0.44	0.67	n.a.	n.a.	n.a.	6.0	6.3	n.a.	n.a.	n.a.
排名前五的进口额与份额	**5.99**	**8.70**	**22.35**	**42.57**	**44.63**	**81.6**	**82.2**	**87.9**	**89.5**	**90.8**
东盟的进口额与份额	**1.20**	**1.65**	**2.34**	**3.60**	**3.46**	**16.4**	**15.5**	**9.2**	**7.6**	**7.0**

来源:联合国商品贸易统计数据库(UN Comtrade)。

注释:源自国际贸易标准分类修订版 3 编码 65;进口额代表越南贸易伙伴国家及地区的出口额;"n.a."指数据不适合入表(表明该国家/地区/经济体在指定年份不在前五名之列)。

(5) 就业

2009 年,越南纺织服装业从业人员超过 200 万人,是越南雇用最多正规就业人员的行业(Better Work Vietnam,2011)。随着出口的增长,纺织服装业的工作岗位数量也在显著增加。然而来自越南综合统计局的官方统计数据却显示了较低的就业人数。如表 16-13 和图 16-3 所示,2008 年越南纺织服装业就业人数为 937 350 人,其中约 80% 的从业者为服装企业员工,与 2000 年的 354 707 人相比有显著增长。

表 16-13　各年份越南纺织服装业的就业人数

	2000	2001	2002	2003	2004	2005	2006	2007	2008
纺织	122 759	138 376	152 293	165 ,438	168 196	188 365	203 829	195 139	179 076
服装	231 948	253 613	356 395	436 342	498 226	511 278	585 414	706 093	758 274
总数	**354 707**	**391 989**	**508 688**	**601 780**	**666 422**	**699 643**	**789 243**	**901 232**	**937 350**

来源:越南综合统计局,http://www.gso.gov.vn。

据估计,越南纺织服装出口行业中女性从业人员的比例高达 80%,而在整个经济体系中,妇女约占劳动力总量的 44%(ILO,2010)。越南统计局的官方统计数据显示,2006—2008 年,越南服装企业有 83% 的从业者为女性,具体为 2006 年 486 629 名和 2008 年 628 030 名。2006 年纺织业的女性从业者 141 226 名,占纺织就业总人数的 64%,2008 年为 115 448 名,占比为 69%(见表 16-14)。

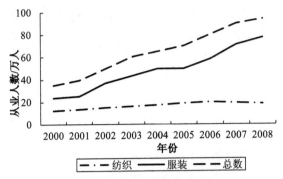

图 16-3 越南纺织服装业的就业人数

来源:越南统计局,http://www.gso.gov.vn。

表 16-14 2006—2008 年越南纺织服装业男女就业人数

	2006	2007	2008
纺织业总人数	203 829	195 139	179 076
男性	62 603	63 991	63 628
女性	141 226	131 148	115 448
服装业总人数	585 414	706 093	758 274
男性	98 785	118 804	130 244
女性	486 629	587 289	628 030

来源:越南统计局,http://www.gso.gov.vn。

　　调查数据显示,服装企业的女性员工趋于年轻且单身,受过中等以上教育,近几年大多数来自农村(Kabeer 和 Anh,2006)。对她们中的许多人来说,从事服装业的工作能为将来成为自由职业者奠定基础,无形中也提高了她们的经济独立性。一项早期研究发现,受雇于国企与外商独资企业的女性员工工作条件要优于国内民营企业或合作社(Kabeer 和 Anh,2003)。服装工作分配上存在性别差异,技能水平要求较高且薪酬较高的工作一般由男性担任,而缝纫工作则主要由女性承担(Kabeer 和 Anh,2003)。

　　越南的服装劳动力成本相对较低,2008 年为每小时 0.38 美元(Jassin-O'Rourke Group 2008)。但这一价格仍高于孟加拉国、柬埔寨和巴基斯坦这类重要的竞争国家。越南的生产效率似乎也高于这些国家。一项由 Nathan Associates 在 2007 年所做的研究得出结论:柬埔寨在劳动力成本上的优势并不能战胜高生产效率的越南。生产效率的关键因素是工人和管理者的技术水平。越南以相对较具竞争力的成本,提供了丰富且具有快速学习能力的劳动力资源。然而从技术、营销、时尚设计和中层管理等这类重要环节来看,越南仍然缺乏有经验的从业者。

　　一个关键问题——不仅在纺织服装业,甚至在越南的整个经济体系中都存在——缺少职工独立工会。因此在 2010 年夏天,越南首个纺织服装业集体劳动协议由越南纺织服装贸易联盟和越南纺织服装协会联合推出,这个协议的推出具有积极意义。该协议是在"非法"罢工越来越多(2006 年 387 起、2007 年 541 起、2008 年 773 起)后推出的。该协议包含 14 项内容,包括工作保护、最低工资和相关的奖金与补贴。根据协议,工人正常工作时间的月基本工资必须至少为 130 万越南盾(约合 68 美元)至 170 万越南盾(约合 90 美元),具体标准取决于企业所在地区生活水平。总共有 69 家公司(拥有超过 9 万名员工)签署了这一协议,其中多数是国有企业。据说,外资亚洲子公司未能遵守劳动标准,这些企业支付的工资低于最低工资标准,而且常常不缴纳社会保险费。

　　"更好的工作——越南"行动计划是 2009 年由国际劳工组织(ILO)和国际金融公司(IFC)发起的。该计划旨在促进劳动标准的执行,并通过评估当前工作条件与环境、提供咨询服务、工厂培训等提高行业的竞争力。项目最初集中在胡志明市及周边地区。"更好的工作——越南"的目标是在最初两年内改善大约 15 万名工人的工作条件,并在五年内将受益工人数量扩大到 70 万名(Better Work Vietnam,2011)。第一份综合达标报告提供了该计划在 2009 年 12 月—2010 年 6 月对 32 家工厂劳动条件的评估。大多数调查结果涉及国家劳动法中的职业安全与健康以及工作时间。至于薪酬,虽然发现一些假期薪酬支付不合规的做法,但没有发现未达到最低工资的情况。而调查结果中涉及国际劳工标准的重要议题是员工的结社自由和集体谈判权(Better Work Vietnam 2011)。

16.4　贸易法规与积极的引导政策

(1) 优惠的市场准入

　　越南于 2007 年加入 WTO,在此之前自 1992 年开始享有对日本和欧盟优惠的市场准入以及始于 2001 年的对美国出口优惠的市场准入,这些都对越南纺织服装业的发展起到关键推动作用。现在,越南享有日本市场的优惠准入资格,即自 2009 年起,由于越南-日本经济伙伴关系协定(EPA)的签订,越南在日本享有免税进入待遇。在欧盟市场,越南享有普惠制待遇。然而在美国市场(越南最重要的出口市场),越南的服装出口则需承担最惠国关税。越南出口业的发展也受到区域贸易协定增加的影响,其中最重要的区域贸易协定是东南亚国家联盟(ASEAN,亦称东盟),

越南于 1995 年加入(同年正式开始入世谈判)该组织。越南对东盟的出口免税始于 2009 年。在东盟内部消除关税的主要目的之一是：基于各国在产品结构、设计和质量方面的差异化定位，促进区域一体化产业的发展。作为东盟的一员，越南是东盟-中国自由贸易协定(ACFTA)的缔约国。ACFTA 签署于 2002 年，并已开始阶段性实施。东盟与韩国也有贸易协定。

(2) 积极的引导政策

由于越南是社会主义国家，政府以及由政府主导的行业协会及工会在纺织服装业的发展中扮演着关键角色。政府成立了出口加工区(EPZs)并出台了退税条例，对 90～120 天内作为服装产品再出口的进口原料给予免税。20 世纪 90 年代后期，越南政府为该国纺织服装业的发展启动了一项举措——《2010 加速发展战略》。其重要目标之一是促进形成纵向一体化的服装产业链，尤其是通过重组国内纺织业，提高国产纺织品的质量与适用性。该计划期望通过这种方式将出口服装的国产原料所占份额从 2000 年的 25％提高到 2010 年的 75％；第二个重要目标是促进越南服装出口供应商转型，由原先占多数的 CMT 供应商向 FOB 供应商转变，并进而向 ODM(原设计制造)和 OBM(原品牌制造)转型(Nadvi 等，2004a；Goto，2007)。在这一战略背景下，政府计划于 2010 年之前，在该战略实施期间投资约 30 亿美元用于发展纺织服装业。根据规划方案，将花费 1.8 亿美元用于扩大原料供应，22.7 亿美元用于纺织和印染项目，4.43 亿美元用于成衣项目以及 2 亿美元用于服装贸易中心和人才培训。

越南纺织服装协会(VITAS)的投资计划：a. 辅料生产(包括缝纫线、纽扣和衬料)；b. 改造现有设施；c. 建立纺织服装工业园区。Vinatex 公司计划在 2006—2010 年期间投资超过十亿美元用于 24 个重点扩建项目。根据 Vinatex 公司的报道，这些项目旨在开发生产及分销系统、时尚设计和基础设施。其中一个确定的领域是扩张原棉生产。为了应对不断增长的棉花原料需求，Vinatex 公司计划投资 2 670 万美元建设五个新棉花加工厂，以满足该国纺织生产企业对原材料的需求(Saheed，2007)。

越南政府出台了一系列政策，以应对全球金融危机引发的全球需求疲软(ILO，2009)：a. 越南工业和贸易部正在试行出口信用担保制度以帮助出口商；b. 在近期的最低工资上涨中，越南政府将民营制造企业排除在外，以此防止服装业出现裁员；c. 越南政府设立了一项银行贷款补助项目，为少于 500 名工人的企业提供优惠的业务资金贷款；d. 政府鼓励企业向国内市场转型，启动、宣传及提高"购买越南产"服装的全民意识。

2010 年的行业政策反映了政府密切关注不断变化的市场、劳动力人口特征以及商贸特色。核心政策如下（AFTEX，2010）：a. 产业重组——将纺织企业从城市转移到有污水处理厂的工业园区以保护环境，将服装加工企业转移到劳动力充足且价廉的农村地区；b. 鼓励大公司与海外投资者和零售商建立并保持长期合作关系；c. 通过提升后整理水平和使用先进技术手段（设计、服务和品牌企划），提高产品附加值以及客户和零售商的忠诚度；d. 关注国内市场，如合适的产品、价格和分销渠道；e. 通过培训增加工人对工作的忠诚度并减少劳动争议，从而提高工人生活质量；f. 增强纺织服装业的纵向一体化整合，减少原材料进口。

参考文献

[1] Adams, Wilson. 2010. "Textiles and Clothing in Vietnam: Riding the Crest of a Wave." *Textile Outlook International* 146 (August).

[2] AFTEX (ASEAN Federation of Textile Industries). 2010. "Vietnam's Garment and Textile Industry." http://sourceasean.com/.

[3] Better Work Vietnam. 2011. Better Work Vietnam website. http://www.betterwork. org/sites /VietNam/English/Pages/index.aspx.

[4] *Business Monitor International*. 2009. "Vietnam Textile &. Clothing Report Q4 2009." Industry Report and Forecast Series, August.

[5] CIEM (Central Institute for Economic Management, Vietnam). 2010. "Vietnam Competitiveness Report," by Christian Ketels, Nguyen Dinh Cung, Nguyen Thi Tue Anh, and Do Hong Hanh, CIEM, Hanoi. http://www.ciem.org.vn/home/en/.

[6] EC (European Commission). 2010. "2010 Commercial Counselors Report on Vietnam." Delegation of the European Union to Vietnam, Hanoi.

[7] General Statistics Office Vietnam. 2010. *Statistical Yearbook of Vietnam* 2009. Hanoi: Statistical Publishing House.

[8] Goto, Kenta. 2007. "Industrial Upgrading of the Vietnamese Garment Industry: An Analysis from the Global Value Chains Perspective." Working Paper 07-1, Ritsumeikan Center for Asia Pacific Studies Beppu, Japan. http://www.apu.ac.jp/rcaps/? lang=english.

[9] GTIA (Germany Trade and Investment Agency). 2010. *Vietnams Textil- und Bekleidungsbranche wächst weiter zweistellig*, by Stefanie Schmitt. Report for Germany Trade and Investment Agency, Berlin.

[10] Hill, H. 1998. "Vietnam Textile and Garment Industry: Notable Achievements, Future Challenges." Appendix II of the Industrial Competitiveness Review, prepared for Ministry of Planning and Investment of Vietnam and United Nations Industrial Development Organization (UNIDO), Canberra.

[11] Hill, H. 2000. "Export Success against the Odds: A Vietnamese Case Study." World

Development 28 (2): 283-300.

[12] ILO (International Labour Organization). 2009. "Sectoral Coverage of the Global Economic Crisis—Implications of the Global Financial and Economic Crisis on the Textile and Clothing Sector." International Labour Organization, Geneva.

[13] ILO (International Labour Organization). 2010. "Labor and Social Trends in Viet Nam 2009/10." International Labour Organization, Hanoi.

[14] Huy, Vu Quoc, Vi Tri Thanh, Nguyen Thang, Cu Chi Loi, Nguyen Thi Thanh Ha, and Nguyen Van Tien. 2001. "Trade Liberalisation and Competitiveness of Selected Industries in Vietnam Project: Analysis of Qualitative Factors Affecting Competitiveness of Textile and Garment Firms in Vietnam." Institute of Economics (Hanoi)/International Development Research Center (Canada), Hanoi.

[15] Jassin-O'Rourke Group, L. 2008. "Global Apparel Manufacturing Labor Cost Analysis 2008, Textile and Apparel Manufacturers & Merchants." http://tammonline.com/files/GlobalApparel LaborCostSummary2008. pdf.

[16] Kabeer, Naila, and Tran Thi Van Anh. 2003. "Global Production, Local Markets: Gender, Poverty and Export Manufacturing in Vietnam." Mimeograph, Institute of Development Studies, Brighton, U. K.

[17] Kabeer, Naila, and Tran Thi Van Anh. 2006. "Globalisation, Gender and Work in the Context of Transition: The Case of Vietnam." Working Paper 06-3, The Gender and Macro International Working Group (GEM-IWG), Salt Lake City, Utah.

[18] Martin, Michael F. 2010. "U. S.-Vietnam Economic and Trade Relations: Issues for the 112th Congress." Congressional Research Service, Washington, DC.

[19] Nadvi, K., J. Thoburn, T. T. Bui, T. T. H. Nguyen, T. H. Nguyen, H. L. Dao, and E. B. Armas. 2004a. "Vietnam in the Global Garment and Textile Value Chain: Impacts on Firms and Workers." *Journal of International Development* 16 (1): 111-23.

[20] Nadvi, K., J. Thoburn, T. T. Bui, T. T. H. Nguyen, T. H. Nguyen, and H. L. Dao. 2004b. "Challenges to Vietnamese Firms in the World Garment and Textile Value Chain, and the Implications for Alleviating Poverty." *Journal of the Asia Pacific Economy* 9 (2): 249-67.

[21] Nathan Associates. 2007. "Factory-Level Value Chain Analysis of Cambodia's Apparel Industry." United States Agency for International Development, Washington, DC.

[22] Saheed, Hassan. 2007. "Prospects for the Textile and Garment Industry in Vietnam." *Textile Outlook International* 129: 12-50.

[23] Schaumburg-Müller, Henrik. 2009. "Garment Exports from Vietnam: Changes in Supplier Strategies." *Journal of the Asia Pacific Economy* 14 (2): 162-71.

[24] Thoburn, John. 2009. "The Impact of World Recession on the Textile and Garment Industries of Asia." Working Paper 17/2009, United Nations Industrial Development Organization (UNIDO) Research and Statistics Branch, Vienna.

[25] Thoburn, John. 2010. "Vietnam as a Role Model for Development." Research Paper

2009/30，United Nations University (UNU-WIDER)，Helsinki，Finland.

[26] Thomson，Lotte. 2007. "Accessing Global Value Chains? The Role of Business- State Relations in the Private Clothing Industry in Vietnam. " *Journal of Economic Geography* 7: 753-76.

[27] *Vietnam Business News*. 2010. "FDI Rushes into Vietnam. " http://vietnambusiness. asia/ fdi-rushes -into-vietnam%E2%80%99s-textile-and-garment-sector.

后　记

进入 21 世纪,全球纺织服装业经历了一系列机遇与挑战。2005 年《多纤维协定》(MFA)的配额取消推进了全球贸易自由化的发展。然而,2008 年全球金融危机爆发,发达国家消费需求下降,使得全球服装出口市场呈现不同的发展态势。"服装产业成功之道"一书的学者们从不同角度对相关国家服装出口现状与发展进行了详尽论证和案例研究。印度、越南、斯里兰卡等服装出口国的发展历程和竞争态势以及结构调整和转型升级的经验,对我国纺织服装业同行应对后配额时代和后金融危机时代复杂多变的国际贸易竞争环境有着重要的借鉴意义和参考价值。

本书原著是由世界银行 2012 年出版的纺织服装产业经济类专著,内容严谨、详实,具有较高的学术水平和行业参考价值。原著被推荐为东华大学服装·艺术设计学院博士课程《服装产业经济理论与实践》与硕士课程《服装产业经济》课外读物。课程期间,学生对原著进行初步编译和交流。参加"服装产业成功之道"原著研讨会的人员有:马春杰、马羚、马瑞(孟加拉国)、水翠翠、王子英、王风霞、王肖莉、王燕燕、冯文艳、卢云翔、田苗、刘东岳、刘佳芮、刘舒婷、朱维维、何珏晨、何斌、何慧、李明明、李双双、李晓丹、李梦璐、吴氏越河(越南)、严静雅、张小雪、张卓琳、张玲、陈华俊、陈克茹、金守慧(韩国)、林梦梦、罗兰、杨姗姗、杨袁佩、周佳娟、段然、段薇、徐平华、徐思巧、黄珊、黄颖颖、程一苇、傅白璐、葛秋菊、韩铭铭、谢俊、裘晔(以姓氏笔画排名,不分先后)。

鉴于原著的教学与研究价值,征得世界银行的同意,原著的翻译出版工作顺势展开。

由于原著英文出版物涉及大量行业专业词汇,因此在翻译过程中,查阅了大量行业背景资料及相关政策法规等内容,确保翻译内容完整、准确。

本人主持全书翻译工作,进行了严谨的译校,顾彤宇老师审核了一、二、七、十三章的译文,参加相关章节翻译和审核的主要人员有:陈炜、高融、蔡钰茹、陈彩霞、黄河、邵丹、董睿娇、温韬、陈丽竹、刘丽、王鹏程、何佳臻。

感谢顾庆良教授对本书的推荐和建议。

书稿翻译中的不妥之处敬请批评指正。

杨以雄
2013.08

图书在版编目(CIP)数据

服装产业成功之道/(墨)洛佩兹-阿塞维多,(美)罗伯特逊
著;杨以雄,顾彤宇译. —上海:东华大学出版社,2013.9
　ISBN 978-7-5669-0349-5

　Ⅰ.①服… Ⅱ.① 洛… ②罗… ③杨… ④顾… Ⅲ.服装
工业—工业经济—研究—世界 Ⅳ.①F416.86

　中国版本图书馆 CIP 数据核字(2013)第 206060 号

服装产业成功之道

——后 MFA 时代的就业、工资和减贫

责任编辑：竺海娟

出　　　　版：东华大学出版社出版(上海市延安西路 1882 号,200051)
本 社 网 址：http://www.dhupress.net
天猫旗舰店：http://dhdx.tmall.com
营 销 中 心：021-62193056　62373056　62379558
印　　　　刷：常熟大宏印刷有限公司
开　　　　本：787 mm×1 092 mm　1/16
印　　　　张：26.75
字　　　　数：500 千字
版　　　　次：2013 年 9 月第 1 版
印　　　　次：2013 年 9 月第 1 次印刷
书　　　　号：ISBN 978-7-5669-0349-5/TS·053
定　　　　价：78.00 元